21世纪经济管理新形态教材·会计学系列

高级财务会计学

（第三版）

王秀芬　闫明杰 ◎ 主　编
王海东　张春红 ◎ 副主编

清华大学出版社
北京

内 容 简 介

本书结合经济环境和企业会计准则的不断变化，在中级财务会计的基础上，以"高级"为重点，内容涵盖合并财务报表、外币交易、衍生工具、物价变动、分部报告、中期财务报告和每股收益等，同时兼顾企业合并、套期、租赁、合伙企业会计等特殊业务、特殊行业的内容，尽力展现相关会计理论与实务的最新成果，进一步训练学生在更高层面上的财务会计业务处理技能。

本书依托国家级一流本科专业建设点，由中原教学名师组织编写，每章均包含导入案例、扩展阅读、练习题、案例分析、即测即评试题及适用准则实录等内容。教材资源丰富，案例务实适用，学习方式便捷，课程思政贯穿始终。

本书适用于高等院校会计学、财务管理和审计学等本科专业的教学需要，也可作为其他经济管理类专业学生进一步学习高级财务会计知识的参考资料。

图书在版编目（CIP）数据

高级财务会计学 / 王秀芬，闫明杰主编. -- 3 版.
北京 : 清华大学出版社, 2024.8. -- (21 世纪经济管
理新形态教材). -- ISBN 978-7-302-66875-6

Ⅰ. F234.4

中国国家版本馆 CIP 数据核字第 20244PW372 号

责任编辑：付潭娇
封面设计：汉风唐韵
责任校对：宋玉莲
责任印制：刘海龙
出版发行：清华大学出版社

> 网　　　址：https://www.tup.com.cn, https://www.wqxuetang.com
> 地　　　址：北京清华大学学研大厦 A 座　　　　邮　　编：100084
> 社 总 机：010-83470000　　　　　　　　　邮　　购：010-62786544
> 投稿与读者服务：010-62776969, c-service@tup.tsinghua.edu.cn
> 质 量 反 馈：010-62772015, zhiliang@tup.tsinghua.edu.cn
> 课 件 下 载：https://www.tup.com.cn, 010-83470332

印 装 者：三河市东方印刷有限公司
经　　销：全国新华书店
开　　本：185mm×260mm　　　印　张：21.25　　　字　数：485 千字
版　　次：2013 年 2 月第 1 版　2024 年 8 月第 3 版　印　次：2024 年 8 月第 1 次印刷
定　　价：69.00 元

产品编号：107643-01

《高级财务会计学》（第二版）于 2017 年 8 月出版。随着经济环境的不断变化，企业会计准则也处于不断变革之中，与教材内容密切相关的租赁准则、金融工具确认和计量准则、金融资产转移准则、金融工具列报准则、套期会计准则等均发生了重大变化，需对原教材的部分内容进行调整，以体现相关会计理论与实务的最新成果，强化教材内容的时代性和前瞻性；现代教育理念的不断发展、信息网络技术的不断进步、学生个性化学习需求的不断提升，表现形式单一的纸质化教材已经无法满足需要，亟须统合多媒体、多形态、多用途、多层次的共享性教学资源和教学服务。鉴于此，我们修订了本教材。

"高级财务会计"课程作为会计学、审计学和财务管理专业的主干核心课，在专业课程体系中的地位非常重要。本版《高级财务会计学》教材的编写出版，是郑州航空工业管理学院"会计学""审计学"和"财务管理"三个国家级一流本科专业建设点及中原教学名师工作室的重要建设成果之一。本教材修订的目标定位是仍以"高级"为基点，在中级财务会计的基础上进行更高层次的构建（如合并财务报表、外币交易、衍生工具、物价变动、分部报告、中期财务报告和每股收益），同时兼顾"特殊性"（如企业合并、套期、租赁、合伙企业会计等特殊业务、特殊行业）。与前两版相比，本教材具有以下特色。

第一，突出立体化建设。本教材充分运用现代信息技术手段，通过二维码关联教辅资源，将教材与拓展资源、自测题库等有效结合，既能弥补传统教材内容更新缓慢、容量有限的缺陷，又可以丰富教材的扩展内容，全面彰显立体化数字教材建设的优势。学生通过阅读拓展资源和即测即评，充分激发其学习兴趣及创新潜能。

第二，突出案例引导。本教材每章均以案例引出该章主要内容，各章在阐述相关交易和事项会计处理方法的基础上，结合大量来源于企业实际的业务展开分析，很好地解决了会计理论与实际业务相结合的问题，最终以综合案例结尾，以提高读者综合分析和职业判断的能力。通过导入案例和综合案例分析，培养学生的职业判断能力、综合分析能力，提升学生的诚信品质和会计职业道德水平，实现课程思政。

第三，突出行业特点。本教材的案例设计大多基于航空工业企业的实例，并邀请企业高管参与教材建设，内容更加契合企业实际，充分体现了学校"航空为本、管工结合"的办学特色。

本版教材由王秀芬教授和闫明杰教授任主编，负责全书的总体框架及章节体系和内容的设计；王海东副教授和张春红副教授任副主编，协助主编对全书进行统稿和审核。全书共分九章，各章执笔人员为：第一、九章王海东副教授，第二、五章闫明杰教授和中航光电科技股份有限公司总会计师、董事会秘书王亚歌高级会计师，第三、七章张春红副教授和方梓安，第四章王秀芬教授和曹亚博，第六章刘永丽教授，第八章董雪雁副教授。本次修订是在本教材第二版基础上进行的，第二版编写组的李现宗教授、苏喜兰教授、张永国教授、谢海洋教授为教材的修订奠定了坚实的前期基础，在此表示衷心感谢；同时感谢清华大学出版社的鼎力支持。

由于编者水平有限，教材中的不当和疏漏之处在所难免，敬请广大读者和同行批评指正。

编　者

2024 年 1 月

目录

第一章

企业合并会计

【本章学习提示】

- 本章重点：企业合并的含义及种类、同一控制下企业合并的会计处理、非同一控制下企业合并的会计处理。
- 本章难点：合并成本的确定及分配、分步实现企业合并的会计处理、反向购买的会计处理。

2022 年 6 月 3 日，共同隶属于中国航空工业集团有限公司的中航航空电子系统股份有限公司（以下简称"中航电子"，股票代码：SH600372）和中航工业机电系统股份有限公司（以下简称"中航机电"，股票代码：SZ002013）同时发布公告称，正在筹划由中航电子通过向公司全体股东发行 A 股股票的方式换股吸收合并中航机电，并发行 A 股股票募集配套资金。这次交易预计构成重大资产重组，亦构成公司关联交易，本次交易不会导致公司实际控制人变更。2023 年 3 月 17 日，双方宣布以中航机电股东所持有的每 1 股中航机电股票转换为 0.6647 股中航电子股票的方案实施换股。合并完成后，中航机电股票将于 2023 年 3 月 17 日起终止上市并摘牌，中航电子将承继及承接中航机电的全部资产、负债、业务、人员、合同及其他一切权利与义务。已经同为中国航空工业集团有限公司旗下的上市公司，中航电子和中航机电为什么要合并？换股合并和以资产收购有何不同？中航电子和中航机电确定双方股票转换比例的依据可能是什么？

注："中航电子（SH600372）"的证券简称于 2023 年 9 月 5 日起变更为"中航机载"，公司代码"600372"保持不变。

资料来源：https://www.szse.cn/disclosure/listed/bulletinDetail/index.html?e63ca431-21de-490e-bc2a-5c9228fb4464；https://www.szse.cn/disclosure/listed/bulletinDetail/index.html?c1dd9668-823d-4a77-b3fe-573497f0d317

第一节　企业合并概述

一、企业合并的含义

企业首先作为一个营利性组织，需要不断地发展壮大，以提升在市场经济大潮中的竞争能力。因此，在经营过程中将会利用各种有利的机会，采取各种有效的手段，扩大自己的经营规模，不断实现企业的扩张。企业扩张的渠道不外乎两大方面：一是通过自身的能力实现内部扩张，如增加投资扩大经营规模和经营范围，增加市场占有率等；二是通过重组、兼并、企业联合、利用资本市场等方式实现外部扩张。内部扩张一般是基础性、规模性扩张，需要较长的时间、具有较强的资本积累和积聚能力、适宜的外部环境条件等，当达到一定程度时就会受到种种限制，尤其是在经营范围方面。外部扩张一般是资本性、竞争性、跨越性扩张，往往是在内部扩张的基础上具备较强竞争力情况下瞬时完成的，可以不受行业、地域、国界、经营范围等限制，是社会市场经济激烈竞争的产物，扩张的结果往往会产生新的经济实体——企业集团。

企业合并产生于 19 世纪末，至今已出现了多次热潮。如 1895—1905 年，最早以制造业为主的横向合并的第一次合并热潮，造就了如美国通用电气公司、J.P. 摩根集团设立的美国钢铁公司、标准石油公司等一批巨型企业；1916—1929 年以行业价格同盟协定、消除不公平交易为主的纵向合并的第二次合并热潮，诞生了如通用汽车公司（GM）、国际商业机器公司（IBM）等；1965—1969 年，混合合并开始发起，出现了第三次合并热潮；1981—1989 年出现了以巨型企业合并为主的第四次合并热潮，如美国钢铁公司收购马拉松石油公司（Marathon）、飞利浦收购美国雷诺烟草控股公司（RJR）、时代公司收购华纳通信公司等；自 1996 年以来，又出现了以跨国并购为主的第五次合并热潮。企业并购已经成为当今国际社会极为关注的问题。

而我国的企业合并热潮，是在 20 世纪 80 年代中期以来以城市经济体制改革为驱动的前提下掀起的。1984 年 7 月，保定市锅炉厂在市政府的直接参与下，以承担 42 万元债务为条件兼并了保定市鼓风机厂，被认为是我国改革开放以来最早的企业兼并事例。1989 年 2 月，我国的《企业兼并暂行办法》正式出台，使企业合并具有了法律依据。1992 年 5 月，民营企业北京亚都公司首次刊登广告欲进行企业收购，仅一个月内就有超过 500 家企业提出愿意被收购。如今，我国的企业合并更是方兴未艾，不仅在本国，而且已成功地创造了跨国合并事例。

企业合并的国际化，为会计带来了许多新的问题和发展机遇，企业合并会计与合并会计报表已经发展成为国际会计的热点和难点问题之一。

企业合并几经发展，目前在经济学上已经演变成较为常用的词汇，称为企业并购（M & A），是合并（mergers）和收购（acquisitions）的缩略语。从经济角度讲：合并主要是指吸收合并和创立合并；收购主要是指取得股份和取得资产。会计上仍然称之为企业合并。从会计角度来讲，目前对于企业合并的含义有多种解释，其中较为权威的官方定义主要有以下三种。

（1）国际会计准则理事会（IASB）2011 年修订发布的《国际财务报告准则第 3 号——企业合并》（IFRS3）中将企业合并定义为："购买者对一个或多个业务取得控制的交易或其他事项。有时称为真实并购或对等并购的交易。"决定一项交易或其他事项是否为企业合并，即所取得的资产及承担的负债须符合构成业务的规定。若企业取得的资产不符合业务的定义，报告主体应将该项交易或其他事项以资产取得的方式处理。这里的"业务"是指能被经营与管理的活动及资产组合，其目的是直接提供报酬给投资者或其他业主、公司职员或参与者，报酬的形式包括股利、较低的成本或其他经济利益。一项业务包括投入及处理投入的过程，且有能力创造产出。虽然业务通常有产出，但就一完整组合而言，产出不属于符合业务定义的要件。投入和处理该投入的过程，共同用以创造或将用以创造产出。构成一项业务必须同时具备以下三项要素。

①投入，即经由一个或多个过程后，可创造或有能力创造产出的经济资源，包括非流动资产（无形资产或使用非流动资产的权利）、智慧财产权、取得必要原料或权利的能力，以及员工。

②过程，即处理投入以创造或有能力创造产出的系统、标准、协定、惯例或规则，例如策略管理程序、作业程序及资源管理程序。此等过程通常会予以书面化，但具有必要技术及经验的组织员工，依规则与惯例也可能提供能处理投入以创造产出的必要过程（会计、账单、薪工及其他行政系统通常非属创造产出的过程）。

扩展阅读 1-1：是否构成业务的判断

③产出，即投入及处理该等投入的过程所产生的结果，可提供或有能力提供报酬直接给予投资者或其他业主、职员或参与者，该报酬的形式包括股利、较低的成本或其他经济利益。

（2）美国财务会计准则委员会（Financial Accounting Standards Board，FASB）于2001年发布的财务会计准则公告第141号《企业合并》（SFAS141）中指出："企业合并是指'通过取得其他实体的净资产或者股权而获取控制'的活动。即'……当主体购买了构成一项业务的净资产或一个或多个其他主体的权益份额并获得对对方主体的控制时，就发生了企业合并'。"

（3）我国《企业会计准则第20号——企业合并》（CAS20）中将企业合并定义为："将两个或两个以上单独的企业合并形成一个报告主体的交易或事项。"这里的企业合并至少包括两层含义：一是取得对另一个或多个企业（或业务）的控制权；二是所合并的企业必须构成业务。CAS20中的业务是指企业内部某些生产经营活动或资产负债的组合，该组合具有投入、加工处理过程和产出能力，能够独立计算其成本费用或所产生的收入等，目的在于为投资提供股利、降低成本或带来其他经济利益。有关资产或资产、负债的组合具备了投入和加工处理过程两个要素即可认为构成一项业务。至于取得的资产、负债组合是否构成业务，应当由企业结合实际情况进行判断。如果这些活动或组合不构成业务，则该项交易或事项不构成企业合并，不能按照CAS20的规定进行会计处理。

上述不同的企业合并定义说明，从会计的角度判断交易或事项是否构成企业合并，主要应关注以下两方面：其一，先要看所取得的生产经营活动或资产负债组合是否构成业务。如果这些活动或组合不构成业务，则该项交易或事项不构成企业合并。其二，要看有关交易或事项发生前后，是否引起报告主体的变化，而报告主体的变化产生于控制权的变化。只要以前彼此独立的企业合成一个经济实体，而它们的经济资源和经营活动处于单一的管理机构控制之下，那么就构成了企业合并。应注意

扩展阅读 1-2：企业取得不构成业务的经营活动或组合的会计处理

的是：首先，参与合并的企业在合并之前是独立的，虽然一家或更多家企业在合并过程中可能丧失其独立的法人资格，但从会计上看，法人资格的消失并不是企业合并的必要条件，而产生新的报告主体（经济实体）则是合并实现的标志；其次，合并的最终结果是由新的报告主体（经济实体）控制参与合并的各个企业原有的经济资源和经营活动。因此，我们可以把企业合并的会计含义归纳为：企业合并是把两个或更多的单独企业或

者它们的净资产和经营活动的控制权都纳入一个独立的经济实体（报告主体）控制的交易或事项，其实质是控制，而非法律主体的解散。在这里特别强调"单独企业""独立经济实体"和"控制"。

二、企业合并的动因

企业合并的动因可以分为原始动因和实际动因两个层次来讨论。原始动因是根本出发点，实际动因是原始动因在合并过程中的具体体现。

（一）企业合并的原始动因

美国经济学家彼得·斯托纳（Peter O. Stoner）在其著作《合并：动机、效果、政策》中将企业合并的原始动因归纳为以下两点。

（1）追求利润的动机。商品经济社会中，企业存续的最根本目的是追求自身利益最大化。通过合并，企业可以迅速达到规模经济、降低成本、提高盈利率，从而获得更多的利润。因此，企业在可能的情况下，总是想方设法利用企业合并的形式获得更大的利益，投资银行家也受高额佣金的驱使而极力促成收购成功。这是企业合并的内在动因。

（2）竞争压力的动机。市场经济的法则就是优胜劣汰，只有这样，社会经济资源才能得到最有效的配置。有市场就有竞争，作为市场主体的企业总是会千方百计通过企业合并来强大自身实力，以避免被淘汰出局的危险。这是企业合并的外在动因。

（二）企业合并的实际动因

尽管企业合并的原始动因看似简单，但在实际合并过程中所产生的具体动因远比以上两种动因复杂，它往往是一系列因素权衡的结果。通常我们把企业合并的实际动因概括为以下四个方面。

（1）协同效应。所谓协同效应就是指"1+1>2"的效应，它包括经营协同效应和财务协同效应两种。前者是指通过企业合并，使生产经营实现规模效益，进而提高生产效率、降低成本，最终使合并后的企业总体效益大于合并前几个独立企业效益的算术和。后者则是指企业合并后，由于税法、会计处理惯例及证券交易等在内的法律法规作用所产生的体现在财务方面的效益，如通过合并获得免减息优惠、获得税收政策优惠、实现合理避税、反映良好的财务报表以及对股票价格的刺激等。

（2）企业发展动机。由于外在激烈竞争的巨大压力，企业有很强的发展欲望，而与通过内部投资新建实现内部扩张相比，通过企业合并实现的外部扩张更为有效和迅速，同时在节约投资成本、降低投资风险、较早利用现有产能等方面也更具优势。

（3）市场份额效应。市场份额的不断扩大，可以使企业获得某种程度的垄断，横向合并、纵向合并及混合合并都有利于提高企业的市场权利，因此扩大市场份额的考虑是企业合并的一大动因。

（4）企业发展战略动机。根据企业生命周期理论，每一个企业的产品都有一个开发、试制、成型、衰退的过程。对于生产某一主导产品的企业，一方面可以通过不断开发新产品以适应周期性的环境。另一方面可以通过企业合并的方式，获得其他企业的产品和相关有形及无形资产，从而掌握根据市场变化进行企业战略调整和转移的主动权。

三、企业合并的种类

（一）按合并的法律形式分类

按照合并的法律形式，即合并后导致的原有参与合并企业的法人权利的变化情况。据此可将企业合并分为吸收合并、新设合并和控股合并三种。

（1）吸收合并。吸收合并也称兼并，是指两家或更多家企业合并成一家企业，其中一家企业继续保留其法人地位，继续经营，而另外参与合并的原有一家或几家企业在合并后丧失法人地位，解散消失。例如，甲、乙两公司合并，乙公司被甲公司所吸收，并丧失法人资格，成为甲公司的分厂或分部。它们之间的关系可表示为："甲 + 乙 = 甲"。甲公司为此扩大了业务范围和经营规模。吸收合并的具体办法，可以由继续存在的甲公司以现款购买，发给股票或签发出资证明书等形式换取不复存在的乙公司的各种资产，并承担后者的全部债务。

（2）新设合并。新设合并也称创立合并、联合，是指创建新企业的合并。经过新设合并，原有的各家企业均不复存在，而是合并成一家新的企业。例如，甲公司与乙公司合并成丙公司。参与合并的甲、乙两公司的法人地位均告消失，成为新成立的丙公司的分厂或分部，即"甲 + 乙 = 丙"。新组建的丙公司接受甲、乙两公司的资产和负债，并向其所有者签发出资证明书（或股票）。如果甲、乙两公司的原所有者不再是新建的丙公司的所有者，那么，丙公司的所有者应向甲、乙公司的原所有者支付产权转让价款，原所有者不再继续参与新建丙公司的经营管理，也不再有权分享新建丙公司以后实现的税后利润。

（3）控股合并。控股合并是指一家企业买入或取得了另一家企业有投票表决权的股份或出资证明书，且已达到能控制后者经营和财务政策的持股比例，即"甲 + 乙 = 甲控制乙"。例如，当甲公司购入乙公司 50% 以上股份时，可控制乙公司的生产经营管理大权，甲公司成为控股公司，也称母公司，乙公司成为甲公司的附属公司，也称子公司。这时，甲公司要编制合并财务报表，从会计上说，即"甲+乙=甲、乙的合并财务报表"。在该类企业合并中，子公司于合并后仍维持其独立法人资格继续经营，但被母公司纳入其合并财务报表的编制范围，从合并财务报表角度，形成报告主体的变化。

（二）按合并类型分类

在我国 CAS20 中，考虑到实务操作过程中出现的企业合并的特点，以参与合并的企业在合并前后是否受同一方控制为标准，将企业合并划分为两大基本类型——同一控制下的企业合并与非同一控制下的企业合并。企业合并的类型划分不同，所遵循的会计处理原则也不同。

（1）同一控制下的企业合并，是指参与合并的企业在合并前后均受同一方或相同的多方最终控制且该控制并非暂时性的。

（2）非同一控制下的企业合并，是指参与合并各方在合并前后不受同一方或相同的多方最终控制的合并交易，即除判断属于同一控制下企业合并的情况以外其他的企业合并。

需要说明的是，IFRS3 中也定义了"涉及同一控制下主体的企业合并"这一企业合并类型，但同时明确指出"本国际财务报告准则不适用于"该类合并。也就是说"涉及同一控制下主体的企业合并"中涉及的一个或一组企业个体可能不必遵循 IFRS3 的财务报告规定。这一点与我国 CAS20 有所不同。

（三）按合并涉及行业的性质分类

按照合并所涉及的行业不同，企业合并可分为横向合并、纵向合并和混业合并三种。

（1）横向合并，也称水平式合并，指生产相同或相似产品的企业间合并，即同业合并，如 A 电脑企业合并 B 电脑企业。横向合并的目的在于：把一些产品或劳务相似的企业联合起来，组成企业集团，以实现规模效益；或者是利用现有生产设备，增加产量，提高市场占有率，在激烈的竞争中处于有利的地位；或者是优势互补，共渡难关。横向合并会削弱企业间的竞争，甚至造成垄断的局面，在一些市场经济高度发达的国家，政府往往通过制定反托拉斯法规限制横向合并的蔓延。

（2）纵向合并，也称垂直式合并，指参与合并的企业分属不同的产业或行业部门，但行业之间有密切联系或相互衔接关系的合并行为。如钢铁冶炼厂合并煤炭采掘企业和运输企业，组成钢铁联合公司，既保证了钢铁冶炼所需的燃料，又可使产品、原材料的运输得以畅通。纵向合并的目的，在于加强前后工序之间的生产联系与协作，缩短生产周期，减少各种损耗，提高生产效率。纵向合并又可以分为向前合并和向后合并两种类型。前者指企业向其产品的后工序方向合并，也包括一般制造业通过合并向商品流通领域扩展业务；后者指企业向其产品的前工序方向合并，也包括制造业通过合并向原材料生产供应领域扩展业务。

（3）混业合并，也称多种经营合并，指生产工艺、产品、劳务没有内在联系的企业间合并。如钢铁企业合并纺织企业，餐饮企业合并传媒企业等，由此产生了多元化经营的企业。这种合并的主要目的在于分散经营风险，提高企业的生存和发展能力；或者是一方利用另一方的环境条件，进一步拓展市场。经过混业合并，一般会形成跨行业的企业集团。

（四）按参与合并各方之间的关系分类

按照参与合并各方之间的关系，企业合并可分为善意合并和恶意合并两种。

（1）善意合并，是指参与合并各方董事会通过友好地制定企业合并条件，并把建议提交给参与合并各方的股东以求得批准的合并。

（2）恶意合并，是指购买方不顾被购买方的意愿而采取非协商性的收购，被购买方也往往借助于下列一种或多种方式来抵御策划中的企业合并。这种合并过程中，被购买方为了抵制购买方的恶意收购行为，往往会采取下列不同方式。

①抵制合并（pac-man defense）：一种对蓄谋收购者的恶意接管行为进行的威胁。

②白衣骑士（white knight）：寻找能成为善意收购者的候选人。

③焦土策略（scorched earth）：通过出售或向股东购回股本，处理掉一个或多个有利可图的企业组成部分。

④恶意排挤接管（shark repellent）：收购大量普通流通股作为库藏股或撤回，或者借入大量长期债务以换取普通流通股。

⑤毒药丸子（poison pill）：修改公司章程或规章，使得接管难以获得股东的批准。

⑥绿色铠甲（greenmail）：以大大高于蓄意收购者收购成本的价格购回目前由收购者持有的普通股，作为库藏股或撤回。

四、企业合并的会计处理方法

关于企业合并的会计处理方法一直在国际会计理论与实务界中引起广泛的讨论与争议。从近二三十年的发展历程来看，曾经占据主导地位的企业合并会计处理方法有两种：一种是购买法，另一种是权益结合法。

（一）购买法

购买法，又称购受法、收买法，是指一个企业通过以换出资产、承担债务或发行股票等方式所付出的代价，来购买控制另一个或多个企业全部或部分净资产和经营权的企业合并的会计处理方法。以购买方式进行的企业合并应采用购买法进行会计核算。

由于大多数企业合并涉及一家确定的购买方和一家或多家被购买方，合并采用的方式往往是购买方以现金或其他代价购入被购买方，所以多数会计师认为用资产收购来代表所有企业合并是合乎逻辑的，由此可以进一步地理解，用资产收购的会计处理方法来处理企业合并也是可行的。因此，购买法的实质，也就是将企业合并视为购买方对被购买方净资产的购买行为，即一项取得被购买方净资产的交易，与企业直接从外界购入机器设备、存货等资产并无区别。

基于购买法的实质，其会计处理上呈现以下特征。

（1）购买方以实际付出代价的公允价值及直接相关税费为依据确定合并成本。

（2）购买方所购入的被购买方可辨认净资产应按购买日的公允价值计量。

（3）将合并成本在所购可辨认净资产中分配，高于所购可辨认净资产公允价值的部分确认为商誉。

（4）被购买方合并当年实现的损益中，只有合并日至合并当年末的部分被计入合并当年的合并损益。

（5）被购买方的留存收益一般不转入合并后的留存收益等。

（二）权益结合法

权益结合法，也称权益联营法、股权联合法、合股法等，即作为两个或多个企业通过对等地互相交换有表决权的普通股，将他们的股权结合在一起的一种企业合并的会计处理方法。以权益互换结合方式进行的企业合并应采用权益结合法进行会计核算。

如前所述，由于以权益结合方式进行的企业合并是通过参与合并的企业相互交换有表决权的普通股来完成的，其所强调的是一种共同拥有和联合控制。因此，从会计的角度出发，权益结合法的实质是现有的股东权益在新的会计主体的联合和继续，而不是取得资产或筹集资本。参与合并的企业的股东仍然与以前一样，在合并后的企业，继续保持其股东权益的相对份额，参与重大决策。国际会计准则委员会（IASC）在已经被IFRS3取代的《国际会计准则第22号——企业合并》（IAS22）中曾经对权益结合法做了如下描述："权益联合的实质在于不发生企业购买交易，并且继续分担和分享企业合并之前就存在的风险和收益。采用权益结合对此所做出的确认，使结合后的企业的会计处理，好似各个企业仍像过去一样继续经营……""采用权益结合法时，合并后企业的财务报表中应包括参与合并的企业在合并发生当期以及所披露的任何可比期间的财务报表项目，犹如从列报的最早期间就已经结合在一起。"

基于权益结合法的实质，其会计处理上呈现以下特征。

（1）没有产生新的计价基础，参与合并的各企业净资产均按合并前所记录的账面价值计价。

（2）不会产生商誉。

（3）不论合并发生在会计年度的哪一时点，参与合并企业的整个年度的损益要全部包括在合并后的企业；同样，参与合并企业的整个年度留存利润（包括未弥补亏损）均应转入合并后的企业。

（4）企业合并时发生的全部相关费用，不论其是直接的或间接的，均确认为当期费用等。

（三）购买法和权益结合法的现实选择

如前所述，购买法与权益结合法是许多国家以及国际会计准则委员会（IASC）在合并会计实务中选用的两种基本处理方法。这两种方法适用范围各不相同，各有优劣，长期以来有关它们的争论一直存在。其中，主要的争议焦点集中在权益结合法的使用条件上。产生争议的主要原因在于：权益结合法在使用中对资产、负债计价较低，同时又避免了较高的资产折旧基础和商誉的出现。相对于购买法而言，采用权益结合法，一方面会使合并后企业的所有者权益（净资产）较低；另一方面合并以后各期产生的利润要高，体现在资本市场上会使股票的净资产利润率较高，从而产生提升股价的作用。因此，此法深受合并企业的欢迎，在一定程度上产生了滥用。

为了防止对权益结合法的滥用，美国在20世纪50年代就开始对权益结合法进行规范。1970年，FASB的前身美国会计原则委员会（APB）发布第16号意见书《企业合并》（APB Opinion No.16），对应用权益结合法的条件进行严格的规定，提出了12个条件，只有完全符合这12个条件，才能应用权益结合法。然而，这些严格的具体限制，在实务中并没有完全阻止权益结合法的滥用，反而驱使企业通过精密策划以达到这12条要求，从而严重影响了会计信息的可靠性和资本市场的资源配置功能。在这种情况下，为了彻底解决此问题，FASB最终决定放弃权益结合法。2001年6月FASB发布SFAS141，正式公布取消权益结合法，以购买法作为企业处理合并问题，编制合并会计报表的唯一方法。并于2007年12月做出进一步修订。继美国之后，近年来澳大利亚、加拿大、新西兰等国相继禁止使用权益结合法。IASB于2003年3月发布的IFRS3中也取消了权益结合法。至此，购买法已成为世界两大会计准则体系进行合并会计处理的唯一指定方法。

即便如此，权益结合法也并非完全被杜绝。美国在会计准则附录中就简单规定共同控制下的企业合并采用权益结合法处理。日本的企业合并会计准则中也规定企业合并根据经济实质不同应分为购买和权益合并两种，并分别采用购买法和权益结合法进行会计处理，同时规定同一控制下的企业合并应采用权益结合法进行会计处理。我国在合并实务中一直在应用权益结合法，但直到2006年2月CAS20的颁布才明确规定了在同一控制下企业合并中要求"合并方在企业合并中取得的资产和负债，应当按照合并日在被合并方的账面价值计量。合并方取得的净资产账面价值与支付的合并对价账面价值的差额应当调整资本公积，若资本公积余额不足冲减的，再调整留存收益"。这实际上就是采用类似权益结合法来处理同一控制下的企业合并。而对于非同一控制下企业合并，无论是 IFRS3、SFAS141 还是我国的 CAS20，都明确规定采用购买法进行会计处理。这里需要说明的是，会计准则的制定应在国际趋同的大前提下，考虑各国的社会现状和经济发展实际，做出适合的现实选择，以保证制定的会计准则与实务相适应。

第二节　同一控制下的企业合并

一、同一控制下的企业合并的界定

如前所述，我国 CAS20 中，将企业合并划分为同一控制下的企业合并与非同一控制下的企业合并。企业合并的类型不同，所遵循的会计处理原则也不同。因此，应首先以各种合并的定义对合并类型做出合理的判断。以同一控制下的企业合并定义判断某一企业合并是否属于同一控制下的企业合并时，应注意以下三个方面。

（1）同一方，即能够对参与合并企业在合并前后均实施最终控制的投资者，通常指企业集团的母公司等。同一控制下的企业合并一般发生于企业集团内部，如集团内母子公司之间、子公司与子公司之间等。因为该类合并从本质上是集团内部企业之间的资产或权益的转移，一般不涉及自集团外购入子公司或是向集团外其他企业出售子公司的情况，能够对参与合并企业在合并前后均实施最终控制的一方为集团的母公司。

（2）相同的多方，通常是指根据投资者之间的协议约定，为了扩大其中某一投资者对被投资单位的表决权比例，或者巩固某一投资者对被投资单位的控制地位，在对被投资单位的生产经营决策行使表决权时发表一致意见的两个或两个以上的投资者。

（3）控制并非暂时性，是指参与合并各方在合并前后较长的时间内受同一方或相同的多方最终控制，较长的时间通常指一年以上（含一年）。具体是指在企业合并之前（即合并日之前），参与合并各方在最终控制方的控制时间一般在一年以上（含一年），企业合并后所形成的报告主体在最终控制方的控制时间也应达到一年以上（含一年）。

企业之间的合并是否属于同一控制下的企业合并，应综合构成企业合并交易的各方面情况，按照实质重于形式的原则进行判断。通常情况下，同一控制下的企业合并是指发生在同一企业集团内部企业之间的合并。除此之外，一般不作为同一控制下的企业合并。同受国家控制的企业之间发生的合并，不应仅仅因为参与合并各方在合并前后均受国家控制而将其作为同一控制下的企业合并。

实务中出现的如母公司将其持有的对某子公司的控股权用于交换另一子公司增加发行的股份、集团内某子公司自另一子公司处取得对某一孙公司的控制权等，原则上应作为同一控制下的企业合并。

同一控制的企业合并的特点主要表现为：①这种合并不属于交易，是在同一控制下的企业集团内部资产、负债的重新组合，不发生与企业集团之外有关的经济利益的流出或流入；②这种合并的价格是在受同一方或相同的多方控制的情况下进行的，因此，难以保证其公允性，这就为企业合并的会计处理方法选择提出了限定。

二、同一控制下企业合并的会计处理原则与方法

我国 CAS20 中界定的同一控制下的企业合并，从合并形式上看，并不局限于通过平等地相互交换有表决权的普通股来进行，而可以通过多种手段支付对价以实现企业合并。但究其实质，由于企业合并的前提是"同一控制"，从最终控制方（即母公司）的角度出发，该类企业合并一定程度上并不会造成构成企业集团整体的经济利益流入和流出，有关交易事项不应作为出售或购买，而只能将其看成是最终控制方对其控制的经济资源的再整合。

对于同一控制下的企业合并，在合并中不涉及自少数股东手中购买股权的情况下，合并方应遵循以下原则进行相关的处理。

（1）合并方在合并中确认取得的被合并方的资产、负债仅限于被合并方账面上原已确认的资产（包括被合并方在企业合并前账面上原已确认的商誉）和负债，合并中不产生新的资产和负债。因此，合并方在合并中取得的被合并方各项资产、负债应当按照合并日在被合并方的账面价值计量。

（2）在确定合并中取得各项资产、负债的入账价值时，若被合并方在企业合并前采用的会计政策与合并方不一致的，基于重要性原则，应首先统一会计政策。即合并方在合并日应当按照本企业会计政策对被合并方的财务报表相关项目进行调整，并以调整后的账面价值作为有关资产、负债的入账价值。进行这种调整可将该项合并中涉及的合并方及被合并方作为一个整体对待，对于一个完整的会计主体，其对相关交易、事项应当采用相对统一的会计政策，在此基础上反映其财务状况和经营成果。

（3）合并方在合并中取得的净资产入账价值与其进行合并所支付的对价账面价值（或发行股份面值总额）的差额，应调整有关所有者权益项目。即首先调整资本公积（资本溢价或股本溢价），若资本公积（资本溢价或股本溢价）余额不足冲减的，再调整留存收益。

（4）对于同一控制下的控股合并，即形成母子公司关系的，应视同合并后形成的报告主体（合并方）自合并日开始对被合并方实施控制，体现在其合并财务报表上，即由合并后形成的母子公司构成的报告主体，无论是其资产规模还是其经营成果都应持续计算。母公司应当编制合并日的合并资产负债表、合并利润表及合并现金流量表。其中：合并资产负债表中被合并方的各项资产、负债，应当按其账面价值计量（因被合并方采用的会计政策与合并方不一致，按照规定进行调整的，应当以调整后的账面价值计量）；合并利润表应当包括参与合并各方自合并当期期初至合并日所发生的收入、费用和利润（被合并方在合并前实现的净利润应当在合并利润表中单列项目反映）；合并现金流量表应当包括参与合并各方自合并当期期初至合并日的现金流量。

合并方在编制合并当期期末的比较报表时，不应将合并取得的被合并方前期有关财务状况、经营成果和现金流量等并入前期合并财务报表。

编制合并财务报表时，参与合并各方在合并日及以前期间发生的交易作为内部交易，应当按照编制合并财务报表的有关规定进行抵销处理。

（5）合并方为进行企业合并发生的各项直接相关费用，包括为进行企业合并而支付的审计费用、评估费用、法律服务费用等，应当于发生时计入当期损益。

为企业合并发行的债券或承担其他债务支付的手续费、佣金等，应当计入所发行债券及其他债务的初始计量金额。企业合并中发行权益性证券发生的手续费、佣金等费用，应当抵减权益性证券溢价收入，溢价收入不足冲减的，冲减留存收益。

三、同一控制下企业合并的具体会计处理

同一控制下企业合并的具体会计处理主要包括确定合并方和合并日，确定合并中取得有关资产、负债的入账价值及合并差额的处理等内容。其中，关于合并方及合并日的确定，与下一节中非同一控制下企业合并中购买方及购买日的确定原则相同，具体参见下节论述。

同一控制下的企业合并，由于采用的法律形式不同，产生的经济影响也不同。如采用控股合并的形式，合并后合并方与被合并方均存续，形成企业集团公司，则应当由合并方在账面以长期股权投资的形式确认该项合并，并于期末编制合并财务报表；如采用吸收合并或新设合并的形式，则合并后只有一个实体存续，不存在投资核算及合并报表编制等问题。因此，对于不同法律形式的合并应采用不同的会计处理。

（一）控股合并的会计处理

同一控制下的控股合并中，合并方将会形成长期股权投资，按照我国《企业会计准则第 2 号——长期股权投资》（CAS2）的规定，应当在合并日按照被合并方所有者权益在最终控制方合并财务报表中的账面价值的份额作为长期股权投资的初始投资成本。

合并方以支付现金、转让非现金资产或承担债务方式作为合并对价的，长期股权投资的初始投资成本与支付的现金、转让的非现金资产及所承担债务账面价值之间的差额，应当调整资本公积（资本溢价或股本溢价），资本公积（资本溢价或股本溢价）不足以冲减的，应调整留存收益。

合并方以发行权益性证券作为合并对价的，仍按取得合并日被合并方所有者权益账面价值的份额借记"长期股权投资"科目，按发行股份的面值总额贷记"股本"科目。长期股权投资的初始投资成本与所发行股份面值总额之间的差额，应当调整资本公积（资本溢价或股本溢价），资本公积（资本溢价或股本溢价）不足冲减的，调整留存收益。

如果同一控制下企业合并形成的控股合并涉及或有对价，则在确认长期股权投资初始投资成本时，应按照《企业会计准则第 13 号——或有事项》（CAS13）的规定，判断是否应就或有对价确认预计负债或者确认资产，以及应确认的金额；确认预计负债或资产的，该预计负债或资产金额与后续或有对价结算金额的差额不影响当期损益，而应当调整资本公积（资本溢价或股本溢价），资本公积（资本溢价或股本溢价）不足冲减的，调整留存收益。

【例 1-1】甲公司和乙公司同为中原航空制造股份有限公司（以下简称"中航制造"）的子公司。20×3 年 2 月 1 日，甲公司与乙公司达成合并协议，约定甲公司以部分固定资产、无形资产以及银行存款向乙公司投资，占乙公司股份总额的 60%。合并日，乙公司所有者权益总额为 4 000 万元；甲公司参与企业合并的固定资产原价为 1 400 万元，

已计提折旧 400 万元，未计提固定资产减值准备；无形资产账面原价为 1 000 万元，已摊销 500 万元，未计提无形资产减值准备；银行存款为 1 200 万元。假定甲公司所有者权益中资本公积（资本溢价）余额为 280 万元，企业的盈余公积余额足够多。不考虑其他因素，则甲公司应作有关会计处理如下。

（1）合并日，计算长期股权投资的初始投资成本 = 4 000 万元 × 60% = 2 400 万元

（2）反映固定资产清理情况时，应做会计分录为：

借：固定资产清理	10 000 000
累计折旧	4 000 000
贷：固定资产	14 000 000

（3）反映取得长期股权投资时，应做会计分录为：

借：长期股权投资	24 000 000
资本公积——资本溢价	2 800 000
盈余公积	200 000
累计摊销	5 000 000
贷：固定资产清理	10 000 000
无形资产	10 000 000
银行存款	12 000 000

【例 1-2】 中航制造下属的 X、Y 两个子公司于 20×3 年 9 月 1 日达成合并协议，约定 X 公司向 Y 公司原股东定向发行 1 000 万股普通股（每股面值 1 元，发行价 4 元），取得 Y 公司 55% 的股权，实现控股合并。股票发行过程中支付相关手续费、佣金等 45 万元。合并日 Y 公司所有者权益账面价值为 7 000 万元。不考虑其他因素，则 X 公司账务处理如下。

（1）合并日，计算长期股权投资的初始投资成本 = 7 000 万元 × 55% = 3 850 万元

（2）反映取得长期股权投资时，应做会计分录为：

借：长期股权投资	38 500 000
贷：股本	10 000 000
资本公积——股本溢价	28 500 000
借：资本公积——股本溢价	450 000
贷：银行存款	450 000

关于合并方合并日合并财务报表的编制，详见本教材"第二章 合并财务报表（上）"中"合并日合并财务报表"一节的论述。

（二）吸收合并的会计处理

由于合并后被并方将失去法人地位，因此，在会计处理上，合并方一方面要按照所取得被并方净资产账面价值记录所取得的资产和负债。另一方面要记录支付合并对价的相关内容。与控股合并不同的是，不会形成长期股权投资，其他内容与控股合并相同。

【例 1-3】 A 公司于 20×3 年 3 月 10 日吸收合并 B 公司。合并日，A 公司及 B 公司的所有者权益构成如表 1-1 所示。

表1-1　A公司及B公司的所有者权益构成

单位：万元

所有者权益项目	A公司	B公司
股本	3 600	600
资本公积	1 000	200
盈余公积	800	400
未分配利润	2 000	800
合　　计	7 400	2 000

假定A公司和B公司同为中航制造的两家全资子公司，且A公司与B公司在合并前采用的会计政策相同。若A公司发行了600万股普通股（每股面值1元）作为对价，并支付股票发行费用33万元。不考虑其他因素，则A公司账务处理如下。

（1）因合并后B公司失去其法人资格，反映取得的B公司各项资产和负债时，应做会计分录为：

借：净资产[①] 　　　　　　　　　　　　　　　　　　　　　　20 000 000
　　贷：股本 　　　　　　　　　　　　　　　　　　　　　　　6 000 000
　　　　资本公积——股本溢价 　　　　　　　　　　　　　　　14 000 000

（2）反映支付股票发行费用时，应做会计分录为：

借：资本公积——股本溢价 　　　　　　　　　　　　　　　　　330 000
　　贷：银行存款 　　　　　　　　　　　　　　　　　　　　　330 000

若本例中A公司发行了2 200万股普通股（每股面值1元）作为对价。则应做会计分录为：

借：净资产 　　　　　　　　　　　　　　　　　　　　　　　20 000 000
　　资本公积——股本溢价 　　　　　　　　　　　　　　　　　2 000 000
　　贷：股本 　　　　　　　　　　　　　　　　　　　　　　22 000 000

（三）合并方为进行企业合并发生的有关费用的处理

同一控制下企业合并进行过程中发生的各项直接相关费用，如进行企业合并支付的审计费用、进行资产评估的费用以及有关的法律咨询费用等增量费用，应于发生时费用化计入当期损益。借记"管理费用"等科目，贷记"银行存款"等科目。但以下两种情况除外。

（1）以发行债券方式进行的企业合并，与发行债券相关的佣金、手续费等应按照《企业会计准则第22号——金融工具确认和计量》（CAS22）的规定进行核算，即该部分费用，虽然与筹集用于企业合并的对价直接相关，但其核算应遵照CAS22的处理原则，有关的费用应计入负债的初始计量金额中。其中债券如为折价发行的，该部分费用应增加折价的金额；债券如为溢价发行的，该部分费用应减少溢价的金额。

（2）发行权益性证券作为合并对价的，与所发行权益性证券相关的佣金、手续费等应按照《企业会计准则第37号——金融工具列报》（CAS37）的规定进行核算。即与发行权益性证券相关的费用，不管其是否与企业合并直接相关，均应自所发行权益性证券

---

① 为简化会计分录，将此例中未予明确的各项资产和负债合为"净资产"一个项目（下同）。

的发行收入中扣减，在权益性工具发行有溢价的情况下，自溢价收入中扣除，在权益性证券发行无溢价或溢价金额不足以扣减的情况下，应当冲减盈余公积和未分配利润。

企业专设的购并部门发生的日常管理费用，如果该部门的设置并不是与某项企业合并直接相关，而是企业的一个常设部门，其设置目的是为了寻找相关的购并机会等，维持该部门日常运转的有关费用，不属于与企业合并直接相关的费用，应当于发生时计入当期损益。

第三节　非同一控制下的企业合并

一、非同一控制下企业合并的会计处理原则与方法

对于非同一控制下的企业合并的界定，主要采用排除法，即除判断属于同一控制下企业合并的情况以外其他的企业合并均可认定为非同一控制下的企业合并。

非同一控制下的企业合并，是参与合并的一方购买另一方或多方的交易，所采用的会计处理方法原则上是购买法。其内容主要涉及购买方及购买日的确定，企业合并成本的确定，合并中取得各项可辨认资产、负债的确认和计量以及合并差额的处理等，现分述如下。

（一）确定购买方

采用购买法核算企业合并的首要前提是确定购买方。购买方，是指在企业合并中取得对另一方或多方控制权的一方。

在非同一控制下的企业合并中，一般应考虑企业合并合同、协议以及其他相关因素来确定购买方。关于购买方控制权的判定，将在本教材"第二章　合并财务报表（上）"专门论述。但在某些情况下可能难以确定企业合并中的购买方，如参与合并的两家或多家企业规模相当，这种情况下，往往可以结合一些迹象表明购买方的存在。在具体判断时，可以考虑下列相关因素。

（1）以支付现金、转让非现金资产或承担负债的方式进行的企业合并，一般支付现金、转让非现金资产或是承担负债的一方为购买方。

（2）考虑参与合并各方的股东在合并后主体的相对投票权，其中股东在合并后主体具有相对较高投票比例的一方一般为购买方。

（3）参与合并各方的管理层对合并后主体生产经营决策的主导能力，如果合并导致参与合并一方的管理层能够主导合并后主体生产经营政策的制定，其管理层能够实施主导作用的一方一般为购买方。

（4）参与合并一方的公允价值远远大于另一方的，公允价值较大的一方很可能为购买方。

（5）企业合并是通过以有表决权的股份换取另一方的现金及其他资产的，则付出现金或其他资产的一方很可能为购买方。

（6）通过权益互换实现的企业合并，发行权益性证券的一方通常为购买方。但如果有证据表明发行权益性证券的一方，其生产经营决策在合并后被参与合并的另一方控

制，则其应为被购买方，参与合并的另一方为购买方。

在判断企业合并中的购买方时，应考虑所有相关的事实和情况，特别是企业合并后参与合并各方的相对投票权、合并后主体管理机构及高层管理人员的构成、权益互换的条款等。

（二）确定购买日

购买日是购买方获得对被购买方控制权的日期，即企业合并交易进行过程中，发生控制权转移的日期。

根据企业合并方式的不同：在控股合并的情况下，购买方应在购买日确认因企业合并形成的对被购买方的长期股权投资；在吸收合并的情况下，购买方应在购买日确认合并中取得的被购买方各项可辨认资产、负债等。

1. 购买日的确定原则

购买日的确定，原则上是以控制权转移的时点为依据。实际工作中，应当结合合并合同或协议的约定及其他有关的影响因素，按照实质重于形式的原则进行判断。一般在同时满足了以下条件时，可认为实现了控制权的转移（形成购买日）。

（1）企业合并合同或协议已获股东大会等内部权力机构通过，如股份有限公司股东大会通过。企业合并一般涉及的交易规模较大。无论是合并当期还是合并以后期间，均会对企业的生产经营产生重大影响，在能够对企业合并进行确认，形成实质性的交易前，该交易或事项应经过企业的内部权力机构批准。

（2）按照规定，合并事项需要经过国家有关主管部门审批的，已获得相关部门的批准文件。

（3）参与合并各方已办理了必要的财产权移交手续，从而从法律上能够保障形成与取得股权或净资产相关的风险和报酬的转移。

（4）购买方已支付了购买价款的大部分（一般应超过50%），并且有能力支付剩余款项，这样才能表明购买方取得了与被购买方净资产相关的风险和报酬。

（5）购买方实际上已经控制了被购买方的财务和经营政策，并享有相应的收益及承担风险。

2. 分次实现的企业合并购买日的确定

企业合并不是通过一次交换交易完成，而是通过多次分阶段取得股份并最终实现合并的，企业应于每一交易日确认对被投资企业的各单项投资。"交易日"是指合并方或购买方在自身的账簿和报表中确认对被投资单位投资的日期。购买日则是指按照有关标准判断购买方最终取得对被购买企业控制权的日期，其具体判断原则和参考依据与通过单项交易实现的企业合并相同。

【例1-4】　中航制造于20×2年6月10日取得飞虹公司28%的股权（假定能够对其施加重大影响），确认对飞虹公司的长期股权投资。之后又于20×3年8月20日取得飞虹公司32%的股权，其持股比例达到了60%，从而实现了对飞虹公司的控制，则20×3年8月20日即为企业合并的购买日。

（三）确定企业合并成本

非同一控制下的企业合并，由于是在市场规则下完成的交易，因此，其合并成本包括购买方为进行企业合并所支付的对价及未来或有事项对合并成本调整。有关内容具体说明如下。

1. 合并中所支付对价的确定

购买方在合并中所支付的对价，应按照在购买日为取得对被购买方的控制权而付出的现金或非现金资产、发行或承担的债务、发行的权益性证券等的公允价值进行确定。其中，以现金以外为对价的公允价值的确定方法如下。

（1）有活跃市场的股票、债券、基金等金融工具，按照购买日活跃市场中的市场价值确定。

（2）应收款项，其中：短期应收款项，因其折现后的价值与名义金额相差不大，可以直接运用其名义金额（应收取的金额）作为公允价值；长期应收款项，应以适当的利率折现后的现值确定其公允价值。在确定应收款项的公允价值时，要考虑发生坏账的可能性及相关收款费用。

（3）存货，其中：产成品和商品按其估计售价减去估计的销售费用、相关税费以及购买方出售类似产成品和商品可能实现的利润确定；在产品按完工产品的估计售价减去至完工仍将发生的成本、估计的销售费用、相关税费以及基于同类或类似产成品的基础上估计可能实现的利润确定；原材料按现行重置成本确定。

（4）不存在活跃市场的金融工具如权益性投资等，应当参照《企业会计准则第22号——金融工具确认和计量》等，采用估值技术确定其公允价值。

（5）房屋建筑物、机器设备、无形资产：存在活跃市场的，应以购买日的市场价格确定其公允价值；不存在活跃市场，但同类或类似资产存在活跃市场的，应参照同类或类似资产的市场价格确定其公允价值；同类或类似资产也不存在活跃市场的，应采用估值技术确定其公允价值。

采用估值技术确定的公允价值估计数的变动区间很小，或者在公允价值估计数变动区间内，各种用于确定公允价值估计数的概率能够合理确定的，视为公允价值能够可靠计量。

以非货币性资产作为合并对价的，其合并成本为所支付对价的公允价值，该公允价值与作为合并对价的非货币性资产账面价值的差额，作为资产的处置损益，计入合并当期的利润表。

（6）发行的权益性证券存在公开市场，有明确市价可供遵循的，应以该证券的市价作为确定其公允价值的依据，同时应考虑该证券的交易量、是否存在限制性条款等因素的影响；发行的权益性证券不存在公开市场，没有明确市价可供遵循的，则应考虑以购买方或被购买方的公允价值为基础确定权益性证券的价值。在确定所发行权益性证券的公允价值时，应当考虑达成企业合并协议并且公开宣布前后一段合理时间内该权益性证券的市场价格。

（7）因企业合并发生或承担的债务，应采用按照适用利率计算的未来现金流量的现值作为其公允价值。

2. 未来或有事项对合并成本的调整

在某些情况下，企业合并各方可能在合并协议中约定，根据未来一项或多项或有事项的发生，购买方通过发行额外证券、支付额外现金或其他资产等方式追加合并对价，或者要求返还之前已经支付的对价，这将导致产生企业合并的或有对价问题。

CAS20 中规定，在合并合同或协议中对可能影响合并成本的未来事项做出约定的，购买日如果估计未来事项很可能发生并且对合并成本的影响金额能够可靠计量的，购买方应当将其计入合并成本。会计准则规定，购买方应当将合并协议约定的或有对价作为企业合并转移对价的一部分，按照其在购买日的公允价值计入企业合并成本。或有对价符合权益工具和金融负债定义的，购买方应当将支付或有对价的义务确认为一项权益或负债；符合资产定义并满足资产确认条件的，购买方应当将符合合并协议约定条件的、可收回的部分已支付合并对价的权利确认为一项资产。同时，购买日 12 个月内出现对购买日已存在情况的新的或进一步证据需要调整或有对价的，应当予以确认并对原计入合并商誉的金额进行调整。其他情况下发生的或有对价变化或调整，应当区分情况进行会计处理：或有对价为权益性质的，不进行会计处理；或有对价为资产或负债性质的，如果属于会计准则规定的金融工具，应当按照以公允价值计量且其变动计入当期损益进行会计处理，不得指定为以公允价值计量且其变动计入其他综合收益的金融资产。

上述关于或有对价的规定，主要侧重于两个方面：一是在购买日应当合理估计或有对价并将其计入企业合并成本，购买日后 12 个月内取得新的或进一步证据表明购买日已存在状况，从而需要对企业合并成本进行调整的，可以据以调整企业合并成本；二是无论是购买日后 12 个月内还是其他时点，如果是由于出现新的情况导致对原估计或有对价进行调整的，则不能再对企业合并成本进行调整，相关或有对价属于金融工具的，应以公允价值计量，公允价值变动计入当期损益。上述会计处理的出发点在于，对企业合并交易原则上确认和计量时点应限定为购买日，购买日以后视新的情况对原购买成本进行调整的，不能视为购买日的状况，因此也就不能据以对企业合并成本进行调整。

3. 分步完成合并的合并成本

对于通过多次交换交易分步实现的企业合并，在购买方个别财务报表中应以购买日之前所持有被购买方的股权投资账面价值与购买日新增投资成本之和作为该项投资的初始投资成本。

4. 合并中发生的各项相关费用的处理

非同一控制下企业合并中发生的与企业合并相关的费用，包括为进行合并而支付的审计、评估咨询、法律服务等中介费用以及其他相关管理费用，应比照同一控制下企业合并中类似费用的处理原则计入发生时的当期损益。

购买方为进行企业合并发行的权益性证券或发行的债务相关的手续费、佣金等，应计入权益性证券或所发行债务的初始确认金额。

（四）对购买日取得的可辨认资产和负债的分类或指定

购买方在购买日取得的被购买方可辨认资产和负债通常应当按照原分类或指定的原则予以确认，不需要或也不应进行重新分类或指定。但是，如果购买方在购买日取得的是被购买方的金融资产和金融负债、衍生工具、嵌入衍生工具等，可能需要对其恰当地进行重新分类或指定。非同一控制下的企业合并中，购买方在购买日取得被购买方可辨认资产和负债，应当根据企业会计准则的规定，结合购买日存在的合同条款、经营政策、并购政策等相关因素进行分类或指定，主要包括以下方面。

（1）根据 CAS22，将特定金融资产和金融负债分类为以公允价值计量且其变动计入当期损益的金融资产或金融负债、债权投资或者以公允价值计量且其变动计入其他综合收益的金融资产。

（2）根据《企业会计准则第 24 号——套期会计》（CAS24），将衍生工具指定为套期工具。

（3）根据 CAS37，分析判断嵌入衍生工具是否应当与主合同进行分拆。

此外，合并中如涉及租赁合同和保险合同且在购买日对合同条款做出修订的，购买方应当根据企业会计准则的规定，结合修订的条款和其他因素对合同进行分类。

（五）企业合并成本在取得的被购买方可辨认资产和负债之间的分配

非同一控制下的企业合并，购买方取得了对被购买方净资产的控制权，实质上是在付出合并成本的基础上，购买了被购买方的部分或全部净资产，因此，应比照购买资产交易，将其合并成本分配到所取得的有关净资产中。由于这种合并是在公平的市场交易中进行的，因此，其分配的方法应当是按照购买日所取得的被购买方可辨认资产和负债（即可辨认净资产）的公允价值为基础进行分配。其中：在控股合并的情况下，购买方在其个别财务报表中应确认所形成的对被购买方的长期股权投资，该长期股权投资所代表的是购买方对合并中取得的被购买方各项资产、负债享有的份额，具体体现在合并财务报表中应列示的有关资产、负债；在吸收合并的情况下，合并中取得的被购买方各项可辨认资产、负债等直接体现为购买方账簿及个别财务报表中的资产、负债项目。

购买方将其合并成本在取得的被购买方可辨认资产和负债之间的分配，其前提除了预先确定合并成本外，还需对其于合并日取得的被购买方可辨认资产、负债进行确认与计量，现分述如下。

1. 被购买方可辨认资产和负债的确认

（1）购买日，购买方对于在企业合并中取得的被购买方各项可辨认资产（无形资产除外），其所带来的未来经济利益预期能够流入企业且公允价值能够可靠计量的，应单独作为本企业资产（或合并财务报表中的资产）确认；合并中取得的被购买方的各项负债（或有负债除外），履行有关的义务预期会导致经济利益流出企业且公允价值能够可靠计量的，应单独作为本企业负债（或合并财务报表中的负债）确认。

（2）对于企业合并中取得的无形资产，由于其持有风险较大，应当按照谨慎原则的要求，在其公允价值能够可靠计量的情况下单独予以确认。具体来说，购买方应当对被购买方拥有的但在其财务报表中未确认的无形资产进行充分辨认和合理判断，满足以下条件之一的，应确认为无形资产：①源于合同性权力或其他法定权力。②能够从被购买方中分离或者划分出来，并能单独或与相关合同、资产和负债一起，用于出售、转移、授予许可、租赁或交换。公允价值能够被可靠计量的情况下，应区别于商誉单独确认的无形资产一般包括商标、版权及与其相关的许可协议、特许权、分销权等类似权利、专利技术、专有技术等。企业应当在附注中披露在非同一控制下的企业合并中取得的被购买方无形资产的公允价值及其公允价值的确定方法。

（3）为了尽可能反映购买方因为进行企业合并可能承担的潜在义务，对于购买方在企业合并时可能需要代被购买方承担的或有负债，只要在其公允价值能够被可靠计量的情况下，就应作为合并中取得的负债单独确认并按公允价值计量。应注意的是：企业合并中对于或有负债的确认条件，与企业在正常经营过程中因或有事项需要确认负债的条件不同，在购买日，可能相关的或有事项导致经济利益流出企业的可能性还比较小，但其公允价值能够被合理确定的情况下，即需要作为合并中取得的负债确认。

（4）对于被购买方在企业合并之前已经确认的商誉和递延所得税项目，购买方在对企业合并成本进行分配、确认合并中取得可辨认资产和负债时不应予以考虑。在按照规定确定了合并中应予确认的各项可辨认资产、负债的公允价值后，其计税基础与账面价值不同形成暂时性差异的，应当按照《企业会计准则第18号——所得税》（CAS18）的规定确认相应的递延所得税资产或递延所得税负债。

2. 被购买方可辨认资产和负债的计量

企业合并中取得的资产、负债在满足确认条件后，应以其在购买日的公允价值计量。企业应当按照以下规定确认合并中取得的被购买方各项可辨认资产、负债及或有负债的公允价值。

（1）货币资金，按照购买日被购买方的原账面价值确定。

（2）有活跃市场的股票、债券、基金等金融工具，按照购买日活跃市场中的市场价值确定。

（3）应收款项。短期应收款项，因其折现后的价值与名义金额相差不大，可以直接运用其名义金额作为公允价值；对于收款期在3年以上的长期应收款项，应以适当的现行利率折现后的现值确定其公允价值。在确定应收款项的公允价值时，要考虑发生坏账的可能性及收款费用。

（4）存货。产成品和商品按其估计售价减去估计的销售费用、相关税费以及购买方通过自身的努力在销售过程中对于类似的产成品或商品可能实现的利润确定；在产品按完工产品的估计售价减去至完工仍将发生的成本、预计销售费用、相关税费以及基于同类或类似产成品的基础上估计可能实现的利润确定；原材料按现行重置成本确定。

（5）不存在活跃市场的金融工具，如权益性投资等，应当参照CAS22等，采用估值技术确定其公允价值。

（6）房屋建筑物。存在活跃市场的，应以购买日的市场价格确定其公允价值；本身不存在活跃市场，但同类或类似房屋建筑物存在活跃市场的，应参照同类或类似房屋建筑物的市场价格确定其公允价值；同类或类似房屋建筑物也不存在活跃市场，无法取得有关市场信息的，应按照一定的估值技术确定其公允价值。

采用估值技术确定的公允价值估计数的变动区间很小，或者在公允价值估计数变动区间内，各种用于确定公允价值估计数的概率能够合理确定的，视为公允价值能够被可靠计量。

（7）机器设备。存在活跃市场的，应按购买日的市场价值确定其公允价值；本身不存在活跃市场，但同类或类似机器设备存在活跃市场的，应参照同类或类似机器设备的市场价格确定其公允价值；同类或类似机器设备也不存在活跃市场，或因有关的机器设备具有专用性，在市场上很少出售、无法取得确定其公允价值的市场证据的，可使用收益法或考虑该机器设备损耗后的重置成本估计其公允价值。

（8）无形资产。存在活跃市场的，参考市场价格确定其公允价值；不存在活跃市场的，应当基于可获得的最佳信息基础上，以估计熟悉情况的双方在公平的市场交易中为取得该项资产应支付的金额作为其公允价值。

（9）应付账款、应付票据、应付职工薪酬、应付债券、长期应付款。对于短期债务，因其折现后的价值与名义金额相差不大，可以名义金额作为公允价值；对于长期债务，应当按照适当的折现率折现后的现值作为其公允价值。

（10）取得的被购买方的或有负债，其公允价值在购买日能够可靠计量的，应单独确认为预计负债。此项负债应当按照假定第三方愿意代购买方承担该项义务，就其所承担义务需要购买方支付的金额计量。

（11）递延所得税资产和递延所得税负债，对于企业合并中取得的被购买方各项可辨认资产、负债及或有负债的公允价值与其计税基础之间存在差额的，应当按照CAS18的规定确认相应的递延所得税资产或递延所得税负债，所确认的递延所得税资产或递延所得税负债的金额不应折现。

（六）企业合并成本与合并中所取得的被购买方可辨认净资产公允价值份额之间差额的处理

购买方对于企业合并成本与合并中所取得的被购买方可辨认净资产公允价值份额的差额，应视下列情况分别处理。

（1）企业合并成本大于合并中取得的被购买方可辨认净资产公允价值份额的差额，应确认为商誉。在具体处理时，应视企业合并方式不同，分别做出不同的处理：在控股合并情况下，应在编制合并财务报表中列示为商誉；而在吸收合并情况下，应直接在购买方账簿及个别财务报表中确认为商誉。

在商誉确认后，在其持有期间不进行商誉的价值摊销，而应于持有期间的每一会计年度年末，按照《企业会计准则第8号——资产减值》（CAS8）的规定对其进行减值测试，即按照账面价值与可收回金额孰低的原则计量，对于可收回金额低于账面价值的部分，计提减值准备。有关减值准备在提取以后，不能够转回。

（2）企业合并成本小于合并中取得的被购买方可辨认净资产公允价值份额的部分（通常称之为"负商誉"），应在购买日计入合并当期损益。但在具体处理时，购买方首先要对合并中取得的资产、负债的公允价值，作为合并对价的非现金资产或发行的权益性证券等的公允价值进行复核。如果复核结果表明所确定的各项资产和负债的公允价值确定是恰当的，应将企业合并成本低于取得的被购买方可辨认净资产公允价值份额之间的差额，计入合并当期的营业外收入，并在会计报表附注中予以说明。其中：在吸收合并的情况下，上述差额应计入购买方合并当期的个别利润表；在控股合并的情况下，上述差额应体现在购买方合并当期的合并利润表中，不影响购买方的个别利润表。

（七）企业合并中各种公允价值的暂时确定及其调整

在非同一控制下的企业合并的会计处理中，其核心内容是确定作为合并对价付出的各项资产的公允价值和合并中取得被购买方各项可辨认资产、负债的公允价值。但是，如果在购买日或合并当期期末，因各种因素影响无法对其全部或部分公允价值进行合理确定的，为了及时反映企业合并的经济现实，购买方应在合并当期期末以暂时确定的价值为基础进行核算，并在以后取得更充分的证据时再对其进行调整。

对于在合并当期期末以暂时确定的价值为基础进行核算的企业合并，若自购买日算起 12 个月内取得进一步的证据表明需对原暂时确定的企业合并成本或所取得的可辨认资产、负债的暂时性价值进行调整的，应视同在购买日发生，即应进行追溯调整，同时对以暂时性价值为基础提供的比较财务报表信息，也应进行相关的调整。

【例 1-5】　中航制造于 20×2 年 10 月 13 日对恒运公司进行吸收合并，合并中取得的一项固定资产不存在活跃市场，为确定其公允价值，聘请了某资产评估事务所对其进行评估，20×2 年财务报告对外报出时，尚未取得评估报告，因此，中航制造在其 20×2 年财务报告中根据自己的判断将其价值暂估为 450 000 元，预计使用年限为 5 年，无净残值，按照直线法计提折旧。并据此确认合并中产生的商誉为 1 000 000 元。20×3 年 5 月中航制造取得了资产评估报告，确认该项固定资产的价值为 600 000 元，对此应视同在购买日确定的该项固定资产的公允价值，相应调整 20×2 年财务报告中确认的商誉价值及利润表中的折旧费用。其中，商誉应调减 150 000（600 000 - 450 000）元，折旧费用调增 5 000〔（600 000 - 450 000）÷ 5 × 2 / 12〕元。对于这些调整，中航制造还应在其 20×3 年度财务报表附注中对有关情况做出附注披露。

若自购买日算起 12 个月以后对企业合并成本或合并中取得的可辨认资产、负债价值的调整，应当按照《企业会计准则第 28 号——会计政策、会计估计变更和会计差错更正》（CAS28）的原则进行处理，即对于企业合并成本，合并中取得可辨认资产、负债公允价值等进行的调整，应视为会计差错更正，在调整相关资产、负债账面价值的同时，应调整所确认的商誉或计入合并当期利润表中的金额，以及相关资产的折旧、摊销等。

购买日取得的被购买方在以前期间发生的经营亏损等可抵扣暂时性差异，按照税法规定可以用于抵减以后年度应纳税所得额的，但在购买日不符合递延所得税资产确认条件的，不应予以确认。购买日后 12 个月内，如果取得新的或进一步信息表明相关情况在购买日已经存在，预期被购买方在购买日可抵扣暂时性差异带来的经济利益能够实现的，购买方应当确认相关递延所得税资产，同时减少由该企业合并产生的商誉，商誉不足冲减的，差额部分确认为当期损益（"所得税费用"）。除上述情况以外，如果符合递延所得税资产确认条件，确认与企业合并相关的递延所得税资产，应当计入当期损益的"所得税费用"科目，不得调整商誉金额。

（八）购买日合并财务报表的编制

非同一控制下的控股合并，购买方在购买日需要编制合并财务报表，以便将企业合并这一经济事实及时提供给会计信息利用者，并为购买方以后进行相关会计处理提供基础。由于这种合并实质上是一种净资产交易，购买方在购买日所得到的是被购买方部分或全部可辨认资产和负债，而合并当年年初至合并日被购买方所实现的净利润，已经以各项净资产的方式反映在被购买方的净资产中。因此，购买方在购买日所要编制的反映企业合并的财务报表只有合并资产负债表，用于反映其于购买日开始能够控制的经济资源情况。

购买日合并资产负债表的编制详见本教材"第二章　合并财务报表（上）"的有关说明。

二、非同一控制下企业合并的具体会计处理

（一）控股合并的会计处理

在控股合并情况下，由于合并后参与合并的各方均保持独立的法律地位，因此，购买方在采用购买法进行会计处理时涉及的内容主要是：通过合并，购买方形成了对被购买方的长期股权投资，并以合并对价向被购买方支付了有关资产；编制购买日的合并资产负债表。

1. 长期股权投资的处理

非同一控制下的企业合并中，只有控股合并情况下才会形成购买方的长期股权投资。按照 CAS2 的规定，这种情况下形成的长期股权投资，应以在购买日确定的企业合并成本（不包括应自被投资单位收取的现金股利或利润），作为其初始投资成本。同时若合并成本中包括以支付非货币性资产为对价的，所支付的非货币性资产在购买日的公允价值与其账面价值之间的差额，应作为资产处置损益计入合并当期损益。长期股权投资形成后的有关处理，详见本系列教材《财务会计学》的有关内容。

【例 1-6】　中航制造于 20×3 年 4 月 18 日取得正大公司 80% 的股权，对正大公司实施控制。合并期间，中航制造支付评估费用等各项合并费用 74 万元。合并中，中航制造支付的有关资产在购买日的账面价值与公允价值如表 1-2 所示。本例中假定合并前中航制造与正大公司不存在任何关联方关系。

表 1-2　中航制造支付的有关资产在购买日的账面价值与公允价值　　　单位：万元

项　　目	账面价值	公允价值
银行存款	1 500	1 500
固定资产（净）	600	800
无形资产	300	250
合　　计	2 400	2 550

不考虑其他因素，则中航制造的账务处理如下。

（1）购买日，确认长期股权投资的初始投资成本为 2 550 万元。

（2）反映取得长期股权投资时，应做会计分录为：

借：长期股权投资　　　　　　　　　　　　　　　　　　　　　25 500 000

　　贷：银行存款　　　　　　　　　　　　　　　　　　　　　15 000 000

　　　　固定资产清理　　　　　　　　　　　　　　　　　　　 6 000 000

　　　　无形资产　　　　　　　　　　　　　　　　　　　　　　3 000 000

　　　　资产处置损益　　　　　　　　　　　　　　　　　　　1 500 000

（3）反映支付合并相关费用时，应做会计分录为：

借：管理费用　　　　　　　　　　　　　　　　　　　　　740 000

　　贷：银行存款　　　　　　　　　　　　　　　　　　　　　740 000

2. 购买日合并财务报表的编制

关于购买方购买日合并财务报表的编制，详见本教材"第二章 合并财务报表（上）"中"合并日合并财务报表"一节的论述。

（二）吸收合并的会计处理

非同一控制下的吸收合并，由于合并后被购买方在法律上已经消失，所以，购买方不需要反映长期股权投资，有关会计处理主要包括：在购买日将合并中取得的符合确认条件的各项可辨认资产、负债，按其公允价值确认为本企业的资产和负债；作为合并对价的有关非货币性资产在购买日的公允价值与其账面价值的差额，应作为资产处置损益计入合并当期的利润表；确定的企业合并成本与所取得的被购买方可辨认净资产公允价值之间的差额，视情况分别确认为商誉或计入企业合并当期的损益。经过上述处理后还要编制购买日的反映合并的资产负债表，并依此作为合并后购买方重新控制的经济资源对外进行披露。

【例 1-7】 20×3 年 12 月 31 日，中航制造吸收合并中原装备股份有限公司（以下简称"中原装备"），合并后中原装备丧失法人资格。假设中原装备不存在或有项目。合并前中原装备经确认的资产和负债的账面价值和公允价值如表 1-3 所示。

表 1-3 中原装备资产和负债的账面价值和公允价值

20×3 年 12 月 31 日　　　　　　　　　　　　　　　单位：元

资　　产	账面价值	公允价值	差　　异
银行存款	80 000	80 000	0
应收账款（净）	210 000	200 000	−10 000
存货	360 000	412 500	52 500
交易性金融资产	300 000	352 500	52 500
固定资产（净）	1 500 000	1 600 000	100 000
无形资产	100 000	90 000	−10 000
资产合计	2 550 000	2 735 000	
权　　益			
短期借款	160 000	160 000	0
应付账款	227 000	227 000	0
长期应付款	640 000	548 000	−92 000
股本	600 000		
资本公积	750 000		
留存收益	173 000		
权益合计	2 550 000		

合并时中航制造发行了 1 000 000 股每股面值 1 元的普通股（每股市价 2 元），换取中原装备股东持有的每股面值 1 元的 600 000 股普通股。此外，中航制造还发生了下列与合并业务相关的费用：股票登记发行费 70 000 元，法律费、咨询费及佣金等直接费用 43 500 元，其他间接费用 10 000 元，均以银行存款支付。

根据上述资料，购买方中航制造的有关账务处理如下（处理时仍可借助于"长期股权投资"科目，对合并成本进行归集，然后再分配给所取得的被购买方的可辨认净资产中）。

（1）反映合并成本，即由购买方支付对价时，应做会计分录为：

借：长期股权投资	2 000 000
贷：股本	1 000 000
资本公积	1 000 000

（2）反映合并业务的相关费用时，应做会计分录为：

借：管理费用	53 500
资本公积	70 000
贷：银行存款	123 500

（3）将合并成本在取得的中原装备可辨认资产和负债之间分配，差额记为商誉。应做会计分录为：

借：银行存款	80 000
应收账款（净）	200 000
存货	412 500
交易性金融资产	352 500
固定资产（净）	1 600 000
无形资产	90 000
商誉	200 000
贷：短期借款	160 000
应付账款	227 000
长期应付款	548 000
长期股权投资	2 000 000

其中：

合并成本 = 1 000 000 股 × 2 元 / 股 = 2 000 000（元）

被购买方可辨认净资产公允价值 = 2 735 000 −（160 000 + 227 000 + 548 000）
　　　　　　　　　　　　　　 = 1 800 000（元）

商誉 = 2 000 000 − 1 800 000 = 200 000（元）

需要注意的是，中航制造作为购买方，其自身的净资产账面价值不需要调整为公允价值。

同时，在购买日，按照上述处理的结果进行重新过账后，应编制购买日的反映合并内容的资产负债表，并在合并当期期末的财务报告中，应对该合并交易在财务报表附注中予以说明。

（三）分步实现企业合并的会计处理

如果企业合并并非通过一次交换交易实现，而是通过多次交换交易分步实现的，则企业在每一单项交易发生时,应确认对被投资单位的投资。当投资企业通过增加持有被投资单位的股权比例达到对被投资单位形成控制时,应当区分个别财务报表和合并财务报表进行相关会计处理。

1. 个别财务报表

在个别财务报表中:应当以购买日之前所持被购买方的股权投资的账面价值与购买日新增投资成本之和,作为该项投资的初始投资成本;购买日之前持有的被购买方的股权涉及其他综合收益的,应当在处置该项投资时将与其相关的其他综合收益转入当期投资收益或留存收益。具体操作上包括以下四方面内容。

(1)购买方于购买日之前持有的被购买方的股权投资,保持其账面价值不变,其中:购买日前持有的作为长期股权投资并采用权益法核算的,为权益法核算下至购买日应有的账面价值;购买日前持有的股权投资作为金融资产并按公允价值计量的,为至购买日的账面价值。

(2)追加的投资,按照购买日支付对价的公允价值计量,并确认长期股权投资。购买方应当以购买日之前所持有的被购买方股权投资的账面价值与购买日新增投资成本之和作为该项投资的初始投资成本。

(3)购买方对于购买日之前持有的被购买方股权投资涉及其他综合收益的,如购买方原持有的被购买方股权投资按照权益法核算时,被购买方持有的金融资产公允价值变动确认的其他综合损益,购买方按持股比例计算应享有的份额并确认为其他综合收益(应计入购买方"资本公积——其他资本公积")的部分,不予处理。待购买方出售被购买方股权时,再按出售股权相应的其他综合收益部分转入出售当期损益。

购买方购买日之前持有的股权投资因采用权益法核算而确认的其他综合收益,应当在处置该项投资时采用与被投资单位直接处置相关资产或负债相同的基础进行会计处理;购买方购买日之前持有的股权投资,按照CAS22的有关规定进行会计处理的,原计入其他综合收益的累计公允价值变动应当在改按成本法核算时转入留存收益。

(4)如果通过多次交易实现非同一控制下吸收合并的,按照非同一控制下吸收合并相同的处理原则进行会计处理。

2. 合并财务报表

关于企业通过多次交易非同一控制下的控股合并,购买方合并财务报表的编制,详见本教材"第三章 合并财务报表(下)"中"合并财务报表中的特殊问题"一节的论述。

【例 1-8】 中航制造与中原装备之间原不存在任何关联方关系。中航制造于20×2年3月1日取得中原装备20%的股份,成本为1 000万元,当日中原装备可辨认净资产公允价值为4 000万元。取得投资后中航制造派人参与中原装备的生产经营决策。20×2年末依据中原装备实现的净利润确认投资收益80万元。在此期间,中原装备未宣告发放现金股利或利润。20×3年2月10日,中航制造又以银行存款3 000万元购入中原装备40%的股份,能够对中原装备实施控制。购买日中原装备可辨认净资产的公允价值为7 000万元。不考虑相关税费及其他因素,则中航制造在个别财务报表中的会计处理如下。

(1)确定长期股权投资初始投资成本。

①20×2年3月1日,中航制造取得对中原装备长期股权投资的成本为1 000万元。

该项长期股权投资应按权益法核算。②20×2 年末确认投资收益后账面价值应为 1 080（1 000 + 80）万元。③20×3 年 2 月 10 日中航制造进一步取得中原装备 40%股权时，支付价款 3 000 万元。该项长期股权投资于购买日的账面价值为 4 080（1 000 + 80 + 3000）万元。

（2）中航制造于购买日，应做会计分录为：

借：长期股权投资 30 000 000

　　贷：银行存款 30 000 000

【例 1-9】 若【例 1-8】中的中航制造 20×2 年 3 月 1 日以 1 000 万元取得中原装备 5%的股份，对中原装备不具有重大影响，中航制造将该项投资指定为以公允价值计量且其变动计入其他综合收益的金融资产（"其他权益工具投资"科目），按公允价值计量。假定中航制造在取得中原装备的长期股权投资后，中原装备未宣告发放现金股利。该项金融资产于 20×3 年 4 月 30 日的公允价值为 1 400 万元，累计计入其他综合收益的金额为 400 万元。20×3 年 5 月 1 日，中航制造又以银行存款 9 000 万元购入中原装备另外 50%的股份，能够对中原装备实施控制。中航制造按净利润的 10%计提法定盈余公积，不计提任意盈余公积。不考虑相关税费及其他因素，则中航制造在个别财务报表中的会计处理如下。

（1）确定长期股权投资初始投资成本。

①20×2 年 3 月 1 日，中航制造取得对中原装备"其他权益工具投资"的成本为 1 000 万元。②截至 20×3 年 4 月 30 日该项金融资产以公允价值计价的成本为 1 400 万元。③20×3 年 5 月 1 日中航制造进一步取得中原装备 50%股权时，支付价款 9 000 万元。该项长期股权投资于购买日的账面价值为 10 400（1 400 + 9000）万元。

（2）中航制造于购买日，应做会计分录为：

借：长期股权投资 104 000 000

　　贷：其他权益工具投资 14 000 000

　　　　银行存款 90 000 000

借：其他综合收益 4 000 000

　　贷：盈余公积 400 000

　　　　利润分配——未分配利润 3 600 000

（四）反向购买的会计处理

1. 反向购买的概念

通过权益互换实现的非同一控制下企业合并，发行权益性证券的一方通常为购买方。但如果有证据表明发行权益性证券的一方，其生产经营决策在合并后被参与合并的另一方控制，则其应为被购买方，参与合并的另一方为购买方。该类企业合并通常称为"反向购买"。

如前所述，企业合并可以通过支付现金、转让非现金资产、承担负债或进行权益互换等多种方式进行。其中，在以通过权益互换实现的企业合并中，通常以发行权益性证券的一方为购买方。然而在实际操作中，基于实质重于形式的原则，应当考虑"所有相关的事实和情况，以确定哪一个参与合并主体拥有统驭其他一个（或多个）主体的财务和经营政策，并借此从其活动中获取利益的权力"（IFRS3）。于是，在某些企业合并中就会出现购买方是权益份额被购买的主体，被购买方是发行权益的主体的情况，即反向购买。例如，X 公司为规模较小的上市公司，Y 企业是一家规模较大的企业，Y 企业拟通过合并 X 公司达到在证券交易所上市的目的。具体的合并方式为：由 X 公司向 Y 企业原股东发行普通股，用以交换 Y 企业原股东持有的对 Y 企业 100%的股权。该项交易后，Y 企业原控股股东将持有 X 公司 50%以上股权，X 公司持有 Y 企业 100%的股权。从法律角度而言，X 公司作为公开发行主体被视为母公司、Y 企业为子公司。但从会计角度出发，如果 Y 企业因此能够控制 X 公司的财务及经营政策，并借此从其活动中获得利益的权力，则 Y 企业应被认定为购买方，X 公司为被购买方。

2. 反向购买的会计处理原则

（1）企业合并成本的确认。在反向购买中，购买方（即法律上的子公司）的企业合并成本是指其如果以发行权益性证券的方式为获取在合并后报告主体的股权比例，应向被购买方（即法律上的母公司）的股东发行的权益性证券数量与其公允价值计算的结果。购买方的权益性证券在购买日存在公开报价的，通常应以公开报价作为其公允价值；购买方的权益性证券在购买日不存在可靠公开报价的，应参照购买方的公允价值和被购买方的公允价值两者之中有更为明显证据支持的一个作为基础，确定购买方假定应发行权益性证券的公允价值。

（2）购买日合并财务报表的编制。反向购买后，被购买方（法律上的母公司）应当于购买日遵从以下原则编制合并财务报表。

①合并财务报表中，购买方（法律上的子公司）的资产、负债应以其在合并前的账面价值进行确认和计量。

②合并财务报表中的留存收益和其他权益余额应当反映的是购买方（法律上的子公司）在合并前的留存收益和其他权益余额。

③合并财务报表中的权益性证券的金额应当反映购买方（法律上的子公司）合并前发行在外的股份面值以及假定在确定该项企业合并成本过程中新发行的权益性证券的金额。但是在合并财务报表中的权益结构应当反映被购买方（法律上的母公司）的权益结构，即被购买方（法律上的母公司）发行在外权益性证券的数量和种类。具体来说主要包括以下 3 方面。

"股本"项目＝购买方（法律上的子公司）合并前外发股份面值×被购买方（法律上的母公司）持有购买方（法律上的子公司）股份比例＋假定购买方（法律上的子公司）在确定该项企业合并成本过程中新发行股份的面值

"盈余公积"项目＝购买方（法律上的子公司）合并前盈余公积×被购买方（法律上的母公司）持有购买方（法律上的子公司）股份比例

"未分配利润"项目＝购买方（法律上的子公司）合并前未分配利润×被购买方（法律上的母公司）持有购买方（法律上的子公司）股份比例

④被购买方（法律上的母公司）的有关可辨认资产、负债在并入合并财务报表时，应以其在购买日确定的公允价值进行合并（但不应包括由于反向购买所产生的长期股权投资）。

企业合并成本大于合并中取得的被购买方（法律上的母公司）可辨认净资产公允价值的份额体现为商誉，小于合并中取得的被购买方（法律上的母公司）可辨认净资产公允价值的份额确认为合并当期损益。

⑤合并财务报表的比较信息应当是购买方（法律上的子公司）的比较信息（即购买方的前期合并财务报表）。

⑥购买方（法律上的子公司）的有关股东在合并过程中未将其持有的股份转换为对被购买方（法律上的母公司）股份的，该部分股东享有的权益份额在合并财务报表中应作为少数股东权益列示。因购买方（法律上的子公司）的部分股东未将其持有的股份转换为被购买方（法律上的母公司）的股权，其享有的权益份额仍仅限于对购买方（法律上的子公司）的部分，该部分少数股东权益反映的是少数股东按持股比例计算享有购买方（法律上的子公司）合并前净资产账面价值的份额。另外，对于被购买方（法律上的母公司）的所有股东，虽然该项合并中其被认为被购买方，但其享有合并形成报告主体的净资产及损益，不应作为少数股东权益列示。

上述反向购买的会计处理原则仅适用于合并财务报表的编制。被购买方（法律上的母公司）在该项合并中形成的对购买方（法律上的子公司）长期股权投资成本的确定，应当遵从 CAS2 的相关规定。

（3）每股收益的计算。发生反向购买当期，用于计算每股收益的发行在外普通股加权平均数如下。

①自当期期初至购买日，发行在外的普通股数量应假定为在该项合并中被购买方（法律上的母公司）向购买方（法律上的子公司）股东发行的普通股数量。

②自购买日至期末发行在外的普通股数量为被购买方（法律上的母公司）实际发行在外的普通股股数。

反向购买后对外提供比较合并财务报表的，其比较前期合并财务报表中的基本每股收益，应以购买方（法律上的子公司）在每一比较报表期间归属于普通股股东的净损益除以在反向购买中被购买方（法律上的母公司）向购买方（法律上的子公司）股东发行的普通股股数计算确定。

上述假定购买方（法律上的子公司）发行的普通股股数在比较期间内和自反向购买发生期间的期初至购买日之间未发生变化。如果购买方（法律上的子公司）发行的普通股股数在此期间发生了变动，计算每股收益时应适当考虑其影响进行调整。

3. 反向购买的会计处理举例

【例 1-10】 中航制造于 20×3 年 3 月 31 日通过定向增发本企业普通股对中原装备进行合并，取得中原装备 100%股权。假定不考虑所得税影响。中航制造及中原装备在合并前简化的资产负债表如表 1-4 所示。

表 1-4   中航制造及中原装备合并前资产负债表   单位：万元

项目	中航制造	中原装备
流动资产	4 500	6 000
非流动资产	26 000	64 000
资产总额	30 500	70 000
流动负债	1 600	2 500

续表

项目	中航制造	中原装备
非流动负债	2 400	4 000
负债总额	4 000	6 500
所有者权益：		
股本	2 000	1 000
资本公积	2 700	3 800
盈余公积	6 800	16 700
未分配利润	15 000	42 000
所有者权益总额	26 500	63 500

其他资料：

①20×3 年 3 月 31 日，中航制造通过定向增发本企业普通股，以 3 股换 1 股的比例自中原装备原股东处取得了中原装备全部股权。中航制造共发行了 3 000 万股普通股以取得中原装备全部 1 000 万股普通股。

②中航制造普通股在 20×3 年 3 月 31 日的公允价值为 15 元，中原装备每股普通股当日的公允价值为 45 元。中航制造、中原装备每股普通股的面值均为 1 元。

③20×3 年 3 月 31 日，中航制造除非流动资产公允价值为 28 115 万元以外，其他资产、负债项目的公允价值与其账面价值相同。

④假定中航制造与中原装备在合并前不存在任何关联方关系。

根据上述资料，20×3 年 3 月 31 日相关会计处理如下。

（1）购买方的确定。对于该项企业合并，虽然在合并中发行权益性证券的一方为中航制造，但因其生产经营决策的控制权在合并后由中原装备原股东控制，该合并应属于"反向购买"。其中：中原装备应为购买方，中航制造为被购买方。

（2）确定该项合并中购买方中原装备的合并成本。中航制造在该项合并中向中原装备原股东增发了 3 000 万股普通股，合并后中原装备原股东持有中航制造的股权比例为60%(3 000 / 5 000)，如果假定中原装备发行本企业普通股在合并后主体享有同样的股权比例，则中原装备应当发行的普通股股数约为 667（1 000 / 60% − 1 000）万股，其公允价值为 30 015（667 万股×45 元 / 股）万元，企业合并成本为 30 015 万元。

（3）企业合并成本在被购买方（中航制造）可辨认资产、负债中的分配，如表 1-5 所示。

表 1-5　企业合并成本在中航制造可辨认资产、负债中的分配　　　　单位：万元

企业合并成本	30 015
中航制造可辨认资产、负债：	
流动资产	4 500
非流动资产	28 115
流动负债	−1 600
非流动负债	−2 400
商誉	1 400

（4）20×3 年 3 月 31 日由中航制造（法律上的母公司）编制的购买日合并资产负债表，如表 1-6 所示。

表 1-6   中航制造 20×3 年 3 月 31 日合并资产负债表　　　　　单位：万元

项目	金额
流动资产	10 500
非流动资产	92 115
商誉	1 400
资产总额	104 015
流动负债	4 100
非流动负债	6 400
负债总额	10 500
所有者权益：	
股本（5 000 万股普通股）	1 667
资本公积	33 148
盈余公积	16 700
未分配利润	42 000
所有者权益总额	93 515

其中：股本 1 667 万元 = 1 000 万元 × 100% + 667 万元

盈余公积 16 700 万元 = 16 700 万元 × 100%

未分配利润 42 000 万元 = 42 000 万元 × 100%

资本公积项目为轧算数。

（5）中航制造每股收益的计算。若本例中假定中原装备 20×2 年度实现合并净利润 2 400 万元，20×3 年中航制造与中原装备形成的主体实现合并净利润为 6 000 万元，自 20×2 年 1 月 1 日至 20×3 年 3 月 30 日，中原装备发行在外的普通股股数未发生变化。

中航制造 20×3 年度基本每股收益 = 6 000 ／（3 000 × 3 ÷ 12 + 5 000 × 9 ÷ 12）≈ 1.33（元）

在提供比较报表的情况下，比较报表中的每股收益应进行调整，则中航制造 20×2 年度的基本每股收益 = 2 400 万元 ／ 3 000 万股 = 0.8 元 ／ 股。

在上例中，中原装备的全部股东中假定只有其中的 80% 以原持有的对中原装备股权换取了中航制造增发的普通股。则中航制造应发行的普通股股数为 2 400（1 000 × 80% × 3）万股。企业合并后，中原装备的股东拥有合并后报告主体的股权比例约为 54.55%（2 400 ／ 4 400）。通过假定中原装备向中航制造发行本企业普通股在合并后主体享有同样的股权比例，在计算中原装备须发行的普通股数量时，不考虑少数股权的因素，故中原装备应当发行的普通股股数为 667（1 000 × 80% ÷ 54.55% − 1 000 × 80%）万股。中原装备在该项合并中的企业合并成本为 30 015 万元，中原装备未参与股权交换的股东拥有的股份为 20%，享有中原装备合并前净资产的份额为 12 700 万元，在中航制造编制的购买日合并资产负债表中应作为少数股东权益列示。同时，购买日留存收益项目也应分别按中航制造持有中原装备的股份比例 80% 进行列示。即盈余公积为 13 360 万元（16 700 万元 × 80%），未分配利润为 33 600 万元（42 000 万元 × 80%）。

反向购买中，被购买方（即上市公司）构成业务的，购买方应按照非同一控制下企业合并的原则进行处理。被购买方不构成业务的，购买方应按照权益性交易的原则进行处理，不得确认商誉或当期损益。

4. 非上市公司购买上市公司股权实现间接上市的会计处理

非上市公司以所持有的对子公司投资等资产为对价取得上市公司的控制权，构成反向购买的，上市公司编制合并财务报表时应当区别以下情况处理。

（1）交易发生时，上市公司未持有任何资产负债或仅持有现金、交易性金融资产等不构成业务的资产或负债的，上市公司在编制合并财务报表时，购买企业应按照权益性交易的原则进行处理，不得确认商誉或确认计入当期损益。

（2）交易发生时，上市公司保留的资产、负债构成业务的，对于形成非同一控制下企业合并的，企业合并成本与取得的上市公司可辨认净资产公允价值份额的差额应当确认为商誉或是计入当期损益。

非上市公司取得上市公司的控制权，构成反向购买的，上市公司在其个别财务报表中应当按照 CAS2 的规定确定取得资产的入账价值。上市公司的前期比较个别报表应为其自身个别报表。

（五）购买子公司少数股权的处理

企业在取得对子公司的控制权，形成企业合并后，自子公司的少数股东处取得少数股东拥有的对该子公司全部或部分少数股权，该类交易或事项发生以后，应当遵循以下原则分别对母公司个别财务报表以及合并财务报表两种情况进行处理。

从母公司个别财务报表角度，其自子公司少数股东处新取得的长期股权投资应当按照 CAS2 的规定确定其入账价值。

在合并财务报表中，子公司的资产、负债应以购买日（或合并日）开始持续计算的金额反映。

具体会计处理案例，详见本教材"第三章　合并财务报表（下）"中"合并财务报表中的特殊问题"一节的论述。

（六）被购买方的会计处理

非同一控制下的控股合并中，被购买方在企业合并后仍持续经营。如果购买方通过企业合并取得被购买方 100% 股权的，被购买方可以按照合并中确定的可辨认资产、负债的公允价值调整其账面价值。除此之外，其他情况下被购买方则不应因企业合并改记有关资产、负债的账面价值。

练　习　题

练习题 1

一、目的：练习吸收合并的会计处理方法。

二、资料：20×3 年 1 月 1 日，中原装备吸收合并航宇公司，合并后航宇公司丧失法人资格。中原装备发行了 140 000 股每股面值 1 元，市价 2 元的普通股，换取航宇公司的全部 100 000 股每股面值 1 元的普通股。此外，中原装备还以银行存款支付股票发行登记费 15 000 元，其他直接费用 10 000 元，间接费用 3 000 元。合并前航宇公司经确认的资产和负债的账面价值和公允价值如表 1-7 所示。

表 1-7　合并前航宇公司经确认的资产和负债的账面价值与公允价值　　　　　单位：元

项　　目	账面价值	公允价值
流动资产	80 000	100 000
固定资产（净）	200 000	250 000
无形资产	20 000	10 000
资产总额	300 000	360 000
负　　债	100 000	100 000
股　　本	100 000	
资本公积	60 000	
留存收益	40 000	
负债及所有者权益总额	300 000	

假设中原装备与航宇公司在合并前采用的会计政策相同。

三、要求：根据上述资料，分别以下列情况，编制合并日（购买日）中原装备相关会计分录。

1. 中原装备与航宇公司均为中航制造集团公司下属的全资子公司。

2. 中原装备与航宇公司在合并前不存在任何关联方关系。

练习题 2

一、目的：练习通过多次交易分步实现的非同一控制下企业合并的会计处理。

二、资料：中原装备与天鹰公司之间原不存在任何关联方关系。中原装备于 20×2 年 1 月 1 日以 2 000 万元取得天鹰公司 10% 的股份，取得投资时天鹰公司净资产的公允价值为 19 000 万元。因未以任何方式参与天鹰公司的生产经营决策，中原装备对持有的该投资采用成本法核算。20×3 年 1 月 1 日，中原装备另支付 10 000 万元取得天鹰公司 50% 的股份，从而能够对天鹰公司实施控制。购买日天鹰公司可辨认净资产公允价值为 21 000 万元。天鹰公司自 20×2 年中原装备取得投资后至 20×3 年进一步购买股份前实现的净利润为 800 万元（假定不存在需要对净利润进行调整的因素），未进行利润分配。

三、要求：根据上述资料，试做购买日中原装备的相关账务处理。

练习题 3

一、目的：练习反向购买的会计处理。

二、资料：中原装备于 20×3 年 9 月 30 日通过定向增发本企业普通股对甲公司进行合并，取得甲公司 100% 股权。假定不考虑所得税影响。中原装备及甲公司在合并前简化的资产负债表如表 1-8 所示。

表 1-8 中原装备及甲公司合并前资产负债表 单位：万元

	中原装备	甲公司
流动资产	5 000	7 000
非流动资产	13 000	30 000
资产总额	18 000	37 000
流动负债	3 000	6 000
非流动负债	4 000	11 000
负债总额	7 000	17 000
所有者权益：		
股本	1 000	600
资本公积	2 000	5 400
盈余公积	800	1 400
未分配利润	7 200	12 600
所有者权益总额	11 000	20 000

其他资料：

①20×3年9月30日，中原装备通过定向增发本企业普通股，以2.5股换1股的比例自甲公司原股东处取得了甲公司全部股权。中原装备共发行了1 500万股普通股以取得甲公司全部600万股普通股。

②中原装备普通股在20×3年9月30日的公允价值为16元，甲公司每股普通股当日的公允价值为40元。中原装备、甲公司每股普通股的面值均为1元。

③20×3年9月30日，中原装备除非流动资产公允价值为15 000万元以外，其他资产、负债项目的公允价值与其账面价值相同。

④假定中原装备与甲公司在合并前不存在任何关联方关系。

三、要求：

1. 确定本次企业合并的购买方与被购买方。

2. 计算确定20×2年9月30日购买方的合并成本。

3. 计算确定本次企业合并产生的商誉或计入当期损益的金额。

4. 计算合并财务报表中所有者权益的各项数额。

 本章案例分析

2022年3月7日，老百姓大药房连锁股份有限公司（简称"老百姓"，股票代码603883）发布收购公告。公告显示，老百姓拟以自有资金16.37亿元收购林承雄、陈垚萍等14名交易对方所持有的湖南怀仁大健康产业发展有限公司（简称"怀仁大健康"）71.9643%的股权。本次交易前，老百姓持有怀仁大健康4.1556%的股权，本次交易完成后，老百姓将累计持有怀仁大健康76.1199%的股权。公司预计，本次交易完成后，将成为湖南省门店数量最多的医药零售连锁企业，在湖南省14个地州市中的7个城市门店数量排名第一。

2022年4月21日，老百姓发布收购进展公告，怀仁大健康已办理完成工商变更登记手续并取得了换发的《营业执照》。工商变更登记手续完成后，老百姓持有目标公司

76.1199%的股权。

根据老百姓 2022 年 3 月 7 日收购公告显示，此次收购中截至评估基准日 2021 年 9 月 30 日，怀仁大健康股东权益评估价值为 22.11 亿元，参考评估值协商确认的整体估值 22.75 亿元，而怀仁大健康 2021 年 9 月 30 日股东权益账面价值为 3.67 亿元，溢价率约为 520%。本次交易预计形成新商誉约 14.41 亿元。值得注意的是，老百姓截至 2021 年 9 月 30 日财务报表商誉金额 36.38 亿元，本次交易完成后，老百姓累计商誉预计将达到 50.79 亿元，占其 2021 年 9 月 30 日净资产 47.82 亿元的比例为 106%。

资料来源：http://www.sse.com.cn/disclosure/listedinfo/announcement/c/new/2022-03-07/603883_20220307_7_6jeDw9f4.pdf;http://www.sse.com.cn/disclosure/listedinfo/announcement/c/new/2022-04-22/603883_20220422_1_239hjD13.pdf

请结合案例查阅相关资料，分析思考以下问题。

1. 此次收购交易中如何判定购买日？

2. 此次收购交易中，怀仁大健康股东权益评估价值的依据是什么？老百姓的实际收购价是否合理？

3. 试分析计算此次交易中形成的商誉，并分析完成收购后老百姓累计的巨额商誉对其未来经营业绩可能产生的影响。

即测即评　　　　　　　　　准则实录

自学自测　扫描此码

第二章

合并财务报表（上）

【本章学习提示】

- 本章重点：合并范围的界定基础；合并财务报表的理论基础；合并日合并财务报表的编制方法；每期期末编制合并财务报表时对母、子公司个别报表的调整；成本法向权益法的转换。
- 本章难点：实体理论；控制及其评估；商誉计算；合并日合并财务报表中的权益抵销调整；每期期末编制合并财务报表时对母、子公司个别报表的调整；下推会计的处理。

自 2022 年 12 月 24 日起，中航直升机股份有限公司（以下简称"中直股份"，股票代码：600038）发布了一系列关于筹划重大资产重组事项的停牌公告、关于筹划重大资产重组的停牌进展公告以及关于重大资产重组的进展公告等，这些公告显示：中直股份拟向中国航空科技工业股份有限公司（以下简称"中航科工"，股票代码：02357.HK）发行股份购买其持有的昌飞集团 92.43% 的股权、哈飞集团 80.79% 的股权，拟向航空工业集团发行股份购买其持有的昌飞集团 7.57% 的股权、哈飞集团 19.21% 的股权。另外，中直股份拟向中航科工、航空工业集团全资子公司机载公司（即中航机载系统有限公司）在内的不超过 35 名符合条件的特定投资者发行股票募集配套资金。上述交易完成后，中直股份将持有昌飞集团 100% 股权、哈飞集团 100% 股权，昌飞集团、哈飞集团将成为中直股份的全资子公司。本次交易前后，上市公司的控股股东均为中航科工，实际控制人均为航空工业集团，本次交易不会导致上市公司控制权发生变更。针对中直股份这一重大资产重组事项，思考：在符合什么条件的情况下，可评估确定中直股份对昌飞集团、哈飞集团实施了控制？在中直股份的控制权取得日，应编制哪些合并财务报表？由谁进行编制？如何编制？

资料来源：http://www.cninfo.com.cn/new/disclosure/detail?orgId=gssh0600038&announcementId=1215495888&announcementTime=2022-12-31

第一节　合并财务报表概述

企业合并后的结果将表现为两种情况：一是构成一个新的法律主体和报告主体（吸收合并、新设或创立合并）；二是只能构成一个新的报告主体，并未形成一个新的法律主体，合并前后各参与合并者的法律主体地位未发生改变，从而形成了由多个法律主体所组成的企业集团（控股合并）。第一种情况下，随着有关合并会计处理的结束，此后就与单个企业的会计处理完全相同。但企业集团组建完成后，由于多个法律主体以及对应的报告主体的活动仍然存在，并且又出现了企业集团这样一个新的报告主体，由此，就产生了合并财务报表问题。

一、企业集团

企业合并以控股方式完成后，不论参与合并企业的数量多少（因为企业法律主体不止一个），人们都将这种存在特殊关系的企业群体统称为企业集团，即以骨干企业为核心，由多个不同行业或不同地区的企业通过以资本联结（控股、参股等）为主的多种联系纽带所构成的多层次关系的不具有独立法律地位的企业联合体。企业集团与单个具有独立法律地位的企业相比，其显著特征是：企业集团本身不具有独立的法律地位，但又存在多个法律主体；企业集团中各成员企业存在地位上的层次性，即母公司和子公司，这种母子公司关系的存在，最终体现为"控制"和"被控制"关系；组成企业集团的各成员企业不受行业、地区甚至国界的限制；能够将企业集团的各成员企业联结在一起的纽带主要是权益性工具（资本），由于权益性工具的共同特性，将使多个具有独立法律主体和报告主体的企业联系在一起组建成一个新的报告主体，但这一新的报告主体并没有独立的社会经营活动范围和独立的账务处理对象，因而就不会存在全部会计处理过程，合并财务报表的编制成为其主要的核心内容。

二、合并财务报表的性质和目的

合并财务报表是企业集团这一报告主体特有的会计内容，我国 2014 年 2 月 17 日最新修订发布并于 2014 年 7 月 1 日起施行的《企业会计准则第 33 号——合并财务报表》（CAS33）将其定义为："反映母公司和其全部子公司形成的企业集团整体财务状况、经营成果和现金流量的财务报表。"其内容至少应当包括：合并资产负债表、合并利润表、合并现金流量表、合并所有者权益（或股东权益，下同）变动表和附注等。其中，母公司是指控制一个或一个以上主体（含企业、被投资单位中可分割的部分，以及企业所控制的结构化主体等，下同）的主体。子公司是指被母公司控制的主体。子公司可以是企业，也可以是被投资单位可分割的部分（也可称为单独主体）或企业所控制的结构化主体（其相关内容见后）。母公司可以有多个子公司，但子公司只能有一个母公司，而子公司还可以有自己的子公司，以此类推。

IASB 于 2011 年 5 月 12 日正式发布，2012 年又进行了部分修订，自 2013 年 1 月 1 日起生效的《国际财务报告准则第 10 号——合并财务报表》（IFRS10），取代了《国际会计准则第 27 号——合并财务报表和单独财务报表》及《解释公告第 12 号——合并：特殊目的主体》，进一步消除了合并财务报表方面存在的实务上的分歧和认知上的冲突，提高了自 2007 年以来全球金融危机凸显的相关投资方所面临风险的透明度，满足了二十国集团（G20）领导人峰会、金融稳定理事会及其他各界对及时监视企业表外融资风险的现实要求。在 IFRS10 中将合并财务报表定义为：将母公司及子公司的资产、负债、权益、收益、费用或损失以及现金流量以如同为单一报告主体的方式进行列报的集团的财务报表。其中：集团是指母公司及其子公司；母公司是指控制一个或多个主体的主体；子公司是指受另一主体控制的主体。

合并财务报表是一种整合性财务报表，是在母公司财务报表的基础上扩充和延伸出的以企业集团为报告主体的财务报表。

编制个别财务报表的目的仍然适用于合并财务报表，但编制合并财务报表还有以下四个特殊目的。

（1）满足"实质重于形式"会计原则的要求。通过企业合并形成企业集团之后，虽然法律上并没有形成合并，但经济上已经形成了统一的经济实体，企业合并主要动因之一就是要通过形成企业集团，实现企业外部扩张，控制和扩大市场占有率，企业集团的母公司实际上有能力将其控制在自己的管辖之下，因此，会计上就应当尊重这一经济现实，通过编制合并财务报表，实现企业集团报告主体上的统一。

（2）满足母公司的多数股东、债权人及其他会计信息使用者更全面准确的决策要求。决策有用性是现代会计目标的核心。母公司将自己的一部分资金作为资本投向了有关的子公司，并借此控制了子公司的财务和经营政策，这样，子公司的经营活动及其效果，将会通过母公司的长期股权投资和投资收益两个会计科目记录的变化反映出来。但是，这种反映是单一的、汇总性的、结果性的，难以看到变化的具体原因、过程及未来的变化趋势，对于母公司的股东及有关会计信息使用者在决策时仅靠母公司的财务报表资料是远远不够的，所以，需要将长期股权投资、投资收益的变化通过子公司财务状况、经营成果、现金流量等各个方面来体现，这就自然产生了编制合并财务报表的现实要求。合并财务报表很可能给最大数量的报表使用者提供决策有用的信息。

（3）满足全面反映企业集团财务状况、经营成果和现金流量情况的要求。企业集团既然已经形成了一个新的经济实体，该经济实体的财务状况、经营成果和现金流量等情况，如果不合并在一起做出反映，就难以全面了解企业集团的整体运行情况，不利于母公司利用会计信息对企业集团进行整体全面管理和有效运作，并且子公司经营的变化及其风险对母公司将产生直接甚至关键的影响，所以，必须编制合并财务报表。

（4）满足母公司对企业集团实施控制经营及集中报告受托经营管理责任履行情况的需要。在企业集团中，母公司处于核心控制地位。为了对企业集团实施有效的经营控制，就需要借助于反映整个企业集团的合并财务报表提供有关的信息。同时，母公司经营者向其股东承担着对企业集团控制经营的受托管理责任，编制财务会计报告的另一个重要目的，就是要定期向公司经营的委托者报告受托经营管理责任的履行情况，而对母公司来说，这种报告责任则是双重的，即既要报告自身受托经营管理责任的履行情况，还要报告对整个企业集团控制经营的受托管理责任。所以，编制合并财务报表，自然就成为母公司应当承担的一项任务，母公司应当成为合并财务报表的编制者。

三、合并财务报表编制者的界定

合并财务报表应当由企业集团的母公司编制和提供。但是，按照 IFRS10 的规定，母公司如果符合下列所有情况时，则无须编制和提供合并财务报表。

（1）母公司是由另一主体完全或部分拥有的子公司，且其所有其他业主（包括无表决权的业主）已被告知且不反对母公司不编制合并财务报表。

（2）母公司的债务或权益工具未在公开市场交易。

（3）母公司未因欲在公开市场发行任何形式的工具，而向证券委员会或其他主管机关申报财务报表，或正在申报的程序中。

（4）母公司的最终母公司或任何中间母公司已依据国际财务报告准则编制合并财务报表供大众使用。

此外，如果母公司是投资性主体（其相关内容见后），且不存在为其投资活动提供相关服务的子公司，则不应当编制合并财务报表，而应以公允价值计量其对所有子公司的投资，且公允价值变动计入当期损益。

四、合并财务报表的编制范围

合并财务报表的编制范围也称合并财务报表的报告主体范围，或简称合并范围，简单来说就是指企业集团。但是，由于企业集团成员的法律、经济、社会等方面的复杂性，使这一报告主体在界定上并非单个企业那么直接和简单。

（一）合并范围界定的基础

CAS33 规定："合并财务报表的合并范围应当以控制为基础予以确定。"也就是说，合并范围界定的基础是"控制"，即投资方拥有对被投资方的权力，通过参与被投资方的相关活动而享有可变回报，并且有能力运用对被投资方的权力影响其回报金额。其中，相关活动，是指对被投资方的回报产生重大影响的活动。被投资方的相关活动应当根据具体情况进行判断，通常包括商品或劳务的销售和购买、金融资产的管理、资产的购买和处置、研究与开发活动以及融资活动等。这些相关活动通常构成了被投资方的主要经营活动及财务政策的制定，因此，如果投资方能够拥有权力主导被投资方的这些相关活动，并有能力决定从中享有随被投资方的经营业绩的变动而变动的回报，投资方控制被投资方的目的也即随之实现，因而，也就可以将其作为企业集团整体的一部分纳入合并财务报表的范围。

IFRS10 规定，本准则定义控制的原则，并将控制作为合并的基础。IASB 和 FASB 于 2010 年联合发布的《财务报告概念框架：报告主体》中规定，当一个主体具有主导另一个主体的活动并能从中获得利益（或者止损）的权力时，一个主体就控制了另一个主体。如果一个主体控制另一个主体，那么控制主体给权益投资方、贷款人及其他资源提供者带来的现金流量和其他收益显著地取决于从被控制主体取得的现金流量和其他收益，相应地取决于主体的活动和控制主体对于活动的主导。

（二）控制的三项要素

从控制的定义可以看出，在全部满足下列三项要素时，可认为投资方控制被投资方。

（1）对被投资方拥有权力，即当投资方享有现时权利从而使其目前有能力（现时能力）主导被投资方的相关活动时，投资方即对被投资方拥有权力。

（2）通过参与被投资方的相关活动而享有可变回报的权利，即当投资方对被投资方的参与所产生的回报可能因被投资方的业绩而变动时，投资方就具有对被投资方的参与所产生的可变回报或对该等可变回报享有权利。投资方的回报可能仅为正值、仅为负值或正负值兼有。

（3）有能力使用其对被投资方的权力以影响投资方回报金额，即若投资方不仅具有对被投资方的权力及对被投资方的参与所产生的可变回报承担风险或拥有权利，且亦具有使用其权力以影响投资方对被投资方的参与所产生的回报的能力，则投资方控制被投资方。

上述三项要素中的关键词是"权力""可变回报""权力与可变回报的关联"。投资方首先要对被投资方拥有权力，而拥有权力的目的是从被投资方不同经营期间产生的经营业绩中享有相关回报，这就自然要求权力必须和可变回报紧密联结在一起，否则，投资方拥有权力就无意义。因此，控制的三项要素是密切相关的，只有将其紧密联结在一起进行综合评估，才能使控制具有实质性和实际意义。这些正是新修订的 IFRS10 和 CAS33 的亮点所在。

存在这种控制关系的是母子公司，其内涵包括以下四点。

（1）控制的主体具有唯一性，即仅指母公司单方面的控制。如果不是单方面的控制，就构成了共同控制，将不构成确定合并财务报表合并范围的基础。

（2）控制的对象为另一主体的相关活动。

（3）控制的目的在于有权从被控制方中获取应享有的经济利益，包括增加、维持和保护经济利益，或者降低所分担的损失等。

（4）控制的性质是一种法定权利，可以通过公司章程或协议，或投资协议授予，而不论其是否实施。

由于对控制的评估涉及的因素非常多，具体情况也比较复杂，因此，将在下一节专门阐述。

五、合并财务报表的理论基础

合并财务报表的理论基础，简称合并理论，是指合并财务报表中关于编制基础、编制目的、母子公司关系、少数股东地位、合并范围、合并方法等相关问题的认识以及所提出的科学处理依据。经过长期的会计实践，目前国际上形成了所有权理论、实体理论和母公司理论三种合并理论，从而形成了合并财务报表的一系列理论、方法和技术。

（一）所有权理论

所有权理论又称业主权理论，其理论要点为：以"拥有"为编制基础，将合并财务报表的报告主体作为企业集团所有者的化身，母子公司之间是拥有和被拥有的关系；编制合并财务报表的目的仅仅是为企业集团的母公司进行决策服务；合并财务报表反映的内容，仅包含母公司所拥有的部分，采用的是比例合并法，即按母公司持有子公司的股权比例，仅将子公司的净资产及各损益中属于母公司的部分与母公司的净资产及损益进行合并，属于少数股东的权益和少数股东损益不予反映，母公司对子公司的长期股权投资和投资收益，在编制合并财务报表时将由母公司所拥有的子公司净资产和各项损益所替代；合并中产生的商誉全部归母公司所有。

（二）实体理论

实体理论是经济实体或经济主体理论的简称，其理论要点为：以"控制"为编制基础，母子公司之间是控制与被控制的关系，即强调母公司有权支配子公司的全部资产的运用，有权统驭子公司的财务和经营政策，母子公司在资产运用、财务和经营决策上将成为独立于其终极所有者的统一体，从而构成编制合并财务报表的主体；编制合并财务报表的目的是为企业集团的所有经济实体进行决策服务，既要满足母公司股东的决策需要，也要满足少数股东的信息需求；将企业集团作为一个经济联合体，合并财务报表应包括母子公司全部财务报表的内容；构成企业集团的多数股东和少数股东应同等对待，合并财务报表中反映在产权上只有量的差别，而没有质的差别；子公司的净资产均按其公允价值合并，但属于少数股东的部分，合并作为少数股东权益（也称非控制权益）单独列示，构成合并所有者权益的组成部分；子公司的各损益项目以子公司净资产公允价值为基础计算确定，但属于少数股东的部分合并作为少数股东损益单独列示，构成合并净收益的组成部分；将企业集团内部发生的交易事项及内部未实现损益实行全额抵销，内部推定损益全部予以确认；合并中产生的商誉由所有股东共享。

（三）母公司理论

母公司理论是母公司业主权理论的简称，其理论要点为：以"控制"为编制基础，但是特别强调属于母公司控制的内容；合并财务报表主要为母公司的股东编制，被看成母公司财务报表的修正、扩充和延伸，强调母公司股东的权益的地位；对于少数股东权益和少数股东损益，认为需要作出单独反映，但以子公司净资产的账面价值计算确认，且不能包含在合并所有者权益和合并净损益中；合并财务报表的内容虽然包含了母子公司全部财务报表的内容，但是，对于子公司净资产只将属于母公司的部分要求采用公允价值为计量基础纳入合并资产负债表，属于少数股东的部分则按其账面价值合并作为一个特殊负债项目，以"少数股东权益"单独列示在合并资产负债表的负债和所有者权益之间，合并所有者权益实际上等于母公司股东权益；对于子公司的各损益项目也按照属于母公司的部分与母公司的利润表对应合并，对企业集团内部各成员单位之间发生的交易以及存在的未实现损益或推定损益，按照属于母公司的部分予以抵销或确认，子公司中属于少数股东的净收益，合并作为"少数股东损益"，在合并利润表中视同为一项费用单独列示在"所得税费用"项目之下，合并后净损益实际上等于母公司净损益；母公司对子公司的长期股权投资和投资收益，在编制合并财务报表时将由子公司的净资产和各项损益所替代；合并中产生的商誉全部归母公司所有。

（四）现实选择

从理论上来说，上述合并理论对合并财务报表都有自己的判断标准，不同的合并理论与合并方法可以组合成不同的合并财务报表模式。对同样的合并业务，按照不同的合并财务报表模式将有不同的合并结果。

所有权理论强调的是母公司实际拥有的而不是实际控制的资源，由此形成的合并财务报表信息，因合并数据仅包含母公司的部分而显得比较稳健。但是，这一理论的实际运用却违背了企业集团中大量存在的"控制"这一经济实质，忽略了企业并购中母公司因拥有控股权而对子公司行使权利这一财务杠杆作用，也难以真实反映企业集团全部的生产经营能力和收益情况。

母公司理论是介于所有权理论和实体理论之间的一套合并理论，既不完全强调"拥有"，也不完全主张"控制"，既反对所有权理论将少数股东权益及其损益完全排除在合并财务报表之外的保守做法，也不采用实体理论将其全额确认列为合并所有者权益和合并损益的激进做法。但在合并的方法上仍然按母公司的持股比例合并，最终没有跳出所有权理论的框框；将少数股东权益作为一项负债（但并不是一项义务），将少数股东损益作为一项费用（但并不是经济利益总流出），违背了相关的经济实质和财务报表要素的定义要求。

所有权理论和母公司理论，虽然在实务上具有较强的应用性和可操作性，但都没有充分体现当今市场经济中"控制"这一经济运行的实力派杠杆作用，也有悖于合并财务报表编制的最终目的，合并财务信息反映得不完整，忽略了少数股东信息的市场作用，没有体现保护少数股东利益的市场要求。

实体理论以"控制"为基础，将具有控制关系的所有企业乃至被投资单位中可分割的部分以及企业所控制的结构化主体等均纳入合并财务报表的范围，充分体现了企业集团形成的经济实质和现实目的，充分揭示了母公司通过拥有控股权而对子公司行使权利这一杠杆作用，全面真实反映了企业集团整体生产经营能力、收益能力和现金创造能力，使编制合并财务报表的目的更具有针对性，更符合"实质重于形式"的信息质量要求；合并财务报表的各项内容符合财务报表要素的定义；对发生的企业集团内部交易事项采用全额抵销的方法，有助于抑制利用企业集团内的关联交易操纵利润的现象。但是，实体理论的理论性较强，对子公司公允价值的计量要求比较严格，在没有采取"下推会计"的情况下，使合并财务报表的编制工作增加了一定的难度。

在现实应用过程中，所有权理论实际应用得较少，母公司理论曾一度被许多国家采用，我国 1995 年颁布实施的《合并会计报表暂行规定》基本上也是采用了母公司理论。但是，随着市场经济发展的现实要求，控制关系在市场经济运行中的杠杆作用越来越强，为了适应这一经济现实，2004 年之后的国际会计准则开始采用实体理论，我国 CAS33 也采用了实体理论。这样做不仅体现了与国际会计准则趋同的要求，而且更加符合我国国有经济占主导地位、积极参加国际竞争、积极保护中小股东利益等现实情况。本章及下一章均依据实体理论进行相关阐述。

六、母公司编制合并财务报表的前提准备

为了保证母公司编制合并财务报表工作的顺利进行，需要做好以下准备工作（CAS33 称之为合并程序）。

（一）编报资料准备

合并财务报表是以母公司和其子公司的财务报表为基础，根据其他有关资料，由母公司编制的。也就是说，合并财务报表是"以表来编表"的。因此，母公司在编制合并财务报表之前，必须将纳入合并范围的所有母子公司的全部个别财务报表及其他所需的

相关资料准备齐全。

　　"其他有关资料"主要包括：采用的与母公司不一致的会计政策及其影响金额；与母公司不一致的会计期间的说明；与母公司、其他子公司之间发生的所有内部交易的相关资料；所有者权益变动的有关资料；编制合并财务报表所需要的其他资料。这是母公司进行有关调整时所必需的，而母公司不一定能够全面掌握调整所需的资料，所以，只有依靠子公司来提供。

　　合并财务报表既可以基于成本法编制，也可以基于权益法编制，但由于母公司对子公司的长期股权投资日常采用成本法核算，导致母公司个别报表无法真实反映其实际享有的子公司的所有者权益份额和利润份额等。因此，在编制合并财务报表时，通常会先按照权益法调整对子公司的长期股权投资，再进行合并抵销。所谓"按照权益法调整对子公司的长期股权投资"，是要求母公司对纳入合并财务报表范围所有子公司的长期权益性投资，不论是同一控制下还是非同一控制下的企业合并，不论持有表决权比例多少，均应按照权益法的要求调整后进行合并。只有这样，才能反映出母公司在子公司应当享有的全部权益份额；也只有这样，才能在编制合并财务报表时，将母公司的长期股权投资通过与子公司的所有者权益中属于母公司的部分对等抵销后，全部转换为在子公司可辨认净资产中属于母公司的部分与母公司的净资产进行合并，完成合并财务报表的编制工作。

（二）统一会计政策

　　为了保证会计信息的可比性和可加性，编制合并财务报表前，母公司应当统一子公司所采用的会计政策，使子公司采用的会计政策与母公司保持一致。子公司所采用的会计政策与母公司不一致的，应当按照母公司的会计政策对子公司财务报表进行必要的调整，或者要求子公司按照母公司的会计政策另行编报财务报表。IFRS10 规定，母公司在编制合并财务报表时，对于相似情况下的类似交易或事项，应运用统一的会计政策。并在应用指南中指出：若集团中的成员对相似情况下的类似交易或事项所采用的会计政策，与合并财务报表所采用的不同，则编制合并财务报表时，应对该集团成员的财务报表予以适当调整，以确保遵循集团的会计政策。企业具有会计政策的选择权，但是，在企业集团中如果允许这种独立选择权的存在，那么，对于相似情况下的类似交易或事项因所采用的会计政策不同，就会使核算结果存在较大甚至很大差异，据此编制出的合并财务报表就会因失去统一的基础和标准而变得让人无法理解和毫无意义，合并财务报表编制的基础也不会存在。例如，对同样一台 30 万元的机器设备。一个企业采用直线法按 5 年计提折旧（假设无残值），则各年计提的折旧额均为 6 万元；而另一企业则采用年数总和法按 5 年计提折旧，那么各年计提的折旧额分别为 10 万元、8 万元、6 万元、4 万元、2 万元。若据此编制合并利润表和合并资产负债表将会是何种境况？需要注意的是，统一会计政策不一定要求企业集团的各成员企业都按照一种会计政策进行日常的会计处理，而是在编制合并财务报表时由母公司在工作底稿上进行调整后使之统一，但不包含会计估计的统一。

（三）统一会计期间

　　统一会计期间，是指母公司应当使子公司的会计期间统一到与母公司一致的基础上。子公司的会计期间与母公司不一致的，应当按照母公司的会计期间对子公司财务报表进行调整，或者要求子公司按照母公司的会计期间另行编报财务报表。IFRS10 在应用指南中指出：用以编制合并财务报表的母公司及其子公司财务报表，应有相同的报告日。如母公司的报告期间结束日与子公司不同时，为报表合并的目的，子公司应编制与母公司财务报表日同日的额外财务信息（除非实务上不可行），以使母公司能合并子公司的财务信息。若实务上不可行，则母公司应使用子公司最近财务报表，并调整该财务报表日与合并财务报表日之间所发生重大交易或事项的影响，以合并子公司的财务信息。在任何情况下，子公司财务报表日与合并财务报表日的差异不得超过三个月，且报告期间的长度及财务报表日间的差异应每期相同。这主要是结合跨国集团公司中有些子公司的所在国会计准则或制度规定的会计期间可能与母公司所在国规定的会计期间不一致这一现实，为了保证母公司编制合并财务报表时会计期间的统一而提出的，否则，母公司编制的合并财务报表将无法理解。调整时可以由子公司直接调整后报送母公司，也可以由母公司在编制合并财务报表时进行调整。需要说明的是，这一基本前提只是要求向母公司提供个别财务报表的会计期间应当统一，但并不要求向其他方面提供的财务报表也按此会计期间反映。

（四）统一编报货币

统一编报货币，是指应当统一子公司的编报货币，使子公司编制的财务报表与母公司采用的记账本位币保持一致。如果不一致的，可以由母公司进行必要的调整，或者要求子公司按照母公司采用的记账本位币另行编制财务报表。对于记账本位币的选择，企业可以根据自身交易或事项的特征自行决定，不同国家都有不同的记账本位币，同一国家也允许选用不同的货币作为记账本位币，这是一种客观现实。但是，在编制合并财务报表时，必须将其统一在同一记账本位币之下，如果提供的个别财务报表以不同的币种表示，必须先将其折算为母公司规定的记账本位币之后再行合并。否则，合并财务报表的编制将无法进行。

七、合并财务报表的编制程序和方法

由于合并财务报表是依据"表"来编"表"的，其在编制程序和方法上与个别财务报表明显不同，它一般是借助于专门设置的合并工作底稿来完成，其编制程序和方法概述如下。

（一）设置合并工作底稿

合并工作底稿，是合并财务报表工作底稿的简称，是指为编制合并财务报表而设立的，将纳入合并财务报表编制范围的各母子公司的个别财务报表资料、应抵销调整事项、最终合并金额等集中予以反映的，借以确定合并财务报表各项目金额的一种工作底稿。

由于编制合并财务报表的资料较多，数据结构复杂，尤其是重新建立了企业集团这一新的报告主体，需要在编制时先将不符合企业集团报告主体的个别财务报表中的有关项目进行复杂的调整处理后，才能编制合并财务报表，并不能将个别财务报表的资料直接进行加总合并。因此，为了减少差错，提高编制的准确性和效率，合并工作底稿的设置就成为一种公认的必要程序。其一般格式如表 2-1 所示。

表 2-1 合并工作底稿（样式）

财务报表项目	母公司	子公司			合计金额	抵销调整分录		合并金额
		A 公司	B 公司	…		借方	贷方	
利润表项目								
…								
所有者权益变动表项目								
…								
资产负债表项目								
…								
现金流量表项目								
…								
借贷方合计	×	×	×	×	×			×

注：在利润表项目中应增设"少数股东损益"；资产负债表项目中应增设"商誉""少数股东权益"等项目。

（二）填列个别财务报表数据

即根据设置的合并工作底稿，将纳入合并财务报表的母、子公司的个别财务报表资料直接填入对应的合并工作底稿各项目中，并计算出合计数。

（三）编制抵销调整分录

抵销调整分录，是借助于会计分录的形式，按照企业集团报告主体的要求，将母公司与子公司、子公司与子公司相互之间发生的各种内部交易对合并财务报表有关项目的影响进行抵销或调整而编制的报表分录，但不属于记账分录，不能据此登记账目。由于这些内部的事项纷繁复杂，抵销调整分录的编制工作难度相当大，因此，这一环节将成为合并财务报表编制过程中的关键和难点。

（四）计算应列入合并财务报表各项目的合并金额

根据各个别财务报表项目的合计数和对应抵销调整分录中涉及该项目金额的性质（借方或贷方），经过加或减的计算处理后，确定出合并财务报表各项目的合并金额。为了保证合并财务报表编制的正确性，还应当依据合并工作底稿中所能体现的有关勾稽关系，进行正确性的检验。

（五）编制正式合并财务报表

根据检验无误后的合并工作底稿，将其"合并金额"栏对应填入正式的合并财务报表中，合并财务报表编制工作即告全部完成。

以上主要说明的是合并利润表和合并资产负债表的编制程序和方法，关于合并现金流量表和合并所有者权益变动表的编制方法，将在"第三章 合并财务报表（下）"专门阐述。

八、合并财务报表的特点

合并财务报表仍属于财务会计报告的范围，从这一点来说，与个别财务报表有许多共同之处，并且与个别财务报表存在着渊源。但是，既然是合并财务报表，必然与个别财务报表存在差异。其差异汇总如表 2-2 所示。

表 2-2　合并财务报表与个别财务报表的比较

项　目	合并财务报表	个别财务报表
1. 报告主体及法律性质	不具有独立法人资格的企业集团	具有独立法人资格的单个企业
2. 编制者	企业集团的母公司	单个企业
3. 编制的资料基础	纳入合并范围的各成员企业的个别财务报表及其他有关资料	有关会计账簿资料
4. 编制方法	主要采用合并财务报表工作底稿法	逆向搜寻法或顺向安置法（注）
5. 反映的内容	整个企业集团的财务状况、经营成果、现金流量等	单个企业的财务状况、经营成果、现金流量等

注：逆向搜寻法和顺向安置法是目前国内首次归纳总结提出的财务报表编制方法，详细内容可参见王秀芬、刘永丽、潘广伟主编的《财务会计学（第 3 版）》（清华大学出版社，2023 年 3 月）的"财务报告"一章。

九、合并财务报表的局限性

合并财务报表受报告主体、编制依据、反映内容等方面的影响，目前还存在一些难以克服的局限性，明确这些局限性，对正确客观地理解和运用合并财务报表是有益的。其局限性主要表现在以下五个方面。

（一）可比性差

如果企业集团是跨行业的，那么合并财务报表就会将跨行业集团、多样化企业的财务报表合并在一起，一揽子加以反映，这样在合并财务报表中就无法看到具体的行业特性及其财务表现。例如，工业、商业、房地产业、金融业等各行业的财务报表合并成一类财务报表，其可比性必将降低，从而给会计信息使用者的理解和分析必然带来许多困难。

（二）风险抵销

由于合并的原因，其结果将会使各成员企业的风险在表中互相抵销。例如，盈利与亏损的抵销，偿债能力好与坏的抵销，发展能力强与弱的抵销等，最终从合并财务报表中所看到的与个别财务报表可能相差甚远。企业集团内部有关项目经抵销调整处理后，也将掩盖许多风险。如内部债权债务在编制合并财务报表时全部抵销，但各企业是独立经营并独立承担法律责任的经济实体，如果一个企业长期拖欠另一企业巨额负债且已无力偿还，那么不仅该企业濒临破产的现象被掩盖，而且作为债权人的企业也会因此受到巨大影响，这些是无法在合并财务报表中看到的。

（三）精确度低

合并财务报表来自个别财务报表，个别财务报表在编制时已经将具体详细的会计账簿记录的资料进行了一次汇总合并，合并财务报表在编制时又一次对个别财务报表的资料进行了汇总合并，经过两次的汇总合并，再加上编制者能力和理解上的影响以及信息传递中信息丢失和扭曲的客观现实，合并财务报表的精确度可想而知。

（四）可掺入的人为因素多

合并财务报表主要是面对母公司的股东和债权人，母公司为了自身的利益，完全有可能利用合并财务报表编制资料的复杂性和难以一一查阅核对的客观条件，在编制过程中人为做出一些不易被发现的调整。这就是说，在编制合并财务报表时完全有可能掺入这样或那样的人为因素，甚至造成会计信息被歪曲。

（五）可理解性差

阅读财务报表，离不开财务报表附注等必要的说明解释，必要时甚至还需要查阅有关账簿记录的资料。但合并财务报表已经失去了这些先天的优越条件，再加上上述各个局限性的综合影响，合并财务报表在可理解性方面将会大打折扣，因此，必然会影响其使用效果。

综上所述，合并财务报表客观上是必需的，但现实中又存在诸多缺陷。因此，在阅读和使用时应当有所分析，不可完全信赖，需要有更高的职业判断力，有分析和有鉴别地对之加以使用，否则将会陷入合并财务报表的误区，影响据此所做出的重大决策的正确性。

第二节　控制的评估与判断

一、对"控制"进行评估（判断）的总体原则

修订的 CAS33 参照 IFRS10，在评估"控制"时应遵循的原则要求是必须同时满足控制的三项要素，即"权力""可变回报""权力与可变回报的关联"。投资方应按照这三项控制要素对是否控制被投资方进行持续评估，评估时投资方应综合考虑所有相关事实及情况。一旦相关事实及情况显示这三项控制要素中的一项或多项发生变动，投资方还应重新评估其是否仍然控制被投资方。

二、对"控制"进行评估时应考虑的相关事实及情况

投资方应按照控制的三项要素对是否控制被投资方进行评估，由于产生控制的复杂性，评估时应当综合考虑下列所有相关事实及情况。

（一）被投资方的设立目的及设计

通过被投资方的设立目的及设计，可用以辨认相关活动、相关活动的决策如何制定、谁具有现时能力以主导这些活动，以及谁获取来自这些活动的可变回报。

如果被投资方的设计安排表明表决权是判断控制的决定因素，即对被投资方的控制是通过持有其一定比例表决权或是潜在表决权的方式时，在不存在其他改变决策的安排的情况下，主要根据通过行使表决权来决定被投资方的财务和经营政策的情况判断控

制。如果被投资方的设计表明表决权不是判断控制的决定因素，即表决权仅与被投资方的日常行政管理活动有关，不能作为判断控制被投资方的决定性因素。被投资方的相关活动可能由其他合同安排规定时，投资方应结合被投资方设计产生的风险和收益、被投资方转移给其他投资方的风险和收益，以及投资方的风险和收益等，一并判断是否控制被投资方。

（二）被投资方的相关活动以及如何对相关活动做出决策

对于大多数被投资方来说，经营及财务活动所发生的相关活动在一定范围将会对其回报产生重大影响。相关活动的决策机制，如建立被投资方的经营及资本决策机制（包括预算），指派被投资方的主要或关键管理人员或服务提供商并决定其报酬以及终止其聘用或服务等，则可以直接体现投资方是否具有权力。因此，被投资方的相关活动以及如何对相关活动做出决策，将是进行控制评估时需要考虑的重要事实及情况，也是构成控制的第一个要素。

（三）投资方享有的权利是否使其目前有能力主导被投资方的相关活动

依据 IFRS10 规定，权力源自于权利。投资方是否使其目前有能力主导被投资方的相关活动，关键就是要看投资方是否在被投资方中享有相关权利（对相关权利的评估见后）。

（四）投资方是否通过参与被投资方的相关活动而享有可变回报

投资方控制被投资方的主要目的，就是要通过参与被投资方的相关活动而享有可变回报，这是构成控制的第二个要素。因此，是否能够享有随被投资方业绩变动而变动的回报，是评估控制的最终目的（对可变回报的评估见后）。

（五）投资方是否有能力运用对被投资方的权力影响其回报金额

这一问题，体现的是控制的第三个要素——权力与可变回报的关联。投资方拥有对被投资方的权力的目的，就是获得被投资方的可变回报，并且还能够通过其权力影响其回报金额，如果权力对获得可变回报无影响或影响甚微，则这种权力也就毫无意义。投资方如果有能力运用对被投资方的权力来影响其回报金额，就从实质上体现出该权力的控制作用。

（六）投资方与其他方的关系

当评估控制时，投资方还应考虑其与其他方关系的性质及该其他方是否能成为代理人。如果是投资方的代理人，将不构成控制。

三、是否拥有权力的评估

作为评估控制的第一项要素就是看投资方是否对被投资方拥有权力。但权力应通过权利来实现，这是评估是否拥有权力的主要依据。

权力，是指达到某种目的的能力，多指个人之间、群体之间或国家之间的关系特征，本质就是主体以威胁或惩罚的方式强制影响和制约自己或其他主体价值和资源的能力。

权力讲究拥有，以此体现其影响力。

权利，与义务相对应，是指法律赋予人实现其利益的一种力量，是人在相应的社会关系中应该得到的价值回报。权利讲究享有，以此体现风险和利益。因此，从权力的实质性角度来说，投资方是否对被投资方拥有权力，应当从是否享有有关的权利进行判断。

（一）评估的总体要求

当投资方享有现时权利使其目前有能力主导被投资方的相关活动时，不论其是否实际行使该权利，均视为投资方拥有对被投资方的权力。但如果出现两个或两个以上投资方分别享有能够单方面主导被投资方不同相关活动的现时权利时，能够主导对被投资方回报产生最重大影响的活动的一方，可判定为拥有对被投资方的权力。这里强调了两点：一是现时权利即一直享有的权利；二是相关活动。

因此，评估投资方是否拥有权力，取决于上述相关活动、对相关活动决策的决策机制以及投资方与其他方所具有与被投资方有关的权利。有证据表明投资方一直在主导被投资方的相关活动，可以判定为投资方具有控制被投资方的权力，这将是实施判断的首要标准，但此证据本身未必具有决定性。

在某些情况下，特定的一组情况产生或事项发生前后的活动可能均属相关活动。当两个以上投资方具有现时能力以主导相关活动，且该活动发生于不同时点，投资方应决定哪一投资方能够主导与同步决策权的处理一致的最能重大影响该回报的活动。随着时间推移，若相关事实或情况变动，投资方应重新考虑此评估。例如，甲、乙投资方共同投资成立 A 企业以研发及销售某种产品，协议规定，甲负责研发并申请获得主管部门生产销售许可，即甲单方面具有制定该产品的研发及获得主管部门核准生产的所有决策的能力。一旦该产品获准生产销售，则交由乙负责生产及销售，即乙单方面具有生产及销售该产品的所有决策的能力。若甲、乙负责的活动均属相关活动，甲、乙均须决定其是否能主导最能重大影响 A 企业回报的活动。在决定哪一方拥有权力时，甲、乙需要考虑：①对 A 企业的设立目的及设计；②决定 A 企业利润率、收入及产品价值的因素；③甲、乙因对②所述因素的决策职权所产生对 A 企业回报的影响；④甲、乙对回报变动性的敞口[①]，即对未加保护的回报享有及损失承担情况；⑤获得主管部门核准的不确定性及所做的努力（需考虑对该产品成功研发及获得主管机关核准的记录）；⑥一旦获准生产和销售，谁能控制该产品。

总的来说，通过权利（不论个别还是相互组合）能够赋予投资方权力的情况包括（但不限于）：①对被投资方具有表决权（或潜在表决权）的权利；②任命、重新指派或剥夺能够主导被投资方相关活动的主要或关键管理人员的权利；③任命或剥夺主导相关活动的另一主体的权利；④主导被投资方为投资方的利益进行交易或否决对交易的任何变动的权利；⑤有能力主导相关活动的其他权利（如确定管理合约的决策权）等。

一般而言，投资方具有的对被投资方在一定范围内对重大影响其回报的经营及财务活动须持续做出实质性决策时的表决权或类似权利（不论个别或与其他协议相互结合），

---

① 敞口，是指在金融活动中存在金融风险的部位以及受金融风险影响的程度。敞口并不等同于金融风险，敞口大的金融资产，风险未必很高。敞口常见于对金融风险进行分析，表示对风险有暴露的地方，如银行向企业提供贷款 10 亿元，其中有 8 亿元有外部担保，那么对银行来说，就是有 2 亿元的敞口。风险敞口是指未加保护的风险。

是最常见的拥有权力的表现形式。当表决权对被投资方的回报不具重大影响，例如当表决权仅与行政事务相关，且合约协议决定相关活动的方向时，投资方须评估该合约协议，以判定其是否具有足够权利以赋予其对被投资方的权力，这时投资方应考虑被投资方设立的目的及设计。

当难以判定投资方的权利是否足以赋予其对被投资方的权力时，为能够评估权力，投资方应考虑其是否具有实际能力以单方面主导相关活动的证据。这些证据有（但不限于）：①投资方无须具有合约权利即可任命或核准被投资方有能力主导相关活动的主要管理人员；②投资方无须具有合约权利即可主导被投资方为投资方的利益进行重大交易或可否决对重大交易的任何变动；③投资方可支配被投资方选任治理企业成员的提名程序或自其他表决权持有者获取委托书；④被投资方的主要管理人员是投资方的关联方（例如，被投资方的总经理与投资方的总经理是同一人）；⑤被投资方治理企业的多数成员是投资方的关联方等。

任何个别指标或各种指标的特定结合的存在，未必意味着已符合权力条件。若有迹象表明投资方与被投资方之间存在有特殊关系，此关系显示投资方对被投资方具有有利的权益，从而可能显示投资方具有足够其他相关权利以赋予其权力，或提供对被投资方现时权力的证据。如被投资方有能力主导相关活动的主要管理人员是投资方的目前或先前员工；被投资方的经营重要部分所需资金，义务重要部分所需保证，关键服务、技术、原材料供应，经营极具关键的如权限或商标等资产，具有专门经营知识的主要管理人员等有赖于投资方；被投资方活动的重要部分由投资方本身参与或为投资方的利益而操作；投资方享有对被投资方回报的风险或权利，大于其表决权或其他类似权利等。

投资方通过参与被投资方的相关活动所产生的可变回报的敞口或权利越大时，投资方取得足够权利以赋予其权力的动机就越大。因此，具有对回报变动性的大量敞口也是评估投资方可能具有权力的指标。但投资方敞口的程度本身，并不能决定投资方对被投资方是否具有权力。

（二）评估拥有权力时仅考虑实质性权利

投资方在评估是否拥有对被投资方的权力时，应当仅考虑与被投资方相关的实质性权利，包括自身所享有的实质性权利以及其他方所享有的实质性权利。

实质性权利，是指持有人在对相关活动进行决策时有实际能力行使的可执行权利。权利要具有实质性，持有者必须具有实际能力以行使该权利。判断一项权利是否为实质性权利，应当综合考虑所有事实及情况，这些事实及情况主要包括（但不限于）以下内容。

（1）是否有妨碍持有者行使权利的障碍，这些障碍存在于（但不限于）财务、价格、条款、机制、信息、运营、法律法规等方面。如妨碍（或制止）持有者行使其权利的财务罚款及诱因；财务上会妨碍（或制止）持有者行使其权利的执行或转换价格；使权利不太可能被行使的条款及条件，例如短期限制其行使时点的条件；在被投资方的设立文件或所采用法令中缺少允许持有者行使其权利的明确、合理机制；持有者无法取得行使其权利的必要信息；妨碍（或制止）持有者行使其权利的经营障碍或诱因（例如缺乏其他经理人有意愿或能够提供专门服务或提供该服务并承担现职经理人所持有的其他利益）；妨碍持有者行使其权利的法令规定（例如禁止国外投资方行使其权利）等。

（2）当权利由多方持有或者行权需要多方同意时，是否存在实际可行的机制使得这些权利持有人在其愿意的情况下能够一致行权；权利持有人能否从行权中获利等。欠缺此种机制是权利可能不具实质性的一种指标，行使权利所需同意的各方越多，该权利越不可能具有实质性。但董事独立于决策者的董事会可能充当众多投资方集体行动以行使其权利的机制。因此，由独立董事行使的剥夺权利相对于将相同权利由很多投资方个别行使，可能更具实质性。

（3）持有权利的各方是否会自行使该权利而受益。例如，潜在表决权的持有者在考虑其金融工具的行权或转换价格时，当金融工具是在价内，或投资方因其他理由（例如借此实现投资方及被投资方之间的综合效益）会自金融工具的行权或转换受益时，潜在表决权的条款及条件可能更具实质性。

（4）某些情况下，其他方享有的实质性权利有可能会阻止投资方对被投资方的控制。这种实质性权利既包括提出议案以供决策的主动性权利，也包括对已提出议案作出决策的被动性权利。

评估实质性权利的要求是：通常权利必须现时可行使，或当需要对被投资方的相关活动做出方向性决策时，权利必须可行使。但有时即使权利现时不可行使，仍可具有实质性。例如，公司年度股东大会上一般安排有对相关活动决策的议题，在召开年度股东大会之前，若个别或集体持有至少 5% 表决权的股东可提议召开一次特别会议来改变对相关活动的现有政策，但须提前 30 日通知其他股东，否则不能举行此会议。但如果 A 投资方具有该公司多数表决权，且有能力确定相关活动决策的方向时，这一提前 30 日的规定将不能阻止 A 投资方行使其表决权，A 投资方的表决权就具有实质性。如果 B 投资方持有一份距今 25 日交割的远期购买该公司普通股的合约，交割后 B 投资方将持有该公司多数表决权，则上述提前 30 日的规定仍不能改变 B 投资方成为多数表决权股东，B 投资方的表决权具有实质性。如果 C 投资方持有 25 日内可执行的可转换公司债券的实质性选择权，一旦行权，该投资方将获得多数表决权，这样，C 投资方的表决权同样将具有如 B 投资方的实质性。

在评估权利时要注意其性质是否被设计为保护性权利，仅享有保护性权利的投资方不拥有对被投资方的权力。保护性权利，是指仅为了保护权利持有人利益却没有赋予持有人对相关活动决策权的一项权利。保护性权利通常只能在被投资方发生根本性改变或某些例外情况发生时行使，它既没有赋予其持有人对被投资方拥有权力，也不能阻止其他方对被投资方拥有权力。保护性权利一般与被投资方活动的基本变动有关，或出现极端情况时发挥作用，但并非所有极端情况下采用的权利或依据事项而定的权利均为保护性权利。由于保护性权利是被设计用以保护持有者的权益，而不赋予其对与该权利相关的被投资方的权力，所以，仅持有保护性权利的投资方无法具有对被投资方的权力或无法妨碍另一方具有对被投资方的权力。例如：债权人具有限制债务人对信用风险做重大改变以避免债权人受到损害的权利；少数股权的一方持有的核准资本支出大于正常营业过程所必需的权利，或核准发行权益或债务工具的权利；当债务人出现不符合规定的借款偿还条件时，债权人扣留债务人资产的权利等均属保护性权利。

如果投资方与被投资方签订有授予被投资方用于保护特许权品牌的权利的协议，从而赋予特许权授权人（投资方）对特许权被授权人（被投资方）经营有关的某些决策权，但这一特许权的行使是为了特许权被授权人本身的利益，虽然对其回报会产生影响甚至重大影响，但并不会限制其他投资方对被投资方的回报进行决策的能力。因此，特许权不能作为享有实质性权利，而很可能成为保护性权利。

（三）评估拥有权力的途径之一：对相关活动持有多数表决权

通常主导被投资方的相关活动是通过表决权或类似表决权实现的。当投资方持有被投资方半数以上的表决权，或者投资方持有被投资方半数或以下的表决权，但通过与其他表决权持有人之间的协议能够控制半数以上表决权的，称为具有多数表决权，可视为持有绝对表决权，投资方可评估为对被投资方拥有权力，除非有确凿证据表明其不能主导被投资方相关活动。

表决权，是指对被投资方经营计划、投资方案、年度预算方案和决算方案、利润分配和亏损弥补方案的制定，内部管理机构设置，聘任或解聘公司经理并制定其报酬标准，公司基本管理制度的制定，规定关联交易上限等事项持有表决的权利，但不包括公司章程制订及修改、注册资本变更、发行债券、企业变更等事项的表决权。表决权一般是持有表决权的权益性工具（如普通股），而在股东大会、董事会或类似机构中持有的表决权。

投资方持有被投资方多数表决权，是指通过以下方式而持有的表决权超过半数。

（1）直接持有，是指投资方直接持有被投资方半数以上表决权。

（2）间接持有，是指投资方通过其被投资方持有另一被投资方半数以上表决权。需要注意的是，这种间接持有的前提是投资方已经能够控制被投资方，这样才能来讨论通过被投资方来控制另一被投资方的问题。如母公司控制了子公司，子公司又持有另一企业半数以上表决权，这样，另一企业也就被母公司间接控制而成为其孙公司。

（3）直接和间接合计持有（或称混合持有），是指投资方直接持有另一被投资方表决权虽未达到半数以上，但通过能够控制的被投资方持有该另一被投资方表决权之和达到了半数以上。这里的前提仍然是母公司已经控制了子公司，才能将母公司和子公司拥有另一企业的表决权进行相加。另一企业在此既可以说是母公司的子公司，也可以说是母公司的孙公司。

投资方持有被投资方半数或以下的表决权，但通过与其他表决权持有人之间的协议能够控制半数以上表决权，可通过例【2-1】加以说明。

【例 2-1】 中航制造持有 B 公司 40%有表决权股份，其他 12 个投资方各持有 B 公司 5%有表决权股份，且他们之间或其中一部分股东之间不存在进行集体决策的协议。根据全体股东协议，中航制造有权聘任或解聘董事会多数成员，董事会主导被投资者的相关活动。本例中，中航制造持有的 B 公司有表决权股份（40%）不足 50%，且其他12 个投资方各持有 B 公司 5%有表决权股份，根据中航制造自身持有股份的绝对规模和其他股东的相对规模，难以得出中航制造对 B 公司拥有权力。但是，综合考虑全体股东协议授予中航制造聘任或解聘董事会多数成员，以及其他股东之间不存在集体决策的协议，可以判断中航制造对 B 公司拥有权力。

如果被投资方的相关活动由多数表决权持有人的表决所主导，或者主导相关活动的治理结构多数成员是由多数表决权持有人的表决所任命，通常则可以认为持有被投资方超过半数表决权的投资方具有权力，且投资方的表决权必须具有实质性，即投资方必须有现时能力主导被投资方的相关活动。如果另一主体具有能提供该主体权利以主导被投资方的相关活动现有权利，且该主体不是投资方的代理人时，或者被投资方相关活动受政府、法院、管理人、接管人、清算人或主管机关主导（表决权不具实质性）时，即使投资方持有被投资方多数表决权，仍对被投资方不具有权力（称为具有多数表决权但无权力）。

（四）评估拥有权力的途径之二：对相关活动持有相对多数表决权

即使投资方持有少于多数的被投资方表决权，但综合考虑下列事实和情况后，仍可评估为对被投资方拥有权力。

（1）投资方持有的表决权相对于其他投资方持有的表决权份额的大小，以及其他投资方持有表决权的分散程度。可以说，投资方持有的表决权越多，或者投资方相对于其他表决权持有人持有的表决权越多，或者必须一致行动以票数胜过投资方的各方越多，投资方愈可能具有赋予其现时能力以主导相关活动的现有权利。

（2）投资方和其他投资方持有的被投资方的潜在表决权，如可转换公司债券、可执行认股权证等可转换工具或选择权，甚至远期合约。但这些潜在表决权仅在其权利具有实质性时，方予考虑。在考虑潜在表决权时，投资方应考虑该工具的目的及设计，以及投资方对被投资方的任何其他参与的目的及设计。包括对该转换工具各种条款及条件的评估，以及投资方同意该等条款及条件的明显预期、动机及理由。若投资方还具有与被投资方相关活动有关的表决权或其他决策权，投资方须与潜在表决权相互结合评估该等权利是否赋予投资方权力。如 A 持有 B 40%的实质性表决权，并持有取得 B 20%表决权的选择权所产生的实质性权利，即很可能属此种情况。又如，A 持有 C 70%的表决权，B 持有 C 30%的表决权及可取得 A 半数表决权的选择权，该选择权合约条款设计为深度价外期权，即在当前及预期两年内一直按期权的固定价格执行，到期前行权的可能性极小，这样，A 在当前及预期的两年内一直行使其表决权且积极主导 C 的相关活动而控制 C。B 虽然现时持有可购买额外表决权的可执行选择权（若被执行，将赋予 B 对 C 的多数表决权），但该选择权尚未购买，与其相关的条款及条件尚未实现而使选择权被认为不具有实质性，因此，B 将不符合权力条件而不能控制 C。再如，A、B、C 三位投资方各持有 D 的 1/3 表决权，D 的经营活动与 A 紧密关联，A 还持有可随时以固定价格转换为 D 普通股的债务工具，若被转换，A 将持有 D 60%的表决权，并能从 D 实现的业绩中受益，则 A 对 D 具有权力而能够控制 D。

（3）与其他表决权持有人存在合约协议。即使投资方在无合约协议的情况下不具有足够表决权以赋予其权力，但投资方与其他表决权持有人间的合约协议，可赋予投资方权利以行使足够表决权进而赋予投资方权力。但合约协议可能确保投资方可主导足够的其他表决权持有人如何表决，以使投资方能制定相关活动的决策。

（4）由其他合同安排产生的权利。其他决策权与表决权相互结合时，可赋予投资方现时能力以主导相关活动。例如，合约协议所明确规定的权利与表决权相互结合时，可能足以赋予投资方现时能力以主导被投资方的制造过程或主导重大影响被投资方回报的其他经营或财务活动。但在无任何其他权利的情况下，被投资方对投资方的经济依赖（如供应商与其主要客户的关系）并不导致投资方对被投资方具有权力。

（5）被投资方以往的表决权行使情况等其他相关事实和情况。这是在当需要做出决策时，投资方具有或不具有现时能力以主导相关活动的额外事实及情况，如先前股东大会的表决状况。

当表决权或类似权利不能对被投资方的回报产生重大影响时，如仅与被投资方的日常行政管理活动有关，并且被投资方的相关活动由合约安排所决定，投资方需要评估这些合约安排，以评价其享有的权利是否足够使其拥有对被投资方的权力。

（五）评估拥有权力的途径之三：对相关活动享有实质控制权

某些情况下，投资方可能难以判断其享有的权利是否足以使其拥有对被投资方的权力。在这种情况下，投资方应当考虑其具有实际能力以单方面主导被投资方相关活动的证据，从而判断其是否拥有对被投资方的权力。投资方应考虑的因素包括（但不限于）下列事项。

（1）投资方能否任命或批准被投资方的关键管理人员。

（2）投资方能否出于其自身利益决定或否决被投资方的重大交易。

（3）投资方能否掌控被投资方董事会等类似权力机构成员的任命程序，或者从其他表决权持有人手中获得代理权。

（4）投资方与被投资方的关键管理人员或董事会等类似权力机构中的多数成员是否存在关联方关系。

投资方与被投资方之间存在某种特殊关系的，在评价投资方是否拥有对被投资方的权力时，应当适当考虑这种特殊关系的影响。特殊关系通常包括被投资方的关键管理人员是投资方的现任或前任职工、被投资方的经营依赖于投资方、被投资方活动的重大部分有投资方参与其中或者是以投资方的名义进行、投资方自被投资方承担可变回报的风险或享有可变回报的收益远超过其持有的表决权或其他类似权利的比例等。

四、是否享有可变回报的评估

投资方自被投资方获得的回报可能会随着被投资方业绩的变动而变动，因此，将其视为享有可变回报。投资方评估对被投资方的控制时，应判断其是否暴露于对被投资方的参与所产生的可变回报或对该可变回报享有权利。评估时应当基于合同安排的实质而非回报的法律形式对回报的可变性及变动的程度来进行。

例如，投资方持有的固定利息债券，即使收到的是固定利息，但可能因为该债券会发生固定利息支付的违约风险和使投资方承担债券发行人的信用风险，因而收取固定利息属于可变回报，其变动金额（即该固定利息变动的程度）取决于该债券的信用风险。可变回报的例子有：①股利、来自被投资方经济利益的其他分配（如公司债券利息）及投资方对该被投资方的投资价值变动；②服务被投资方资产或负债的酬劳、来自提供信用或流动性支持的收费及提供该支持所产生损失的敞口、在被投资方清算时对被投资方资产及负债的剩余权益、取得来自投资方对被投资方的参与所产生的未来流动性；③其他权益持有人无法取得的回报，如投资方可能将其资产与被投资方的资产相互结合使用

（如合并经营以达到规模经济、成本节约、取得稀有产品、获得专有知识或限制某些经营或资产），以提升投资方其他资产的价值。

五、权力与可变回报关联的评估

权力与可变回报必须紧密关联，控制才具有意义。这一问题主要是在基于投资方（主理人）利益的前提下，投资方有时可能将其权力赋予代理人持有并行使而产生的。代理人，是指主要代为另一方或多方（主要责任人或称主理人）谋取利益而从事行动的一方。若为代理人，因其自身的决策权是代主理人行使，和回报不是紧密关联，当其行使被授予的决策权时，并不控制被投资方。因此，具有决策权的投资方（决策者）在评估其是否控制被投资方时，应决定其自身是以主理人还是代理人的身份行使决策权，在其他方拥有决策权的情况下，还需要确定其他方是否以其代理人的身份代为行使决策权。

授予代理人的决策职权可能是某些特定议题或所有相关活动，投资方评估是否控制被投资方时，应将授予代理人的决策权视为由自身直接持有。当主理人超过一个时，每个主理人都要考虑前面所述的有关控制的内容，评估其是否具有权力。在确定属于主理人和代理人时，应从其自身、被管理的被投资方及参与被投资方的其他方间的整体关系进行判断。尤其要考虑下列所有因素，这些因素应以特定事实及情况为基础而采用不同的权重，除非单一方持有剥夺决策者的实质性权利（剥夺权利）且能无需理由剥夺决策者。

（一）决策权的范围

决策者决策权的范围包括决策协议允许和法律明确规定的活动，以及决策者在制定与该活动有关的决策时所拥有的裁量权。此时应考虑被投资方的设立目的及设计、被设计用来承担的风险敞口、被设计转嫁给参与各方的风险，以及决策者对被投资方的设计所参与的程度。例如，若决策者重大参与被投资方的设计（包括决定决策职权的范围），该参与可能显示决策者有机会及诱因取得使决策者有能力主导相关活动的权利。

（二）其他方持有的权利

其他方持有实质性权利，如实质性的剥夺权利或其他权利则可能显示决策者为代理人，因为这可能影响决策者主导被投资方相关活动的能力。当单一方持有实质性的剥夺权利且能无需理由剥夺决策者时，就可足以做出决策者为代理人的结论。若超过一方持有此种权利（且无单独一方能在无其他方同意的情况下剥夺决策者），单就该权力对判断是否为代理人并不必具有决定性。此外，行使剥夺决策者的权利所需一致行动者的数量越多，且决策者的其他经济利益（即报酬及其他权益）的幅度及其相关的变异性越大，则此因素的权重应越低。

当评估决策者是否为代理人时，其他方所持有限制决策者裁量的实质性权利应以与剥夺权利类似的方式予以考虑。例如，决策者对其行动须取得少数其他方的核准时，通常为代理人。

考虑其他方所持有权利时应包括对被投资方的董事会（或其他治理结构）任何可行使的权利及该权利对决策职权的影响。

（三）报酬

依据报酬协议，决策者有权取得预期来自被投资方活动的报酬的幅度及其相关的变动性越大，决策者越有可能是主理人。决策者在判定其是属主理人或代理人时还应考虑是否存在：①决策者的报酬与所提供的劳务相称；②报酬协议仅包括在公平协商类似劳务及技术程度的协议中通常存在的条款、条件或金额等情况。除非这些情况存在，否则决策者不可能为代理人。但仅符合这些情况还不足以作出决策者为代理人的结论。

（四）来自其他权益的回报变动性的敞口

持有被投资方其他权益（如向被投资方投资或就被投资方的绩效提供保证）的决策者在评估其是否为代理人时，应考虑其来自该权益的回报变动性的敞口。持有被投资方的其他权益可能显示决策者为主理人。决策者对此进行评估时应考虑以下方面。

（1）决策者的经济利益（汇总考虑其报酬及其他权益）的幅度及其相关的变动性愈大，决策者越有可能为主理人。

（2）其回报变动性的敞口是否与其他投资方的回报变动性的敞口不同，若不同时，是否可能影响其行动。如当决策者持有被投资方的次级权益或向被投资方提供其他形式的信用增强时，即可能为此种情况。

决策者应评估其对被投资方的汇总回报变动性的相对敞口。评估时主要以预期来自被投资方活动的回报为基础，但不应忽略决策者通过其所持有的其他权益而对被投资方回报变动性的最大敞口。

六、对控制进行评估的特殊问题

（一）实质代理人的判断

在评估控制时，投资方应考虑其与其他方关系的性质及其他方是否代投资方行动，即该其他方是否为实质代理人。判定其他方是否为实质代理人，不仅须考虑关系的性质，也须考虑该其他方彼此之间及与投资方间如何互动。这种关系不需要合同安排。当投资方或主导投资方活动的一方有能力以主导其他方代投资方行动，则该其他方为实质代理人。这种情况下，在评估对被投资方的控制时，投资人应考虑其实质代理人的决策权，以及通过实质代理人对可变回报的间接敞口（或权利），连同其自身对可变回报的敞口（或权利）。

其他方因其关系的性质而可能作为投资方的实质代理人的例子有：①投资方的关联方；②投资方将从被投资方收取的利益作为出资或贷款的一方；③同意在未经投资方事先核准时对其在被投资方的权益不出售、转移或设定负担的一方（除非投资方及该其他方具有事先核准的权利，且此种权利是在具有意愿的独立方彼此同意的条款为基础的情况下）；④在无投资方次级财务支持的情况下无法使其经营的一方；⑤治理结构中多数成员或主要管理人员与投资方的治理结构或主要管理人员相同的被投资方；⑥与投资方有密切业务关系（如专业服务提供者与其某一重要客户间的关系）的一方等。

（二）单独主体的处理

投资方通常应当对是否控制被投资方整体进行判断，但在极个别情况下，还要考虑对被投资方可分割的特定资产所形成的单独主体的控制问题。

按照相关法律法规的规定，当被投资方的资产存在可分割的部分（特定资产），并且仅在符合下列条件时，该可分割的部分可认定为单独主体：①该部分的资产是偿付该部分负债或该部分其他权益的唯一来源，不能用于偿还该部分以外的被投资方的其他负债；②除与该部分相关的各方外，其他方不享有与该部分资产相关的权利，也不享有与该部分资产剩余现金流量相关的权利。实质上，来自特定资产的任何回报不得用于被投资方的其他部分，而该单独主体的任何负债也不得用被投资方其他部分的资产支付。因此，该单独主体的所有资产、负债及权益是从被投资方整体中圈护出来的，在 IFRS10 中被称为"储槽"。

当同时满足上述条件时，投资方应辨认能够重大影响所认定单独主体回报的活动及该活动如何被主导，并按照控制的三项要素评估是否对其控制。若投资方能够控制所认定的单独主体，应将被投资方的该部分纳入合并财务报表。在此情况下，其他方评估对被投资方的控制及将被投资方纳入合并财务报表时，应排除被投资方的该部分。

（三）结构化主体的处理

结构化主体，是指在确定其控制方时没有将表决权或类似权利作为决定因素而设计的主体。如当所有表决权仅与行政事务有关，而相关活动是以合同安排的方式来主导。这是基于 2007 年以来全球金融危机突显出报告企业因参与结构化主体（包括由其发起者）而暴露的风险缺乏透明度所产生的问题，并促使 IASB 于 2011 年 5 月专门制定发布了新的《国际财务报告准则第 12 号——在其他主体中权益的披露》（IFRS12），其中对结构化主体进行了专门规定。我国在 2014 年 3 月也随之新增制定发布了《企业会计准则第 41 号——在其他主体中权益的披露》（CAS41），并对其做出了同样的规定。结构化主体涵盖并取代了《国际财务报告准则解释公告 12 号——合并：特殊目的主体》中的类似主体。因参与该主体将使企业在先天上暴露出比参与传统经营主体更多的风险。结构化主体通常具有下列部分或全部特性或属性。

（1）存在受限制的活动。

（2）具有范围小且明确界定的目的，诸如促成具有节税效应的租赁、执行研发活动、向主体提供资金通道或资金，或借此将与结构化主体的资产相关的风险与报酬转嫁给投资方以提供投资机会给投资方。

（3）若无次级财务支持，其权益（资本金）通常不足以支持该主体的活动。

（4）以产生信用或其他风险集中的多项合约性关联工具（分级证券）的形式向投资方筹资。

符合上述特性的结构化主体的例子有（但不限于）证券化工具、资产担保的筹资、某些投资基金等。被评估为控制的结构化主体，应纳入合并财务报表。

扩展阅读 2-1：结构化主体与投资性主体的区别与联系

（四）投资性主体的处理

1. 投资性主体的界定及评估

母公司应当将其全部子公司（包括母公司所控制的单独主体）纳入合并财务报表的合并范围。但如果母公司是投资性主体，则母公司应当仅将为其投资活动提供相关服务的子公司（如有）纳入合并财务报表。其他子公司不应当予以合并，母公司对其他子公司的投资应当按照公允价值变动计入当期损益的投资来处理。因此，在确定编制合并财务报表范围时，母公司应决定其是否为投资性主体。当母公司同时满足下列条件时则属于投资性主体（称为投资性主体定义三要素）。

（1）以向投资者提供投资管理服务（如投资咨询服务、投资管理、投资支持及行政服务）为目的而自一个或多个投资方处取得资金，这是一个投资性主体与其他企业的显著区别。

（2）向投资方承诺其唯一经营目的，是为了资本增值、投资收益（如股利、利息或租金收入）或两者兼有而投入资金。这一经营目的一般可通过其设立目的、投资管理方式、投资期限、投资退出策略等体现出来，具体表现形式可以是通过募集说明书、公司章程或合伙协议以及所发布的其他公开信息。

（3）以公允价值为基础对几乎所有投资的绩效进行考量和评价。因为相比于合并子公司财务报表或者按照权益法核算来说，公允价值计量所提供的信息更具有相关性。

评估其是否为投资性主体时，应考虑所有事实及情况，包括其目的及设计。投资性主体与非投资性主体的一个区别是投资主体不打算无限期地持有其投资。所以，投资主体应对拟通过资本增值、投资收益或两者兼有而获得回报的权益性投资和非金融资产投资备有退出战略（对于有期限的债务工具持有至到期，可以视为存在退出战略，因为主体不可能无期限持有这类债务工具，但对于永续债投资则应有退出战略，否则表明可能该主体计划无期限持有）。但就评估的目的而言，仅为违约事件（如违反契约条款或未履行契约义务）所建立的退出机制不应视为退出战略。退出战略可能依投资类型而不同，需要依据具体情况进行判断。

2. 投资性主体的典型特性

判断母公司属于投资性主体时，应考虑其是否呈现投资性主体的下列典型特性。

（1）拥有一个以上投资。以此可以分散风险并使其报酬最大化。

（2）拥有一个以上投资方。这样可以集合其资金以取得其单个投资方可能无法取得的投资管理服务或投资机会。

（3）投资方不是该主体的关联方。有非关联方投资方将使该主体或该主体的其他集团成员获取除资本增值和投资收益以外的收益的可能性减小，这样可以更为谨慎地判断和有确凿的证据来证明其经营目的的唯一性。

（4）其所有者权益以股权或类似权益方式存在。这是基于一个投资性主体并不一定必须是单独的法律实体，但无论其采取什么样的法律形式，其所有者权益应该采取股份、合伙权益或者类似权益份额的形式，且净资产按照所有者权益比例份额享有。

3. 投资性主体的转换

若有关事实及情况显示构成投资性主体定义的三要素或投资性主体的典型特性中

有一项或多项改变，母公司应重新评估其是否为投资性主体。

投资性主体的母公司本身不是投资性主体，则应当将其控制的全部主体，包括那些通过投资性主体所间接控制的主体，纳入合并财务报表范围。

（1）当母公司由非投资性主体转变为投资性主体。当母公司由非投资性主体转变为投资性主体时，除仅将为其投资活动提供相关服务的子公司纳入合并财务报表范围外，企业自转变日起对其他子公司不再予以合并，并按照视同在转变日处置子公司但保留剩余股权（即丧失控制）的原则进行处理，即对该子公司的投资按照转变日的公允价值计量。转变日之前合并财务报表中该子公司净资产（资产、负债及相关商誉之和，扣除少数股东权益）的账面价值与转变日对子公司投资的公允价值之间的差额计入当期损益。转变日之前合并财务报表中与该子公司相关的其他综合收益全部转为当期损益。

（2）当母公司由投资性主体转变为非投资性主体。当母公司由投资性主体转变为非投资性主体时，应以转变日视为购买日，按照非同一控制下企业合并的会计处理方法，将原未纳入合并财务报表范围的子公司于转变日纳入合并财务报表范围，原未纳入合并财务报表范围的子公司于转变日的公允价值视同为购买的交易对价。

七、丧失控制

如果经持续评估后发现母公司丧失了对子公司的控制，母公司应当进行如下处理。

（一）合并财务报表的消除

母公司应自丧失控制日从合并资产负债表中消除前子公司的资产及负债，包括：①丧失控制日的前子公司资产（含任何商誉）及负债的账面金额。②丧失控制日的前子公司任何少数股东权益（也称非控制权益，包括归属于少数股权的任何其他综合损益组成部分）的账面金额。

（二）重新确认

母公司应自丧失控制日重新确认下列事项。

（1）导致丧失控制的交易、事项或情况以及所收取对价的公允价值，如涉及子公司给业主（以其业主的身份）分配股份时的股份分配情况。

（2）对前子公司的任何保留投资（剩余股权）在丧失控制日的公允价值，并后续按照相关会计准则规定处理该保留投资及对前子公司的任何应收或应付款项。确认该公允价值应视为按照金融工具准则的规定初始确认金融资产的公允价值，或在适当时，视为初始确认投资合营或合资企业的成本。

（3）对于其他综合收益中先前所确认与该子公司有关的所有金额，其会计处理的基础应与母公司直接处置相关资产或负债所必须遵循的基础相同，将其他综合收益中所确认与该子公司有关的金额重分类至损益，或按照会计准则的规定直接转入留存收益。如先前确认为其他综合收益的利得或损失，在处置相关资产或负债时将被重分类至损益，则当母公司丧失对子公司的控制时，也应将该利得或损失自权益重分类至损益（重分类调整）；如先前确认于其他综合损益的重估价准备，在处置相关资产时将被直接转入留存收益，则当母公司丧失对子公司的控制时，也应将重估价准备直接转入留存收益。

（4）归属于前控制权益中与丧失控制有关的利得或损失，即将上述处理所产生的差额在损益中确认为归属于母公司的利得或损失计入投资收益。

母公司可能因两项以上的安排（多次交易分步处置）而丧失对子公司的控制，但有些情况显示该多项安排应按单一（一揽子）交易处理。在决定多项安排是否应按单一交易处理时，母公司应考虑该安排的所有条款、条件及其经济影响。如有下列一种或多种情况，母公司应将该多项安排按单一交易处理。

①多项安排是同时或在考虑相互影响的情况下签订。

②多项安排形成单一交易以达成某一整体商业效果。

③一项安排的发生取决于至少另一项安排的发生。

④一项安排就其本身考虑时不具有经济合理性，但如与其他安排一起考虑即具经济合理性。例如，以低于市场的定价处置股份，并以高于市场定价的后续处置作为补偿。

第三节　合并日合并财务报表

本书上一章讲述了企业合并的会计处理方法，本节将在其基础上，主要围绕控股合并情况下合并日合并财务报表的编制问题进行阐述。

一、投资创办新企业

投资创办新企业是指母公司利用本身可动用的资金重新创办了一个具有独立法人资格的新企业。该企业自创办成立后即构成母公司的子公司，因此，可以视同为一种购买合并，应当在创办成立日作为合并完成日，编制合并财务报表。

母公司因投资创办新企业，需要将持有的有关资产转移为所投资企业的长期股权投资，其会计处理为：借记"长期股权投资"，贷记"银行存款"等有关资产科目。而子公司在收到母公司等投资方投入的资产后应做借记"银行存款"等有关资产科目，贷记"股本"等资本科目。此时子公司的账面上只有母公司所投入的资产和资本，并且其账面金额与母公司记录的"长期股权投资"和"银行存款"等有关资产科目金额一般是对应相等的。

这种情况下，因子公司还未开业，不会发生其他交易或事项，合并日即投资完成日的合并财务报表只有合并资产负债表，仅需要将资产负债表中母公司的长期股权投资项目与子公司的投入资本项目作如下抵销处理后，其他项目直接对应合并即可。

借：股本等资本性项目（子公司账面金额）

　　贷：长期股权投资（母公司账面金额）

如果是非全资子公司，在贷方还应列示出属于少数股东权益的内容及数额。

二、非同一控制下合并日合并财务报表的编制

按照 CAS20 的规定，非同一控制下企业合并应按购买法进行会计处理。在购买法

下，母公司购买的是子公司的净资产，而不是购买所有者权益，并且由于被购买方在合并前实现的净利润已经包含在净资产中，所以，母公司在合并日只需要编制合并资产负债表，因企业合并取得的被购买方各项可辨认资产、负债及或有负债应当以公允价值列示，合并资产负债表中的所有者权益只是母公司的所有者权益，子公司的所有者权益将与母公司的长期股权投资抵销，编制合并日合并资产负债表时需要进行的有关处理如下。

（1）计算确定商誉，计算公式如下：

商誉＝购买方的合并成本－购买方在合并中取得的被购买方可辨认净资产公允价值

若计算结果为正时表示为商誉，可将其直接列入合并资产负债表；若为负时表示为负商誉，按照 CAS20 的规定，应计入合并当期损益，但这种合并情况下，合并日不编制合并利润表，因此，应将其列为未分配利润，反映在合并资产负债表中。

（2）编制合并资产负债表中的权益抵销调整分录，该分录中应反映出：①母公司长期股权投资与子公司所有者权益的抵销；②子公司因合并导致的可辨认资产、负债中公允价值与账面价值不相等的项目及其差额；③子公司可辨认净资产中属于少数股东的部分以少数股权列示；④合并商誉或负商誉。

（3）由于合并，以前发生、目前还存在的往来款项等，将作为内部往来款项一并抵销。

【例 2-2】 20×3 年 12 月 31 日，中航制造以增发每股面值 1 元的普通股 1 000 万股为对价收购了 M 公司全部股份，该股票发行市场价为每股 7.5 元，发行股票时发生的相关发行费用为 100 万元，另支付间接合并费用 100 万元，均以银行存款支付。M 公司评估后净资产公允价值与账面价值相等，中航制造、M 公司合并前后均未出现同一控制现象。中航制造 12 月 31 日完成合并时应做如下会计处理。

（1）记录以发行股票的方式进行长期股权投资时，应做会计分录为：

借：长期股权投资 75 000 000
　贷：股本 10 000 000
　　　资本公积——股本溢价 65 000 000

（2）记录支付的股票发行费用和合并费用，应做会计分录为：

借：资本公积——股本溢价 1 000 000
　　管理费用——合并费用 1 000 000
　贷：银行存款 2 000 000

20×3 年 12 月 31 日中航制造、M 公司的资产负债表如表 2-3 所示。

表 2-3　中航制造和 M 公司资产负债表

20×3 年 12 月 31 日　　　　　　　单位：万元

项　目	中航制造	M 公司
货币资金	9 400	6 900
交易性金融资产	1 800	
应收账款（其中应收 M 公司 100）	240	180
应收票据	160	320

续表

项　目	中航制造	M 公司
存货	6 800	1 200
长期股权投资——M 公司	7 500	
固定资产	19 000	6 500
无形资产	2 000	1 100
资产总计	**46 900**	**1 6200**
短期借款	100	3 000
应付账款（其中应付中航制造 100）	1 200	1 100
应付票据	380	400
应付债券	1 000	500
长期借款	4 000	5 200
负债合计	**6 680**	**10 200**
股本	21 000	3 000
资本公积	16 400	2 000
盈余公积	1 800	800
未分配利润	1 020	200
所有者权益合计	**40 220**	**6 000**
负债及所有者权益总计	**46 900**	**16 200**

这种情况下的会计处理比较简单，中航制造需进行的会计处理如下。

（1）将中航制造对 M 公司的长期股权投资与 M 公司的所有者权益抵销，二者的差额作为商誉。应做抵销调整分录为：

借：股本 30 000 000

资本公积 20 000 000

盈余公积 8 000 000

未分配利润 2 000 000

商誉 15 000 000

贷：长期股权投资 75 000 000

（2）将中航制造和 M 公司之间存在的应收应付账款对等抵销，应做抵销分录为：

借：应付账款 1 000 000

贷：应收账款 1 000 000

根据上述资料和抵销调整分录，编制合并工作底稿如表 2-4 所示：

表 2-4 合并工作底稿

20×3 年 12 月 31 日　　　　　　　　　　　单位：万元

财务报表项目	中航制造	M 公司	合　计	抵销调整分录 借方	抵销调整分录 贷方	合并金额
货币资金	9 400	6 900	16 300			16 300
交易性金融资产	1 800		1 800			1 800
应收账款	240	180	420		（2）100	320
应收票据	160	320	480			480

续表

财务报表项目	中航制造	M公司	合　计	抵销调整分录		合并金额
				借方	贷方	
存货	6 800	1 200	8 000			8 000
长期股权投资——M公司	7 500		7 500		（1）7 500	
固定资产	19 000	6 500	25 500			25 500
无形资产	2 000	1 100	3 100			3 100
商誉				（1）1 500		1 500
资产总计	**46 900**	**16 200**	**63 100**	×	×	**57 000**
短期借款	100	3 000	3 100			3 100
应付账款	1 200	1 100	2 300	（2）100		2 200
应付票据	380	400	780			780
应付债券	1 000	500	1 500			1 500
长期借款	4 000	5 200	9 200			9 200
负债合计	**6 680**	**10 200**	**16 880**	×	×	**16 780**
股本	21 000	3 000	24 000	（1）3 000		21 000
资本公积	16 400	2 000	18 400	（1）2 000		16 400
盈余公积	1 800	800	2 600	（1）800		1 800
未分配利润	1 020	200	1 220	（1）200		1 020
所有者权益合计	**40 220**	**6 000**	**46 220**	×	×	**40 220**
负债及所有者权益总计	**46 900**	**16 200**	**63 100**	×	×	**57 000**
借贷方合计	×	×	×	7 600	7 600	×

【例 2-3】中航制造 20×3 年 12 月 31 日以支付银行存款 6 500 万元成功收购了 M 公司的全部股份，另支付间接合并费用 100 万元，M 公司的净资产的账面价值共计 6 000 万元，公允价值共计 6 100 万元。中航制造在 12 月 31 日购买 M 公司时应做会计分录为：

借：长期股权投资　　　　　　　　　　　　　　　　　65 000 000
　　管理费用——合并费用　　　　　　　　　　　　　　1 000 000
　　贷：银行存款　　　　　　　　　　　　　　　　　66 000 000

12 月 31 日中航制造和 M 公司有关资产负债表资料如表 2-5 所示。

表 2-5　中航制造和 M 公司资产负债表

20×3 年 12 月 31 日　　　　　　　　　　　　　　　　单位：万元

项　　　目	中航制造	M公司（账面价值）	M公司（公允价值）
货币资金	3 000	6 900	6 900
交易性金融资产	1 800		
应收账款（其中应收 M 公司 100）	240	180	170
应收票据	160	320	320
存货	6 800	1 200	1 150
长期股权投资——M公司	6 500		
固定资产	19 000	6 500	6 800
无形资产	2 000	1 100	1 000
资产总计	**39 500**	**16 200**	**16 340**
短期借款	100	3 000	3 000

续表

项　目	中航制造	M 公司（账面价值）	M 公司（公允价值）
应付账款（其中应付中航制造 100）	1 200	1 100	1 100
应付票据	380	400	400
应付债券	1 000	500	540
长期借款	4 000	5 200	5 200
负债合计	**6 680**	**10 200**	**10 240**
股本	20 000	3 000	
资本公积	10 000	2 000	
盈余公积	1 800	800	
未分配利润	1 020	200	
所有者权益合计	**32 820**	**6 000**	**6 100**
负债及所有者权益总计	**39 500**	**16 200**	**16 340**

此时的商誉为 400（6 500 − 6 100）万元，需要进行的相关会计处理如下。

（1）编制有关权益的抵销调整分录。

借：股本　　　　　　　　　　　　　　　　　　　　　　　30 000 000

　　资本公积　　　　　　　　　　　　　　　　　　　　　20 000 000

　　盈余公积　　　　　　　　　　　　　　　　　　　　　　8 000 000

　　未分配利润　　　　　　　　　　　　　　　　　　　　　2 000 000

　　固定资产　　　　　　　　　　　　　　　　　　　　　　3 000 000

　　商誉　　　　　　　　　　　　　　　　　　　　　　　　4 000 000

　　贷：长期股权投资　　　　　　　　　　　　　　　　　6 5000 000

　　　　应收账款　　　　　　　　　　　　　　　　　　　　100 000

　　　　存货　　　　　　　　　　　　　　　　　　　　　　500 000

　　　　无形资产　　　　　　　　　　　　　　　　　　　1 000 000

　　　　应付债券　　　　　　　　　　　　　　　　　　　　400 000

（2）将中航制造和 M 公司之间存在的应收应付账款对等抵销时，应做抵销分录为：

借：应付账款　　　　　　　　　　　　　　　　　　　　　1 000 000

　　贷：应收账款　　　　　　　　　　　　　　　　　　　1 000 000

依据上述抵销调整分录，编制合并工作底稿，如表 2-6 所示。

表 2-6　合并工作底稿

20×3 年 12 月 31 日　　　　　　　　　　　　　　　　　　单位：万元

财务报表项目	中航制造	M 公司	合　计	抵销调整分录		合并金额
				借方	贷方	
货币资金	3 000	6 900	9 900			9 900
交易性金融资产	1 800		1 800			1 800
应收账款	240	180	420		（1）10 （2）100	310
应收票据	160	320	480			480
存货	6 800	1 200	8 000		（1）50	7 950
长期股权投资——M 公司	6 500		6 500		（1）6 500	

续表

财务报表项目	中航制造	M 公司	合 计	抵销调整分录 借方	抵销调整分录 贷方	合并金额
固定资产	19 000	6 500	25 500	（1）300		25 800
无形资产	20 00	1 100	3 100		（1）100	3 000
商誉				（1）400		400
资产总计	**39 500**	**16 200**	**55 700**	×	×	**49 640**
短期借款	100	3 000	3 100			3 100
应付账款	1 200	1 100	2 300	（2）100		2 200
应付票据	380	400	780			780
应付债券	1 000	500	1500		（1）40	1 540
长期借款	4 000	5 200	9 200			9 200
负债合计	**6 680**	**10 200**	**16 880**	×	×	**16 820**
股本	20 000	3 000	23 000	（1）3 000		20 000
资本公积	10 000	2 000	12 000	（1）2 000		10 000
盈余公积	1 800	800	2 600	（1）800		1 800
未分配利润	1 020	200	1 220	（1）200		1 020
所有者权益合计	**32 820**	**6 000**	**38 820**	×	×	**32 820**
负债及所有者权益总计	**39 500**	**16 200**	**55 700**	×	×	**49 640**
借贷方合计	×	×	×	6 800	6 800	×

【例 2-4】 承【例 2-3】，假设中航制造收购 M 公司 80%的股份，其他资料与【例 2-3】相同。重新计算商誉为 1 620（65 00 − 6 100×80%）万元，需要进行的会计处理如下。

（1）编制有关权益的抵销调整分录。

借：股本　　　　　　　　　　　　　　　　　　　　　　　30 000 000

　　资本公积　　　　　　　　　　　　　　　　　　　　　20 000 000

　　盈余公积　　　　　　　　　　　　　　　　　　　　　 8 000 000

　　未分配利润　　　　　　　　　　　　　　　　　　　　 2 000 000

　　固定资产　　　　　　　　　　　　　　　　　　　　　 3 000 000

　　商誉　　　　　　　　　　　　　　　　　　　　　　　16 200 000

　　贷：长期股权投资　　　　　　　　　　　　　　　　　65 000 000

　　　　少数股东权益　　　　　　　　　　　　　　　　　12 200 000

　　　　应收账款　　　　　　　　　　　　　　　　　　　　 100 000

　　　　存货　　　　　　　　　　　　　　　　　　　　　　 500 000

　　　　无形资产　　　　　　　　　　　　　　　　　　　 1 000 000

　　　　应付债券　　　　　　　　　　　　　　　　　　　　 400 000

（2）将中航制造和 M 公司之间存在的应收应付账款对等抵销时，应做抵销分录为：

借：应付账款　　　　　　　　　　　　　　　　　　　　　 1 000 000

　　贷：应收账款　　　　　　　　　　　　　　　　　　　 1 000 000

依据上述抵销调整分录，编制合并工作底稿如表 2-7 所示。

表 2-7 合并工作底稿

20×3 年 12 月 31 日 单位：万元

财务报表项目	中航制造	M 公司	合 计	抵销调整分录		合并金额
				借方	贷方	
货币资金	3 000	6 900	9 900			9 900
交易性金融资产	1 800		1 800			1 800
应收账款	240	180	420		（1）10 （2）100	310
应收票据	160	320	480			480
存货	6 800	1 200	8 000		（1）50	7 950
长期股权投资——M 公司	6 500		6 500		（1）6 500	
固定资产	19 000	6 500	25 500	（1）300		25 800
无形资产	2 000	1 100	3 100		（1）100	3 000
商誉				（1）1 620		1 620
资产总计	**39 500**	**16 200**	**55 700**	×	×	**50 860**
短期借款	100	3 000	3 100			3 100
应付账款	1 200	1 100	2 300	（2）100		2 200
应付票据	380	400	780			780
应付债券	1 000	500	1 500		（1）40	1 540
长期借款	4 000	5 200	9 200			9 200
负债合计	**6 680**	**10 200**	**16 880**	×	×	**16 820**
股本	20 000	3 000	23 000	（1）3 000		20 000
资本公积	10 000	2 000	12 000	（1）2 000		10 000
盈余公积	1 800	8 00	2 600	（1）800		1 800
未分配利润	1 020	200	1 220	（1）200		1 020
归属于母公司所有者权益合计	×	×	×	×	×	**32 820**
少数股东权益	×	×	×		（1）1 220	**1 220**
所有者权益合计	**32 820**	**6 000**	**38 820**	×	×	**34 040**
负债及所有者权益总计	**39 500**	**16 200**	**55 700**	×	×	**50 860**
借贷方合计	×	×	×	**8 020**	**8 020**	×

【例 2-5】中航制造 20×3 年 12 月 31 日以支付现金 4 500 万元成功收购了 M 公司的全部股份，另支付间接合并费用 100 万元，M 公司的净资产的账面价值共计 6 000 万元，公允价值共计 6 100 万元。中航制造在 12 月 31 日购买 M 公司时应做会计处理为：

借：长期股权投资 45 000 000

　管理费用——合并费用 1 000 000

　贷：银行存款 46 000 000

20×3 年 12 月 31 日中航制造和 M 公司有关资产负债表资料如表 2-8 所示。

表 2-8 中航制造和 M 公司资产负债表

20×3 年 12 月 31 日 单位：万元

项 目	中航制造	M 公司（账面价值）	M 公司（公允价值）
货币资金	5 000	6 900	6 900
交易性金融资产	1 800		
应收账款（其中应收 M 公司 100）	240	180	170

续表

项　目	中航制造	M公司（账面价值）	M公司（公允价值）
应收票据	160	320	320
存货	6 800	1 200	1 150
长期股权投资——M公司	4 500		
固定资产	19 000	6 500	6 800
无形资产	2 000	1 100	1 000
资产总计	**39 500**	**16 200**	**16 340**
短期借款	100	3 000	3 000
应付账款（其中应付中航制造100）	1 200	1 100	1 100
应付票据	380	400	400
应付债券	1 000	500	540
长期借款	4 000	5 200	5 200
负债合计	**6 680**	**10 200**	**10 240**
股本	20 000	3 000	
资本公积	10 000	2 000	
盈余公积	1 800	800	
未分配利润	1 020	200	
所有者权益合计	**32 820**	**6 000**	**6 100**
负债及所有者权益总计	**39 500**	**16 200**	**16 340**

　　这是一种折价合并，在会计上一般认为母公司在收购中得到了收购收益，需要将合并成本小于合并中取得的子公司可辨认净资产公允价值份额的差额（与商誉对应即为负商誉），计入合并当期损益（列为营业外收入），并在报表附注中予以说明。但在非同一控制下，由于合并日不编制合并利润表，所以直接调整留存收益项目，列入合并资产负债表中。合并中产生的负商誉为1 600（4 500－6 100）万元，需要进行的会计处理如下。

　　（1）编制有关权益的抵销调整分录。

借：股本	30 000 000
资本公积	20 000 000
盈余公积	8 000 000
未分配利润	2 000 000
固定资产	3 000 000
贷：长期股权投资	45 000 000
应收账款	100 000
存货	500 000
无形资产	1 000 000
应付债券	400 000
未分配利润	16 000 000

　　（2）将中航制造和M公司之间存在的应收应付账款对等抵销时，应做抵销分录为：

借：应付账款 1 000 000

贷：应收账款 1 000 000

据此编制合并工作底稿如表 2-9 所示。

表 2-9 合并工作底稿

20×3 年 12 月 31 日 单位：万元

财务报表项目	中航制造	M 公司	合 计	抵销调整分录		合并金额
				借方	贷方	
货币资金	5 000	6 900	11 900			11 900
交易性金融资产	1 800		1 800			1 800
应收账款	240	180	420		（1）10 （2）100	310
应收票据	160	320	480			480
存货	6 800	1200	8 000		（1）50	7 950
长期股权投资——M 公司	4 500		4 500		（1）4 500	
固定资产	19 000	6 500	25 500	（1）300		25 800
无形资产	2 000	1 100	3 100		（1）100	3 000
资产总计	**39 500**	**16 200**	**55 700**	×	×	**51 240**
短期借款	100	3 000	3 100			3 100
应付账款	1 200	1 100	2 300	（2）100		2 200
应付票据	380	400	780			780
应付债券	1 000	500	1 500		（1）40	1 540
长期借款	4 000	5 200	9 200			9 200
负债合计	**6 680**	**10 200**	**16 880**	×	×	**16 820**
股本	20 000	3 000	23 000	（1）3 000		20 000
资本公积	10 000	2 000	12 000	（1）2 000		10 000
盈余公积	1 800	800	2 600	（1）800		1 800
未分配利润	1 020	200	1 220	（1）200	（1）1 600	2 620
所有者权益合计	**32 820**	**6 000**	**38 820**	×	×	**34 420**
负债及所有者权益总计	**39 500**	**16 200**	**55 700**	×	×	**51 240**
借贷方合计	×	×	×	**6 400**	**6 400**	×

【例 2-6】 承【例 2-5】，假设中航制造收购 M 公司 80％的股份，其他资料与【例 2-5】相同。重新计算负商誉为 380（4 500 − 6 100×80％）万元，编制有关权益的抵销调整分录为：

借：股本 30 000 000

资本公积 20 000 000

盈余公积 8 000 000

未分配利润 2 000 000

固定资产 3 000 000

贷：长期股权投资 45 000 000

少数股东权益 12 200 000

应收账款	100 000
存货	500 000
无形资产	1 000 000
应付债券	400 000
未分配利润	3 800 000

中航制造、M 公司之间存在的应收应付账款对等抵销与上述相同。据此编制合并工作底稿（略）。

三、子公司可辨认净资产计价问题的探讨——下推会计的产生

由上述购买法举例可以看出，编制合并日合并财务报表，实质上是以子公司可辨认净资产公允价值为基础，将母公司投资（合并）成本分摊到了子公司的净资产项目中，合并资产负债表中包含的子公司可辨认净资产，已经不是其账面价值，而是调整为公允价值。这就产生了一个问题：即子公司的净资产是否需要因为合并而随同调整为公允价值，以便与合并财务报表的要求保持一致？在国际会计界，普遍认为这是一个值得探讨的复杂问题，目前出现了以下两种观点。

第一种观点认为：企业合并只是产权关系发生了变动，并未改变子公司的独立法人地位和持续经营的状况，也未改变子公司会计所服务的对象和会计处理基础。因此，其净资产账面价值并不能因为母公司的合并而调整，有关公允价值的计价方法只是在母公司编制合并财务报表时应购买法的要求而使用的，这样，母子公司个别财务报表都保持其账面价值的做法，与母、子公司仍然是独立法人的现实相符。至于子公司可辨认净资产公允价值，可由母公司设置备查簿做出专门记录，以备母公司编制合并财务报表时查询处理，这是当前国际上较为普遍的做法。但是，这种方法却有悖于合并财务报表需要采用统一会计政策的要求。

第二种观点认为：既然子公司已被母公司合并，合并财务报表又要求对子公司可辨认净资产采用公允价值计价，那么，子公司将其净资产在合并日调整为公允价值，这样才能与子公司受控于母公司的现实相吻合，更好体现出统一会计政策的要求，保证母公司的长期股权投资与子公司的所有者权益能够对等抵销，使子公司合并日和合并日后的个别财务报表均建立在同一计价基础上，从而使合并程序大大简化。并且，这样做的结果与上述编制出的合并财务报表的结果完全一致。因此，在合并日所产生的子公司可辨认净资产账面价值与公允价值的差额，应下推到子公司的个别财务报表中，要求子公司从合并日起将其净资产调整到与母公司要求的公允价值相一致，这就是国际上所说的"下推会计"。美国注册会计师协会（American Institute of Certified Public Accountants，AICPA）在 1979 年 10 月 30 日发布的下推会计文献中将下推会计定义为："一个会计主体在其个别财务报表中，根据购买该主体有投票表决权股份交易，重新确立会计和报告基础。这一交易导致该主体发行在外有投票表决权股份的所有权发生重大变更。"美国证券交易委员会（Securities and Exchange Commission，SEC）要求，当子公司几乎已全部为母公司所拥有（通常为 97%），且没有大量外发债券或优先股时，向证券交易委员会报送的财务报表应采用下推会计。

由于美国公认会计原则（GAAP）长期以来未对下推会计制定相关指引，导致上市公司、私营企业和非营利机构之间的财务报表缺乏可比性。FASB 新生问题工作小组经过研究讨论，最终达成一致意见，于 2014 年 1 月 18 日由 FASB 发布了《会计准则更新 2014 年第 17 号——企业合并（主题 805）：下推会计》（ASU No. 2014-17），界定了被收购企业或非营利机构是否需要采用以及在何种情况下可以采用下推会计（pushdown accounting），并立即生效。并指出：下推会计是指在一项收购业务中，被收购企业按照收购企业的计价基础编制其单独财务报表。该项新规在收购方取得被收购企业控制权的情况下，为被收购企业编制其单独财务报表提供了应用下推会计的选项。SEC 也在同一天撤销了其下推会计解释指引，以保持自身指引与 FASB 新准则的一致性。

IFRS10 在应用指南第 88 段（计量）中指出，子公司的收益及费用损失应以收购日合并财务报表所确认资产及负债的金额为基础，并举例说，收购日后在合并利润表中确认的折旧费用，应以收购日合并财务报表中所确认相关折旧性资产的公允价值为基础。但是 IFRS10 并未明确规定，子公司必须在收购日将其资产、负债的账面价值调整为公允价值。

子公司按照合并成本进行分摊调整时：一方面应将子公司可辨认的资产、负债项目中账面价值与公允价值不一致的项目调整为公允价值，并反映合并商誉（负商誉按上述方法列示）；另一方面应将因上述调整而增加（或减少）的可辨认净资产列为资本公积。这样，就会与子公司因企业合并导致产权关系的重新变更相吻合。为了便于理解，举例说明如下。

【例 2-7】 承【例 2-4】，将因合并导致 M 公司可辨认净资产的价值变动下推到 M 公司，M 公司对此应做会计分录为：

借：固定资产	3 000 000
商誉	16 200 000
贷：应收账款	100 000
存货	500 000
无形资产	1 000 000
应付债券	400 000
资本公积	17 200 000

根据上述会计分录登记有关账簿，将有关资产、负债的账面价值调整为公允价值之后，再次编制调整后的资产负债表。为便于理解，将调整前后的 M 公司资产负债表列示如表 2-10 所示。

表 2-10　M 公司下推会计调整前后资产负债表

20×3 年 12 月 31 日　　　　　　　　　　　　　　单位：万元

项　　目	调整前账面价值	下推调整	调整后公允价值
货币资金	6 900		6 900
应收账款	180	−10	170
应收票据	320		320
存货	1 200	−50	1 150
固定资产	6 500	300	6 800

项　目	调整前账面价值	下推调整	调整后公允价值
无形资产	1 100	−100	1 000
商誉		1 620	1 620
资产总计	**16 200**	×	**17 960**
短期借款	3 000		3 000
应付账款（其中应付中航制造100）	1 100		1 100
应付票据	400		400
应付债券	500	40	540
长期借款	5 200		5 200
负债合计	**10 200**	×	**10 240**
股本	3 000		3 000
资本公积	2 000	1 720	3 720
盈余公积	800		800
未分配利润	200		200
所有者权益合计	**6 000**	×	**7 720**
负债及所有者权益总计	**16 200**	×	**17 960**

据此编制合并资产负债表的抵销调整分录如下。

（1）将中航制造长期股权投资与M公司所有者权益对等抵销。

借：股本　　　　　　　　　　　　　　　　　　　　　　　30 000 000

　　资本公积　　　　　　　　　　　　　　　　　　　　　37 200 000

　　盈余公积　　　　　　　　　　　　　　　　　　　　　　8 000 000

　　未分配利润　　　　　　　　　　　　　　　　　　　　　2 000 000

　　　贷：长期股权投资　　　　　　　　　　　　　　　　　　　65 000 000

　　　　　少数股东权益　　　　　　　　　　　　　　　　　　　12 200 000

（2）将中航制造和M公司之间存在的应收应付账款对等抵销。

借：应付账款　　　　　　　　　　　　　　　　　　　　　1 000 000

　　　贷：应收账款　　　　　　　　　　　　　　　　　　　　　1 000 000

依据上述有关资料及抵销调整分录，编制合并工作底稿，如表2-11所示。

表 2-11　合并工作底稿

20×3年12月31日　　　　　　　　　　　　　　　　单位：万元

财务报表项目	中航制造	M公司	合　计	抵销调整分录 借方	抵销调整分录 贷方	合并金额
货币资金	3 000	6 900	9 900			9 900
交易性金融资产	1 800		1 800			1 800
应收账款	240	170	410		（2）100	310
应收票据	160	320	480			480
存货	6 800	1 150	7 950			7 950
长期股权投资——M公司	6 500		6 500		（1）6 500	
固定资产	19 000	6 800	25 800			25 800

续表

财务报表项目	中航制造	M 公司	合　计	抵销调整分录 借方	抵销调整分录 贷方	合并金额
无形资产	2 000	1 000	3 000			3 000
商誉		1 620	1 620			1 620
资产总计	**39 500**	**17 960**	**57 460**	×	×	**50 860**
短期借款	100	3 000	3 100			3 100
应付账款	1 200	1 100	2 300	（2） 100		2 200
应付票据	380	400	780			780
应付债券	1 000	540	1 540			1 540
长期借款	4 000	5 200	9 200			9 200
负债合计	**6 680**	**10 240**	**16 920**	×	×	**16 820**
股本	20 000	3 000	23 000	（1） 3 000		20 000
资本公积	10 000	3 720	13 720	（1） 3 720		10 000
盈余公积	1 800	800	2 600	（1） 800		1 800
未分配利润	1 020	200	1 220	（1） 200		1 020
归属于母公司所有者权益合计	×	×	×	×	×	**32 820**
少数股东权益	×	×	×		（1） 1 220	1 220
所有者权益合计	**32 820**	**7 720**	**40 540**	×	×	**34 040**
负债及所有者权益总计	**39 500**	**17 960**	**57 460**	×	×	**50 860**
借贷方合计	×	×	×	7 820	7 820	×

　　将本例的处理过程和结果与【例 2-4】进行比较可以看出，按照下推会计进行抵销调整处理及合并财务报表的编制就变得非常简单，母公司不需要在每期编制合并财务报表时进行调整，合并日及合并日后的处理都非常简单，并能保证编制的合并财务报表结果不变。

四、同一控制下合并日合并财务报表的编制

　　按照 CAS20 的规定，同一控制下企业合并采用的会计处理方法类似于权益结合法。与购买法相比，合并日合并财务报表的编制将表现出以下三个特征。

　　（1）合并中形成母子公司关系的，母公司应当编制合并日的合并资产负债表、合并利润表及合并现金流量表等。其中参与合并各方的资产、负债均按其账面价值计价，不会产生商誉问题；编制合并财务报表的原则是，将被合并方视同为在合并以前期间一直在合并范围之内，因此，合并利润表应当包括参与合并各方自合并当期期初至合并日所发生的收入、费用和利润，被合并方在合并前实现的净利润，应当在合并利润表中单列项目反映；合并现金流量表应当包括参与合并各方自合并当期期初至合并日的现金流

扩展阅读 2-2：恢复被合并方留存收益的原因

量。对比较合并财务报表也应做相应调整。

（2）合并资产负债表中的所有者权益将包括母公司的所有者权益和子公司的留存收益。

（3）合并财务报表中的抵销调整分录所反映的内容包括：①母公司长期股权投资与子公司所有者权益的抵销，子公司可辨认净资产中属于少数股东的部分以少数股东权益列示。②因第①笔抵销调整分录将子公司留存收益抵销了，但同一控制下的企业合并实质上是参与合并各方权益的重新整合，被合并方在企业合并前实现的留存收益中归属于合并方的部分，应当根据其与合并方资本或股本溢价的比较情况，在合并资产负债表中进行以下恢复调整：合并方资本或股本溢价贷方余额大于被合并方在企业合并前实现的留存收益中归属于合并方的部分，按该留存收益数编制恢复调整分录，借记"资本公积"项目，贷记"盈余公积"和"未分配利润"项目；合并方资本或股本溢价贷方余额小于被合并方在企业合并前实现的留存收益中归属于合并方的部分，按该资本或股本溢价数进行与上述相同的恢复调整。

为了便于对比理解，现仍以上述购买法下的相关举例加以说明如下。

【例 2-8】 承【例 2-2】，假设中航制造、M 公司均为 A 公司控制下的两家子公司，将中航制造资产负债表中的长期股权投资改为 6 000 万元，资本公积改为 14 900 万元。其他资料与【例 2-2】相同。中航制造发行股票的会计分录为：

借：长期股权投资	60 000 000
贷：股本	10 000 000
资本公积——股本溢价	50 000 000

合并日合并费用的会计处理与【例 2-2】相同。

在进行上述处理后，中航制造编制合并日合并资产负债表时，应进行的会计处理如下。

（1）将中航制造对 M 公司的长期股权投资与 M 公司的所有者权益抵销时，应做抵销分录为：

借：股本	30 000 000
资本公积	20 000 000
盈余公积	8 000 000
未分配利润	2 000 000
贷：长期股权投资	60 000 000

（2）因中航制造股本溢价大于 M 公司的留存收益，所以，全部恢复 M 公司留存收益，应做调整分录为：

借：资本公积——股本溢价	10 000 000
贷：盈余公积	8 000 000
未分配利润	2 000 000

（3）将中航制造和 M 公司之间存在的应收应付账款对等抵销时，应做抵销分录为：

借：应付账款	1 000 000
贷：应收账款	1 000 000

根据上述资料和抵销调整分录，编制合并日合并工作底稿，如表 2-12 所示。

表 2-12 合并工作底稿

20×3 年 12 月 31 日　　　　　　　　　　　　单位：万元

财务报表项目	中航制造	M 公司	合 计	抵销调整分录 借方	抵销调整分录 贷方	合并金额
货币资金	9 400	6 900	16 300			16 300
交易性金融资产	1 800		1 800			1 800
应收账款	240	180	420		（3）100	320
应收票据	160	320	480			480
存货	6 800	1 200	8 000			8 000
长期股权投资——M 公司	6 000		6 000		（1）6 000	
固定资产	19 000	6 500	25 500			25 500
无形资产	2 000	1 100	3 100			3 100
资产总计	45 400	16 200	61 600	×	×	55 500
短期借款	100	3 000	3 100			3 100
应付账款	1 200	1 100	2 300	（3）100		2 200
应付票据	380	400	780			780
应付债券	1 000	500	1 500			1 500
长期借款	4 000	5 200	9 200			9 200
负债合计	6 680	10 200	16 880	×	×	16 780
股本	21 000	3 000	24 000	（1）3 000		21 000
资本公积	14 900	2 000	16 900	（1）2 000 （2）1 000		13 900
盈余公积	1 800	800	2 600	（1）800	（2）800	2 600
未分配利润	1 020	200	1 220	（1）200	（2）200	1 220
所有者权益合计	38 720	6 000	44 720	×	×	38 720
负债及所有者权益总计	45 400	16 200	61 600	×	×	55 500
借贷方合计	×	×	×	7 100	7 100	×

此时还需编制合并日合并利润表和合并现金流量表等，将在"第三章 合并财务报表（下）"专门说明。

【例 2-9】 承【例 2-8】，假设中航制造换取 M 公司的股份为 80%。中航制造在发行股票以及进行长期股权投资的会计处理时，长期股权投资的数额及股票的价值应按照 M 公司净资产账面价值的 80% 为基础确定，因此，其会计处理为：

借：长期股权投资　　　　　　　　　　　　　　　　　　　48 000 000

　　贷：股本　　　　　　　　　　　　　　　　　　　　　　10 000 000

　　　　资本公积——股本溢价　　　　　　　　　　　　　　38 000 000

中航制造编制合并日合并资产负债表时的相关抵销调整分录应改为（其他内容略）：

（1）将中航制造对 M 公司的长期股权投资与 M 公司的所有者权益抵销。

借：股本　　　　　　　　　　　　　　　　　　　　　　　30 000 000

　　资本公积　　　　　　　　　　　　　　　　　　　　　20 000 000

　　盈余公积　　　　　　　　　　　　　　　　　　　　　8 000 000

　　未分配利润　　　　　　　　　　　　　　　　　　　　2 000 000

贷：长期股权投资	48 000 000
少数股东权益	12 000 000

（2）按80%的比例恢复 M 公司留存收益。

借：资本公积——股本溢价	8 000 000
贷：盈余公积	6 400 000
未分配利润	1 600 000

第四节　合并日后个别财务报表调整

按照我国 CAS2、CAS20 和 CAS33 的有关规定，不论是同一控制下的企业合并，还是非同一控制下的企业合并，只要形成以控制为基础的母子公司关系的，都应纳入合并日后合并财务报表的合并范围，编制合并财务报表时，需要依据母子公司的个别财务报表资料，对非同一控制下企业合并的子公司的可辨认净资产计价和损益计算均按照公允价值作为计量基础。但是，在子公司的个别财务报表中，不论合并情形如何，均以账面价值为基础对资产和负债进行计价，并以此计算损益，没有考虑非同一控制下企业合并中产生的公允价值问题；而在母公司的个别财务报表中，对长期股权投资的核算采用的是成本法，没有考虑权益法对长期股权投资和投资收益的影响，若在工作底稿中选择以权益法作为长期股权投资的核算基础，这样，不论是否发生内部交易事项，合并日后编制合并财务报表时，首先必须在合并财务报表工作底稿中对母子公司个别财务报表进行以下两种调整（注意：不调整母、子公司的账目）。

一、对子公司个别财务报表的调整

编制合并财务报表时，除了对存在的子公司与母公司会计政策和会计期间不一致的情况，需要对该子公司的个别财务报表进行调整外，非同一控制下企业合并，对子公司的个别财务报表还要求以企业合并时可辨认净资产的公允价值为基础：一方面将其净资产调整为公允价值进行合并；另一方面还要依据企业合并时母公司在备查簿中记录的子公司可辨认净资产公允价值及其与账面价值的差额，结合子公司对应可辨认净资产当年价值转移情况，确定本期应摊销的调整额后，重新调整子公司的相关损益项目，并重新计算子公司以公允价值为基础的净利润。具体的调整内容和方法如下。

（一）子公司有关资产项目的调整

对非同一控制下企业合并中子公司有关资产中账面价值和公允价值不一致项目的差额，按照各项资产在子公司的价值摊销方法及当年的摊销额，结合其差额的性质，进行如下调整。

（1）对于存货项目上的差额，一般都假定其价值在合并后第一年全部实现，并列为营业成本，因此：存货上公允价值大于账面价值的差额，一般在合并后第一年进行一次性摊销调整，借记"营业成本"项目，贷记"存货"项目；小于时做相反调整。

（2）对于应收项目上的差额，在应收项目收回时摊销调整。

（3）对于对外投资项目上的差额，按照对外投资的价值变动情况，作为折溢价进行摊销调整。

（4）对于固定资产、无形资产等长期资产上的差额，按照固定资产计提折旧方法、无形资产摊销方法确定本期折旧额、摊销额后，一般在"管理费用"项目中调整。对公允价值大于账面价值的差额，借记"管理费用"项目，贷记"固定资产——累计折旧""无形资产——累计摊销"项目等；小于时做相反调整。

（二）子公司有关负债项目的调整

对于子公司有关负债项目（一般是应付项目和应付债券）的账面价值和公允价值不一致的差额，作为折溢价按其对应的摊销方法计算出当年摊销额后进行调整。

（三）合并中产生的商誉的调整

对于企业合并中产生的商誉，每期末需要对其进行减值测试，在确认发生减值时，按确定的减值额，借记"资产减值损失"项目，贷记"商誉——商誉减值准备"项目。

扩展阅读 2-3：商誉后续计量方法

另外，对于永久性土地的账面价值和公允价值不一致的差额一般不进行摊销。因为在正常情况下，土地的价值是不会降低的，所以，土地的价值不需要摊销。

扩展阅读 2-4：商誉减值测试法存在的问题

【例 2-10】 承【例 2-4】，假设 M 公司在 20×3 年 12 月 31 日合并完成后，固定资产的使用寿命为 10 年，采用直线法计提折旧，无形资产摊销期限为 5 年，应付债券的持有期限为 16 个月，存货在当年全部出售，应收账款均未能收回，商誉经当年减值测试后价值减少 54 万元。M 公司利润表列示，20×4 年实现净利润 500 万元，提取盈余公积 50 万元，分配支付现金股利 400 万元。中航制造在 20×4 年年末编制合并财务报表时，根据 M 公司净资产中账面价值与公允价值不一致项目的差额，计算在当年摊销情况及其对净利润的影响额如下：

存货	500 000
固定资产折旧（3 000 000 元 / 10 年）	− 300 000
无形资产摊销（1 000 000 元 / 5 年）	200 000
应付债券溢价 400 000 元×（12 个月 / 16 个月）	300 000
商誉减值	− 540 000
对净利润的合计影响额（调增）	160 000

据此应在合并工作底稿中做如下调整分录，一方面使相关资产、负债的账面价值调整为公允价值（具体会计处理见【例 2-4】）；另一方面调整相关损益项目，应做调整分录为：

借：存货	500 000
无形资产——累计摊销	200 000
应付债券（利息调整）	300 000
管理费用	100 000
资产减值损失	540 000

贷：固定资产——累计折旧		300 000
商誉——资产减值准备		540 000
营业成本		500 000
财务费用		300 000

据此计算 M 公司调整后的净利润为 516（500 + 16）万元。

二、对母公司个别财务报表的调整

对于母公司来说，在其个别财务报表中，对纳入合并财务报表合并范围的子公司的长期股权投资和投资收益均按照成本法进行了相关处理和反映，但在编制合并财务报表时，若选择按照权益法反映，以便使母公司的长期股权投资和投资收益能够充分体现出在子公司所享有的所有权益及收益情况，则编制合并财务报表时，需要在合并工作底稿中，对母公司个别财务报表中的长期股权投资和投资收益，由成本法转换调整为权益法后再进行合并。有关调整如下。

（1）按子公司调整后净利润（同一控制下企业合并不需要调整），确定母公司应享有的投资收益，借记"长期股权投资"项目，贷记"投资收益"项目。

（2）按子公司向母公司分配的现金股利或利润额，一方面冲销成本法下列计的投资收益，另一方面按权益法下收到投资收益时的处理冲减长期股权投资。因此，应做调整分录为借记"投资收益"项目，贷记"长期股权投资"项目。

（3）子公司计入所有者权益的利得，按照母公司应享有的部分，借记"长期股权投资"项目，贷记"其他综合收益"项目；若为损失时做相反处理。

在下年度连续编制合并财务报表时，对上述"（1）""（2）""（3）"中列计的数额应当补充列示调整，以便显示出权益法的连续应用，借记"长期股权投资"项目，贷记"未分配利润——年初""其他综合收益"等项目。

【例 2-11】 承【例 2-10】，将中航制造对 M 公司的长期股权投资和投资收益由成本法调整为权益法，调整分录如下（为便于计算，以下涉及小数的均采取四舍五入取整列示）。

（1）采用权益法列示 M 公司调整后净利润中属于中航制造的部分 4 128 000×（5 160 000×80%）元。

借：长期股权投资		4 128 000
贷：投资收益		4 128 000

（2）冲销成本法下收到的现金股利确认的投资收益 3 200 000 元。

借：投资收益		3 200 000
贷：长期股权投资		3 200 000

在下年度连续编制合并财务报表时，对该差额应当做如下补充列示调整。

借：长期股权投资		928 000
贷：未分配利润——年初		928 000

合并财务报表中的内部交易抵销调整问题，将在"第三章 合并财务报表（下）"专门阐述。

2014 年 2 月 17 日修订发布的 CAS33 规定，也可以不进行这种转换，直接基于成本法编制合并财务报表，详细内容见"第三章 合并财务报表（下）"的有关阐述。

练 习 题

练习题 1

一、目的：练习非同一控制下合并日合并财务报表的编制。

二、资料：中原装备 20×3 年 12 月 31 日完成对毫无关联的 R 公司的控股合并，R 公司已按中原装备的要求将其会计政策进行了调整，中原装备和调整后 R 公司合并日资产负债表资料如表 2-13 所示。

表 2-13 中原装备和 R 公司资产负债表

20×3 年 12 月 31 日 单位：万元

项 目	中原装备（账面价值）	R 公司（账面价值）	R 公司（公允价值）
货币资金	18 000	131 000	131 000
交易性金融资产	20 000	18 000	18 000
应收账款	266 000	11 000	11 000
存货	160 000	130 000	120 000
长期股权投资——R 公司	264 000		
固定资产（净值）	660 000	100 000	150 000
资产总计	1 388 000	390 000	430 000
应付账款	160 000	16 000	16 000
应付票据	48 000	4 000	4 000
应付债券		160 000	156 000
长期借款	140 000		
负债合计	348 000	180 000	176 000
股本	200 000	50 000	
资本公积	600 000	40 000	
盈余公积	235 000	117 000	
未分配利润	5 000	3 000	
所有者权益合计	1 040 000	210 000	254 000
负债及所有者权益总计	1 388 000	390 000	430 000

三、要求：根据上述 R 公司资料，分别以下列情况，编制合并日合并工作底稿中的相关抵销调整分录。

1. 中原装备以支付银行存款 254 000 万元取得 R 公司 100%股权。

2. 中原装备以支付银行存款 224 000 万元取得 R 公司 100%股权。

3. 中原装备以支付银行存款 212 000 万元取得 R 公司 80%股权。

4. 中原装备以支付银行存款 140 000 万元取得 R 公司 80%股权.

5. 中原装备以发行 55 000 万股、每股面值 1 元、市价为 4.8 元普通股，取得 R 公司 80%股权，并以银行存款支付股票发行费用 10 000 万元，完成合并后中原装备的资产负债表如表 2-13 所示。据此编制合并日合并工作底稿。

练习题 2

一、目的：练习同一控制下合并日合并财务报表的编制。

二、资料：承练习题 1，假设合并前中原装备和 R 公司同属 M 公司的子公司，中原装备以发行每股面值 1 元、市价 4.8 元普通股 55 000 万股换取 R 公司 80%有表决权资本，并以银行存款支付股票发行费用 10 000 万元。

三、要求：根据上述资料，按照同一控制下企业合并的要求编制合并日合并工作底稿中的相关抵销调整分录。

练习题 3

一、目的：练习合并日后合并财务报表的编制。

二、资料：承练习题 1、练习题 2，假设 20×4 年 1 月 1 日起：R 公司固定资产剩余使用寿命为 10 年，采用直线法计提折旧；应付债券存续期限 8 年，债券折溢价摊销方法采用直线法；20×3 年存货在 20×4 年全部售出；当年商誉减值 880 万元。R 公司 20×4 年度实现的税后净利润为 240 000 万元，向股东分配现金股利 10 000 万元。

三、要求：

1. 按练习题 1 中要求 3 的合并情形，结合上述资料，调整计算 R 公司的净利润；在合并财务报表工作底稿中编制调整分录，使相关资产、负债的账面价值调整为公允价值，净利润调整为公允价值为基础的净利润，并将中原装备对 R 公司长期股权投资由成本法转换为权益法。

2. 按练习题 2 的合并情形，重新完成要求 1 的相关内容。

2023 年 3 月 17 日，中航航空电子系统股份有限公司（以下简称"中航电子"，股票代码：600372）发布了关于公司换股吸收合并中航工业机电系统股份有限公司（以下简称"中航机电"，股票代码：002013）的换股实施公告，公告显示：中航电子以发行 A 股方式换股吸收合并中航机电。本次换股吸收合并完成后，中航机电将终止上市并注销法人资格，中航电子将承继及承接中航机电的全部资产、负债、业务、人员、合同及其他一切权利与义务。中航电子因本次换股吸收合并所发行的 A 股股票将申请在上海证券交易所主板上市流通。中航机电与中航电子的换股比例为 1∶0.6605，即每 1 股中航机电股票可以换得 0.6605 股中航电子股票。

2023 年 4 月 14 日，中航电子发布的关于公司换股吸收合并中航机电换股实施结果、股份变动暨新增股份上市的公告显示，中航电子因本次合并涉及的换股事宜新增发行无限售条件的 A 股流通股 2 567 240 755 股。本次换股吸收合并已完成，中航电子总股本由 1 917 798 835 股增加至 4 485 039 590 股。根据中航电子与中航机电签署的《资产交割协议》，自本次合并交割日（即 2023 年 4 月 13 日）起，中航机电所有资产的所有权和与之相关的权利、利益、负债和义务，均由中航电子享有和承担。中航机电同意自交割日起将协助中航电子办理中航机电所有要式财产（指就任何财产而言，法律为该等财产权利或与该等财产相关的权利设定或转移规定了特别程序）由中航机电转移至中航电子名下的变更手续。如由于变更登记手续等原因而未能履行形式上的移交手续，不影响中航电子对上述资产享有权利和承担义务。

注："中航电子（600372）"的证券简称于 2023 年 9 月 5 日起变更为"中航机载"，公司证券代码"600372"保持不变。

资料来源：http://www.cninfo.com.cn/new/disclosure/detail?orgId=gssh0600372&announcementId=1216138339&announcementTime=2023-03-17

请结合案例查阅相关资料，分析思考以下问题。

1. 如何判定中航电子是否对中航机电实施了控制？

2. 在控制权取得日，中航电子是否需要编制合并财务报表？为什么？在什么情况下中航电子需要编制合并财务报表？如何编制？

3. 在企业合并业务处理以及合并财务报表编制过程中，面临着哪些职业道德风险？应如何防范这些风险？

第三章

合并财务报表（下）

【本章学习提示】

- 本章重点：企业集团内部交易及其内容；各种内部交易、内部未实现损益的抵销；各种合并财务报表的编制；母公司在报告期内增加或处置子公司的处理。
- 本章难点：各种内部交易、内部未实现损益的抵销调整；内部推定损益的确认；合并财务报表编制的综合运用；母公司处置子公司的处理。

中航工业产融控股股份有限公司（简称"中航产融"，股票代码：600705）是中国航空工业集团有限公司（简称航空工业）控股的金融控股类上市公司，拥有包括信托、租赁、财务公司、证券、期货、基金等业务在内的多元金融工具。中航产融坚持贯彻"立足航空，面向金融，服务市场"的发展方针，践行"金融＋产业"发展模式，以融促产、以融强产，进一步提高金融服务航空主业、服务实体经济水平，实现产融共进。为满足控股子公司的资金周转和日常经营需求，支持其业务发展，2023 年 5 月 27 日，中航产融发布《关于为控股金融子公司提供借款的公告》，拟使用自有资金向中航投资控股有限公司提供资金支持 114.47 亿元（其中接续 94.47 亿元，新增 20 亿元）、向中航证券有限公司提供资金支持 10 亿元（全部为新增）、向中航国际融资租赁有限公司提供资金支持 112 亿元（其中接续 94 亿元，新增 18 亿元）、向中航期货有限公司提供资金支持 2 亿元（全部为接续）。本次提供借款后，公司累计为合并报表范围内的控股子公司提供借款总余额为 311.58 亿元，占最近一年经审计净资产的比例为 45.76%，公司及控股子公司对合并报表范围外单位提供借款 15.46 亿元，占最近一年经审计净资产的比例为 2.27%。中航产融向其控股子公司提供借款属于内部交易吗？中航产融期末编制合并财务报表时应如何反映这些借款？

资料来源：http://www.cninfo.com.cn/new/disclosure/stock?stockCode=600705&orgId=gssh0600705&sjstsBond=false#latestAnnouncement

第一节　企业集团内部交易及抵销调整项目概述

无论是同一控制还是非同一控制下的企业合并，只要企业合并完成后形成了以控制为基础的纳入合并范围的母子公司关系，每个会计期末均应由母公司组织编制合并财务报表。而编制合并财务报表的关键性工作，将主要表现为由于企业集团内部交易所引起的有关需要抵销调整的项目及其处理。

一、内部交易的性质及其种类

企业集团内部交易也称公司间交易，是指纳入合并范围的企业集团内部各成员企业相互之间发生的各种交易。将企业集团作为一个独立的会计个体，企业集团中各成员企业对外从事的交易都应作为企业集团的交易予以记录和反映，而各成员企业之间相互发生的内部交易从性质上则应视为"无交易行为"，现实中各自又都做出了会计记录，并反映在各自的财务报表中，因此，在编制合并财务报表时均应予以抵销。如果不做抵销处理，合并财务报表的结果将会出现大量的重复或者虚列。例如，同属于一个企业集团的 A 企业销售给 B 企业商品取得收入 1 000 元，该商品的成本为 800 元，而 B 企业又对企业集团外部销售并取得收入 1 200 元，这样，两个企业列示的收入、成本就出现了重复，如果不加抵销处理，反映企业集团的收入就虚增 1 000 元，而营业成本也虚增了1 000 元。如果 B 企业未将该商品对外出售，站在企业集团角度就不存在收入问题，但A 企业的利润表却记录了该商品的营业收入 1 000 元和营业成本 800 元，并显示营业利润 200 元，如果不将其抵销处理，合并财务报表将会造成虚增收入 1 000 元、虚列成本800 元，虚计利润 200 元（内部交易未实现利润），并虚增存货 200 元。

企业集团的内部交易一般表现为以下六种类型。

（1）内部权益交易，即母公司与子公司之间形成的投资与被投资关系，以及股权投资之后的各报告期内，子公司宣告分配现金股利导致母公司确认投资收益。

（2）内部债权债务及债券交易，即各成员企业之间在从事各种交易活动过程中，由于利用商业信用而形成的应收和应付款项；还包括各成员企业之间发生的公司债券发行与购买交易，这种交易可能是各成员企业之间公司债券的直接售购，也可能是某一企业从企业集团外部购回另一企业的已发行债券。

（3）内部存货交易，即各成员企业之间发生的存货购销交易。这种交易的特征是，在交易发生前后并不改变存货的经济性质。

（4）内部固定资产交易，即各成员企业之间发生的固定资产销售或租赁交易，包含与此相关的工程物资、在建工程等交易。这种交易的特征是，在交易发生前后固定资产的经济性质可能会改变或不改变。如销售方销售的是存货或固定资产，购买方则作为固定资产并使用；销售方销售的是固定资产，而购买方则作为存货处理（实务中很少见）。

（5）内部无形资产交易，即各成员企业之间发生的无形资产转售交易。这种交易的特征是，不论交易前的情形如何，交易的最终结果必然表现为无形资产。

（6）其他内部交易，如各成员企业之间按规定允许发生的资金拆借交易、担保、代理等。

二、内部交易损益及其处理

由于企业集团的各成员企业都是独立法人和独立的经营者，在进行内部交易过程中，必然会存在交易损益，这种损益称为内部交易损益，是指企业集团各成员企业之间因从事内部交易活动，而在内部交易的出让方所记录的交易收益或损失。由于这种内部交易损益是针对某项交易而言的，因此就表现为内部交易毛损益，即交易收入减去交易成本的差额。

内部交易损益根据对外实现情况可分为内部交易未实现损益和内部交易已实现损益。如果一项内部交易未在企业集团外部再次进行交易，那么，这种内部交易损益就表现为未实现损益；如果已经在企业集团外部又进行了交易，那么，随着外部交易的进行，这种内部交易损益将会在外部得以实现，从而就表现为已实现损益。

内部交易损益按照在会计上是否反映可分为内部交易会计损益和内部交易推定损益。内部交易会计损益，是指因内部交易而发生的已经在内部交易出让方做出会计记录的交易损益。内部交易损益的大部分内容都将反映为内部交易会计损益。内部交易推定损益，简称推定损益，是指从企业集团角度来讲应当发生了交易损益，但是，按照会计程序并未做出反映的内部交易损益。如 A 成员企业从企业集团外部购入 B 成员企业已经发行在外的公司债券，这种债券的购买行为虽不是原发行企业购回，但站在企业集团的角度可以看成是债券的赎回，在此称为债券的推定赎回，若该债券的原发行价格为 10 元／张，A 企业若以 11 元／张的价格购回，则认为每购回一张债券企业集团将损失 1 元，但在 A、B 企业的账面上并未做出反映，所以：将这种损失称为债券的推定赎回损失；反之称为推定赎回收益。推定损益一般是已经实现的内部交易损益。

由于企业集团各成员企业之间经营的独立性，内部交易损益（除了推定损益）都已经在个别财务报表中独立进行了会计反映。但是，将这些企业置于同一会计主体之下时，按照收益实现原则：对于内部交易已实现损益，在合并财务报表中是应当予以确认的；而对于内部交易未实现损益，在未对外实现之前均不予认定，在编制合并财务报表时，应当随内部交易事项的抵销而抵销；对于推定损益，虽然个别财务报表未做出反映，但在编制合并财务报表时应当予以追加确认。

三、编制合并财务报表时应抵销调整的项目

随着企业合并的完成和以后企业集团内部交易的发生，每期编制合并财务报表时，将需要对涉及重复记录的项目在合并工作底稿中进行抵销调整处理后，方可编制合并财务报表。应抵销调整的项目主要有：母公司长期股权投资、投资收益与子公司所有者权益、利润分配等引起的内部权益的抵销；内部债权债务的抵销；内部存货交易及其交易损益的抵销；内部固定资产交易、交易损益、使用期内多（少）计提累计折旧以及以后处置的抵销；内部无形资产交易、交易损益、使用期内多（少）摊销以及以后转让的抵销；各成员企业之间相互持股、相互投资的增减变动的抵销等。这些项目中许多都会同时涉及合并资产负债表、合并利润表、合并所有者权益变动表等，因此，本章以下内容将对其分别说明，以便读者理解和运用。

第二节　内　部　权　益

一、内部权益及其变化内容

母公司的长期股权投资、投资收益、子公司的少数股东权益与子公司的所有者权益、利润分配等，我们将其统称为企业集团的内部权益。在企业合并日后，引起内部权益发生变化的内容主要是：①子公司发生的权益变动，包括各期发生的利润或亏损、利润分

配、非同一控制下企业合并时产生的子公司可辨认净资产中账面价值与公允价值不等的项目在日后摊销所引起的对子公司净利润的调整、计入所有者权益的利得和损失等；②如果母公司采用权益法编制合并财务报表，还存在将长期股权投资的成本法转为权益法引起的母公司长期股权投资和投资收益的调整等。

二、内部权益的抵销处理

企业集团存在的内部权益及其各期的变化情况，都完整地反映在母、子公司各自的个别财务报表中。但是，在以企业集团为统一报告主体的情况下，这些可以看成是内部资本或者收益的划拨或转移，并不发生与企业集团外部利益主体之间的经济利益以及权益变动，因此，在每期编制合并财务报表时，应当予以抵销处理，从而减少其重复列计。基于权益法编制合并财务报表时，抵销调整处理可分为以下三项内容来进行。

（1）将子公司内部权益当年净变化数与引起的母公司长期股权投资净变化数抵销，同时将属于少数股东的部分列计为"少数股东权益"。内部权益增加时应做抵销调整分录为：借记"盈余公积——本年（提取数）""未分配利润——本年（净增加数）""资本公积——本年（净增加数）"等项目，贷记"长期股权投资""少数股东权益"等项目；内部权益减少时作相反的抵销调整分录。

（2）按子公司当年实现的调整后净利润，抵销权益法下属于母公司的部分和列计属于少数股东的部分，同时抵销子公司利润分配和剩余净利润。应做抵销调整分录为：借记"投资收益""少数股东损益""未分配利润——年初"等项目，贷记"提取盈余公积""对股东的分配""未分配利润——年末"等项目。

（3）将母公司长期股权投资与子公司所有者权益的年初数抵销。经过上述两种抵销调整处理后，母公司的长期股权投资和子公司的所有者权益当年的净变化数已经抵销完毕，剩余的将是对相关项目的年初数进行抵销调整。但如果是非同一控制下的企业合并，还需要将子公司年初各项净资产的账面价值与公允价值不一致的项目以及商誉予以列计（当年摊销数已在子公司有关资产项目的调整时处理完毕，见上一章的相关内容），对属于少数股权年初数也应一并列计。

如果是同一控制下的企业合并，还应当将上述抵销分录中将子公司留存收益（盈余公积、未分配利润）的抵销数比照上一章的相关说明予以恢复，借记"资本公积"项目，贷记"盈余公积""未分配利润"项目。

【例 3-1】　承第二章【例 2-4】【例 2-10】【例 2-11】，为其编制 20×4 年末合并财务报表中内部权益抵销调整的分录如下。

（1）将 M 公司内部权益当年净变化数抵销时：

借：盈余公积——本年		500 000
未分配利润——本年		660 000
贷：长期股权投资		928 000
少数股东权益		232 000

注：未分配利润的年末数减去年初数即是本年未分配利润的净增加额。其中，年末未分配利润＝年初未分配利润＋本年净利润－提取的盈余公积－对股东的分配＝2 000 000＋

（5 000 000 + 160 000）− 500 000 − 4 000 000 = 2 660 000（元）。因此，在后续表 3-2 的工作底稿中，未分配利润（本年）的数据 660 000 元分别以年末未分配利润 2 660 000 元和年初未分配利润 2 000 000 元来呈现。

（2）将 M 公司当年实现的净利润和利润分配抵销时：

借：投资收益	4 128 000
少数股东损益	1 032 000
未分配利润——年初	2 000 000
贷：提取盈余公积	500 000
对所有者的分配	4 000 000
未分配利润——年末	2 660 000

注：在"T"形账户结构中，余额的变化就是发生额的变化，未分配利润的年末数减去年初数即是未分配利润发生额的变化，也就是当年剩余净利润。

（3）抵销内部权益年初数时：

借：股本	30 000 000
资本公积——年初	20 000 000
盈余公积——年初	8 000 000
未分配利润——年初	2 000 000
固定资产	3 000 000
商誉	16 200 000
贷：长期股权投资	65 000 000
少数股东权益	12 200 000
应收账款	100 000
存货	500 000
无形资产	1 000 000
应付债券	400 000

此处需要说明的是，年初数和本年变化数合起来即是年末数，因此，在对母公司的长期股权投资和子公司的所有者权益进行抵销时，可以根据母、子公司的个别资产负债表期末数据经过调整之后直接进行抵销。据此，本例中，可以将第一个抵销分录和第三个抵销分录进行合并，合并结果如下。

借：股本	30 000 000
资本公积	20 000 000
盈余公积——年末	（8 000 000 + 500 000）8 500 000
未分配利润——年末	（2 000 000 + 660 000）2 660 000
固定资产	3 000 000
商誉	16 200 000
贷：长期股权投资	（65 000 000 + 928 000）65 928 000
少数股东权益	（12 200 000 + 232 000）12 432 000
应收账款	100 000
存货	500 000

| 无形资产 | 1 000 000 |
| 应付债券 | 400 000 |

第三节 内部债权债务及公司债券

一、内部债权债务

企业集团成立以后，随着各成员企业之间的各种内部交易的进行，在结算方面必然会产生各种各样的债权债务关系，这些债权债务在未结清之前，即构成了企业集团的内部债权债务，如应收与应付账款、应收与应付票据、预收与预付账款、其他应收与其他应付款、应收与应付股利或利息等。这些债权债务随着合并财务报表的编制将各成员企业纳入同一会计主体之后，应当予以抵销。抵销处理的相关内容主要包括以下两个方面。

（一）内部债权债务本身的抵销

内部债权债务本身的抵销处理比较简单，在进行抵销处理之前，应当先核对各自记录的债权债务的正确性，因为这些债权债务应当存在一一对应的关系，并且数额也应当相等，否则，抵销处理将无法进行。如果出现未达账项，应当比照银行存款未达账项调节方法进行调节后，再进行有关抵销处理。抵销分录为：借记"各内部债务"项目，贷记"各内部债权"项目。

（二）内部债权衍生事项的抵销

企业只要存在债权，按照国际上通行的做法，就有可能存在坏账准备计提等相关衍生事项，内部债权的存在也同样如此。由于内部债权在编制合并资产负债表时已经消失，对应的坏账准备赖以存在的基础也就不存在，所以，当期计提的坏账准备将会导致合并资产减值损失多计，期末母公司应当予以抵销。由于坏账准备年末余额是由年初余额和本年净变化数计算出来的，因此，需要分别进行抵销处理。

扩展阅读 3-1：连续编制合并财务报表时考虑以前年度对编报年度累计影响的原因

（1）坏账准备本年净变化数的抵销。本年净变化数即本年计提数，是根据年末应收款项的预期信用损失金额，对比"坏账准备"科目的余额情况，分别编制不同相关会计分录形成的。对其进行抵销处理时，按照当年计提的会计分录编制相反的抵销分录即可。如果本年净变化数为增加时，应借记"应收账款——坏账准备"等项目，贷记"信用减值损失"项目；如果本年净变化数为减少，则作相反抵销分录。

（2）坏账准备年初余额的抵销。年初的坏账准备在采用备抵法时其余额肯定在贷方，而计提坏账准备时对应的项目是"信用减值损失"，上年计入信用减值损失的坏账准备计提数，随着年终结账的处理已经最终归入了"未分配利润"科目，也就是说，坏账准备的年初数最终已经进入了资产负债表和所有者权益变动表"未分配利润"项目的年初余额，因此，编制抵销调整分录如下：借记"应收账款——坏账准备"等项目，贷记"未分配利润——年初"项目。

总之，对于内部债权债务以及衍生事项的抵销：如果是初次编制合并财务报表，需要进行内部债权债务本身和坏账准备当年净变化数两项内容的抵销处理；如果是以后连续编制合并财务报表，则需要进行内部债权债务本身、坏账准备当年净变化数和期初余额三项内容的抵销处理（业务举例见后述相关内容）。

二、内部公司债券交易

（一）内部公司债券交易的方式

内部公司债券交易，是指企业集团内部的一个企业通过不同渠道购买另一企业发行的公司债券的一种内部金融资产与负债交易。

对于内部公司债券交易的发行方来说，属于应付债券，应在企业"应付债券"科目中进行核算。但是，对于购买方来说，因管理该债券的业务模式不同，则可能分类为不同的金融资产，分别在"交易性金融资产""债权投资"和"其他债权投资"等科目中进行核算。

从购买渠道来说，内部公司债券交易的方式可以分为以下两种。

扩展阅读 3-2：推定赎回损益的处理方法

（1）直接交易，即企业集团内部的一个企业发行公司债券时，另一企业直接予以购买的交易。这种方式下由于购买方和发行方在有关账目上具有直接的对应关系，所以，在编制合并财务报表时只需要进行两个方面的抵销处理。一是将债券投资与应付债券相互抵销，因各自对债券折溢价的摊销方法不同导致的抵销差额计入投资收益或财务费用；二是将债券投资方列计的投资收益与债券发行方列计的利息费用相互抵销。

（2）间接交易，即一个企业在证券市场上从该企业集团外部的第三方购买另一成员企业已经发行在外而尚未到期的公司债券的交易。从企业集团角度来说，成员企业发行的公司债券也是企业集团发行的债券，因此，这种间接交易实质上是企业集团进行的债券赎回，由于不是发行企业购回，所以，这种购回称为债券的推定赎回（constructive retirement）。

（二）内部公司债券交易的抵销

依据我国 CAS33 的规定，在编制合并财务报表时，内部公司债券交易需要抵销、调整的内容包括以下三个方面。

（1）债券投资与应付债券的抵销。按照账面价值，借记"应付债券"项目，贷记"债权投资"（依据会计处理时所列计的项目列示，下同）等项目。

（2）相关利息收入和利息费用的抵销。按照各自列计的财务报表项目，借记"投资收益"项目，贷记"财务费用"项目。

（3）应付利息和应收利息抵销。借记"应付利息（当期列计未付的名义利息）"项目，贷记"应收利息（当期列计未收的名义利息）"项目。

上述调整、抵销处理只适用于直接交易的债券，间接交易的债券还需要考虑推定赎回损益的问题。

【例 3-2】　承【例 3-1】，M 公司 20×4 年 1 月 1 日对外发行面值 100 元、票面利率 4%、5 年期公司债券 1 000 000 张，发行价格为每张 95.67 元，每年末为计息和付息日。中航制造购入 M 公司发行的全部债券，并将其分类为以摊余成本计量的金融资产。20×4 年年末收到当年利息，双方均按照实际利率法确定利息收益、利息费用（实际利率为 5%），据此编制 20×4 年年末合并工作底稿中的有关抵销调整分录如下。

（1）债券投资与应付债券抵销时：

本例中，由于是直接交易，购买价和发行价相等，因此，20×4 年年末，中航制造的债权投资账面价值和 M 公司的应付债券账面价值均为 96 453 500〔95 670 000 −（100 000 000 × 4% − 95 670 000 × 5%）〕元，抵销分录为：

借：应付债券　　　　　　　　　　　　　　　　　　　　96 453 500
　　贷：债权投资　　　　　　　　　　　　　　　　　　　　　96 453 500

（2）对当年的利息收入和利息费用进行抵销时：

借：投资收益　　　　　　　　　　　　　　　　　　　　　4 783 500
　　贷：财务费用　　　　　　　　　　　　　　　　　　　　　　4 783 500

第四节　内部存货交易

一、内部存货交易概述

内部存货交易，是指企业集团各成员企业之间发生的商品购销（含劳务提供）交易。在内部存货交易中，作为内部销售方在利润表中将会列计营业收入、营业成本及营业利润，这部分利润由于不是在企业集团外部获得，不属于企业集团的最终利润，因此称为内部存货交易未实现利润。作为内部购买方在购货时以内部销售方的营业收入列为购货成本，在未对外销售之前，计入资产负债表中的存货成本，该存货成本中包含有内部销售方的营业成本（真正的存货成本）和内部存货交易未实现利润两部分内容。若该存货对企业集团外部销售，在内部购买方的利润表中就以此内部销售方的营业收入作为营业成本，以对外的销售收入作为营业收入，该存货的销售利润也因此对外真正得以实现。

二、内部存货交易的抵销处理

内部存货交易实际上是一种存货在企业集团内部所发生的内部调拨或位置移动，在编制合并财务报表时，需要区分不同情况进行抵销调整处理后，方可纳入合并财务报表。

（一）当年内部存货交易当年对外出售的抵销

这种情况下，内部销售方列计了内部营业收入和营业成本（属企业集团的营业成本），内部购买方列计了对外营业收入（属企业集团的营业收入）和营业成本，因此，站在企业集团角度就出现了同一存货两次列计营业收入和营业成本现象，所以，在编制合并财务报表时，应当予以抵销，借记"营业收入（内部销售方列计的）"项目，贷记"营业成本（内部购买方列计的）"项目。

（二）当年内部存货交易当年未对外出售的抵销

这种情况下，内部销售方利润表中列计的营业收入、营业成本在合并利润表中均不能予以确认；其内部未实现利润也随存货的转移进入了购买方的存货项目中，导致该存货成本多计。因此，应当予以抵销处理，借记"营业收入（内部销售方列计的）"项目，贷记"营业成本（内部销售方列计的）""存货（内部购货方列计的内部未实现利润部分，如为损失时记入借方）"项目。该内部未实现利润，随着年终结账的处理最终归入了"未分配利润"项目转入下期，以后期间则应在"未分配利润"项目中作抵销处理（此项内容将在以后的抵销处理中经常涉及，以后不再专门解释）。

（三）以前年度内部交易存货转入本年的抵销

这种情况下，对本年造成影响的是随同存货转入的内部交易未实现利润。所以，在编制合并财务报表时仅注意内部交易未实现利润即可。而转入本年的存货，仍可能出现在本年已销售或未销售两种情况。

（1）本年对外销售的抵销。这种情况下，存货中的内部交易未实现利润在本年实现，转入了营业成本，导致营业成本多计，所以，在编制合并财务报表时，应按内部交易未实现利润数，借记"未分配利润——年初"项目，贷记"营业成本"项目。损失时做相反处理。

（2）本年仍未对外销售的抵销。这种情况下，存货中的内部交易未实现利润在本年仍未实现，继续保留在存货项目中，所以，在编制合并财务报表时，应按内部交易未实现利润数，借记"未分配利润——年初"项目，贷记"存货"项目。损失时做相反处理。

需要说明的是，由于内部存货交易和对外销售的不同步进行，各期间内部交易的存货很难分清是哪一期间形成的，因此，内部交易未实现利润的确认计算就比较困难。按照通行的简便做法，确定各期存货中的内部交易未实现利润的方法通常采用毛利率法，即按照内部未实现营业收入（具体体现为内部购买方购入而未对外销售的存货金额）和按照内部销售方确定的内部毛利率进行计算测定。

（四）内部交易存货减值的抵销

根据《企业会计准则第1号——存货》（CASI）的规定，企业应采用成本与可变现净值孰低法对存货进行期末计价，并按单个存货项目计提存货跌价准备。对于集团内各成员之间形成的内部交易存货，在编制合并财务报表时也应该考虑存货减值问题，只是合并报表中应当反映的是合并报告主体（整个企业集团）计提的跌价准备，即合并主体的存货成本高于其可变现净值的差额。如果内部存货购买方在其个别报表中计提的存货跌价准备大于合并主体应计提的跌价准备，应当抵销多计提的存货跌价准备，在当年编制的合并工作底稿中，借记"存货——存货跌价准备"项目，贷记"资产减值损失"项目；如果其价值又得以恢复，做相反处理。在连续编制合并财务报表进行合并处理时，不仅要抵销本期存货跌价准备的影响数，还应该将上期抵销的存货跌价准备对本期期初未分配利润的影响予以抵销，借记"存货——存货跌价准备"或"营业成本"项目，贷记"未分配利润——年初"项目。如果为未实现损失，上述抵销分录均做相反处理。

【例 3-3】承【例 3-1】，20×4 年中航制造向 M 公司出售了 20 000 000 元的甲商品，该批商品成本为 14 000 000 元（内部毛利率为 30%），货款于当年收回 60%，以前年度 M 公司所欠中航制造的货款已清偿完毕，中航制造对 M 公司所欠应收账款按其年末余额的 5% 计提坏账准备。M 公司 20×4 年对外已出售甲商品 50%，年末 M 公司对剩余未出售内部购进甲商品计提存货跌价准备 1 000 000 元。据此编制 20×4 年年末合并工作底稿中的有关抵销调整分录如下。

（1）当年已对外出售商品抵销时：

借：营业收入	10 000 000
贷：营业成本	10 000 000

（2）当年尚未对外出售商品抵销时：

借：营业收入	10 000 000
贷：营业成本	7 000 000
存货	3 000 000

上述两笔抵销分录可合并如下：

借：营业收入	20 000 000
贷：营业成本	17 000 000
存货	3 000 000

（3）多计提存货跌价准备的抵销：

本例中，年末 M 公司剩余未出售内部购进甲商品的成本为 10 000 000 元，对计提存货跌价准备 1 000 000 元，由此可知，剩余甲商品的可变现净值为 9 000 000 元。编制合并报表时，站在集团的角度来看，剩余甲商品的成本不是 10 000 000 元，而是 7 000 000 元，低于可变现净值，并未发生减值，所以个别报表中计提的存货跌价准备应当全额抵销。

借：存货——存货跌价准备	1 000 000
贷：资产减值损失	10 000 000

（4）内部应收应付款项抵销时：

借：应付账款	8 000 000
贷：应收账款	8 000 000

（5）计提的内部坏账准备抵销（8 000 000×5%）时：

借：应收账款——坏账准备	400 000
贷：信用减值损失	400 000

【例 3-4】承【例 3-3】，20×5 年中航制造向 M 公司销售 10 000 000 元甲商品，该批商品成本为 7000 000 元，M 公司连同上年未销售完的甲商品，在本年全部对外销售，年末 M 公司尚欠中航制造 15 000 000 元货款。据此编制 20×5 年年末合并工作底稿中的有关抵销调整分录如下。

（1）本年已对外出售商品抵销时：

借：营业收入	10 000 000
贷：营业成本	10 000 000

（2）本年对外出售上年库存商品中的内部未实现利润抵销（10 000 000×30%）时：

借：未分配利润——年初	3 000 000

```
        贷：营业成本                                           3 000 000
（3）存货跌价准备年初数抵销时：
        借：营业成本                                           1 000 000
            贷：未分配利润——年初                              1 000 000
（4）内部应收应付款项抵销时：
        借：应付账款                                          15 000 000
            贷：应收账款                                      15 000 000
（5）本年计提的内部坏账准备抵销（15 000 000×5% – 400 000）时：
        借：应收账款——坏账准备                                  350 000
            贷：信用减值损失                                      350 000
（6）坏账准备年初数抵销时：
        借：应收账款——坏账准备                                  400 000
            贷：未分配利润——年初                                400 000
```

第五节　内部长期资产交易

一、内部长期资产交易概述

（一）内部长期资产交易的类型

企业集团各成员企业之间发生的长期资产交易主要包括固定资产交易和无形资产交易。其中固定资产交易按照交易前后资产的性质不同还可分为以下三种类型。

（1）出让方将存货出售后，购买方作为固定资产使用。

（2）出让方将固定资产转让给购买方继续使用。

（3）出让方将固定资产出售后，购买方作为存货将对外出售（这种情况现实中很少出现，故略）。

（二）内部交易未实现损益的存在形式、特点及会计处理要求

上述长期资产交易完成后，其资产将会在较长时期内置存于购买方，因此，交易中产生的内部交易未实现损益也将随着长期资产的存在而存在，随着长期资产的价值摊销而分期逐步实现，在较长的时期内影响着合并财务报表的编制。这样，不仅需要将交易当期的会计处理全部抵销，以后各期还需要将置存于长期资产中的未实现损益、每期摊销价值中多（少）摊销的部分（内部交易未实现损益当期实现数）、以前各期累计摊销额中多（少）摊销部分（以前各期累计实现的内部交易未实现损益数）、长期资产发生减值时多计提的减值准备等进行抵销调整。与内部存货交易相比，不仅需要抵销调整的内容多，而且涉及的时间长，处理过程较复杂。

二、内部固定资产交易

（一）内部固定资产交易的抵销

在内部固定资产交易当年，作为内部出售方如果销售的是商品，则会形成如同本年

内部存货交易本年未对外出售的情形,交易中的内部未实现利润将随商品转给内部购买方后进入固定资产原价中,因此应作的抵销处理为:借记"营业收入"项目,贷记"营业成本""固定资产——原价（内部出售方列计的内部未实现利润部分,损失时记在借方）"项目。如果销售的是固定资产,实际上是一种固定资产在企业集团内部发生的位移,因此,在抵销处理中只需要将其内部未实现利润部分抵销即可,借记"资产处置收益"项目,贷记"固定资产——原价"项目;如果为损失,借记"固定资产——原价"项目,贷记"资产处置收益"项目。

【例3-5】 承【例3-1】,20×4年2月M公司将一台设备销售给中航制造,售价为5 000 000元,中航制造依此作为固定资产原价。M公司记录的该设备原价为10 000 000元,累计折旧为5 000 000元,资产减值准备为500 000元。据此编制20×4年年末合并工作底稿中的有关抵销调整分录为:

借:资产处置收益　　　　　　　　　　　　　　　　　　　　500 000

　贷:固定资产——原价　　　　　　　　　　　　　　　　　　　500 000

（二）内部交易固定资产计提折旧的抵销

内部交易的固定资产由购买方投入使用后,即可计提折旧,但是计提折旧的价值基础是内部交易价,其中包含有内部交易未实现损益。这样,内部交易未实现损益将会随着折旧的计提而在本年度部分实现（称为推定损益）,并导致累计折旧和折旧费用多计或少计,因此,需要对其进行抵销调整。内部交易未实现损益的计算,可按照计提的累计折旧额乘以该固定资产的毛利率（内部交易未实现损益除以固定资产内部交易价格）方法进行。调整时涉及的费用项目,为了简化,一般都在"管理费用"项目中处理。具体需要区分以下两种情形。

（1）当年多计提或少计提累计折旧的抵销。对于当年计提的累计折旧中属于推定收益的则存在多计提,应借记"固定资产——累计折旧"项目,贷记"管理费用"项目;属于推定损失时做相反处理。

（2）以前年度多计提或少计提累计折旧的抵销。对于以前年度计提的累计折旧中,属于累计多计提的推定收益,应借记"固定资产——累计折旧"项目,贷记"未分配利润——年初"项目;属于推定损失时做相反处理。

【例3-6】 承【例3-5】,假设中航制造在交易当月即将其投入使用,并按直线法计提折旧,使用寿命为5年,不考虑净残值。该固定资产的年折旧额为1 000 000（5 000 000/5）元,内部毛利率为10%（500 000/5 000 000）,据此编制20×4年年末和20×5年年末合并工作底稿中的有关抵销调整分录如下。

20×4年末对多计提的累计折旧83 333（1 000 000×10/12×10%）元进行抵销时:

借:固定资产——累计折旧　　　　　　　　　　　　　　　　83 333

　贷:管理费用　　　　　　　　　　　　　　　　　　　　　　83 333

20×5年年末有关抵销分录为:

（1）将固定资产原价中多计的内部未实现利润抵销（只要该固定资产存在,每次编制合并财务报表时均需做此抵销）时:

借:未分配利润——年初　　　　　　　　　　　　　　　　　500 000

贷：固定资产——原价	500 000

（2）将当年多计提的累计折旧抵销（每年计提折旧时均需做此抵销）时：

借：固定资产——累计折旧	100 000
贷：管理费用	100 000

（3）将以前年度累计折旧（累计折旧年初余额）中多计的部分抵销（只要固定资产存在，每次编制合并财务报表时均需做此抵销）时：

借：固定资产——累计折旧	83 333
贷：未分配利润——年初	83 333

（三）内部交易固定资产使用届满前清理（含出售、报废等）的抵销

内部交易的固定资产，在经济使用寿命到期之前可能会进行对外出售、报废等处理，那么，该固定资产在本年度的资产负债表中将会消失，但是，该固定资产在当年还可能因使用而计提了折旧，固定资产中包含的内部未实现损益、累计折旧中多列计或少列计的折旧额等将随固定资产账目的注销而最终归入了当期损益中，这些还需要进行抵销调整处理。具体来讲：对于固定资产原价中包含的内部交易未实现收益，借记"未分配利润——年初"项目，贷记"资产处置收益""营业外收入（或支出）"项目；对于以前年度累计折旧中多提的部分，借记"资产处置收益""营业外收入（或支出）"项目，贷记"未分配利润——年初"项目；对于出售当年计提折旧中多提的折旧费，借记"资产处置收益""营业外收入（或支出）"项目，贷记"管理费用"项目。若为损失时均做相反抵销处理。

【例 3-7】 承【例 3-6】，假设中航制造于 20×8 年 12 月将该固定资产做提前报废处理，所得净收入为 80 000 元。据此编制 20×8 年年末合并工作底稿中的有关抵销调整分录如下。

（1）将固定资产原价中包含的内部交易未实现利润抵销时：

借：未分配利润——年初	500 000
贷：营业外收入	500 000

（2）将以前年度累计折旧中多提的部分抵销时：

借：营业外收入	383 333
贷：未分配利润——年初	383 333

（3）将当年多计提的累计折旧抵销时：

借：营业外收入	100 000
贷：管理费用	100 000

（四）内部交易固定资产使用期限届满后继续使用的抵销

固定资产经济使用寿命届满（折旧已计提完毕），但物理使用寿命还可延续，企业仍可继续使用。这种情况下，由于固定资产账目仍然存在，那么，其中的未实现损益和已实现的推定损益的影响也将仍然存在，因此，需要区分以下两种情况进行有关抵销处理。

（1）固定资产使用届满当期的抵销处理。此时，由于本年仍然计提有折旧费，所以，其处理内容与正常使用期间基本相同，所不同的只是涉及累计折旧多提或少提的金

额不一定完全相同。

（2）在固定资产使用期满以后的年度的处理。此时，由于固定资产超龄使用不再计提折旧，所以，仅在合并财务报表中做如下抵销调整处理。

①将固定资产原价中包含的内部交易未实现损益与"未分配利润——年初"项目余额抵销。

②将累计折旧中多提或少提的部分与"未分配利润——年初"项目余额抵销。

【例3-8】 承【例3-6】，假设中航制造于20×9年对该固定资产继续使用。据此编制20×9年年末合并工作底稿中的有关抵销调整分录如下。

（1）将固定资产原价中包含的内部交易未实现利润抵销时：

借：未分配利润——年初 500 000

　贷：固定资产——原价 500 000

（2）将以前年度累计折旧中多提的部分抵销时：

借：固定资产——累计折旧 483 333

　贷：未分配利润——年初 483 333

（3）将当年多计提的折旧抵销时：

借：固定资产——累计折旧 16 667

　贷：管理费用 16 667

如果到20×9年的下一年及以后年度仍继续使用，则各年只需要在合并工作底稿中做如下两笔抵销调整分录。

（1）将固定资产原价中包含的内部交易未实现利润抵销时：

借：未分配利润——年初 500 000

　贷：固定资产——原价 500 000

（2）将累计折旧中多提部分抵销时：

借：固定资产——累计折旧 500 000

　贷：未分配利润——年初 500 000

在固定资产使用届满后出售或报废等，则不需要再做任何处理，因为有关需要抵销调整的项目都已自动消除。

（五）内部交易固定资产减值的抵销

根据《企业会计准则第8号——资产减值》（CSA8）的规定，当固定资产的可收回金额低于其账面价值时，企业应当计提固定资产减值准备。对于集团内各成员之间形成的内部交易固定资产，在编制合并财务报表时也应该考虑固定资产减值问题，只是合并财务报表中应当反映的是合并报告主体（整个企业集团）计提的减值准备，即合并主体的固定资产账面价值高于其可收回金额的差额。如果内部固定资产购买方在其个别财务报表中计提的固定资产减值准备大于合并主体应计提的减值准备，应当抵销多计提的固定资产减值准备，在当年编制的合并工作底稿中，借记"固定资产——固定资产减值准备"项目，贷记"资产减值损失"项目。在连续编制合并财务报表进行合并处理时，不仅要抵销本期固定资产减值准备的影响数，还应该将上期抵销的固定资产减值准备对本期期初未分配利润的影响予以抵销，借记"固定资产——固定资产减值准备"项目，贷记"未分配利润——年初"项目。如果为未实现损失，上述抵销分录均做相反处理。

对于内部固定资产交易中属于需建造的固定资产，在其投入使用之前，还可能发生内部交易中的工程物资以及在建工程。对于这些内容在编制合并财务报表时，只需要将其因交易发生的内部收入、列计的内部营业成本以及因内部未实现损益导致的工程物资和在建工程数额多计或少计的部分予以抵销即可，可比照当期内部存货交易未能对外出售的有关会计处理原理来进行。之后，随着固定资产建造完成交付使用，再并入固定资产一并处理。如果内部交易固定资产涉及工程物资和在建工程发生减值的，可比照内部交易固定资产减值的抵销进行处理。

三、内部无形资产交易

内部无形资产交易，是指企业集团内部各成员企业之间相互转让的具有一定寿命期限的无形资产交易。内部无形资产交易与内部固定资产交易有许多相似之处，在编制合并财务报表时有关的抵销处理原理基本相同。

（一）内部无形资产交易的抵销

内部无形资产交易，实际上是无形资产在企业集团内部发生的位移，因此：在抵销处理中只需要将其内部未实现利润部分抵销即可，借记"资产处置收益"项目，贷记"无形资产——原价"项目；如果为损失，借记"无形资产——原价"项目，贷记"资产处置收益"项目。

【例3-9】 承【例3-1】，20×4年7月中航制造转售给M公司一项专利，转让价为2 400 000元，中航制造记录的该无形资产账面价值为3 000 000元。据此编制20×4年年末合并工作底稿中的抵销调整分录为：

借：无形资产——原价   600 000
　　贷：资产处置收益   600 000

（二）内部交易无形资产累计摊销的抵销

内部交易的无形资产由购买方投入使用后，即可按规定的使用寿命期进行摊销，但是摊销时的价值基础是内部交易价，其中包含有内部交易未实现损益。这样，内部交易未实现损益将会随着摊销而在本年度部分实现（称为推定损益），并使累计摊销和摊销费用多计或少计，因此，需要对其进行抵销调整。内部交易未实现损益的计算，可按照计提的累计摊销额乘以该无形资产交易的毛利率（内部交易未实现损益除以无形资产内部交易价格）方法进行。调整时涉及的费用项目，一般都在"管理费用"项目中处理。具体处理时还要区分以下两种情形。

（1）当年多计或少计累计摊销的抵销。对于当年内部交易无形资产的摊销中属于推定收益的，则存在多摊销，应借记"无形资产——累计摊销"项目，贷记"管理费用"项目；属于推定损失时做相反处理。

（2）以前年度多计或少计累计摊销的抵销。对于以前年度累计摊销中属于累计多摊销的推定收益，应借记"无形资产——累计摊销"项目，贷记"未分配利润——年初"项目。属于推定损失时做相反处理。

【例 3-10】　承【例 3-9】，M 公司在无形资产交易完成后即投入使用，并按 5 年期限平均摊销。据此编制 20×4 年年末和 20×5 年年末合并工作底稿中的有关抵销调整分录如下。

20×4 年年末对少计提的摊销额 60 000（600 000/5×6/12）元抵销时：

借：管理费用　　　　　　　　　　　　　　　　　　　　　　　　60 000

　　贷：无形资产——累计摊销　　　　　　　　　　　　　　　　　60 000

20×5 年年末有关抵销分录为：

（1）将无形资产原价中少计的内部未实现损失抵销（只要该无形资产存在，每次编制合并财务报表时均需做此抵销）时：

借：无形资产——原价　　　　　　　　　　　　　　　　　　　　600 000

　　贷：未分配利润——年初　　　　　　　　　　　　　　　　　　600 000

（2）将当年少计提的摊销额抵销（每年摊销时均需做此抵销）时：

借：管理费用　　　　　　　　　　　　　　　　　　　　　　　120 000

　　贷：无形资产——累计摊销　　　　　　　　　　　　　　　　120 000

（3）将以前年度累计摊销（累计摊销年初余额）中少计的部分抵销（只要无形资产存在，每次编制合并财务报表时均需做此抵销）时：

借：未分配利润——年初　　　　　　　　　　　　　　　　　　　60 000

　　贷：无形资产——累计摊销　　　　　　　　　　　　　　　　　60 000

（三）内部交易无形资产对外转让的抵销

内部交易无形资产如果由内部购买方对企业集团外部再转售或报废等，那么，该无形资产在本年度的资产负债表中将会消失，但是，该无形资产在当年还可能因使用而计提了摊销费用，无形资产中包含的内部未实现损益、累计摊销中多列计或少列计的摊销额等将随无形资产账目的注销而最终归入了当期损益中，这些还需要进行抵销调整处理。具体来说：对于无形资产原价中包含的内部交易未实现收益，借记"未分配利润——年初"科目，贷记"资产处置收益""营业外收入（或支出）"科目；对于以前年度累计摊销中多提的部分，借记"资产处置收益""营业外收入（或支出）"科目，贷记"未分配利润——年初"科目；对于转让当年计提的摊销额中多提的部分，借记"资产处置收益""营业外收入（或支出）"科目，贷记"管理费用"科目。若为损失时均做相反抵销处理。这些与固定资产基本相同，不再举例说明。

对于内部交易无形资产发生减值的处理，与内部交易固定资产减值的处理基本相同，可比照内部交易固定资产减值的抵销进行处理，此处不再赘述。

第六节　合并财务报表的编制

一、合并资产负债表的编制

合并资产负债表是反映企业集团在某一特定日期财务状况的报表。合并资产负债表应当以母公司和子公司的资产负债表为基础，在抵销母公司与子公司、子公司相互之间发生的内部交易对合并资产负债表的影响后，由母公司合并编制。其编制的方法是依据纳入合并范围的个别资产负债表，在对应项目金额合计的基础上，经过对有关项目进行抵销调整（加或减）后计算编制而成，这些抵销调整项目可参见前面的有关论述。

二、合并利润表的编制

合并利润表是反映企业集团在某一会计期间经营成果的报表。合并利润表应当以母公司和子公司的利润表为基础，在抵销母公司与子公司、子公司相互之间发生的内部交易对合并利润表的影响后，由母公司合并编制。其编制方法是依据纳入合并范围的个别利润表，在对应项目金额合计的基础上，经过对有关项目进行抵销调整（加或减）后计算编制而成，这些抵销调整项目可参见前面的有关论述。

在进行有关抵销调整的处理中，如果因抵销内部交易未实现损益导致合并资产负债表中资产、负债的账面价值与其在所属纳税主体的计税基础之间产生暂时性差异的，在合并资产负债表中应当确认"递延所得税资产"或"递延所得税负债"，同时调整合并利润表中的"所得税费用"，但与直接计入所有者权益的交易或事项及企业合并相关的递延所得税除外。

三、合并现金流量表的编制

合并现金流量表是反映企业集团在某一会计期间的现金流入、流出以及现金净流量的报表。合并现金流量表的编制原理和方法与个别现金流量表基本相同，编制的数据基础可以是合并资产负债表和合并利润表，也可以是个别现金流量表。我国 CAS33 规定，合并现金流量表应当以母公司和子公司的现金流量表为基础，在抵销母公司与子公司、子公司相互之间发生的内部交易对合并现金流量表的影响后，由母公司合并编制。

在依据母、子公司个别现金流量表编制合并现金流量表时，由于编制基础不是依据资产负债表和利润表，并且纳入合并财务报表范围的各成员企业之间还存在有现金流量的内部流动问题，这些内部流动的现金流量从企业集团角度来说，应视同为未发生现金流动，所以，在编制合并现金流量表时，应当先将企业集团当期发生的内部流动的现金流量项目予以抵销处理后，再编制合并现金流量表，否则将会存在合并现金流量的虚增虚减问题。与现金流量表有关的抵销调整内容列示如下。

（一）内部现金投资的抵销

母公司与子公司、子公司相互之间当期以现金投资或收购股权增加的投资构成了内部现金投资。在日常的会计处理中，内部投资方列计投资活动现金流出，而被投资方则以相同金额列计筹资活动现金流入。因此，应结合现金流量表中的有关项目编制抵销调整分录为：借记投资活动类"投资支付的现金"项目，贷记筹资活动类"吸收投资收到的现金"或"取得借款收到的现金"项目。

（二）内部现金投资收益的抵销

母公司与子公司、子公司相互之间当期以现金方式取得投资收益、利息收入时，对照现金流量表项目应编制的抵销调整分录为：借记筹资活动类"分配股利、利润或偿付利息支付的现金"项目，贷记投资活动类"取得投资收益收到的现金"项目。

（三）内部以现金结算债权与债务的抵销

　　母公司与子公司、子公司相互之间以现金方式结算债权与债务时，其债权债务如果是由于内部存货交易所引起的，对照现金流量表项目应编制的抵销调整分录为：借记经营活动类"购买商品、接受劳务支付的现金"项目，贷记经营活动类"销售商品、提供劳务收到的现金"项目，从而使日常业务中按照权责发生制处理的收入转换为现金制；如果是由于其他交易所引起的，则根据交易的不同情况编制抵销调整分录为：借记经营活动类"支付其他与经营活动有关的现金"，投资活动类"购建固定资产、无形资产和其他长期资产支付的现金"或"支付其他与投资活动有关的现金"等项目，贷记经营活动类"销售商品、提供劳务收到的现金"或"收到其他与经营活动有关的现金"，投资活动类"处置固定资产、无形资产和其他长期资产收回的现金净额"或"收到其他与投资活动有关的现金"等项目。

（四）当期内部存货（含劳务）现金交易的抵销

　　母公司与子公司、子公司相互之间当期以现金方式进行销售商品、提供劳务等交易活动时，对照现金流量表项目应编制的抵销调整分录为：借记经营活动类"购买商品、接受劳务支付的现金"项目，贷记经营活动类"销售商品、提供劳务收到的现金"项目。

（五）当期内部长期资产现金交易的抵销

　　母公司与子公司、子公司相互之间当期以现金方式处置固定资产、无形资产和其他长期资产等交易活动时，按其所产生的现金净额，对照现金流量表项目应编制的抵销调整分录为：借记投资活动类"购建固定资产、无形资产和其他长期资产支付的现金"项目，贷记投资活动类"处置固定资产、无形资产和其他长期资产收回的现金"项目。

（六）当期其他内部现金交易的抵销

　　母公司与子公司、子公司相互之间当期发生的其他内部现金交易，应编制的抵销调整分录为：借记"支付其他与经营活动有关的现金"等项目，贷记"收到其他与经营活动有关的现金"等项目。

　　在子公司为非全资子公司情况下，子公司与少数股东之间在当期发生因少数股东对子公司增加权益性投资或债券投资、少数股东依法从子公司抽回权益性投资或收回债券投资、子公司向少数股东支付现金股利或利润等现金交易，站在企业集团角度，实质上是一种与企业集团外部发生的现金交易。但为了使会计信息使用者更全面了解现金流量在少数股东之间的流动情况，需要将其在合并现金流量表的有关项目下单独予以列示。其中对于少数股东在子公司以现金方式增加的权益性投资，应在筹资活动类"吸收投资收到的现金"项目下增加"其中：子公司吸收少数股东投资收到的现金"项目列示；对于向少数股东支付现金股利或利润，应在筹资活动类"分配股利、利润或偿付利息支付的现金"项目下增加"其中：子公司支付给少数股东的股利、利润"项目列示。

另外，按照 CAS33 的规定，合并现金流量表补充资料可以根据合并资产负债表和合并利润表进行编制，具体编制方法与个别现金流量表基本相同。

由于合并现金流量表包含了企业集团内部各成员企业的各种情况，编制的结果将会把各成员企业现金流量情况的好与坏予以抵销，因此，单从合并现金流量表来看，很难说明企业集团现金流量的现实情况，合并现金流量表的使用效果将会受到严重影响，阅读时需要注意结合个别现金流量表加以分析。

四、合并所有者权益变动表的编制

合并所有者权益变动表是反映企业集团在某一会计期间构成所有者权益的各组成部分增减变动情况的报表。它既反映了与合并资产负债表中各项所有者权益在当期变动的情况，又反映了当期实现损益以及利润分配情况对所有者权益变动的有关影响。因此，合并所有者权益变动表应当以母公司和子公司的所有者权益变动表为基础，在抵销母公司与子公司、子公司相互之间发生的内部交易对合并所有者权益变动表的影响后，由母公司合并编制。有关抵销调整的内容包括下述三项。

（1）母公司对子公司的长期股权投资应当与母公司在子公司所有者权益中所享有的份额相互抵销。子公司持有母公司的长期股权投资，应当视为企业集团的库存股，作为所有者权益的减项，在合并资产负债表中所有者权益项目下以"减：库存股"项目列示。子公司相互之间持有的长期股权投资，应当比照母公司对子公司的股权投资的抵销方法，将长期股权投资与其对应的子公司所有者权益中所享有的份额相互抵销。

（2）母公司对子公司、子公司相互之间持有对方长期股权投资的投资收益应当抵销。

（3）母公司与子公司、子公司相互之间发生的其他内部交易对所有者权益变动的影响应当抵销。

上述这些抵销内容在此之前已经说明，编制合并所有者权益变动表时，可从上述各个抵销调整分录中寻找出与所有者权益相关的项目加以列示，并进行有关计算即可。

合并所有者权益变动表也可以根据合并资产负债表和合并利润表进行编制，其编制方法与个别所有者权益变动表的编制方法基本相同。

此外，有少数股东的，还应当在合并所有者权益变动表中增加"少数股东权益"栏目，反映少数股东权益变动的情况。

五、合并财务报表编制综合举例

【例 3-11】 承第二章中【例 2-4】【例 2-10】【例 2-11】和本章中【例 3-1】至【例 3-10】中涉及 20×4 年的有关合并财务报表业务，另假设中航制造、M 公司 20×4 年度利润表及 20×4 年年末资产负债表资料如表 3-2 中所示，据此为其编制合并财务报表。为便于理解，将上述有关抵销调整的内容汇总重述并加序号，如表 3-1 所示。

表 3-1 20×4 年合并财务报表抵销调整分录簿　　　　单位：万元

序号	内　容	借　方		贷　方	
		报表项目	金额	报表项目	金额
1	摊销 M 公司净资产中账面价值与公允价值不一致项目的差额及其对净利润的影响额，对 M 公司个别财务报表进行的调整	存货 无形资产（累计摊销） 应付债券（利息调整） 管理费用 资产减值损失	50 20 30 10 54	固定资产（累计折旧） 商誉（资产减值准备） 营业成本 财务费用	30 54 50 30
2	按权益法列示 M 公司调整后净利润中属于中航制造的部分 412.8 万元	长期股权投资	412.8	投资收益	412.8
3	冲销成本法下收到现金股利时确认的投资收益 320 万元	投资收益	320	长期股权投资	320
4	将 M 公司内部权益当年净变化数抵销	盈余公积——本年 未分配利润——本年	50 66	长期股权投资 少数股东权益	92.8 23.2
5	将 M 公司当年实现净利润和利润分配抵销	投资收益 少数股东损益 未分配利润——年初	412.8 103.2 200	提取盈余公积 对所有者的分配 未分配利润——年末	50 400 266
6	内部权益年初数的抵销	股本 资本公积——年初 盈余公积——年初 未分配利润——年初 固定资产 商誉	3 000 2 000 800 200 300 1 620	长期股权投资 少数股东权益 应收账款 存货 无形资产 应付债券	6 500 1 220 10 50 100 40
7	内部债券交易的抵销	应付债券 投资收益	9 645.35 478.35	债权投资 财务费用	9 645.35 478.35
8	内部存货交易的抵销	营业收入	2 000	营业成本 存货	1 700 300
9	多计提存货跌价准备的抵销	存货——存货跌价准备	100	资产减值损失	100
10	内部应收应付款项的抵销	应付账款	800	应收账款	800
11	内部坏账准备计提的抵销	应收账款——坏账准备	40	信用减值损失	40
12	内部固定资产交易的抵销	资产处置收益	50	固定资产——原价	50
13	内部交易固定资产计提折旧的抵销	固定资产——累计折旧	8.333 3	管理费用	8.333 3
14	内部无形资产交易的抵销	无形资产——原价	60	资产处置收益	60
15	内部交易无形资产累计摊销的抵销	管理费用	6	无形资产——累计摊销	6
	借贷方合计		22 836.833 3		22 836.833 3

　　根据表 3-1 和 20×4 年中航制造、M 公司的利润表、资产负债表和所有者权益变动表等相关资料，编制 20×4 年合并工作底稿如表 3-2 所示。

表 3-2　合并工作底稿

20×4 年 12 月 31 日　　　　　　　　　　　　　单位：万元

财务报表项目	中航制造	M公司	合　计	抵销调整分录 借方	抵销调整分录 贷方	合并金额
利润表项目（简化）						
营业收入	16 000	3 300	19 300	（8）2 000		17 300
减：营业成本	9 000	1 500	10 500		（1）50 （8）1 700	8 750
税金及附加	1 344	238.333 3	1 582.333 3			1 582.333 3
销售费用	1 478	230	1 708			1 708
管理费用	1 610	210	1 820	（1）10 （15）6	（13）8.333 3	1 827.666 7
财务费用	358.35	465	823.35		（1）30 （7）478.35	315
资产减值损失	100		100	（1）54	（9）100	54
信用减值损失		40	40		（11）40	0
加：投资收益	798.35		798.35	（3）320 （5）412.8 （7）478.35	（2）412.8	0
资产处置收益	−60	50	−10	（12）50	（14）60	0
利润总额	**2 848**	**666.666 7**	**3 514.666 7**	**3 331.15**	**2 879.483 3**	**3 063**
减：所得税费用（25%）	712	166.666 7	878.666 7			878.666 7
净利润	**2 136**	**500**	**2 636**	**3 331.15**	**2 879.483 3**	**2 184.333 3**
少数股东损益	×	×	×	（5）103.2		103.2
归属于母公司所有者的净利润						2 081.133 3
所有者权益变动表（简化）						
年初未分配利润	1 020	200	1 220	（5）200 （6）200	（4）200	1 020
提取盈余公积	200	50	250		（5）50	200
对所有者的分配	1 636	400	2 036		（5）400	1 636
年末未分配利润	1 320	250	1 570	（4）266 **4 100.35**	（5）266 **3 795.483 3**	1 265.133 3
资产负债表项目（简化）						
货币资金	4 000	3 800	7 800			7 800
应收票据	160	320	480			480
应收账款	500	1 010	1 510	（11）40	（6）10 （10）800	740
存货	2 310	2 180	4 490	（1）50 （9）100	（6）50 （8）300	4 290
债权投资	11 100		11 100		（7）9 645.35	1 454.65
长期股权投资——M公司	6 500		6 500	（2）412.8	（3）320 （4）92.8 （6）6 500	0
固定资产	16 600	8 500	25 100	（6）300 （13）8.333 3	（1）30 （12）50	25 328.333 3

续表

财务报表项目	中航制造	M公司	合　计	抵销调整分录		合并金额
				借方	贷方	
无形资产	800	990	1 790	（1）　　20 （14）　60	（6）　100 （15）　　6	1 764
商誉				（6）1 620	（1）　54	1 566
资产总计	**41 970**	**16 800**	**58 770**	**2 611.133 3**	**17 958.15**	**43 422.983 3**
短期借款	150	100	250			250
应付账款	1 300	100	1 400	（10）800		600
应付票据	200	160	360			360
长期借款	6 000		6 000			6 000
应付债券	1 000	10 340	11 340	（1）　　30 （7）9 645.35	（6）　40	1 704.65
负债合计	**8 650**	**10 700**	**19 350**	**10 475.35**	**40**	**8 914.65**
股本	20 000	3 000	23 000	（6）3 000		20 000
资本公积	10 000	2 000	12 000	（6）2 000		10 000
盈余公积	2 000	850	2 850	（4）　　50 （6）　800		2 000
未分配利润	1 320	250	1 570	4 100.35	3 795.483 3	1 265.133 3
归属于母公司所有者权益合计	×	×	×	×	×	**33 265.133 3**
少数股东权益	×	×	×		（4）　23.2 （6）1 220	**1 243.20**
所有者权益合计	**33 320**	**6 100**	**39 420**	×	×	**34 508.333 3**
负债及所有者权益总计	41 970	16 800	58 770	×	×	43 422.983 3
借贷方合计	×	×	×	23 036.833 3	23 036.833 3	×

注：假定不考虑个别财务报表和合并财务报表层面有关的所得税差异。

根据上述合并工作底稿的"合并金额"栏有关项目的数额，即可直接编制合并资产负债表、合并利润表和合并所有者权益变动表，并从中分析后可继续编制合并现金流量表（略）。

第七节　基于成本法下直接编制合并财务报表

如前所述，母公司对纳入合并财务报表合并范围的子公司的长期股权投资和投资收益在日常会计处理中均按照成本法来进行，在编制合并财务报表时将其转换成权益法后再进行编制，这样能够充分展示母公司长期股权投资与其对应享有的子公司净资产的情况，保证合并财务报表编制和反映的内容完整（以下简称"权益法下"）。但是，由于成本法向权益法转换以及所引起的相关抵销调整处理复杂，给学习理解和现实应用带来很多困难，尤其是实务界对此反应非常强烈。因此，我国在 2014 年 2 月 17 日新修订发布的 CAS33 第二十六条中将其修改为"母公司应当以自身和其子公司的财务报表为基础，根据其他有关资料，编制合并财务报表"，不再强调必须"按照权益法调整对子公司的长期股权投资后"编制合并报表的规定，这意味着企业可以基于成本法下直接编制合并财务报表，而不需要进行成本法向权益法的转换（以下简称"成本法下"），从而简化合并财务报表的编制工作。

一、相关抵销调整的处理

基于成本法下直接编制合并财务报表的关键，仍然是编制相关抵销调整分录。与权益法下相比，摊销合并时子公司净资产中账面价值与公允价值不一致项目的差额及其对净利润的影响额（同一控制下不存在）、内部权益年初数的抵销以及内部债权债务及公司债券、内部存货交易、内部长期资产交易、内部资金借贷交易等的相关抵销调整，与权益法下的处理完全相同。所不同的主要是成本法向权益法的转换调整不再做，权益法和成本法下所列计的投资收益差额的调整结转、内部权益当年净变化数的抵销等，因为数据不完整也不必再做。但下列内容需要进行适当变更。

（1）少数股东损益和少数股东权益还是应基于权益法下进行有关计算，但需单独编制有关抵销调整分录。按权益法下计算出子公司的全部净收益乘以少数股权比例后（计算内容及方法同前），借记"少数股东损益"项目，贷记"少数股东权益"项目；若为亏损时分录相反。

（2）在对子公司内部权益当年净变化数以及当年实现净利润和利润分配进行抵销时可以合并进行，但属于向少数股东分配的利润在列计时应冲销"少数股东权益"项目，而不是列为"少数股东损益"，因为在（1）中已经列为少数股东损益和少数股东权益了，在分配时视同为"少数股东权益"的冲减。即依据子公司当年实现的净利润及其分配情况，做如下抵销调整分录。

借：投资收益（成本法下分配给母公司的利润数）
　　少数股东权益（成本法下分配给少数股东的利润数）
　　盈余公积——本年（子公司当年提取数）
　贷：对所有者的分配（子公司当年分配给股东的利润数）
　　　提取盈余公积（子公司当年提取数）

二、业务举例

为了便于理解，仍依据【例 3-11】，按照基于成本法下直接编制合并财务报表的原理，将其重述如下。为便于对比理解，在抵销调整分录簿的内容说明栏中，将成本法下与权益法下完全一致的加注"相同"，不一致的加注"不同"。如表 3-3 所示。

表 3-3　20×4 年合并财务报表抵销调整分录簿　　单位：万元

序号	内　容	借　方		贷　方	
		报表项目	金额	报表项目	金额
1	摊销 M 公司净资产中账面价值与公允价值不一致项目的差额及其对净利润的影响额，对 M 公司个别财务报表进行的调整（相同）	存货	50	固定资产（累计折旧）	30
		无形资产（累计摊销）	20	商誉（资产减值准备）	54
		应付债券（利息调整）	30	营业成本	50
		管理费用	10	财务费用	30
		资产减值损失	54		

续表

序号	内 容	借 方		贷 方	
		报表项目	金额	报表项目	金额
2	列计 M 公司当年基于公允价值下的净利润属于少数股东的部分（500+16）×20%（不同）	少数股东损益	103.2	少数股东权益	103.2
3	将 M 公司当年实现净利润和利润分配抵销（不同）	投资收益 少数股东权益 盈余公积——本年	320 80 50	提取盈余公积 对所有者的分配	50 400
4	内部权益年初数的抵销（相同）	股本 资本公积（年初余额） 盈余公积（年初余额） 未分配利润（年初余额） 固定资产 商誉	3 000 2 000 800 200 300 1 620	长期股权投资 少数股东权益 应收账款 存货 无形资产 应付债券	6 500 1 220 10 50 100 40
5	内部债券交易的抵销（相同）	应付债券 投资收益	9 645.35 478.35	债权投资 财务费用	9 645.35 478.35
6	内部存货交易的抵销（相同）	营业收入	2 000	营业成本 存货	1 700 300
7	多计提存货跌价准备的抵销（相同）	存货——存货跌价准备	100	资产减值损失	100
8	内部应收应付款项的抵销（相同）	应付账款	800	应收账款	800
9	内部坏账准备计提的抵销（相同）	应收账款——坏账准备	40	信用减值损失	40
10	内部固定资产交易的抵销（相同）	资产处置收益	50	固定资产——原价	50
11	内部交易固定资产计提折旧的抵销（相同）	固定资产——累计折旧	8.333 3	管理费用	8.333 3
12	内部无形资产交易的抵销（相同）	无形资产——原价	60	资产处置收益	60
13	内部交易无形资产累计摊销的抵销（相同）	管理费用	6	无形资产——累计摊销	6
	借贷方合计		21 825.233 3		21 825.233 3

根据表 3-3 和 20×4 年中航制造、M 公司的利润表、资产负债表和所有者权益变动表等相关资料，编制 20×4 年合并工作底稿如表 3-4 所示。

表 3-4 合并工作底稿

20×4 年 12 月 31 日 单位：万元

财务报表项目	中航制造	M 公司	合 计	抵销调整分录		合并金额
				借方	贷方	
利润表项目（简化）						
营业收入	16 000	3 300	19 300	（6） 2 000		17 300
减：营业成本	9 000	1 500	10 500		（1） 50 （6） 1 700	8 750
税金及附加	1 344	238.333 3	1 582.333 3			1 582.333 3
销售费用	1 478	230	1 708			1 708

续表

财务报表项目	中航制造	M 公司	合　计	抵销调整分录		合并金额
				借方	贷方	
管理费用	1 610	210	1 820	（1） 10 （13） 6	（11） 8.333 3	1 827.666 7
财务费用	358.35	465	823.35		（1） 30 （5） 478.35	315
资产减值损失	100		100	（1） 54	（7） 100	54
信用减值损失		40	40		（9） 40	0
加：投资收益	798.35		798.35	（3） 320 （5） 478.35		0
资产处置收益	-60	50	-10	（12） 50	（14） 60	0
利润总额	**2 848**	**666.666 7**	**3 514.666 7**	**2 918.35**	**2 466.683 3**	**3 063**
减：所得税费用（25%）	712	166.666 7	878.666 7			878.666 7
净利润	**2 136**	**500**	**2 636**	**2 918.35**	**2 466.683 3**	**2 184.333 3**
少数股东损益	×	×	×	（2） 103.2		103.2
归属于母公司所有者的净利润						2 081.133 3
所有者权益变动表（简化）						
年初未分配利润	1 020	200	1220	（4） 200		1 020
提取盈余公积	200	50	250		（3） 50	200
对所有者的分配	1 636	400	2 036		（3） 400	1 636
年末未分配利润	1 320	250	1 570	3 221.55	2 916.683 3	1 265.133 3
资产负债表项目（简化）						
货币资金	4 000	3 800	7 800			7 800
应收票据	160	320	480			480
应收账款	500	1 010	1 510	（9） 40	（4） 10 （8） 800	740
存货	2 310	2 180	4 490	（1） 50 （7） 100	（4） 50 （6） 300	4 290
债权投资	11 100		11 100		（5） 9 645.35	1 454.65
长期股权投资——M公司	6 500		6 500		（4） 6 500	0
固定资产	16 600	8 500	25 100	（4） 300 （11） 8.333 3	（1） 30 （10） 50	25 328.333 3
无形资产	800	990	1 790	（1） 20 （12） 60	（4） 100 （13） 6	1 764
商誉				（4） 1 620	（1） 54	1 566
资产总计	**41 970**	**16 800**	**58 770**	**2 198.333 3**	**17 545.35**	**43 422.983 3**
短期借款	150	100	250			250
应付账款	1 300	100	1 400	（8） 800		600
应付票据	200	160	360			360
长期借款	6 000		6 000			6 000
应付债券	1 000	10 340	11 340	（1） 30 （5） 9 645.35	（4） 40	1 704.65

续表

财务报表项目	中航制造	M公司	合 计	抵销调整分录		合并金额
				借方	贷方	
负债合计	**8 650**	**10 700**	**19 350**	**10 475.35**	**40**	**8 914.65**
股本	20 000	3 000	23 000	（4） 3 000		20 000
资本公积	10 000	2 000	12 000	（4） 2 000		10 000
盈余公积	2 000	850	2 850	（3） 50 （4） 800		2 000
未分配利润	1 320	250	1 570	3 221.55	2 916.683 3	1 265.133 3
归属于母公司所有者权益合计	×	×	×	×	×	33 265.133 3
少数股东权益	×	×	×	（3） 80	（2） 103.2 （4） 1 220	1 243.2
所有者权益合计	**33 320**	**6 100**	**39 420**	×	×	34 508.333 3
负债及所有者权益总计	**41 970**	**16 800**	**58 770**	×	×	**43 422.983 3**
借贷方合计	×	×	×	21 825.233 33	21 825.233 33	×

注：假定不考虑个别财务报表和合并财务报表层面有关的所得税差异。

第八节 合并财务报表中的特殊问题

一、追加投资的会计处理

（一）母公司购买子公司少数股东股权

母公司购买子公司少数股东拥有的子公司股权的，在母公司个别财务报表中，其自子公司少数股东处新取得的长期股权投资应当按照 CAS2 的规定确定其入账价值。在合并财务报表中，子公司的资产、负债应以购买日或合并日所确定的净资产价值开始持续计算的金额反映，因购买少数股权新取得的长期股权投资与按照新增持股比例计算应享有子公司自购买日或合并日开始持续计算的净资产份额之间的差额，应当调整合并财务报表中的资本公积（资本溢价或股本溢价），资本公积不足冲减的，调整留存收益。

【例 3-12】 中航制造于 20×3 年 4 月 18 日以银行存款 1500 万元、账面价值为 600 万元公允价值为 800 万元的固定资产、账面价值为 300 万元公允价值为 250 万元的无形资产作为对价取得丙公司 80%的股权，对丙公司实施控制，形成非同一控制下企业合并。20×4 年 12 月 24 日中航制造又进一步出资 450 万元自丙公司其他股东处购买丙公司 15%的股权。中航制造与丙公司及丙公司的少数股东在相关交易发生前不存在任何关联方关系。现假设 20×3 年 4 月 18 日丙公司可辨认净资产公允价值总额为 2 500 万元；20×4 年 12 月 24 日丙公司可辨认净资产公允价值总额为 2 700 万元。则中航制造的相关会计处理如下。

1. 确定中航制造的长期股权投资成本

20×3 年 4 月 18 日为该非同一控制下企业合并的购买日，中航制造长期股权投资的成本为 2 550 万元。20×4 年 12 月 24 日，中航制造在进一步取得丙公司 15%的少数股权时，支付价款 450 万元。该项长期股权投资在 20×4 年 12 月 24 日的账面余额为 3 000 万元。

2. 编制合并财务报表时的处理

（1）商誉的计算：

20×3 年 4 月 18 日购买日产生的商誉 = 2 550 − 2 500 × 80% = 550（万元），则在合并财务报表中应体现的商誉为 550 万元。

（2）所有者权益的调整：

合并财务报表中，丙公司的有关资产、负债应以其对母公司中航制造的价值进行合并，即与新取得的 15%股权相对应的被投资单位可辨认资产、负债的金额 = 2 700 × 15% = 405（万元）。

因购买少数股权新增加的长期股权投资成本 450 万元与按照新取得的股权比例 15%计算确定应享有子公司自购买日开始持续计算的可辨认净资产份额 405 万元之间的差额 45 万元，在合并资产负债表中应当调整所有者权益相关项目，首先调整资本公积（资本溢价或股本溢价），在资本公积（资本溢价或股本溢价）的金额不足冲减的情况下，调整留存收益。

（二）通过多次交易分步实现非同一控制下企业合并

扩展阅读 3-3：多步交易构成"一揽子交易"的条件

企业因追加投资等原因，通过多次交易分步实现非同一控制下企业合并的，在合并财务报表上，应结合分步交易的各个步骤的协议条款，以及各个步骤中所分别取得的股权比例、取得对象、取得方式、取得时点及取得对价等信息来判断分步交易是否属于"一揽子交易"。

如果分步取得对子公司股权投资直至取得控制权的各项交易属于"一揽子交易"，应当将各项交易作为一项取得子公司控制权的交易进行会计处理。

如果不属于"一揽子交易"，在编制合并财务报表时，购买方应该将购买日之前持有的被购买方的股权按照该股权在购买日的公允价值进行重新计量，公允价值与账面价值的差额计入当期投资收益。另外，比较购买日合并成本（购买日之前持有的被购买方的股权于购买日的公允价值+购买日新购入股权所支付对价的公允价值）与享有的被购买方可辨认净资产公允价值的份额，确定购买日应予确认的商誉，或者应计入营业外收入（用留存收益代替）的金额。

购买日之前持有的被购买方的股权涉及权益法核算下的其他综合收益，应当在购买日采用与被投资单位直接处置相关资产或负债相同的基础进行会计处理（即转入投资收益或留存收益）；对于购买日之前持有的被购买方的股权涉及权益法核算下除净损益、其他综合收益和利润分配以外的其他所有者权益变动，应当转为购买日所属当期损益（投资收益）。

【例 3-13】 中航制造于 20×3 年 1 月 1 日以银行存款 3 500 万元取得了丁公司 30% 的有表决权股份，对丁公司能够施加重大影响，当日丁公司可辨认净资产的公允价值是

11 000 万元。20×3 年 1 月 1 日，丁公司除了一项固定资产的公允价值与其账面价值不同外，其他资产和负债的公允价值与账面价值均相等。当日，该固定资产的公允价值为 300 万元，账面价值为 100 万元，剩余使用年限为 10 年、采用年限平均法计提折旧，无残值。

丁公司 20×3 年度实现净利润 1 020 万元，未发放现金股利，因投资性房地产转换增加其他综合收益 200 万元。

20×4 年 1 月 1 日，中航制造以银行存款 5 240 万元进一步取得丁公司 40% 的有表决权股份，因此取得了对丁公司的控制权。丁公司在该日所有者权益的账面价值为 12 000 万元，其中：股本 6 000 万元，资本公积 1 300 万元，其他综合收益 1 000 万元，盈余公积 500 万元，未分配利润 3 200 万元；可辨认净资产的公允价值是 12 300 万元。

20×4 年 1 月 1 日，丁公司除了一项固定资产的公允价值与其账面价值不同外，其他资产和负债的公允价值与账面价值均相等。当日该固定资产的公允价值为 390 万元，账面价值为 90 万元，剩余使用年限为 9 年、采用年限平均法计提折旧，无残值。

中航制造和丁公司在合并前无任何关联方关系，中航制造购买丁公司 30% 和 40% 的股权不构成"一揽子交易"。假定原 30% 股权在购买日的公允价值为 3 930 万元，不考虑所得税和内部交易的影响。

本例中，在购买日，中航制造个别报表中原投资的账面价值 = 3 500 + 〔1 020 − ((300 − 100) ÷ 10)〕× 30% + 200 × 30% = 3 860（万元），新增投资的公允价值为 5 240 万元，因此，个别财务报表中长期股权投资账面价值 = 3 860 + 5 240 = 9 100（万元）。中航制造在编制合并报表时的抵消调整处理如下。

（1）将原 30% 持股比例长期股权投资账面价值调整到购买日公允价值时，应做调整分录为：

调整金额 = 3 930 − 3 860 = 70（万元）

借：长期股权投资	700 000
贷：投资收益	700 000

将原 30% 持股比例长期股权投资权益法核算形成的其他综合收益转入投资收益时，应做调整分录为：

借：其他综合收益	600 000
贷：投资收益	600 000

（2）将丁公司净资产的账面价值调整成公允价值时，应做调整分录为：

借：固定资产	3 000 000
贷：资本公积	3 000 000

（3）计算购买日形成的商誉时：

商誉 = 购买日合并成本 − 购买日购买方享有的被购买方可辨认净资产公允价值的份额 = （3 930 + 5 240） − 12 300 × 70% = 560（万元）

（4）将中航制造的长期股权投资与丁公司的净资产进行抵销时，应做调整分录为：

借：股本		60 000 000
资本公积	（13 000 000 + 3 000 000）	16 000 000

其他综合收益	10 000 000
盈余公积	5 000 000
未分配利润	32 000 000
商誉	5 600 000
贷：长期股权投资	（39 300 000+52 400 000）91 700 000
少数股东权益	（123 000 000×30%）36 900 000

（三）通过多次交易分步实现同一控制下企业合并

对于分步实现的同一控制下企业合并，在编制合并财务报表时，应视同参与合并的各方在最终控制方开始控制时即以目前的状态存在进行调整，在编制比较报表时，以不早于合并方和被合并方同处于最终控制方的控制之下的时点开始，将被合并方的有关资产、负债并入合并方合并财务报表的比较报表中，并将合并而增加的净资产在比较报表中调整所有者权益项下的相关项目。

为避免对被合并方净资产的价值进行重复计算，合并方在取得被合并方控制权之前持有的股权投资，在取得原股权之日与合并方和被合并方同处于同一方最终控制之日孰晚日起至合并日之间已确认有关损益、其他综合收益以及其他净资产变动，应分别冲减比较报表期间的期初留存收益或当期损益。

二、处置对子公司投资的会计处理

（一）在不丧失控制权的情况下部分处置对子公司长期股权投资

母公司不丧失控制权的情况下部分处置对子公司的长期股权投资的，在合并财务报表中，处置价款与处置长期股权投资相对应享有子公司自购买日或合并日开始持续计算的净资产份额之间的差额，应当调整资本公积（资本溢价或股本溢价），资本公积不足冲减的，调整留存收益。

【例3-14】　中航制造于20×3年2月10日取得乙公司80%的股权，成本为8 600万元，购买日乙公司可辨认净资产公允价值总额为9 800万元。假定该项合并为非同一控制下企业合并。20×5年1月2日，中航制造将其持有的对乙公司长期股权投资其中的25%对外出售，取得价款2 600万元。出售投资当日，乙公司自中航制造取得其80%股权之日持续计算的应当纳入中航制造合并财务报表的可辨认净资产总额为12 000万元。该项交易后，中航制造仍能够控制乙公司。

购买日商誉=8 600-9 800×80%=760（万元）。

本例中，中航制造出售部分对乙公司股权后，因仍能够对乙公司实施控制，该交易属于不丧失控制权情况下处置部分对子公司投资，属于权益性交易，合并财务报表中不确认投资收益，合并商誉也不因持股比例的改变而改变。出售股权交易日，在中航制造合并财务报表中，出售乙公司股权取得的价款2 600万元与所处置股权相对应乙公司净资产2 400（12 000×80%×25%）万元之间的差额，应当调整增加合并资产负债表中的资本公积。

（二）母公司因处置对子公司长期股权投资而丧失控制权

1. 一次交易处置子公司

母公司因处置部分股权投资或其他原因丧失了对原有子公司控制的，在合并财务报表中，应当进行如下会计处理。

（1）终止确认长期股权投资、商誉等的账面价值，并终止确认少数股东权益（包括属于少数股东的其他综合收益）的账面价值。

（2）按照丧失控制权日的公允价值进行重新计量剩余股权，按剩余股权对被投资方的影响程度，将剩余股权作为长期股权投资或金融工具进行核算。

（3）处置股权取得的对价与剩余股权的公允价值之和，减去按原持股比例计算应享有原有子公司自购买日开始持续计算的净资产账面价值份额与商誉之和，形成的差额计入丧失控制权当期的投资收益。

（4）与原有子公司的股权投资相关的其他综合收益、其他所有者权益变动，应当在丧失控制权时转入当期损益，不能重分类进损益的其他综合收益除外。

2. 多次交易分步处置子公司

企业通过多次交易分步处置对子公司股权投资直至丧失控制权，在合并财务报表中，首先应判断分步交易是否属于"一揽子交易"。

如果分步交易不属于"一揽子交易"，则在丧失对子公司控制权以前的各项交易，应按照本节中"（一）在不丧失控制权的情况下部分处置对子公司长期股权投资"的规定进行会计处理。

如果分步交易属于"一揽子交易"，则应将各项交易作为一项处置原有子公司并丧失控制权的交易进行会计处理，其中，对于丧失控制权之前的每一次交易，处置价款与处置投资对应的享有该子公司自购买日开始持续计算的净资产账面价值的份额之间的差额，在合并财务报表中应当计入其他综合收益，在丧失控制权时一并转入丧失控制权当期的损益。

【例 3-15】 为集中力量发展优势业务，中航制造计划剥离辅业，处置全资子公司 B 公司。20×3 年 10 月 20 日，中航制造与乙公司签订不可撤销的转让协议，约定中航制造向乙公司转让其持有的 B 公司 100%股权，对价总额为 8 000 万元。考虑到股权平稳过渡，双方协议约定：乙公司应在 20×3 年 12 月 31 日之前支付 3 500 万元，以先取得 B 公司 30%股权；乙公司应在 20×4 年 12 月 31 日之前支付 4 500 万元，以取得 B 公司剩余 70%股权。20×3 年 12 月 31 日至乙公司支付剩余价款的期间，B 公司仍由中航制造控制，若 B 公司在此期间向股东进行利润分配，则后续 70%股权的购买对价按中航制造已分得的金额进行相应调整。20×3 年 12 月 31 日，乙公司按照协议约定向中航制造支付 3 500 万元，中航制造将 B 公司 30%股权转让给乙公司，股权变更手续已于当日完成；当日，B 公司自购买日持续计算的净资产账面价值为 5 000 万元。20×4 年 9 月 30 日，乙公司向中航制造支付 4 500 万元，中航制造将 B 公司剩余 70%股权转让给乙公司并办理完毕股权变更手续，自此乙公司取得 B 公司的控制权；当日，B 公司自购买日持续计算的净资产账面价值为 6 000 万元。20×4 年 1 月 1 日至 20×4 年 9 月 30 日，B 公司实现净利润 1 000 万元，无其他净资产变动事项（不考虑所得税等影响）。

本例中，中航制造通过两次交易分步处置其持有的 B 公司 100%股权：第一次交易处置 B 公司 30%股权，仍保留对 B 公司的控制权；第二次交易处置剩余 70%股权，并丧失对 B 公司的控制权。

首先，需要分析上述两次交易是否属于"一揽子交易"。中航制造处置 B 公司股权是出于集中力量发展优势业务，剥离辅业的考虑，中航制造的目的是全部处置其持有的 B 公司股权，两次处置交易结合起来才能达到其商业目的；两次交易在同一转让协议中同时约定；在第一次交易中，30%股权的对价为 3 500 万元，相对于 100%股权的对价总额 8 000 万元而言，第一次交易单独来看对乙公司而言并不经济，和第二次交易一并考虑才反映真正的经济影响，此外，如果在两次交易期间 B 公司进行了利润分配，也将据此调整对价，说明两次交易是在考虑了彼此影响的情况下订立的。因此，在合并财务报表中，两次交易应作为"一揽子交易"，按照分步处置子公司股权至丧失控制权并构成"一揽子交易"的相关规定进行会计处理。

20×3 年 12 月 31 日，中航制造转让 B 公司 30%股权，在 B 公司中所占股权比例下降至 70%，中航制造仍控制 B 公司。处置价款 3 500 万元与处置 30%股权对应的 B 公司净资产账面价值份额 1 500（5 000×30%）万元之间的差额为 2 000 万元，在合并财务报表中计入其他综合收益。借记银行存款 3 500 万元，贷记少数股东权益 1 500 万元、其他综合收益 2 000 万元。

20×4 年 1 月 1 日至 20×4 年 9 月 30 日，B 公司作为中航制造持股 70%的非全资子公司应纳入中航制造合并财务报表合并范围，B 公司实现的净利润 1 000 万元中归属于乙公司的份额 300（1 000×30%）万元，在中航制造合并财务报表中确认少数股东损益 300 万元，并调整少数股东权益。

20×4 年 9 月 30 日，中航制造转让 B 公司剩余 70%股权，丧失对 B 公司的控制权，不再将 B 公司纳入合并范围。中航制造应终止确认对 B 公司的长期股权投资及少数股东权益等，并将处置价款 4 500 万元与享有的 B 公司净资产份额 4 200（6 000×70%）万元之间的差额 300 万元，计入当期损益；同时，将第一次交易计入其他综合收益的 2 000 万元转入当期损益。

三、因子公司少数股东增资导致母公司股权稀释

如果由于子公司的少数股东对子公司进行增资，导致母公司股权稀释，母公司应当按照增资前的股权比例计算其在增资前子公司账面净资产中的份额，该份额与增资后按母公司持股比例计算的在增资后子公司账面净资产份额之间的差额计入资本公积，资本公积不足冲减的，调整留存收益。

【例 3-16】20×3 年 1 月 1 日，中航制造和乙公司分别出资 700 万元和 300 万元设立 A 公司，中航制造、乙公司的持股比例分别为 70%和 30%。A 公司为中航制造的子公司。20×4 年 1 月 1 日，乙公司对 A 公司增资 400 万元，增资后占 A 公司股权比例为40%。增资完成后，中航制造仍控制 A 公司。A 公司自成立日至增资前实现净利润 1 000万元，除此以外，不存在其他影响 A 公司净资产变动的事项（不考虑所得税等影响）。

本例中，中航制造持股比例原为 70%，由于少数股东乙公司增资而变为 60%。增资前，中航制造按照 70%的持股比例享有的 A 公司净资产账面价值为 1 400（2 000×70%）

万元；增资后，中航制造按照 60%持股比例享有的净资产账面价值为 1 440（2 400×60%）万元，两者之间的差额 40 万元，在中航制造合并资产负债表中应调增资本公积。

四、复杂控股关系的合并处理

（一）间接控股

间接控股，就是指母公司通过父、子、孙结构（间接拥有）或关联附属结构（混合拥有）等方式，对某一公司实施的控制。间接控制与直接控制的区别在于，由于多级母子公司的存在，投资收益的计算确定比较复杂，编制合并财务报表的级次和顺序需要合理确定。

1. 父、子、孙结构

父、子、孙结构控股是一种多级纵向的控股，如图 3-1 所示。

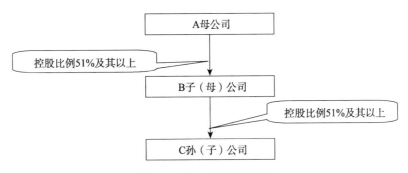

图 3-1　父、子孙结构控股

在父、子、孙结构控股情况下，各级母公司根据其子公司当年净收益及其分配情况确定对长期股权投资和投资收益的影响调整时，是按照先下后上的顺序进行的，因此，编制合并财务报表时也应按照先下后上分层次编制，但最高层次的母公司应将所有的子公司合并反映在合并财务报表工作底稿中，然后再根据最终的合并金额编制合并财务报表，每一层次的合并财务报表编制原理与直接控制相同。

2. 关联附属结构

关联附属结构控股是一种混合控股，如图 3-2 所示。

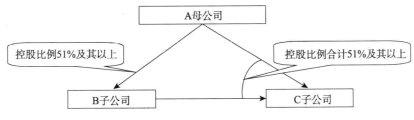

图 3-2　关联附属结构控股图示

由图 3-2 可以看出，C 子公司相对于 A 母公司来说，是一种既有 A 公司直接持股又有通过 B 关联子公司间接持股，且两家持股比例合计在 51％以上的混合控股子公司。

按照权益法对长期股权投资进行核算的情况下，图 3-2 中的 C 子公司净资产发生变化时（如出现盈利或亏损），A 母公司和 B 子公司都有权按照持股比例分享，如果在 A、B、C 各公司之间存在未实现内部交易损益，这种分享净资产的计算就比较复杂。为了减少投资收益计算的重复现象并使合并财务报表编制过程简化，各公司在计算列计投资收益时，应当先将未实现的内部交易损益从净收益中扣除。

在编制合并财务报表时，对于最高母公司 A 与子公司 B 的合并仍按照直接控股合并的方式进行；对于混合控股子公司 C 究竟由谁进行合并，取决于 A 母公司和 B 子公司所持 C 子公司股权比例的大小。如果 A 母公司持有 C 子公司的股权比例大于 B 子公司持有的比例时，则由 A 母公司对其进行合并；反之，则先由 B 子公司对 C 子公司合并后，再由 A 母公司按照父子孙结构的合并方式进行合并。如果为了简化合并程序，也可以由 A 母公司一并编制合并财务报表。

（二）相互持股

前述均是在母公司持有子公司股份这种单向持股形式下合并财务报表的编制问题，但是，在现实中还可能会出现母公司与子公司或子公司与子公司之间相互交叉持股的情况。由此会产生两个问题：一是子公司持有母公司的部分股份或一子公司持有另一子公司部分股份在合并财务报表中如何处理；二是各公司的净利润和投资收益如何确定。对此的看法主要有两种观点。

一种观点认为，合并财务报表是以企业集团为会计实体，企业集团内部的各成员企业之间相互持股，站在企业集团这一会计个体来看，应当视为企业集团对外发行股票的一种推定赎回，因此，应作为企业集团的库存股按其成本列示在合并财务报表中加以保留。子公司的净利润应当包括从母公司利润分配中所得的部分，母公司的投资收益应当按照子公司确定的包含从母公司分得利润在内的净利润来计算，母公司分配给子公司的利润应当作为投资收益的冲销，按照这种观点进行的会计处理方法称之为库存股法。这种方法尤其适用于子公司持有母公司较少股份的情形。

另一种观点认为，既然将企业集团各成员企业之间相互持有的股份视为推定赎回，并且合并财务报表编制的基本要求就是要将企业集团内部的包含股权投资在内的各种交易事项全部消除，那么在合并财务报表中就应当与相对应的所有者权益予以抵销，各公司的最终净利润应当在交互分配后，再扣除属于企业集团内部的部分予以确定，即该利润应当是只包含企业集团外部股东所享有的部分，这样更符合合并财务报表主要为企业集团外部服务的目的。由于这种观点需要对净利润进行交互分配，并以此来确定相应的长期股权投资数额，所以，按照这种观点进行的会计处理方法称为交互分配法。这种方法适用于子公司与子公司之间相互持股的情形。

针对上述两种方法的特点和适用范围，CAS33 规定：子公司持有母公司的长期股权投资，应当视为企业集团的库存股，作为所有者权益的减项，在合并资产负债表中所有者权益项目下以"减：库存股"项目列示，即采用库存股法；子公司相互

扩展阅读 3-4：库存股法的例题解析

之间持有的长期股权投资，应当比照母公司对子公司的股权投资的抵销方法，将长期股权投资与其对应的子公司所有者权益中所享有的份额相互抵销。

练 习 题

练习题 1

一、目的：练习合并财务报表中内部存货交易的处理。

二、资料：中原装备拥有 B 公司 90%股权，中原装备一直向 B 公司出售商品，20×3年年末 B 公司账目显示与中原装备发生的存货交易情况如下：年初存货为 120 000 元，当年购入 300 000 元（中原装备销售该商品毛利率为 25%），其中未付货款 50 000 元，年末存货为 150 000 元，B 公司对存货计价采用先进先出法。中原装备对应收账款计提坏账准备的比率为 5%。

三、要求：根据上述资料，编制合并财务报表中的有关抵销调整分录。

练习题 2

一、目的：练习合并财务报表中内部固定资产交易的处理。

二、资料：承练习题 1，假设 20×3 年年末 B 公司将一台原始成本为 120 000 元（已计提折旧 48 000 元）的设备以 90 000 元的价格出售给了中原装备，该设备剩余折旧年限为 6 年，中原装备立即投入使用，采用直线法计提折旧，假设该设备无残值。

三、要求：

1. 根据上述资料，编制 20×3—20×5 年合并财务报表中的有关抵销调整分录。

2. 假设 20×8 年 7 月中原装备将该设备以 40 000 元的价格对外出售，编制该年度合并财务报表中的有关抵销调整分录。

3. 假设上述销售业务是中原装备将成本为 72 000 元的存货出售给 B 公司作为固定资产使用，请说明 20×3 年编制合并财务报表中的有关处理与上述销售业务的区别。

练习题 3

一、目的：练习合并财务报表中内部权益及其变动的抵销方法。

二、资料：20×3 年 1 月 1 日，中原装备以 570 000 元购入了 B 公司 90%股权完成企业合并，合并日 B 公司所有者权益合计为 600 000 元，其中股本 200 000 元，资本公积 200 000 元，盈余公积 180 000 元，未分配利润 20 000 元，合并日 B 公司一台大型设备公允价值比账面价值低 20 000 元，该设备按 10% 的年折旧率计提折旧。20×3 年 B公司实现净收益 70 000 元，提取盈余公积 28 000 元，支付现金股利 42 000 元，另外，其他债权投资当期公允价值变动导致其他综合收益增加 30 000 元。20×4 年 B 公司实现净利润 40 000 元，提取盈余公积 10 000 元，未向股东分配利润。中原装备和 B 公司未发生其他内部交易事项。

三、要求：

1. 若上述合并属于非同一控制下的企业合并，请计算合并时所产生的商誉，确认

20×3 年、20×4 年中原装备权益法下的投资净收益，并为其编制 20×3 年年末、20×4 年年末合并财务报表中的有关抵销调整分录（含对个别财务报表的有关调整分录）。

2. 若上述合并属于同一控制下的企业合并，中原装备资本溢价足够大，为其编制合并日及 20×3 年年末合并财务报表中的有关抵销调整分录（含对个别财务报表的有关调整分录）。

练习题 4

一、目的：综合练习合并财务报表的编制方法。

二、资料：中原装备于 20×3 年 3 月 1 日以银行存款 2 000 万元取得 B 公司 30% 的股权，当日 B 公司可辨认净资产公允价值为 5 000 万元（与账面价值相等）。取得投资后中原装备派人参与 B 公司的生产经营决策。

20×3 年 3 月 1 日至 20×3 年 12 月 31 日 B 公司实现净利润 3 000 万元，非投资性房地产转换为以公允价值模式进行后续计量的投资性房地产增加其他综合收益 500 万元，当年，B 公司未宣告发放现金股利或利润，无其他权益变动。

20×4 年 1 月 1 日，中原装备又以银行存款 4 000 万元进一步取得 B 公司 50% 的股权，至此合计持有 B 公司股权的比例为 80%，能够对 B 公司实施控制。

购买日 B 公司可辨认净资产的公允价值为 8 000 万元（与账面价值相等），中原装备之前取得 B 公司的 30% 股权于购买日的公允价值为 3 200 万元。

B 公司 20×4 年 1 月 1 日账面股东权益总额为 8 000 万元，其中股本为 3 000 万元、资本公积为 900 万元、其他综合收益 500 万元、盈余公积为 1 000 万元、未分配利润为 2 600 万元。

B 公司 20×4 年实现净利润 2 000 万元，未发生其他计入所有者权益变动的交易和事项。

假定：①中原装备和 B 公司均按净利润的 10% 计提盈余公积，中原装备和 B 公司在投资前无关联方关系。②不考虑其他因素的影响。

三、要求（以"万元"为单位）：

1. 编制中原装备 20×3 年个别财务报表的相关会计分录，并计算 20×3 年年末个别财务报表中该项长期股权投资的账面价值。

2. 编制中原装备 20×4 年年度购买日个别财务报表的相关会计分录，并计算 20×4 年年末个别财务报表中对 B 公司长期股权投资的账面价值。

3. 计算 20×4 年 1 月 1 日购入 B 公司 50% 股权对合并财务报表中投资收益的影响金额。

4. 计算购买日在合并资产负债表中列示的商誉金额。

5. 编制中原装备 20×4 年度合并财务报表的相关调整抵销分录。

本章案例分析

贵州茅台酒股份有限公司（简称"贵州茅台"，股票代码：600519）成立于 1999 年 11 月 20 日，2001 年 8 月 27 日，在上海证券交易所上市交易成功。公司总部位于贵州省北部风光旖旎的赤水河畔茅台镇，主营茅台酒及茅台系列酒的生产与销售，主导产品贵州茅台酒是我国大曲酱香型白酒的鼻祖和典型代表，是绿色食品、有机食品和国家地理标志保护产品。2021 年，贵州茅台以 1 093.3 亿美元的品牌价值位列"BrandZ 最具价值全球品牌排行榜"第 11 位，成为全球最具价值的酒类品牌。

众所周知，贵州茅台的毛利率是非常高的。表 3-5 和表 3-6 是贵州茅台 2022 年母公司财务报表和合并财务报表的相关数据。表 3-5 中显示，2022 年末贵州茅台长期股权投资金额为 1 624 535 587.55 元，而合并报表中长期股权投资金额为 0。表 3-6 中显示，2022 年贵州茅台合并营业收入为 124 099 843 771.99 元，母公司营业收入为 71 301 796 876.93 元，合并前后营业收入增加了 500 多亿元，而合并前后的营业成本却相差不大，贵州茅台在合并报表中的毛利率高达 90% 多，母公司报表中是 80% 多。2022 年贵州茅台合并财务报表中销售费用为 3 297 724 190.94 元，母公司发生的销售费用只有 838 175 269.31 元，合并前后销售费用增加了 24 多亿元。

表 3-5　贵州茅台 2022 年末资产负债表中长期股权投资数据　　单位：元

项目	合并资产负债表	母公司资产负债表
长期股权投资	0	1 624 535 587.55

表 3-6　贵州茅台 2022 年利润表有关项目数据　　单位：元

项目	合并利润表	母公司利润表
营业收入	124 099 843 771.99	71 301 796 876.93
营业成本	10 093 468 616.63	10 420 242 137.46
税金及附加	18 495 818 534.22	17 592 050 587.39
销售费用	3 297 724 190.94	838 175 269.31
营业利润	87 879 521 782.39	83 009 513 667.66

资料来源：http://www.cninfo.com.cn/new/disclosure/stock?stockCode=600519&orgId=gssh0600519&sjstsBond=false#periodicReports; https://xueqiu.com/9239554460/215216039

请结合案例查阅相关资料，分析思考以下问题。

1. 贵州茅台长期股权投资中合并资产负债表为零说明什么？

2. 贵州茅台向其子公司销售存货应如何在报表中反映？

3. 试分析贵州茅台 2022 年合并利润表和母公司利润表中有关营业收入、销售费用等项目金额存在较大差异的原因。通过该案例你得到什么启示？

即测即评　　　　　　　准则实录

自学自测　　扫描此码

第 四 章

外币交易会计

【本章学习提示】

- 本章重点：外汇、外币交易，汇兑损益等知识；外币交易会计的两种观念及其要点；汇兑损益的处理方法；外币交易的会计处理方法及其运用；外币报表折算方法。
- 本章难点：各种外币交易会计处理方法的具体运用；外币报表折算方法的选择及其应用。

中航光电科技股份有限公司（简称"中航光电"，股票代码：002179）是专业从事中高端光、电、流体连接技术与产品的研究与开发，专业为航空及防务和高端制造提供互连解决方案的企业，主要产品包括电连接器、光器件及光电设备、线缆组件及集成产品、流体器件及液冷设备等，广泛应用于防务、商业航空航天、通信网络、数据中心、新能源汽车、石油装备、电力装备、工业装备、轨道交通、医疗设备等高端制造领域，产品出口至德国、法国、瑞典、美国、韩国、越南、印度等五大洲 30 多个国家和地区。据其 2022 年年报显示，报告期内公司财务费用为-221 446 974.20 元，较上年同期下降 273 980 854.48 元，主要原因是受汇率上涨的影响，报告期内公司实现汇兑收益 157 251 948.62 元，占公司营业利润的 5.21%。汇兑收益是如何形成的？会计上的处理方法有哪些？

资料来源：https://www.szse.cn/disclosure/listed/bulletinDetail/index.html?03be49cc-b02c-45bb-844e-3e94f8711458

第一节　外币交易会计概述

一、外币、外汇与外币交易

现实生活中，一般将本国主货币以外的货币统称为外币。会计上所说的外币，是指企业编制财务报表所采用的货币以外的其他货币。我国《企业会计准则第 19 号——外币折算》（CAS19）将其定义为"企业记账本位币以外的货币"。"记账本位币，是指企业经营所处的主要经济环境中的货币"，在国际上也被称为"功能货币"。美国财务会计准则委员会发布的《企业财务会计准则公告第 52 号——外币交易》（FASB52）将功能货币定义为"该主体从事经营活动的主要经济环境中的货币"。《国际会计准则第 21 号——汇率变动的影响》（IAS21）将功能货币解释为"主体经营所处的主要经济环境中的货币"。记账本位币或功能货币是企业计量财务状况、经营成果的统一尺度，在其确定之后，企业在经营活动中使用的非记账本位币或功能货币的其他货币，都被统称为外币。

外汇是随着国际间的经济、文化往来而逐渐产生并发展起来的，它与外币在概念上存在较大区别。国际货币基金组织（IMF）曾经对外汇的概念做过这样的解释："外汇是一国的货币行政当局（中央银行、货币管理机构、外汇平准基金组织及财政部门）以银行存款、财政部国库券、长短期政府证券等形式所保有的，在国际收支逆差时可以使用的债权。"

外汇有静态和动态两种含义。外汇的静态含义是指以外币表示的可以用作国际清偿的支付手段和资产。《中华人民共和国外汇管理条例》规定，外汇包括：①外国货币，包括纸币和铸币；②外币支付凭证，包括票据、银行存款凭证、邮政储蓄凭证等；③外币有价证券，包括政府债券、公司债券、股票等；④特别提款权、欧洲货币单位；⑤其他外汇资产。外汇的动态含义是指两国债权、债务的清算或资金转移的一种货币运动。实际外币交易业务中的支付行为，就是外汇的动态含义。

外币交易是指企业以外币计价或者结算的交易。我国境内的企业一般应以人民币作为记账本位币，所以，当企业发生各项以非人民币的货币进行款项收付、结算和计价的交易时，即发生了外币交易。如果企业的各项交易是以某种非人民币的货币进行计价和结算为主的，企业也可以采用某种外国货币或港元、澳门币、新台币作为记账本位币，这时企业发生的各种以人民币表示的收付、结算和计价交易，均是外币交易。我国CAS19规定，外币交易包括：①买入或卖出以外币计价的商品或者劳务；②借入或借出外币资金；③其他以外币计价或结算的交易。

一般来讲，外币交易应该发生在国际交往的经济交易中。但是，若本国国内企业间的交易约定以某一非编报货币结算，其相关的交易活动也属于外币交易；而企业与外国企业的交易按自己的编报货币（外国企业的货币）结算时，则不作为该企业的外币交易反映。

企业在选定记账本位币时，应当考虑下列因素：①该货币主要影响商品和劳务的销售价格，通常以该货币进行商品和劳务的计价和结算；②该货币主要影响商品和劳务所需人工、材料和其他费用，通常以该货币进行上述费用的计价和结算；③融资活动获得的货币以及保存从经营活动中收取款项所使用的货币。

而企业在选定境外经营的记账本位币时，还应当考虑下列因素：①境外经营对其所从事的活动是否拥有很强的自主权；②境外经营活动中与企业的交易是否在境外经营活动中占有较大比重；③境外经营活动产生的现金流量是否直接影响企业的现金流量、是否可以随时汇回；④境外经营活动产生的现金流量是否足以偿还其现有债务和可预期的债务。

境外经营是指企业在境外的子公司、合营企业、联营企业、分支机构。在境内的子公司、合营企业、联营企业、分支机构，采用不同于企业记账本位币的，也视同境外经营。

企业记账本位币一经确定，不得随意变更，除非企业经营所处的主要经济环境发生重大变化。企业因经营所处的主要经济环境发生重大变化，确需变更记账本位币的，应当采用变更当日的即期汇率将所有项目折算为变更后的记账本位币。

二、外币兑换、外汇市场与外币折算

（一）外币兑换

外币兑换是指根据需要在规定允许的情况下，将一种货币兑换为另一种货币的经济交易。外币兑换是不同货币之间的实际交换，是不同种货币之间的买卖交易。外币兑换主要发生在用外币结算的交易中，如用本国货币兑换外国货币，以清偿一笔外币债务；将出口收取的外汇兑换成本国货币，以办理外汇结算；也可以是由于某种需要而用某一种外币去兑换另一种外币。

（二）外汇市场

外汇市场是指由外汇需求者、外汇供应者及经营外汇买卖的中介机构组成的经营不同种货币兑换（即外汇买卖）的交易场所或网络，是国际金融市场的重要组成部分。外汇市场的组织形态有两种：一种是定点交易，这种交易有固定的交易场所，规定一定的交易时间，如巴黎、法兰克福等外汇市场的交易就属这一类；另一种是非定点交易，这种交易没有具体的交易场所，市场是抽象的、无形的，不规定交易时间，所有外汇买卖通过电传、电话等进行，成交速度很快。目前世界绝大部分外汇买卖属这种非定点交易。

扩展阅读 4-1：外汇市场的参与者

（三）外币折算

外币折算，是将发生的以外币表示的交易折合换算成记账本位币等值统一重新表示的过程。外币折算是会计上对原有外币金额的重新表述，其目的在于将以不同种类货币反映的交易统一在同一货币计量之下，使之能够可比。外币折算只是货币表述形式的改变，是将在收支过程中实际使用的外币折合为等值的编报货币，不是进行实际的货币转换，也不是货币之间的兑换。因此，它应是在账面或财务报表上转换货币种类的一种会计处理程序。外币折算不同于外币兑换；前者是对某类外币交易以不同货币的重新表述，由开展外币交易的企业进行；而后者是不同货币之间的交换，要进行实际发生交易的记录，通常由外汇市场中的商业银行办理。

三、汇率

（一）汇率的定义及标价方法

汇率，又称外汇汇价或外汇行市，是指两个国家的货币在特定时间相互交换的比价或比率，即一国货币与另一国货币的交换价格。

确定两种不同货币之间的比价，首先要确定用哪个国家的货币作为标准。因确定的标准不同，从而产生了两种不同的外汇汇率标价方法：直接标价法和间接标价法。

（1）直接标价法。又称应付标价法，是以一定单位的外国货币为标准，折算为一定数额的本国货币的标价方法，如 1 美元可以兑换 7.1086 元人民币，或 1 美元 = 7.1086

元人民币。在这种标价方法下，外国货币的数额固定不变，应付本国货币的数额则随外国货币与本国货币之间的比值对比情况而变化。如果外国货币升值或本国货币贬值，则一定单位的外国货币兑换为本国货币的数额增多，称为外汇汇率上涨；反之，称为外汇汇率下跌。目前，国际上绝大多数国家（除英国和美国以外）都采用直接标价法，我国也采用此种方法。

（2）间接标价法。又称应收标价法，是以一定单位的本国货币为标准，折算为一定数额的外国货币的标价方法。如100元人民币可以兑换14.022美元，或1元人民币＝0.1402美元。在这种标价方法下，本国货币的数额固定不变，应收外国货币的数额则随本国货币与外国货币之间的比值对比情况而变化。如果本国货币升值或外国货币贬值，则一定单位的本国货币折算为外国货币的数额增多，称为外汇汇率上涨；反之，称为外汇汇率下跌。目前，英国和美国主要采用间接标价法。直接标价法与间接标价法互为倒数关系。

（二）汇率的种类

在外汇业务经营中，外汇汇率可以根据不同的需要，按照不同的标准进行分类。

1. 按汇率的确定方法，分为基本汇率和套算汇率

基本汇率是本国货币同关键货币的汇率。外国货币的种类很多，各国有各国的货币制度。但是，在制定汇率时，必须选择某一国货币作为主要对象，被选中的这种货币称为关键货币。其基本条件是：本国国际收支中使用最多、外汇储备中所占比重最大、可以自由兑换、国际上能够普遍接受的货币。由于美元是国际支付中使用较多的货币，因此，一般各国都把美元作为制定汇率的关键货币，对美元的汇率称为基本汇率。

套算汇率是指两种货币通过各自对第三种货币的汇率计算出的这两种货币之间的比价。基本汇率确定后，就可以套算出对其他国家货币的汇率。

2. 按汇率制度，分为固定汇率和浮动汇率

固定汇率是指本国货币与外国货币的比率基本保持稳定，汇率的波动仅限制在一定的幅度内。采用固定汇率制一般由一国政府确定该国货币与其他国家货币的比率，将波动幅度限制在一定范围内，超出幅度政府通常要进行干预，以稳定汇率。因此，固定汇率又称为官方汇率。

浮动汇率是指根据外汇市场的供求关系形成的汇率，这种汇率经常随市场的行情变化而上下波动。外国货币供过于求，外币贬值，本国货币升值，外汇的汇率就会下浮；反之，外汇的汇率就会上浮。因此，浮动汇率也称为市场汇率。

3. 按外汇交易的交割期限，分为即期汇率和远期汇率

即期汇率又称现汇汇率，是在买卖成交的当日或之后两个工作日内交割所使用的汇率，即买卖现汇所使用的汇率。

远期汇率也称期汇汇率，是指买卖双方成交后，在约定的日期，按预定的金额和价格成交所使用的汇率。在这种外币买卖交易中，买卖双方按远期汇率签订买入或卖出外币的合约，到约定时间按约定的汇率进行交割。

4. 按银行买卖外汇的方式，分为买入汇率、卖出汇率和现钞汇率

买入汇率是指银行向同业或客户买入外汇时所采用的汇率，也称买入价。

卖出汇率是指银行向同业或客户卖出外汇时所采用的汇率，也称卖出价。

买入汇率与卖出汇率的确定因汇率的标价方法不同而存在差异。在直接标价法下，外币折合为本国货币较少的汇率为买入汇率，外币折合为本国货币较多的汇率为卖出汇率；采用间接标价法与直接标价法正好相反。买入价与卖出价的差额即为银行或经纪人买卖外汇的收益。

中间汇率也称中间价，是指买入汇率与卖出汇率的简单平均数。

一般国家都规定，禁止外币在本国流通，只有将外币兑换成本国货币，才能购买本国的商品和接受劳务，由此便产生了买卖外汇现钞的兑换率。从理论上讲，买卖外汇现钞的兑换率应与外汇汇率相同，但是，由于需要把外币现钞运到各发行国，而运送外币现钞要花费一定的运费和保险费，因此，银行在收兑外币现钞时的汇率，略低于外汇买入汇率，而卖出外币现钞的汇率与外币卖出汇率相同。

5. 按汇率记入账中的时间，分为现行汇率和历史汇率

现行汇率是指企业发生外币交易时，将外币款项记入账中或编制报表时采用的汇率，也称记账汇率。

历史汇率是指最初取得外币资产、承担外币负债时记入账中所采用的汇率，即企业以前涉及外币交易时所使用的记账汇率，也被称为账面汇率。

现行汇率与历史汇率是相对的，前一交易日的市场汇率相对当日来说是历史汇率，当日的现行汇率相对次日来说又是历史汇率。

（三）外币折算汇率的选择

企业发生的外币交易，会计通常要做双重反映，即采用复币记账。对外币存款的收支及以外币表示的债权债务的发生和结算，不仅应按交易发生时使用的外币反映，而且还要折合为记账本位币反映，这便引发了外币折算问题。

不同币种所表示的交易要折合为统一的记账本位币，需要依靠外汇汇率作为外币折算的媒介。如果外汇汇率相对稳定，折算可以简单地按这种汇率直接进行，不存在折算汇率的选择问题。然而，各国货币价值的变化以及货币供求关系等复杂因素，使得汇率很不稳定，处于不断的变化之中。所以，会计在外币交易的处理上，通常需要对所使用的汇率进行选择。在我国曾有过两种做法：一种是历史汇率制；另一种是现行汇率制。前者以历史汇率作为折合汇率，后者以现行汇率作为折合汇率。

CAS19 规定，企业对于发生的外币交易，应当将外币金额折算为记账本位币金额。外币交易应当在初始确认时，采用交易发生日的即期汇率将外币金额折算为记账本位币金额；也可以采用按照系统合理的方法确定的、与交易发生日即期汇率近似的汇率折算。其中：即期汇率，通常是指中国人民银行公布的当日人民币外汇牌价的中间价。企业发生的外币兑换业务或涉及外币兑换的交易事项，应当按照交易实际采用的汇率（即银行买入价或卖出价）折算。即期汇率的近似汇率通常采用当期平均汇率或加权平均汇率等。

企业发生外币交易时，如无法直接采用中国人民银行公布的人民币对美元、欧元、日元、港元等的基准汇率作为折算汇率时，应当按照下列方法进行折算。

美元、欧元、日元、港元等以外的其他货币对人民币的汇率，根据美元对人民币的

基准汇率和国家外汇管理局提供的纽约外汇市场美元对其他主要外币的汇率进行套算，按照套算后的汇率作为折算汇率。美元对人民币以外的其他货币的汇率，直接采用国家外汇管理局提供的纽约外汇市场美元对其他主要货币的汇率。

美元、人民币以外的其他货币之间的汇率，按国家外汇管理局提供的纽约外汇市场美元对其他主要外币的汇率进行套算，按套算后的汇率作为折算汇率。

四、汇兑损益

汇兑损益又称汇兑差额，是指企业在进行外币交易会计处理时，将同一项目的外币资产或负债折算为记账本位币时，由于汇率不同而形成的差异额。

汇兑损益根据其产生的原因可以分为外币交易汇兑损益和外币报表折算汇兑损益。外币交易汇兑损益是指在外币交易事项中形成的汇兑损益。按其是否在本期实现，外币交易汇兑损益可以分为已实现汇兑损益和未实现汇兑损益。已实现汇兑损益是指外币交易事项的发生和结算在同一核算期内全部完成，但由于交易发生时的汇率与结算时的汇率不同产生的汇兑损益；未实现汇兑损益是指外币交易事项的发生与结算没有在同一核算期全部完成，由于其交易发生日和财务报表编制日的汇率不同而产生的汇兑损益。外币报表折算损益是指在编制合并财务报表时，把国外子公司或分支机构以所在国家货币编制的财务报表折算成以记账本位币（国外又称"功能性货币"）表达的财务报表时，由于报表项目采用不同汇率折算而形成的汇兑损益。这是一种未实现汇兑损益，我们将在本章第四节中详细介绍。

五、外币交易会计及其核算内容

外币交易会计是指专门用来核算反映外币交易及其折算的一种会计，核算内容主要包括日常外币交易折算、外币报表折算等。其中，日常外币交易主要包括：①企业购买或销售、提供以外币标价的商品和劳务；②为融资目的的将以外币标价的应收款或应付款进行互换的行为；③企业基于其他原因取得或处理按外币计价的资产，承担或清偿以外币计价的负债等。关于外币财务报表折算业务包含的核算内容，将在本章第四节详细介绍。

对于企业发生的日常外币交易，会计上必须解决以下问题。

①交易发生时应以哪种汇率予以记录。

②资产负债表日外币资产和负债余额应如何记录。

③汇兑损益应如何处理。

④外币应收款和应付款在结算日应如何记录。

第二节　外币交易会计的两种观念

在外币交易的会计处理中，对涉及的外币债权债务科目，由于发生和结算时采用的结算汇率不同，就会产生差额。这种差额应确认为汇兑损益，还是应调整原来交易的对应科目？由此，在会计上就形成了两种观念：一笔交易观和两笔交易观。

一、一笔交易观

一笔交易观认为，交易成交与日后结算这两件事是一笔交易的两个不可分割的组成部分，在外币结清以前交易不能算作结束。该观点将交易涉及的外币结算作为会计处理的基础，将商品或劳务购销业务的发生以及以后的外币结算看作是一项交易。在该交易未以外币结算前的期间里，由于汇率波动而发生的记账本位币的差额，应作为原交易金额的调整。在这种观点下，账面上不会出现独立表示的因汇率变动所产生的差额。举例说明如下。

【例 4-1】 中航制造对外销售一批货物，结算价款为 50 000 美元，当时市场汇率为 1 美元 = 7.08 元人民币；在数月后收回货款时，汇率为 1 美元 = 7.14 元人民币。中航制造对该交易的有关会计处理如下。

（1）确认销售时，应做会计分录为：

借：应收账款——美元（50 000 美元×7.08） 354 000
　　贷：主营业务收入 354 000

（2）收回货款时，应做计分录为：

借：银行存款——美元户（50 000 美元×7.14） 357 000
　　贷：应收账款——美元（50 000 美元×7.08） 354 000
　　　　主营业务收入 3 000

由上述处理可以看出，在一笔交易观下，是以货币的结算作为确认销售收入的基础，它将成交日外币折算的记账本位币额看作一笔"暂估"数，日后结算时按收款日汇率折算的记账本位币额才是真正的价款额，应该按后者调整第一笔会计分录收入的金额。

二、两笔交易观

两笔交易观将外币交易发生与结算视为两项独立的事件，当汇率发生变化时，不对原先的交易记录进行相应的调整。该观点以商品购销业务完成的时间作为确认外币交易的基础，认为成交日确立的是购销业务，结算日产生的是另一笔外汇买卖业务，前者应由企业的购销部门业务人员负责，后者则应由企业的财务部门对如何防范汇率波动的风险负责，两者考核的对象是不同的，因此要在账面上单独记录汇率变动导致的差异，通过"财务费用"科目核算由此产生的汇兑损益。在这种观点下，记录外币交易的科目始终保持原来记录的金额，因汇率变动而产生的差额只调整债权、债务科目，责任明确。

【例 4-2】 承【例 4-1】，中航制造采用两笔交易观的会计处理如下。

（1）销售成立时，会计处理同【例 4-1】。

（2）收回货款时，应做会计分录为：

借：银行存款——美元户（50 000 美元×7.14） 357 000
　　贷：应收账款——美元（50 000 美元×7.08） 354 000
　　　　财务费用——汇兑损益 3 000

三、两种观念的比较

进一步分析上述两个例题，我们可以发现一笔交易观和两笔交易观所确定的商品销售收入不同。现将【例 4-1】【例 4-2】的处理结果进行比较,如表 4-1 所示。

表 4-1 不同交易观下销售收入与汇兑损益比较表 单位:元

项 目	一笔交易观	两笔交易观
商品销售收入	357 000	354 000
收入现金总额	357 000	357 000
确认汇兑损益	—	3 000

从表 4-1 中可以看出:上述两种观点的会计处理都反映了汇率变动的影响,区别在于对汇兑损益的确认和处理不同。一笔交易观不单独确认汇兑损益而将其作为相应项目的调整,手续麻烦,特别是跨年度的、间隔期较长的结算业务,要追溯和调整原购销科目难度较大;另外,它将汇兑损益掩盖在其他科目之中,不能清晰地反映企业外币交易的汇率风险,也不能提供对外币交易有用的决策信息。这种做法不符合国际公认的确认收入的实现原则,一般较少采用。而两笔交易观单独确认汇兑损益,可以清晰地反映汇率变动对企业损益的影响,能够集中反映外币交易的风险程度,因此,国际会计准则委员会在 IAS21 中规定采用两笔交易观处理外币交易事项,这种观点已被绝大多数国家所采用,我国也采用了这一观点。

四、汇兑损益确认的两种观点

对于本期汇兑损益的确认,存在以下两种不同的观点。

(一)递延确认观

递延确认观认为,本期确认的汇兑损益,应以实际实现额为准,即发生的外币交易本期未结算时不会产生汇兑损益,只有实际的外币买入卖出交易已经发生、外币性的债权债务在本期已经结算完毕,才能确认汇兑损益并将其计入当期损益。这种观点也被称为实际实现观,它只确认已实现的汇兑损益,不确认未实现的汇兑损益,未实现的汇兑损益需递延到交易结算时才计入损益。在这种观点下,无论外汇市场上的外汇汇率发生多大变化,对于尚未结算的外币性债权债务项目,均不因汇率变动而调整其外币科目的账面记账本位币金额,因而无法及时反映外汇市场变化可能给企业带来的风险,不利于企业采取积极有效的措施防范外汇风险,但当期确认的汇兑损益与汇兑损益的真正含义相吻合,符合实际情况。

(二)当期确认观

当期确认观,主张将本期已实际实现和未实现的汇兑损益均计入当期损益,认为不论是已实现的汇兑损益,还是未实现的汇兑损益,都与汇率波动有关,只要汇率实际发生变动,汇兑损益就会存在,因此在会计核算中应及时反映汇率变动对企业损益的影响,而不应递延到汇兑损益实现的时期才予确认。在这种观点下,会计期末应对各外币性会计科目按期末汇率调整其账面记账本位币金额,调整后的记账本位币金额与原账面记账本位币金额的差额,确认为汇兑损益,计入当期损益。这种观点使当期财务报表能够及时、充分地反映企业可能面临的外汇风险，使会计反映的信息能够真正符合现实的需要，有利于企业及时防范外汇风险，但在汇率发生大幅度变动的情况下，会导致企业当期损益中包含过多的未实现汇兑损益因素，使其损益信息严重失真。

在现行汇率制度下，很多国家采用第二种观点确认汇兑损益，国际会计准则委员会也在 IAS21 中明确了汇兑损益应按各期的汇率变动确定，即按当期确认观反映汇兑损益。但各国在确认汇兑损益时又有一些特殊规定：如美国财务会计准则委员会倾向于在会计期末将未实现的汇兑损益全部计入本期损益，且其范围不局限于短期货币性项目，也包括长期货币性项目；英国会计标准委员会与美国一致，但又提出，对一些外币项目的兑换存有疑问时，可视为例外情况，其未实现的汇兑收益可以作为未实现损益处理；加拿大特许会计师协会规定，长期性外币项目的未实现汇兑损益按递延处理，其他项目都在当期确认损益。其他国家则根据情况，或者要求在递延和当期确认两种观点中做出选择，或者要求以递延的方式确认汇兑损益。

我国 CAS19 第十一条规定，企业在资产负债表日，应当对外币货币性项目采用资产负债表日即期汇率折算。因资产负债表日即期汇率与初始确认时或者前一资产负债表日即期汇率不同而产生的汇兑差额，计入当期损益。以历史成本计量的外币非货币性项目，仍采用交易发生日的即期汇率折算，不改变其记账本位币金额。其中：货币性项目是指企业持有的货币资金和将以固定或可确定的金额收取的资产或者偿付的负债，包括库存现金、银行存款、应收账款、其他应收款、长期应收款、短期借款、应付账款、其他应付款、长期借款、应付债券、长期应付款等；非货币性项目是指货币性项目以外的项目，包括存货、长期股权投资、固定资产、无形资产等。由此可知，我国规定的外币交易的会计处理方法属于两笔交易观，确认汇兑损益的方法采用当期确认观，同时区分了货币性项目与非货币性项目的处理。

【例 4-3】 中航制造于 20×3 年 6 月 15 日从美国进口一批商品，价款为 20 000 美元，约定以美元结算，货款 30 天付清。6 月 15 日市场汇率为 1 美元 = 7.08 元人民币，7 月 15 日结算时汇率为 1 美元 = 7.15 元人民币，6 月 30 日市场汇率为 1 美元 = 7.14 元人民币。该公司的记账本位币为人民币，以外币交易发生当日的汇率作为记账汇率。

根据上述资料，按照两种汇兑损益确认观点，编制会计分录如表 4-2 所示。

表 4-2　不同汇兑损益确认观下的会计处理比较　　　　　　　　　单位：元

记账时间	递延确认观		当期确认观	
6 月 15 日	借：库存商品	141 600	借：库存商品	141 600
	贷：应付账款（20 000 美元×7.08）	141 600	贷：应付账款（20 000 美元×7.08）	141 600
6 月 30 日	借：递延汇兑损益	1 200	借：财务费用	1 200
	贷：应付账款（20 000 美元×0.06）	1 200	贷：应付账款（20 000 美元×0.06）	1 200
7 月 15 日	借：应付账款（20 000 美元×7.14）	142 800	借：应付账款（20 000 美元×7.14）	142 800
	财务费用	200	财务费用	200
	贷：银行存款	143 000	贷：银行存款	143 000
	借：财务费用	1 200		
	贷：递延汇兑损益	1 200		

第三节　外币交易的会计处理方法

一、外币性会计科目及其设置

企业只要发生以外币计价和结算的交易或事项，就必然要有专门的会计科目对其进行记录和反映。外币性会计科目是指用来表示有外币特性的资产、债权、债务等科目，包括外币现金、外币银行存款、以外币结算的债权（如应收票据、应收账款等）和债务（如短期借款、应付票据、应付账款、应付职工薪酬、长期借款等）等科目，实际上均为体现外币的货币性项目。

涉及外币交易的会计科目，一般是在记账本位币所设立的总分类科目下，根据不同的外币币种设立二级科目。凡涉及外币计价的货币资金、债权债务等科目，均应设立不同外币的二级科目，如"应收账款——××外币户""银行存款——××外币户"。这些科目除了应具备会计科目的一般功能外，还应能够分别反映原币、折算汇率和记账本位币等。因此，体现在会计账簿中的格式应为"双三栏式"，即在"借方""贷方"和"余额"三个金额栏内，分别都应体现出"原币"和"记账本位币"的金额。其一般格式如表 4-3 所示。

表 4-3　××外币科目

年		摘要	借方			贷方			借或贷	余额		
月	日		原币	汇率	本位币	原币	汇率	本位币		原币	汇率	本位币

与此相适应，涉及外币交易的记账凭证，也应在格式上与一般记账凭证有所区别，在金额栏内也要体现"原币""折算汇率"和"记账本位币"的内容，以便据以登记外币性会计科目。

应当注意的是，对于收付时用外币计价，但以后不会再发生收付往来的项目，一般不需要专设外币二级科目，如企业进口固定资产和原材料等，在取得资产时固定资产和原材料是用外币计价和结算的，但其在经营过程中的耗用都是用记账本位币核算，因此不需要设二级科目。另外，有些涉外业务虽不设二级科目，但由于可能以后要了解其原始发生情况的，则应做出备忘记录，以便在报表附注和财务状况中做出说明，如企业实收资本中的外币资本。

二、统账法

外币统账法是一种以本国货币为记账本位币统一进行反映的一种记账方法，即将发生的多种货币的交易或事项，在进行会计处理时统一折算为记账本位币加以反映，外币金额在账簿上只作辅助记录。在外币统账法下，由于需要将有关外币金额折算为记账本位币记账，必然涉及折算汇率的选择问题。如前所述，按照 CAS19 的规定，企业在折算汇率的选择上，允许以交易发生日的即期汇率或交易发生日即期汇率的近似汇率作为折算汇率。由于选择的折算汇率不同，会导致核算结果存在差异。

（一）以外币交易发生日的即期汇率作为折算汇率

选择以外币交易发生日的即期汇率作为折算汇率，是指只要涉及外币交易的会计科目，均按照外币交易发生当日的汇率逐笔将其折算为记账本位币加以反映，不论外币性会计科目是记录增加还是减少。这样可能会存在一个问题，即某一外币性会计科目在记录减少时账面上已经存在一个与该交易对应的折算汇率，而在记录减少时采用的折算汇率是减少当日的汇率，这两个汇率如果不一致，就会出现记录减少时将原币额冲销了，但对应的记账本位币额可能多冲销或者少冲销。对于这一问题，在汇兑损益采用当期确认法下，由于每一会计期末均应将所有外币性会计科目的期末余额按照期末汇率统一进行折算反映，按期末汇率折算的外币性会计科目的记账本位币余额与原余额不一致的差额，将在期末一并作为汇兑损益处理；对于没有原币余额的外币性会计科目，若存在记账本位币余额的，也应一并将余额转为汇兑损益，因此，这一问题将随着当期确认法的处理而自动解决。

采用外币交易发生日的即期汇率作为折算汇率，可以使每笔外币交易得到与现实一致的真实会计反映，核算结果非常准确。但是，在工作中需要不断查询汇率的变化情况，在平时外汇交易业务发生较多的情况下，将会给会计工作带来许多不便。如果外汇汇率在短期内波动幅度不大，采用这种方法选择折算汇率就不符合成本效益原则和重要性原则。

（二）以外币交易发生日即期汇率的近似汇率作为折算汇率

选择以外币交易发生日即期汇率的近似汇率作为折算汇率，是指每期记录外币交易时，均按照当期平均汇率或加权平均汇率统一进行折算，到会计期末，再根据当期确认法的要求对所有外币性会计科目重新进行计价调整。采用这种方法，可以克服以外币交易发生日的即期汇率作为折算汇率存在的不足，简化会计核算程序，但无法体现以外币交易发生日的即期汇率作为折算汇率的优点，并且在汇率波动幅度较大的情况下，会使核算的结果不够精确。

企业一旦确定了折算汇率，前后各期不得随意变动。

【例 4-4】 中航制造以人民币为记账本位币，外币交易采用业务发生当日的即期汇率进行折算。假设 20×3 年 6 月 1 日的美元汇率为 1 美元 = 7.10 元人民币，港元汇率为 1 港元 = 0.907 元人民币；6 月 30 日的美元汇率为 1 美元 = 7.26 元人民币，港元汇率为 1 港元 = 0.926 元人民币。20×3 年 5 月 31 日中航制造外币科目的期末余额如表 4-4 所示。

表 4-4　中航制造外币科目余额表

20×3 年 5 月 31 日

科目名称	原币金额	外汇汇率	人民币金额
银行存款——美元	40 000 美元	1 美元 = 7.11 元人民币	284 400 元
应收账款——甲企业（美元）	10 000 美元	1 美元 = 7.11 元人民币	71 100 元
应付账款——乙企业（美元）	5 000 美元	1 美元 = 7.11 元人民币	35 550 元
短期借款——美元	20 000 美元	1 美元 = 7.11 元人民币	142 200 元

20×3 年 6 月份发生如下外币交易。

（1）2 日，从乙企业购入一批原材料，价款为 20 000 美元，尚未支付，当日美元汇率为 1 美元 = 7.08 元人民币。

（2）6 日，收回上月甲企业所欠货款 10 000 美元，当日美元汇率为 1 美元 = 7.125 元人民币。

（3）9 日，偿还短期借款 20 000 美元，当日美元汇率为 1 美元 = 7.13 元人民币。

（4）12 日，以港元从丙企业进口商品一批，货款为 40 000 元港元，尚未支付，当日港元汇率为 1 港元=0.912 元人民币。

（5）18 日，向甲企业出口一批商品，货款为 30 000 美元，货款未收，当日美元汇率为 1 美元 = 7.13 元人民币。

（6）20 日，向银行借入 60 000 元港元，当日港元汇率为 1 港元 = 0.918 元人民币。

（7）26 日，用 5 000 美元向银行兑换人民币，当日美元买入汇率为 1 美元 = 7.223 元人民币，卖出汇率为 1 美元 = 7.257 元人民币。

（8）27 日，偿还上月所欠乙企业的货款，当日美元汇率为 1 美元 = 7.222 元人民币。

根据上述交易，中航制造应做相关会计分录为：

（1）借：原材料（或在途物资）   141 600
    贷：应付账款——乙企业（美元）（20 000 美元×7.08）   141 600

（2）借：银行存款——美元（10 000 美元×7.125）   71 250
    贷：应收账款——甲企业（美元）（10 000 美元×7.125）   71 250

（3）借：短期借款——美元（20 000 美元×7.13）   142 600
    贷：银行存款——美元（20 000 美元×7.13）   142 600

（4）借：库存商品（或在途物资）   36 480
    贷：应付账款——丙企业（港元）（40 000 港元×0.912）   36 480

（5）借：应收账款——甲企业（美元）（30 000 美元×7.13）   213 900
    贷：主营业务收入   213 900

（6）借：银行存款——港元（60 000 港元×0.918）   55 080
    贷：短期借款——港元（60 000 港元×0.918）   55 080

（7）借：银行存款——人民币   36 115
    财务费用——汇兑损益   85
    贷：银行存款——美元（5 000 美元×7.24）   36 200

（8）借：应付账款——乙企业（美元）（5 000 美元×7.222）   36 110
    贷：银行存款——美元（5 000 美元×7.222）   36 110

根据上述外币交易，登记有关外币科目的明细分类账分别如表 4-5～表 4-11 所示。

表 4-5 银行存款——美元

20×3 月	日	摘 要	借 方 原币	借 方 汇率	借 方 人民币（元）	贷 方 原币	贷 方 汇率	贷 方 人民币（元）	借或贷	余 额 原币	余 额 汇率	余 额 人民币（元）
6	1	期初余额							借	40 000	7.11	284 400
	6	收回货款	10 000	7.125	71 250				借	50 000		355 650

续表

20×3 月	日	摘 要	借 方 原币	汇率	人民币（元）	贷 方 原币	汇率	人民币（元）	借或贷	余 额 原币	汇率	人民币（元）
	9	偿还借款				20 000	7.13	142 600	借	30 000		213 050
	26	兑换人民币				5 000	7.24	36 200	借	25 000		176 850
	27	偿还货款				5 000	7.222	36 110	借	20 000		140 740
	30	合　计	10 000		71 250	30 000		214 910	借	20 000		140 740
	30	期末调整			4 460				借	20 000	7.26	145 200

表 4-6　银行存款——港元

20×3 月	日	摘 要	借 方 原币	汇率	人民币（元）	贷 方 原币	汇率	人民币（元）	借或贷	余 额 原币	汇率	人民币（元）
6	1	期初余额							借	—	—	0
	20	借入港元	60 000	0.918	55 080				借	60 000		55 080
	30	合　计	60 000		55 080				借	60 000		55 080
	30	期末调整			480				借	60 000	0.926	55 560

表 4-7　应收账款——甲企业（美元）

20×3 月	日	摘 要	借 方 原币	汇率	人民币（元）	贷 方 原币	汇率	人民币（元）	借或贷	余 额 原币	汇率	人民币（元）
6	1	期初余额							借	10 000	7.11	71 100
	6	收回货款				10 000	7.125	71 250	贷			150
	18	赊销商品	30 000	7.13	213 900				借	30 000		213 750
	30	合　计	30 000		213 900	10 000		71 250	借	30 000		213 750
	30	期末调整			4 050				借	30 000	7.26	217 800

表 4-8　应付账款——乙企业（美元）

20×3 月	日	摘 要	借 方 原币	汇率	人民币（元）	贷 方 原币	汇率	人民币（元）	借或贷	余 额 原币	汇率	人民币（元）
6	1	期初余额							贷	5 000	7.11	35 550
	2	赊购材料				20 000	7.08	141 600	贷	25 000		177 150
	27	偿还货款	5 000	7.222	36 110				贷	20 000		141 040
	30	合　计	5 000		36 110	20 000		141 600	贷	20 000		141 040
	30	期末调整						4 160	贷	20 000	7.26	145 200

表 4-9　应付账款——丙企业（港元）

20×3 月	日	摘 要	借 方 原币	汇率	人民币（元）	贷 方 原币	汇率	人民币（元）	借或贷	余 额 原币	汇率	人民币（元）
6	1	期初余额								—	—	0
	12	赊购商品				40 000	0.912	36 480	贷	40 000		36 480
	30	合　计				40 000		36 480	贷	40 000		36 480
	30	期末调整						560	贷	40 000	0.926	37 040

表 4-10 短期借款——美元

20×3		摘 要	借 方			贷 方			借或贷	余 额		
月	日		原币	汇率	人民币（元）	原币	汇率	人民币（元）		原币	汇率	人民币（元）
6	1	期初余额							贷	20 000	7.11	142 200
	9	偿还借款	20 000	7.13	142 600				借	—	—	400
	30	合 计	20 000		142 600				借	—		400
	30	期末调整						400	平	—	—	0

表 4-11 短期借款——港元

20×3		摘 要	借 方			贷 方			借或贷	余 额		
月	日		原币	汇率	人民币（元）	原币	汇率	人民币（元）		原币	汇率	人民币（元）
6	1	期初余额								—	—	0
	20	借款				60 000	0.918	55 080	贷	60 000		55 080
	30	合 计				60 000		55 080	贷	60 000		55 080
	30	期末调整						480	贷	60 000	0.926	55 560

期末，应将所有外币性会计科目进行计价调整。从表 4-5 中可以看出，"银行存款——美元"科目的期末外币余额为 20 000 美元，账面人民币余额为 140 740 元，按 6 月 30 日的汇率折合人民币应为 145 200 元，两者的差额为 4 460（145 200 − 140 740）元，作为当期汇兑损益处理，应做调整会计分录为：

（9）借：银行存款——美元　　　　　　　　　　　　　　　　　　　　　4 460
　　　　贷：财务费用——汇兑损益　　　　　　　　　　　　　　　　　　　　　4 460

同理，根据表 4-6、表 4-7、表 4-8、表 4-9 和表 4-11 分别做如下调整会计分录为：

（10）借：银行存款——港元　　　　　　　　　　　　　　　　　　　　　480
　　　　　应收账款——甲企业（美元）　　　　　　　　　　　　　　　　4 050
　　　　贷：财务费用——汇兑损益　　　　　　　　　　　　　　　　　　　　4 530

（11）借：财务费用——汇兑损益　　　　　　　　　　　　　　　　　　　5 200
　　　　贷：应付账款——乙企业（美元）　　　　　　　　　　　　　　　　4 160
　　　　　　　　　　——丙企业（港元）　　　　　　　　　　　　　　　　560
　　　　　短期借款——港元　　　　　　　　　　　　　　　　　　　　　　480

由表 4-10 可知，由于短期借款——美元的外币余额已结平，应将存在的人民币差额转为汇兑损益，做调整会计分录为：

（12）借：财务费用——汇兑损益　　　　　　　　　　　　　　　　　　　400
　　　　贷：短期借款——美元　　　　　　　　　　　　　　　　　　　　　　400

经过以上调整，对有余额的外币性会计科目将外币余额折合为人民币金额，体现了现时汇率制（因以期末最后一天的汇率折合）。调整分录可以汇总后编制一笔分录，而不需要逐笔编制。现将上述结转汇兑损益的业务汇总编制调整分录为：

（13）借：银行存款——美元　　　　　　　　　　　　　　　　　　　　　4 460
　　　　　　　　　　——港元　　　　　　　　　　　　　　　　　　　　　480
　　　　　应收账款——甲企业（美元）　　　　　　　　　　　　　　　　4 050

贷：应付账款——乙企业（美元）	4 160
——丙企业（港元）	560
短期借款——港元	480
短期借款——美元	400
财务费用——汇兑损益	3 390

【例 4-5】 承【例 4-4】，假定中航制造的外币交易采用交易发生当日即期汇率的近似汇率进行折算，其他条件不变。假定美元即期汇率的近似汇率为 1 美元 = 7.199 元人民币，港元即期汇率的近似汇率为 1 港元 = 0.916 元人民币。中航制造对上述外币交易，应做会记分录为：

（1）借：原材料（或在途物资）	143 980
贷：应付账款——乙企业（美元）（20 000 美元×7.199）	143 980
（2）借：银行存款——美元（10 000 美元×7.199）	71 990
贷：应收账款——甲企业（美元）（10 000 美元×7.199）	71 990
（3）借：短期借款——美元（20 000 美元×7.199）	143 980
贷：银行存款——美元（20 000 美元×7.199）	143 980
（4）借：库存商品（或在途物资）	36 640
贷：应付账款——丙企业（港元）（40 000 港元×0.916）	36 640
（5）借：应收账款——甲企业（美元）（30 000 美元×7.199）	215 970
贷：主营业务收入	215 970
（6）借：银行存款——港元（60 000 港元×0.916）	54 960
贷：短期借款——港元（60 000 港元×0.916）	54 960
（7）借：银行存款——人民币	36 115
贷：银行存款——美元（5 000 美元×7.199）	35 995
财务费用——汇兑损益	120
（8）借：应付账款——乙企业（美元）（5 000 美元×7.199）	35 995
贷：银行存款——美元（5 000 美元×7.199）	35 995

根据上述外币交易，登记有关外币科目的明细分类账如表 4-12～表 4-18 所示。

表 4-12　银行存款——美元

20×3		摘　要	借　方			贷　方			借或贷	余　额		
月	日		原币	汇率	人民币（元）	原币	汇率	人民币（元）		原币	汇率	人民币（元）
6	1	期初余额							借	40 000	7.11	284 400
	6	收回货款	10 000	7.199	71 990				借	50 000		356 390
	9	偿还借款				20 000	7.199	143 980	借	30 000		212 410
	26	兑换人民币				5 000	7.199	35 995	借	25 000		176 415
	27	偿还货款				5 000	7.199	35 995	借	20 000		140 420
	30	合　　计	10 000		71 990	30 000		215 970	借	20 000		140 420
	30	期末调整			4 780				借	20 000	7.26	145 200

表 4-13　银行存款——港元

20×3		摘　要	借　方			贷　方			借或贷	余　额		
月	日		原币	汇率	人民币（元）	原币	汇率	人民币（元）		原币	汇率	人民币（元）
6	1	期初余额								—	—	0
	20	借入港元	60 000	0.916	54 960				借	60 000		54 960
	30	合　计	60 000		54 960				借	60 000		54 960
	30	期末调整			600				借	60 000	0.926	55 560

表 4-14　应收账款——甲企业（美元）

20×3		摘　要	借　方			贷　方			借或贷	余　额		
月	日		原币	汇率	人民币（元）	原币	汇率	人民币（元）		原币	汇率	人民币（元）
6	1	期初余额							借	10 000	7.11	71 100
	6	收回货款				10 000	7.199	71 990	贷			890
	18	赊销商品	30 000	7.199	215 970				借	30 000		215 080
	30	合　计	30 000		215 970	10 000		71 990	借	30 000		215 080
	30	期末调整			2 720				借	30 000	7.26	217 800

表 4-15　应付账款——乙企业（美元）

20×3		摘　要	借　方			贷　方			借或贷	余　额		
月	日		原币	汇率	人民币（元）	原币	汇率	人民币（元）		原币	汇率	人民币（元）
6	1	期初余额							贷	5 000	7.11	35 550
	2	赊购材料				20 000	7.199	143 980	贷	25 000		179 530
	27	偿还货款	5 000	7.199	35 995				贷	20 000		143 535
	30	合　计	5 000		35 995	20 000		143 980	贷	20 000		143 535
	30	期末调整						1 665	贷	20 000	7.26	145 200

表 4-16　应付账款——丙企业（港元）

20×3		摘　要	借　方			贷　方			借或贷	余　额		
月	日		原币	汇率	人民币（元）	原币	汇率	人民币（元）		原币	汇率	人民币（元）
6	1	期初余额							—	—	—	0
	12	赊购商品				40 000	0.916	36 640	贷	40 000		36 640
	30	合　计				40 000		36 640	贷	40 000		36 640
	30	期末调整						400	贷	40 000	0.926	37 040

表 4-17　短期借款——美元

20×3		摘　要	借　方			贷　方			借或贷	余　额		
月	日		原币	汇率	人民币（元）	原币	汇率	人民币（元）		原币	汇率	人民币（元）
6	1	期初余额							贷	20 000	7.11	142 200
	9	偿还借款	20 000	7.199	143 980				借	—	—	1 780
	30	合　计	20 000		143 980				借	—	—	1 780
	30	期末调整						1 780	平	—	—	0

表 4-18 短期借款——港元

20×3		摘　　要	借　　方			贷　　方			借或贷	余　　额		
月	日		原币	汇率	人民币（元）	原币	汇率	人民币（元）		原币	汇率	人民币（元）
6	1	期初余额								—	—	0
	20	借　　款				60 000	0.916	54 960	贷	60 000		54 960
	30	合　　计				60 000		54 960	贷	60 000		54 960
	30	期末调整						600	贷	60 000	0.926	55 560

根据以上各外币性会计科目期末调整的汇兑损益汇总编制调整分录，确认当期的汇兑损益。

（9）借：银行存款——美元　　　　　　　　　　　　　　　　4 780

　　　　　　　　——港元　　　　　　　　　　　　　　　　　600

　　　应收账款——甲企业（美元）　　　　　　　　　　　　2 720

　　贷：应付账款——乙企业（美元）　　　　　　　　　　　　1 665

　　　　　　　　——丙企业（港元）　　　　　　　　　　　　400

　　　短期借款——美元　　　　　　　　　　　　　　　　　1 780

　　　　　　　　——港元　　　　　　　　　　　　　　　　　600

　　　财务费用——汇兑损益　　　　　　　　　　　　　　　3 655

从以上两个例题可以看出，如果企业选用不同的折算汇率，会导致核算结果及汇兑损益产生差异。在选用交易发生时的即期汇率情况下，产生汇兑收益 3 305 元；而在选用即期汇率的近似汇率情况下，产生的汇兑收益为 3 775 元。

三、分币制记账法

分币制记账法也称分账制记账法或原币记账法，是指在发生外币交易时对涉及的外币货币性项目均以表示交易的币种记账反映，会计期末将其按照规定的折算汇率进行汇总折算列示的一种外币交易核算方法。在这种方法下，外币货币性项目（因为在记账时用到的是外币性会计科目，故，以下简称"外币性会计科目"）平时只反映原币金额，不需要反映记账本位币金额，会计期末再按照期末汇率进行折算反映；交易中涉及的需要折算的非货币性项目（因为在记账时用到的是非外币性会计科目，故，以下简称"非外币性会计科目"），则可以采取不同的方法进行折算反映，但在科目中需要记录的应是记账本位币金额；折算中产生的折算差额，应在会计期末一并计入当期损益（财务费用——汇兑损益，下同）。这种方法一般适用于外币交易频繁、涉及外币币种较多的企业，如金融保险企业等。

由于记录外币交易时可能涉及外币性会计科目和非外币性会计科目，外币性会计科目所用的折算汇率最终要以资产负债表日的汇率进行折算后反映在资产负债表中，而非外币性会计科目则需要以交易发生时的即期汇率或即期汇率的近似汇率进行折算，以便反映符合记账本位币要求的价值流转情况。根据外币交易中涉及的非外币性会计科目折算时点选择的不同，分币记账法又可分为以下两种方法。

（一）非外币性会计科目即时折算法

非外币性会计科目即时折算法，是指同时涉及外币性会计科目和非外币性会计科目的外币交易，在交易发生时即对非外币性会计科目进行折算的一种方法。其会计处理要点如下。

（1）对于外币交易中同时涉及外币性会计科目和非外币性会计科目的，外币性会计科目按表示交易的原币种记账反映，而非外币性会计科目则按企业选定的交易日即期汇率或即期汇率的近似汇率即时折算为记账本位币后记账反映。为了记账时借贷平衡的关系，应通过设置"货币兑换"这一过渡性科目，分别配合外币性会计科目和非外币性会计科目进行记账。

（2）对于外币交易中只涉及外币性会计科目的，直接以原币记账；但涉及货币兑换业务时，也需要通过"货币兑换"科目分别与换出、换入的对应科目进行记录。

（3）会计期末，对外币性会计科目的本期发生额按期末汇率进行汇总折算，一次登记"记账本位币"栏，并根据结账公式计算出外币性会计科目的期末记账本位币余额，将其与按期末汇率折算的期末余额进行对比，如有差额，一并转为当期损益；同时，对记录各种币种的"货币兑换"科目按期末汇率进行折算后，比较"货币兑换"科目的借贷方记账本位币额，如有差额，也一并转为当期损益，结清"货币兑换"科目。

【例 4-6】　承【例 4-4】，假设中航制造对外币交易采用分币制记账法——非外币性会计科目即时折算法进行核算，记账本位币为人民币，涉及的非外币性会计科目选择与交易日即期汇率的近似汇率作为折算汇率，美元和港元即期汇率的近似汇率如【例 4-5】所示。据此编制有关会计分录如下。

（1）借：原材料（或在途物资）　　　　　　　　　　　　　143 980
　　　　贷：货币兑换（20 000 美元×7.199）　　　　　　　　　　　143 980
　　　借：货币兑换（美元）　　　　　　　　　　　　　20 000 美元
　　　　贷：应付账款（美元）——乙企业　　　　　　　　　　20 000 美元
（2）借：银行存款——美元　　　　　　　　　　　　　10 000 美元
　　　　贷：应收账款（美元）——甲企业　　　　　　　　　　10 000 美元
（3）借：短期借款——美元　　　　　　　　　　　　　20 000 美元
　　　　贷：银行存款——美元　　　　　　　　　　　　　　20 000 美元
（4）借：库存商品（或在途物资）　　　　　　　　　　　　36 640
　　　　贷：货币兑换（40 000 港元×0.916）　　　　　　　　　　　36 640
　　　借：货币兑换（港元）　　　　　　　　　　　　　40 000 港元
　　　　贷：应付账款（港元）——丙企业　　　　　　　　　　40 000 港元
（5）借：应收账款（美元）——甲企业　　　　　　　　　30 000 美元
　　　　贷：货币兑换（美元）　　　　　　　　　　　　　　30 000 美元
　　　借：货币兑换（30 000 美元×7.199）　　　　　　　　215 970
　　　　贷：主营业务收入（美元）　　　　　　　　　　　　　215 970
（6）借：银行存款——港元　　　　　　　　　　　　　60 000 港元
　　　　贷：短期借款——港元　　　　　　　　　　　　　　60 000 港元

（7）借：银行存款——人民币 36 115

贷：货币兑换 36 115

借：货币兑换（美元） 5 000 美元

贷：银行存款——美元 5 000 美元

（8）借：应付账款（美元）——乙企业 5 000 美元

贷：银行存款——美元 5 000 美元

月末，进行相关账目登记后，首先，对外币性会计科目本期发生额按月末汇率进行折算，并计算出期末余额，如表 4-19～表 4-25 所示。

表 4-19　银行存款——美元

20×3		摘　要	借　　方			贷　　方			借或贷	余　　额		
月	日		原币	汇率	人民币（元）	原币	汇率	人民币（元）		原币	汇率	人民币（元）
6	1	期初余额							借	40 000	7.11	284 400
	30	汇　总	10 000	7.26	72 600	30 000	7.26	217 800	借	20 000	—	139 200
	30	调整期末余额			6 000				借	20 000	7.26	145 200

表 4-20　银行存款——港元

20×3		摘　要	借　　方			贷　　方			借或贷	余　　额		
月	日		原币	汇率	人民币（元）	原币	汇率	人民币（元）		原币	汇率	人民币（元）
6	1	期初余额								—	—	0
	30	汇　总	60 000	0.926	55 560				借	60 000	0.926	55 560

表 4-21　应收账款——甲企业（美元）

20×3		摘　要	借　　方			贷　　方			借或贷	余　　额		
月	日		原币	汇率	人民币（元）	原币	汇率	人民币（元）		原币	汇率	人民币（元）
6	1	期初余额							借	10 000	7.11	71 100
	30	汇　总	30 000	7.26	217 800	10 000	7.26	72 600	借	30 000	—	216 300
	30	调整期末余额			1 500				借	30 000	7.26	217 800

表 4-22　应付账款——乙企业（美元）

20×3		摘　要	借　　方			贷　　方			借或贷	余　　额		
月	日		原币	汇率	人民币（元）	原币	汇率	人民币（元）		原币	汇率	人民币（元）
6	1	期初余额							贷	5 000	7.11	35 550
	30	汇　总	5 000	7.26	36 300	20 000	7.26	145 200	贷	20 000	—	144 450
	30	调整期末余额						750	贷	20 000	7.26	145 200

表 4-23　应付账款——丙企业（港元）

20×3		摘　要	借　　方			贷　　方			借或贷	余　　额		
月	日		原币	汇率	人民币（元）	原币	汇率	人民币（元）		原币	汇率	人民币（元）
6	1	期初余额								—	—	0
	30	汇　总				40 000	0.926	37 040	贷	40 000	0.926	37 040

表 4-24　短期借款——美元

| 20×3 | | 摘　要 | 借　方 | | | 贷　方 | | | 借或贷 | 余　额 | | |
月	日		原币	汇率	人民币（元）	原币	汇率	人民币（元）		原币	汇率	人民币（元）
6	1	期初余额							贷	20 000	7.11	142 200
	30	汇　总	20 000	7.26	145 200				借			3 000
	30	调整期末余额						3 000	平	—	—	0

表 4-25　短期借款——港元

| 20×3 | | 摘　要 | 借　方 | | | 贷　方 | | | 借或贷 | 余　额 | | |
月	日		原币	汇率	人民币（元）	原币	汇率	人民币（元）		原币	汇率	人民币（元）
6	1	期初余额								—	—	0
	30	汇　总				60 000	0.926	55 560	贷	60 000	0.926	55 560

其次，对外币性会计科目期末余额按期末汇率进行折算调整，为便于理解，将其汇总如表 4-26 所示，并据此编制调整分录，登记相关账目。

表 4-26　外币性会计科目期末余额调整汇总表

| 会计科目名称 | 期末余额（调整前） | | 期末余额（调整后） | | | 调整额（+/−）/元 |
	原币	人民币（元）	原币	汇率	人民币（元）	
银行存款（美元）	20 000	139 200	20 000	7.26	145 200	6 000
银行存款（港元）	60 000	55 560	60 000	0.926	55 560	—
应收账款（美元）	30 000	216 300	30 000	7.26	217 800	1 500
应付账款（美元）	20 000	144 450	20 000	7.26	145 200	750
应付账款（港元）	40 000	37 040	40 000	0.926	37 040	—
短期借款（美元）	0	−3 000	0	—	0	3 000
短期借款（港元）	60 000	55 560	60 000	0.926	55 560	—

（9）借：银行存款——美元　　　　　　　　　　　　　　6 000

　　　　应收账款——甲企业（美元）　　　　　　　　1 500

　　　贷：应付账款——乙企业（美元）　　　　　　　　　　　750

　　　　短期借款——美元　　　　　　　　　　　　　　　　3 000

　　　　财务费用——汇兑损益　　　　　　　　　　　　　　3 750

最后，对"货币兑换"科目进行汇总折算如表 4-27 所示，对其折算后的贷方发生额小于借方发生额的差额 25 元（人民币）一并转入"财务费用——汇兑损益"，结清"货币兑换"科目。

表 4-27　"货币兑换"科目汇总表

| 科目名称 | 借方发生额 | | | 贷方发生额 | | |
	原币	汇率	人民币（元）	原币	汇率	人民币（元）
货币兑换（美元）	25 000	7.26	181 500	30 000	7.26	217 800
货币兑换（港元）	40 000	0.926	37 040	—	—	0
货币兑换（人民币）	215 970	—	215 970	216 735	—	216 735
合　计	—	—	434 510	—	—	434 535

（10）借：货币兑换   25

        贷：财务费用——汇兑损益   25

由以上可知，采用分币制记账法——非外币性会计科目即时折算法核算时，平时不需要对外币性会计科目进行折算，只需要在会计期末进行一次折算，因此，可使日常的会计处理相对简化。但是，日常的会计处理需要频繁使用"货币兑换"科目，涉及外币性会计科目和非外币性会计科目的交易不仅都要编制两张凭证，还要在每一笔交易发生时，对涉及的非外币性会计科目进行随时折算，一定程度上又增加了会计处理的工作量。因此，这种核算方法适用于企业选用交易时即期汇率进行折算的情况，可避免会计期末再逐笔查找交易时即期汇率的麻烦。

（二）非外币性会计科目期末汇总折算法

非外币性会计科目期末汇总折算法，是指同时涉及外币性会计科目和非外币性会计科目的外币交易，在交易发生时均按照表示交易的原币种进行反映，期末时再一并进行折算的一种核算方法。其会计处理要点如下。

（1）对于外币交易中不论是否涉及非外币性会计科目，均直接按表示交易的原币种记账，但涉及货币兑换业务时，为了满足借贷记账法的要求，需要通过"货币兑换"科目分别与换出、换入的对应科目进行记录。

（2）会计期末：首先，对外币性会计科目按期末汇率进行折算，对涉及的非外币性会计科目，则按交易发生时的即期汇率或即期汇率的近似汇率进行折算，折算后对比所有会计科目的借方发生额合计和贷方发生额合计，二者如有差额，一并转为当期损益；其次，根据结账公式计算出外币性会计科目的期末记账本位币余额，将其与按期末汇率折算的期末余额进行对比，如有差额的，一并转为当期损益；最后，将"货币兑换"科目的记账本位币余额结平转为当期损益。

【例4-7】 承【例4-4】，假设中航制造对外币交易的核算采用分币制记账法——非外币性会计科目期末汇总折算法，记账本位币为人民币，并选择交易日即期汇率的近似汇率作为折算汇率，美元和港元的即期汇率的近似汇率如【例4-5】所示。中航制造对上述外币交易应做会计分录为：

（1）借：原材料（或在途物资）   20 000 美元

        贷：应付账款（美元）——乙企业   20 000 美元

（2）借：银行存款——美元   10 000 美元

        贷：应收账款（美元）——甲企业   10 000 美元

（3）借：短期借款——美元   20 000 美元

        贷：银行存款——美元   20 000 美元

（4）借：库存商品（或在途物资）   40 000 港元

        贷：应付账款（港元）——丙企业   40 000 港元

（5）借：应收账款（美元）——甲企业   30 000 美元

        贷：主营业务收入（美元）   30 000 美元

（6）借：银行存款——港元   60 000 港元

        贷：短期借款——港元   60 000 港元

（7）借：银行存款——人民币 36 115

    贷：货币兑换——人民币 36 115

  借：货币兑换——美元 5 000 美元

    贷：银行存款——美元 5 000 美元

（8）借：应付账款（美元）——乙企业 5 000 美元

    贷：银行存款——美元 5 000 美元

由于本月非外币性会计科目的折算汇率统一采用的是即期汇率的近似汇率，因此，月末可以将各会计科目记录的原币额汇总后一次进行折算，为便于说明，将其本期发生额折算汇总后列示如表 4-28 所示。

表 4-28 外币性会计科目和非外币性会计科目本期发生额折算汇总表

会计科目名称	借方发生额			贷方发生额		
	原币	汇率	人民币（元）	原币	汇率	人民币（元）
银行存款（美元）	10 000	7.26	72 600	30 000	7.26	217 800
银行存款（港元）	60 000	0.926	55 560	—		
应收账款（美元）	30 000	7.26	217 800	10 000	7.26	72 600
短期借款（美元）	20 000	7.26	145 200			
短期借款（港元）	—		—	60 000	0.926	55 560
应付账款（美元）	5 000	7.26	36 300	20 000	7.26	145 200
应付账款（港元）	—		—	40 000	0.926	37 040
货币兑换（美元）	5 000	7.26	36 300	—		
主营业务收入（美元）	—		—	30 000	7.199	215 970
原材料（美元）	20 000	7.199	143 980	—		
库存商品（港元）	40 000	0.916	36 640	—		
合　　计	—	—	744 380	—	—	744 170

根据表 4-28 中折算出的人民币额，可汇总做如下所示的会计分录，并作为登记各科目记账本位币（人民币）金额栏的记账依据，分录中借贷方的差额列计为"财务费用——汇兑损益"。

（9）借：银行存款——美元 72 600

    银行存款——港元 55 560

    应收账款——甲企业（美元） 217 800

    短期借款——美元 145 200

    应付账款——乙企业（美元） 36 300

    货币兑换——美元 36 300

    原材料（在途物资）——美元 143 980

    库存商品（在途物资）——港元 36 640

  贷：银行存款——美元 217 800

    应收账款——甲企业（美元） 72 600

    短期借款——港元 55 560

    应付账款——乙企业（美元） 145 200

    应付账款——丙企业（港元） 37 040

        主营业务收入——美元   215 970

        财务费用——汇兑损益   210

    然后，根据结账公式计算出外币性会计科目的期末记账本位币余额，将其与按期末汇率折算的期末余额进行对比，结转其差额 3 750 元（人民币），会计分录同【例 4-6】（略），再结平"货币兑换"科目，应做会计分录为：

    （10）借：财务费用——汇兑损益   185

           贷：货币兑换   185

    最终，核算的汇兑收益为 3 775（3 750 + 210 − 185）元。为节省篇幅，其他有关账目的登记省略。

    由以上可知，采用分币制记账法——非外币性会计科目期末汇总折算法核算时，所有的外币性会计科目和非外币性会计科目平时都不需要进行折算，只需要在会计期末进行一次折算，也不需要频繁使用"货币兑换"科目，因此，日常的会计处理进一步简化，尤其是对非外币性会计科目采用交易发生时即期汇率的近似汇率进行折算时，可大大减少日常的核算工作量。但是，如果非外币性会计科目采用交易发生时的即期汇率进行折算时，期末则需要逐一查找非外币性会计科目交易发生时的即期汇率并分别折算，由此将导致查询和折算的许多麻烦，会计核算的工作量也会相应增加。因此，这种核算方法适用于企业选用交易时即期汇率的近似汇率进行折算的情况。

    通过【例 4-5】【例 4-6】和【例 4-7】可知，虽然采用的核算方法不同，但只要采用的折算汇率相同，最终的核算结果是相同的，所产生的汇兑损益也完全一致。

第四节　外币财务报表折算

一、概述

    随着经济全球化趋势的日益增强，国际间经济交往越来越多，跨国公司不断涌现并得到迅速发展。为了反映跨国公司作为一个主体的财务状况、经营成果以及现金流量情况，需要编制跨国公司的合并财务报表，以满足跨国公司的股东、债权人等有关方面的决策需要。由于母公司与其子公司位于不同的国家，所使用的报告货币不同，母公司在编制合并报表时，就需要把不同的货币换算为统一的公司报告货币，因而产生了外币财务报表折算问题。另外，母公司为了考核子公司的财务状况、经营成果以及现金流量，也需要将国外子公司用外币表述的报表转换为按统一货币表述的报表。特别是在一家公司拥有多家国外子公司，且这些子公司的报表按不同的货币表述的情况下，要比较各子公司的财务状况与经营业绩，更需要进行外币报表折算。

    外币报表折算，是指为了特定的目的，将原财务报表中以外币表示的资产、负债、所有者权益、收入、费用等项目，折算为按规定的货币表示的相同项目，并据以重新编制财务报表的过程。这是将国外子公司的报表按母公司规定的货币进行重新表述，不存在实际的货币兑换。

    对外币财务报表进行折算，必须选择一种货币作为功能货币，以便将其他货币都折算为这一功能货币。由于功能货币是指该会计实体所处经营环境中使用的货币，因此通常就是该实体原来收付资金所处经营环境中的货币。对于一个在特定国家中经营相对独立的经济实体而言，功能货币一般就是该国的货币。但是作为一个国外经营实体，其功能货币就不一定是该实体所在国的货币，因为该实体可能是某母公司的直接组成或延伸，它并不是一个独立的经营实体，此时该国外经营实体的功能货币应该是母公司所在国的货币。

编制合并财务报表所使用的功能货币应该是合并主体从事经营活动的主要经济环境中的货币。一般情况下，由于合并报表或汇总报表的主要使用者是母公司的股东和债权人，通常以母公司所使用的货币表述合并报表。但在某些情况下，也可以选择国外子公司所在国的货币。如无特殊说明，后面涉及的合并主体所选择的功能货币均指母公司所在国的货币。

在功能货币概念下，国外经营主体的财务报表都是按国外主体所选择的功能货币表述的，编制合并财务报表时再按合并主体所选择的功能货币进行合并。这一会计程序要求将国外主体的财务报表以母公司所选择的功能货币加以转换或折算。由于国外主体账面记录可能是功能货币，也可能是外币，在编制合并财务报表时就需要对其进行重新计量或折算。所谓重新计量，是指通过折算把计量单位从外币转变为功能货币的程序，即通过折算对国外经营主体以当地货币（外币）编制的财务报表进行重新计量。

在编制合并财务报表时，对境外经营实体财务报表是进行折算还是重新计量，或者二者兼而有之，与境外经营实体选择的功能货币有密切关系。在把外币财务报表折算为共同的报告货币需要经历的程序，不仅取决于这一境外主体所规定的功能货币是什么，而且还取决于它是否本来就是用功能货币来进行会计记录的。对外币财务报表折算或重新计量时，应按以下程序进行。

（1）当境外经营实体不是以其所在国货币或母公司货币作为功能货币，而是以第三国货币作为功能货币，应先将该经营主体的财务报表按第三国功能货币进行重新计量，然后再将第三国货币表示的外币财务报表折算成以母公司货币表示的财务报表。

（2）当境外经营实体是以其所在国的货币作为功能货币时，应将外币报表折算成母公司货币表示的财务报表。

（3）当境外经营实体是以母公司货币作为其功能货币时：如果境外经营主体会计记录所使用的货币就是母公司的报告货币，则不需要进行报表折算；如果境外经营主体会计记录所使用的货币不是母公司的报告货币，应按功能货币对经营主体的财务报表重新计量。

二、外币财务报表的折算方法

对外币财务报表的折算，首先应解决两个问题：折算汇率的选择和折算损益的处理。其中，折算汇率的选择又是外币财务报表折算的关键。由于汇率变化不一，在外币财务报表折算的过程中，选择不同的折算汇率就产生了多种性质的不同折算方法。常用的有流动项目与非流动项目法、货币性项目与非货币性项目法、时态法和现时汇率法四种。但因上述各种方法都有侧重并存在一定的缺陷，迄今为止，还没有一个被国际普遍接受、成为统一采用的方法。

（一）流动项目与非流动项目法

在流动项目与非流动项目法下，应将境外经营主体的财务报表项目区分为流动与非流动两大类，并分别采用不同的汇率进行折算。其中，对流动资产和流动负债项目按现行汇率折算，非流动资产和非流动负债项目按历史汇率折算，留存收益项目为轧差平衡数，损益类项目除折旧费用和无形资产摊销等按历史汇率折算外，其他项目均按当期平均汇率折算。折算过程中产生的折算损益，采用谨慎性原则处理：对于折算净损失，应计入当期损益，列入折算后的利润表；对于折算净收益，应予以递延，列入折算后的资产负债表（负债与所有者权益之间），用于抵销未来会计年度可能产生的折算损失。

【例 4-8】中航制造拥有一个境外子公司 H 公司，该公司以美元记账并编制会计报表。20×3 年 12 月 31 日的资产负债表、利润表及收益分配如表 4-29、表 4-30 所示。

表 4-29 H 公司资产负债表（简表）

20×3 年 12 月 31 日　　　　　　　　　　　　　　单位：美元

资　　产	金　　额	负债及所有者权益	金　　额
货币资金	200 000	短期借款	100 000
应收账款	50 000	应付账款	100 000
存货	300 000	应付债券	300 000
长期股权投资	100 000	股本——普通股	850 000
固定资产	1 000 000	留存收益	150 000
减：累计折旧	150 000		
资产合计	1 500 000	负债及所有者权益合计	1 500 000

表 4-30 H 公司利润表（简表）

20×3 年 1—12 月　　　　　　　　　　　　　　单位：美元

项　　目	金　　额
一、主营业务收入	1 200 000
减：主营业务成本	620 000
销售费用	100 000
管理费用（不含折旧费）	180 000
折旧费用	33 000
财务费用	48 000
二、税前利润	219 000
减：所得税	71 000
三、净利润	148 000
加：期初留存收益	105 000①
四、可供分配利润	253 000
减：利润分配	86 000
五、期末留存收益	167 000

注：①为上期期末留存收益，折算后的人民币金额为 780 000 元。

假定有关汇率资料为：

20×3 年 12 月 31 日汇率   1 美元=7.40 元人民币

20×3 年平均汇率   1 美元=7.25 元人民币

股票发行日汇率   1 美元=7.10 元人民币

股利支付日汇率   1 美元=7.20 元人民币

对外投资日汇率   1 美元=7.25 元人民币

存货购买日汇率   1 美元=7.32 元人民币

固定资产购置日汇率   1 美元=7.15 元人民币

债券发行日汇率   1 美元=7.10 元人民币

采用流动与非流动项目法对 H 公司报表进行折算的结果如表 4-31、表 4-32 所示。

表 4-31 H 公司已折算资产负债表

20×3 年 12 月 31 日

资　产	金额（美元）	折算汇率	人民币（元）	负债及所有者权益	金额（美元）	折算汇率	人民币（元）
货币资金	200 000	7.40	1 480 000	短期借款	100 000	7.40	740 000
应收账款	50 000	7.40	370 000	应付账款	100 000	7.40	740 000
存货	300 000	7.40	2 220 000	应付债券	300 000	7.10	2 130 000
长期股权投资	100 000	7.25	725 000	股本——普通股	850 000	7.10	6 035 000
固定资产	1 000 000	7.15	7 150 000	留存收益	150 000	—	1 227 500
减：累计折旧	150 000	7.15	1 072 500				
资产合计	1 500 000	—	10 872 500	负债及所有者权益合计	1 500 000	—	10 872 500

表 4-31 中，"留存收益"项目的人民币金额 1 227 500 元是通过计算倒挤得出的：

10 872 500－（740 000＋740 000＋2 130 000＋6 035 000）＝1 227 500（元）

表 4-32 H 公司已折算利润表

20×3 年 1—12 月

项　目	金额（美元）	折算汇率	人民币（元）
一、主营业务收入	1 200 000	7.25	8 700 000
减：主营业务成本	620 000	7.25	4 495 000
销售费用	100 000	7.25	725 000
管理费用（不含折旧费）	180 000	7.25	1 305 000
折旧费用	33 000	7.15	235 950
财务费用	48 000	7.25	348 000
折算损失（收益用"–"）	—	—	9 600
二、税前利润	219 000	—	1 581 450
减：所得税	71 000	7.25	514 750
三、净利润	148 000	—	1 066 700
加：期初留存收益	105 000		780 000
四、可供分配利润	253 000	—	1 846 700
减：利润分配	86 000	7.20	619 200
五、期末留存收益	167 000	—	1 227 500

表 4-32 中，"期末留存收益"项目的人民币金额 1 227 500 元取自表 4-31 "留存收益"项目，"可供分配利润""净利润""税前利润"和"折算损失"项目的人民币金额则通过以下方法倒挤得出：

可供分配利润＝期末留存收益＋利润分配＝1 227 500＋619 200＝1 846 700（元）

净利润＝可供分配利润－期初留存收益＝1 846 700－780 000＝1 066 700（元）

税前利润＝净利润＋所得税＝1 066 700＋514 750＝1 581 450（元）

折算损失＝主营业务收入－主营业务成本－销售费用－管理费用－

折旧费用－财务费用－税前利润

＝8 700 000－4 495 000－725 000－1 305 000－

235 950－348 000－1 581 450＝9 600（元）

从上述报表折算可以看出，该方法下汇率的变动只影响流动资产与流动负债。当流动资产大于流动负债时，外币升值会导致折算收益，外币贬值会产生折算损失。反之亦然。

由于上述例题产生折算损失，应计入折算利润表，故先折算资产负债表，折算利润表的个别数据来源于折算资产负债表。如果产生折算收益，应先折算利润表（因折算差额不能计入折算利润表），再折算资产负债表。

该方法是早期运用较多的一种方法。它试图对不同的报表项目采用不同的折算汇率，但折算汇率的选择又缺乏足够的理论依据，因为它没有充分的理由说明为什么流动性项目按现行汇率折算，而非流动性项目按历史汇率折算。此外，某些非流动性项目（如应付债券等长期负债）按历史汇率折算，明显掩盖了汇率变动对他们的影响；而存货与固定资产等同以历史成本计量，却按现行汇率折算，其价值变动会歪曲经营成果的真实性。

（二）货币性项目与非货币性项目法

在货币性项目与非货币性项目法下，国外经营主体的财务报表项目在折算前先区分为货币性与非货币性两大类，并分别采用不同的汇率进行折算。对于货币性项目，因其会受到汇率变动的影响，要按现行汇率折算；非货币性项目不受汇率变动的影响，应按历史汇率折算；除销售成本外的其他项目，折算汇率的选择与前述的流动项目与非流动项目法相同；销售成本项目需根据"期初存货＋本期购货－期末存货"这一公式，对存货和购货分别折算后倒挤确定。其中，期初存货和期末存货，根据构成可以按不同时日的历史汇率折算，本期购货应按报告期平均汇率折算。折算过程中产生的折算损益，均计入当期损益合并反映。

【例 4-9】 承【例 4-8】，进一步假定期初存货为 45 万美元，折合人民币 328.95 万元；本期购货 47 万美元，期末存货按第四季度平均汇率 1 美元＝7.28 元人民币折算。采用货币性项目与非货币性项目法对 H 公司报表进行折算的结果见表 4-33、表 4-34。

表 4-33　H 公司已折算资产负债表

20×3 年 12 月 31 日

资　　产	金额（美元）	折算汇率	人民币（元）	负债及所有者权益	金额（美元）	折算汇率	人民币（元）
货币资金	200 000	7.40	1 480 000	短期借款	100 000	7.40	740 000
应收账款	50 000	7.40	370 000	应付账款	100 000	7.40	740 000

续表

资　　产	金额（美元）	折算汇率	人民币（元）	负债及所有者权益	金额（美元）	折算汇率	人民币（元）
存货	300 000	7.28	2 184 000	应付债券	300 000	7.40	2 220 000
长期股权投资	100 000	7.25	725 000	股本——普通股	850 000	7.10	6 035 000
固定资产	1 000 000	7.15	7 150 000	留存收益	150 000	—	1 101 500
减：累计折旧	150 000	7.15	1 072 500				
资产合计	1 500 000	—	10 836 500	负债及所有者权益合计	1 500 000	—	10 836 500

注：留存收益 1 101 500 元为倒挤结果。

表 4-34　H 公司已折算利润表

20×3 年 1-12 月

项　　目	金额（美元）	折算汇率	人民币（元）
一、主营业务收入	1 200 000	7.25	8 700 000
减：主营业务成本	620 000	—	4 545 900
销售费用	100 000	7.25	725 000
管理费用（不含折旧费）	180 000	7.25	1 305 000
折旧费用	33 000	7.15	235 950
财务费用	48 000	7.25	348 000
折算损失（收益用"-"）	—	—	84 700
二、税前利润	219 000	—	1 455 450
减：所得税	71 000	7.25	514 750
三、净利润	148 000		940 700
加：期初留存收益	105 000		780 000
四、可供分配利润	253 000		1 720 700
减：利润分配	86 000	7.20	619 200
五、期末留存收益	167 000		1 101 500

表 4-34 中，"期末留存收益"项目的人民币金额 1 101 500 元取自表 4-33，其他有关项目的人民币金额采用以下倒挤法求得：

主营业务成本 = 期初存货 + 本期购货 - 期末存货

$\qquad$ = 3 289 500 + 470 000×7.25 - 300 000×7.28 = 4 545 900（元）

可供分配利润 = 1 101 500 + 619 200 = 1 720 700（元）

净利润 = 1 720 700 - 780 000 = 940 700（元）

税前利润 = 940 700 + 514 750 = 1 455 450（元）

折算损失 = 8 700 000 - 4 545 900 - 725 000 - 1 305 000 - 235 950 - 348 000 -

$\qquad$ 1 455 450 = 84 700（元）

从上述的折算过程可以看出，该方法下汇率变动只影响货币性项目，比较恰当地反映了汇率变动的会计影响，具有一定的理论依据。当货币性资产大于货币性负债时，外币升值将产生外币折算收益，外币贬值则产生折算损失；反之，若货币性负债大于货币性资产，外币升值将产生外币折算损失，外币贬值则产生折算收益。另外，存货采用历史汇率折算，从而与存货的计量属性一致。

但是，该方法同流动项目与非流动项目法一样，在确定各个项目的折算汇率时所依据的依然是对报表项目的分类，也没有足够的理由充分说明这种分类与折算时采用不同汇率之间的直接联系。由于折算时人们所关注的是计量而不是分类，某些在财务报表中作为非货币性资产或负债的项目，其计量属性与选用的折算汇率未必相关，如存货可以按历史成本计量，也可以按现行市价反映（以成本与可变现净值孰低法表述的存货），而在该方法下均以历史汇率折算，其折算结果不可能合理，因此，这种方法并没有解决外币财务报表折算的实质问题。

（三）时态法

在时态法下，对外币财务报表项目的折算要分别按其计量所属日期的汇率进行折算。如果外币报表的所有非货币性项目都是以历史成本计量，时态法同货币性项目与非货币性项目法的折算完全一致；如果外币报表的某些非货币性项目以现行成本或重置成本计量，则对这些项目必须按现行汇率折算。时态法的理论依据是，外币报表的折算实际上就是将外币报表按一种新的货币单位重新表述，是一种计量转换程序。在这种转换过程中，改变的只是计量单位，而不是被折算项目的计量属性。根据这一理论，资产负债表上的货币性项目按现行汇率折算，以历史成本计量的非货币性项目按取得这些资产时的历史汇率折算，按现行市价计量的非货币性项目（如存货、长期股权投资）按现行汇率折算，留存收益仍为折算的平衡数字，利润表上的项目除主营业务成本、折旧费用和摊销费用按货币性项目与非货币性项目法折算外，其他项目理论上应按确认这些项目时的汇率折算，但为简化起见，通常用平均汇率折算。折算过程中形成的折算损益，也计入当期损益合并反映。

【例 4-10】　承【例 4-8】【例 4-9】，假定 H 公司的存货与长期股权投资均按市价计量，采用时态法对 H 公司报表进行折算的结果如表 4-35 和表 4-36 所示。

表 4-35　H 公司已折算资产负债表
20×3 年 12 月 31 日

资　产	金额（美元）	折算汇率	人民币（元）	负债及所有者权益	金额（美元）	折算汇率	人民币（元）
货币资金	200 000	7.40	1 480 000	短期借款	100 000	7.40	740 000
应收账款	50 000	7.40	370 000	应付账款	100 000	7.40	740 000
存货	300 000	7.40	2 220 000	应付债券	300 000	7.40	2 220 000
长期股权投资	100 000	7.40	740 000	股本——普通股	850 000	7.10	6 035 000
固定资产	1 000 000	7.15	7 150 000	留存收益	150 000	—	1 152 500
减：累计折旧	150 000	7.15	1 072 500				
资产合计	1 500 000	—	10 887 500	负债及所有者权益合计	1 500 000	—	10 887 500

注：留存收益 1 152 500 元为倒挤结果。

表 4-36　H 公司已折算利润表
20×3 年 1—12 月

项　　目	金额（美元）	折算汇率	人民币（元）
一、主营业务收入	1 200 000	7.25	8 700 000

续表

项目	金额（美元）	折算汇率	人民币（元）
减：主营业务成本	620 000	—	4 477 000
销售费用	100 000	7.25	725 000
管理费用（不含折旧费）	180 000	7.25	1 305 000
折旧费用	33 000	7.15	235 950
财务费用	48 000	7.25	348 000
折算损失（收益用"–"）	—	—	102 600
二、税前利润	219 000	—	1 506 450
减：所得税	71 000	7.25	514 750
三、净利润	148 000	—	991 700
加：期初留存收益	105 000	—	780 000
四、可供分配利润	253 000	—	1 771 700
减：利润分配	86 000	7.20	619 200
五、期末留存收益	167 000	—	1 152 500

表 4-36 中，"期末留存收益"项目的人民币金额 1 152 500 元取自表 4-35，其他有关项目的人民币金额仍采用倒挤法求得，原理同货币性项目与非货币性项目法。

主营业务成本 = 3 289 500 + 470 000×7.25 − 300 000×7.40 = 4 477 000（元）

可供分配利润 = 1 152 500 + 619 200 = 1 771 700（元）

净利润 = 1 771 700 − 780 000 = 991 700（元）

税前利润 = 991 700 + 514 750 = 1 506 450（元）

折算损失 = 8 700 000 − 4 477 000 − 725 000 − 1 305 000 − 235 950 −

348 000 − 1 506 450 = 102 600（元）

从上述折算过程可以发现，时态法是对货币性项目与非货币性项目法的改进和完善，弥补了货币性项目与非货币性项目法在多种计量模式下的局限性。它以各个项目的计量属性作为汇率选择的依据，而不局限于货币性项目与非货币性项目的分类，具有更大的灵活性。当非货币性项目采用历史成本计价时，时态法按历史汇率折算；当非货币性项目改变了计量属性，采用现行成本或重置成本计价时，时态法则按现行汇率折算。正是由于时态法具有广泛的适用性，美国财务会计准则委员会在发布的第 8 号《财务会计准则公告》中规定必须采用时态法进行折算，而不允许采用其他方法。但是，由于该方法将国外子公司均看作是母公司的延伸，若子公司的经营活动相对独立，在国外形成独立于母公司经营活动的一个经营整体，以时态法反映的国外子公司的经营成果有可能被歪曲。

（四）现时汇率法

在现时汇率法（也称"现行汇率法"）下，外币财务报表中的资产、负债项目，采用资产负债表日的即期汇率折算；所有者权益项目除了"留存收益"和"其他综合收益"外，其他项目采用发生时（接受投资日）的即期汇率折算，"其他综合收益"项目采用倒挤的方法确定；收入和费用项目，采用交易发生时的即期汇率折算，也可以按照系统合理的方法确定的、与交易发生日即期汇率近似的汇率（如平均汇率）折算。折算过程中形成的折算差额，在资产负债表中所有者权益项目下以"其他综合收益"单独列示。

【例 4-11】　承【例 4-8】，中航制造采用现时汇率法对 H 公司报表进行折算的结果如表 4-37、表 4-38 所示。

表 4-37　H 公司已折算利润表

20×3 年 1—12 月

项　目	金额（美元）	折算汇率	人民币（元）
一、主营业务收入	1 200 000	7.25	8 700 000
减：主营业务成本	620 000	7.25	4 495 000
销售费用	100 000	7.25	725 000
管理费用（不含折旧费）	180 000	7.25	1 305 000
折旧费用	33 000	7.25	239 250
财务费用	48 000	7.25	348 000
二、税前利润	219 000	—	1 587 750
减：所得税	71 000	7.25	514 750
三、净利润	148 000	—	1 073 000
加：期初留存收益	105 000	—	780 000
四、可供分配利润	253 000	—	1 853 000
减：利润分配	86 000	7.20	619 200
五、期末留存收益	167 000	—	1 233 800

表 4-38　H 公司已折算资产负债表

20×3 年 12 月 31 日

资　产	金额（美元）	折算汇率	人民币（元）	负债及所有者权益	金额（美元）	折算汇率	人民币（元）
货币资金	200 000	7.40	1 480 000	短期借款	100 000	7.40	740 000
应收账款	50 000	7.40	370 000	应付账款	100 000	7.40	740 000
存货	300 000	7.40	2 220 000	应付债券	300 000	7.40	2 220 000
长期股权投资	100 000	7.40	740 000	股本——普通股	850 000	7.10	6 035 000
固定资产	1 000 000	7.40	7 400 000	留存收益	150 000	—	1 233 800
减：累计折旧	150 000	7.40	1 110 000	其他综合收益	—	—	131 200[①]
资产合计	1 500 000	—	11 100 000	负债及所有者权益合计	1 500 000	—	11 100 000

注：①假设 H 公司除外币财务报表折算差额外，没有其他综合收益；该项目在利润表中的列示略。

表 4-38 中，"留存收益"项目的人民币金额取自表 4-37，"其他综合收益"项目的金额则通过下式倒挤得出：

11 100 000 −（740 000 + 740 000 + 2 220 000 + 6 035 000 + 1 233 800）= 131 200（元）

现时汇率法简便易行，它采用统一的汇率对资产、负债项目进行折算，使得外币报表折算之后，资产负债表各项目之间的比例关系能够保持不变，据此计算出的各种财务指标能够反映子公司的实际情况。但是，这种方法对所有资产、负债项目选择同样的折算汇率缺乏足够的理论依据，导致以历史成本计价的固定资产等项目的折算结果既不是记账本位币的历史成本，也不是记账本位币的现行成本或重置成本，得出的金额不能说明任何问题，损害了折算后报表的计量属性。正因为如此，美国财务会计准则委员会在发布取代第 8 号《财务会计准则公告》的 FASB52 中规定：以国外主体的功能性货币表述的财务报表必须按期末现行汇率折算；而当国外主体经营活动是母公司经营活动的直接或不可分割的组成部分或延伸时，则应采用时态法将其先折算为功能性货币，由此形成的差额计入当期已折算的净损益。

我国 CAS19 关于外币财务报表的折算，采用的是现时汇率法，与 IAS21 的要求完全一致。

三、外币财务报表折算损益的处理

在外币报表折算的过程中，无论采用哪种折算方法，只要存在汇率波动，都会出现折算差额，这种差额称为折算损益。在外币报表折算中产生的折算损益，与一般的汇兑损益有明显区别，对其归属的处理国际上一直没能统一，但归纳起来主要有以下三种处理方法。

（一）折算损益全部计入当期损益

主张采用折算损益全部计入当期损益方法的人士认为，汇率的变动会影响外币资产和负债的价值，从而影响净资产的变动，而会计上通常把损益定义为净资产的变动，因此，外币报表折算形成的差额应作为利润表项目反映。货币性项目与非货币性项目法、时态法折算外币报表均采用了此种观点处理外币折算损益。但反对此种做法的人士提出，折算损益只是将一种货币表述的财务报表重新按另一种货币表述这一转换过程的产物，它并不影响国外子公司的现金流量，而且其形成并不完全取决于企业管理者的管理水平与效率，将它全部计入当期损益会歪曲子公司的经营成果，甚至可能会改变企业的盈亏状况，这对于拥有大量国外子公司的企业集团来说，可能会导致损益的剧烈波动，使财务成果失真。另外，这种处理也不符合谨慎性原则。

（二）折算损益全部递延

主张采用折算损益全部递延方法的人士认为，外币报表折算损益只是对子公司以外币计价的资产和负债以母公司的报告货币重新表述过程中产生的调整数额，是一种未实现的损益，并没有导致现金流动，不能汇回母公司用于再投资。而且由于汇率不断变化，本期产生的折算收益，下期可能转化为折算损失，如果汇率波动幅度较大，会产生巨额损益，将其计入当期损益会引起报表使用者的误解，因而应予递延处理。现时汇率法折算采用了这种处理观点。FASB52 要求对国外子公司的外币报表折算产生的差额不能包括在本期收益中，而应作为权益的调整数；IAS21 也提出，对国外实体财务报表进行折算产生的所有汇兑差额，应确认为单独列示的权益项目。我国 CAS19 规定，外币财务报表折算产生的差额，在资产负债表中所有者权益项目下"其他综合收益"中列示，同时在利润表中其他综合收益的税后净额项目下"（二）将重分类进损益的其他综合收益"中单独列示。以上说明从主流上看，多数国家倾向于此种处理方法。

（三）折算损失计入当期损益，折算收益予以递延

折算损失计入当期损益，折算收益予以递延的处理方法介于前两种方法之间，对折算损失计入当期损益，折算收益递延处理，以递减以后期间的折算损失，体现了谨慎性原则。流动项目与非流动项目法对折算损益额的处理采用了此种观点。

四、外币财务报表折算方法的比较

由于国际会计界对上述四种外币报表折算方法争议很多，因此在实际运用中应结合折算时的具体情况合理选择使用。实务中也有会计人员根据具体要求，在外币报表折算时将四种方法混合使用，以适应特定的环境和管理要求。

（一）不同折算方法折算汇率的比较

以上介绍的四种外币报表折算方法虽然各有特点，但对利润表的折算所用汇率四种方法基本是相同的，除了对折旧和摊销费用等项目按历史汇率折算外，其他收入与费用项目多采用平均汇率折算；区别仅在于对资产负债表各项目的折算采用了不同的汇率。其中：流动项目与非流动项目法、货币性项目与非货币性项目法和时态法根据不同的资产负债表项目选择不同的折算汇率，也被称为"多种汇率法"；现时汇率法对所有的资产和负债项目均按同一汇率折算，又被称为"单一汇率法"。现将上述四种折算方法下对资产负债表各项目采用的折算汇率比较如表 4-39 所示。

表 4-39　外币资产负债表折算汇率选择比较表

项　　　目	流动项目与非流动项目法	货币性项目与非货币性项目法	时态法	现时汇率法
货币资金	C	C	C	C
应收账款	C	C	C	C
存货：				
按成本计价	C	H	H	C
按市价计价	C	H	C	C
长期股权投资：				
按成本计价	H	H	H	C
按市价计价	H	H	C	C
固定资产	H	H	H	C
累计折旧	H	H	H	C
无形资产	H	H	H	C
短期借款	C	C	C	C
应付账款	C	C	C	C
应付债券	H	C	C	C
实收资本（股本）	H	H	H	H
留存收益	B	B	B	B

注：表中 C 表示现行汇率；H 表示历史汇率；B 表示轧差平衡数或利润表折算结果。

（二）不同折算方法折算结果的比较

由于不同折算方法对特定项目采用不同的折算汇率,折算过程中产生的折算损益的处理方式也存在区别,因此会得出不同的折算结果。现根据前述四种折算方法的例题,比较不同方法下对财务报表主要项目进行折算的结果如表 4-40 所示。

扩展阅读 4-2:外币报表折算方法的选择

表 4-40 不同折算方法下折算结果比较汇总表

项 目	外币金额（美元）	人 民 币 （元）			
		流动项目与非流动项目法	货币性项目与非货币性项目法	时态法	现时汇率法
资产负债表项目					
货币资金	200 000	1 480 000	1 480 000	1 480 000	1 480 000
应收账款	50 000	370 000	370 000	370 000	370 000
存货	300 000	2 220 000	2 184 000	2 220 000	2 220 000
长期股权投资	100 000	725 000	725 000	740 000	740 000
固定资产	1 000 000	7 150 000	7 150 000	7 150 000	7 400 000
减:累计折旧	150 000	1 072 500	1 072 500	1 072 500	1 110 000
资产合计	1 500 000	10 872 500	10 836 500	10 887 500	11 100 000
短期借款	100 000	740 000	740 000	740 000	740 000
应付账款	100 000	740 000	740 000	740 000	740 000
应付债券	300 000	2 130 000	2 220 000	2 220 000	2 220 000
股本——普通股	850 000	6 035 000	6 035 000	6 035 000	6 035 000
其他综合收益	—	—	—	—	131 200
留存收益	150 000	1 227 500	1 101 500	1 152 500	1 233 800
负债及所有者权益合计	1 500 000	10 872 500	10 836 500	10 887 500	11 100 000
利润表项目					
一、主营业务收入	1 200 000	8 700 000	8 700 000	8 700 000	8 700 000
减:主营业务成本	620 000	4 495 000	4 545 900	4 477 000	4 495 000
销售费用	100 000	725 000	725 000	725 000	725 000
管理费用（不含折旧费）	180 000	1 305 000	1 305 000	1 305 000	1 305 000
折旧费用	33 000	235 950	235 950	235 950	239 250
财务费用	48 000	348 000	348 000	348 000	348 000
折算损失（收益用"–"）	—	9 600[①]	84 700	102 600	—
二、税前利润	219 000	1 581 450	1 455 450	1 506 450	1 587 750
减:所得税	71 000	514 750	514 750	514 750	514 750
三、净利润	148 000	1 066 700	940 700	991 700	1 073 000
加:期初留存收益	105 000	780 000	780 000	780 000	780 000
四、可供分配利润	253 000	1 846 700	1 720 700	1 771 700	1 853 000
减:利润分配	86 000	619 200	619 200	619 200	619 200
五、期末留存收益	167 000	1 227 500	1 101 500	1 152 500	1 233 800

注:①本例为折算损失,列入利润表;若为折算收益,列入资产负债表递延处理。

五、境外经营处于恶性通货膨胀经济中的财务报表折算

以上所述的外币财务报表折算，是假设境外企业在正常经济环境中开展经营。如果境外经营处于恶性通货膨胀经济中，只以当地货币报告经营成果和财务状况而不加以重述是无用的。因为货币如此快速地丧失其购买力，使得对在不同时间甚至同一会计期间发生的交易和其他事项进行金额上的比较会使人误解，因此其报表的折算也不能采用通常的方法，如我国 CAS19 规定应按照下列方法进行折算：对资产负债表项目运用一般物价指数予以重述，对利润表项目运用一般物价指数变动予以重述，再按照最近资产负债表日的即期汇率进行折算。在境外经营不再处于恶性通货膨胀经济中时，应当停止重述，按照停止之日的价格水平重述的财务报表进行折算。企业按照一般物价指数对境外经营财务报表项目重述的方法，参见"第六章　物价变动会计"的相关内容。

扩展阅读 4-3：外币报表折算难题的化解

恶性通货膨胀经济通常按照以下特征进行判断。

（1）最近三年累计通货膨胀率接近或超过 100%。

（2）利率、工资和物价与物价指数挂钩。

（3）公众不是以当地货币、而是以相对稳定的外币为单位作为衡量货币金额的基础。

（4）公众倾向于以非货币性资产或相对稳定的外币来保存自己的财富，持有的当地货币立即用于投资以保持购买力。

（5）即使信用期限很短，赊销、赊购交易仍按补偿信用期预计购买力损失的价格成交。

六、外币财务报表折算差额的结转

企业在处置境外经营时，应当将资产负债表中所有者权益项目下列示的与该境外经营相关的外币报表折算差额，自所有者权益项目转入处置当期损益；部分处置境外经营的，应当按处置的比例计算处置部分的外币财务报表折算差额，转入处置当期损益。

练 习 题

练习题 1

一、目的：练习外币交易的核算。

二、资料：中原装备 20×4 年 1 月 10 日向外商进口一批原材料，价值 500 000 美元，货款在 1 个月以后以美元支付，当日汇率为 1 美元 = 7.163 元人民币。假定 1 月 31 日的美元汇率为 1 美元 = 7.215 元人民币，2 月 10 日付款时的汇率为 1 美元 = 7.282 元人民币。

三、要求：

1. 分别采用一笔交易观和两笔交易观对上述业务进行会计处理。

2. 在两笔交易观下，分别按递延确认观和当期确认观对汇兑损益进行会计处理。

练习题 2

一、目的：练习外币交易会计的两种记账方法。

二、资料：中原装备以人民币作为记账本位币，采用当日汇率对外币交易进行折算，20×4 年 3 月 1 日各外币账户的余额如表 4-41 所示。

表 4-41　某公司 20×4 年 3 月 1 日各外币账户的余额

账户名称	原币金额	记账本位币（人民币金额）
银行存款——美元户	900 000 美元	6 588 000 元
银行存款——港元户	500 000 港元	465 000 元
应收账款——A 公司（美元）	600 000 港元	4 392 000 元
应付账款——B 公司（港元）	300 000 港元	279 000 元

20×4 年 3 月发生如下外币交易。

1. 3 月 5 日，向 A 公司赊销一批商品，价值 500 000 美元，货款尚未支付，当日美元汇率为 1 美元 = 7.235 元人民币。

2. 3 月 8 日，以银行存款偿还前欠 B 公司货款 300 000 港元，当日港元汇率为 1 港元 = 0.928 元人民币。

3. 3 月 15 日，收回 A 公司前欠货款 600 000 美元，当日美元汇率为 1 美元 = 7.282 元人民币。

4. 3 月 20 日，用 10 000 港元向银行兑换人民币，银行当日港元买入汇率为 1 港元 = 0.9258 元人民币，卖出汇率为 1 港元 = 0.9322 元人民币。

5. 3 月 29 日，美元汇率为 1 美元 = 7.285 元人民币，港元汇率为 1 港元 = 0.913 元人民币。

三、要求：

1. 分别采用统账法和分币制记账法对上述交易进行会计处理。

2. 汇总计算两种记账方法下的汇兑损益。

练习题 3

一、目的：练习外币财务报表的折算。

二、资料：中原装备国外 M 子公司 20×4 年的财务报表需要折算为美元。有关资料如下：

假定各时点汇率为：

吸收投资日的汇率（含发行债券）	1 英镑 = 1.2852 美元
固定资产取得日的汇率	1 英镑 = 1.2631 美元
年初存货折算汇率	1 英镑 = 1.2962 美元
年末存货折算汇率	1 英镑 = 1.3146 美元
股利支付日的汇率	1 英镑 = 1.3258 美元
20×4 年 1 月 1 日的汇率	1 英镑 = 1.2682 美元
20×4 年 12 月 31 日的汇率	1 英镑 = 1.2985 美元
20×4 年度平均汇率	1 英镑 = 1.2876 美元

假定 M 子公司年内存货均衡购入、利息费用和所得税均衡支付；折算后期初留存收益为 244 500 元。20×4 年 M 子公司资产负债表和利润表如表 4-42、表 4-43 所示。

表 4-42 中原装备国外 M 子公司资产负债表

20×4 年 12 月 31 日　　　　　　　　　　　　单位：英镑

资　　产	金　　额	负债及所有者权益	金　　额
货币资金	400 000	应付账款	200 000
应收账款	250 000	应付债券	250 000
存货	200 000	股本——普通股	600 000
固定资产	900 000	留存收益	450 000
减：累计折旧	250 000		
资产合计	1 500 000	负债及所有者权益合计	1 500 000

表 4-43 中原装备国外 M 子公司利润表

20×4 年 1—12 月　　　　　　　　　　　　单位：英镑

项　　目	金　　额
销货收入	2 500 000
销货成本	1 020 000
期初存货	220 000
本期购货	1 000 000
本期可供销售存货	1 220 000
期末存货	200 000
折旧费用	150 000
其他经营费用	260 000
利息费用	70 000
费用合计	480 000
税前利润	1 000 000
所得税	300 000
净利润	700 000
期初留存收益	150 000
现金股利	400 000
期末留存收益	450 000

三、要求：分别按流动项目与非流动项目法、货币性项目与非货币性项目法、时态法和现时汇率法将外币报表折算成美元报表。

本章案例分析

深南电路股份有限公司（简称"深南电路"，股票代码：002916）是隶属于中国航空工业集团有限公司的上市公司，成立于 1984 年，拥有印制电路板、电子装联、封装基板 3 项业务和相关产品。经过近 40 年的深耕与发展，深南电路已成为中国印制电路板行业的领先企业，中国封装基板领域的先行者。目前，公司是全球领先的无线基站射频功放 PCB 供应商、国内领先的处理器芯片封装基板供应商和电子装联制造的特色企业。

2022 年，在国际形势多变、美元利率提升等多重因素影响下，全球经济复苏显著放缓。公司积极应对外部环境带来的挑战，通过优化产品结构、强化运营能力、提升生产经营效率，实现了全年营业收入和利润的平稳增长。其中：报告期内的境外营业收入为 5 246 394 997.69 元（折算后金额），占当年营业收入的比重为 37.49%，较 2021 年同比增长 24.43%；实现营业利润 1 723 145 149.56 元，同比增长 6.56%；发生汇兑损失 80 690 017.92 元，占当年营业利润的比重为 4.68%；而 2021 年公司产生汇兑收益 16 628 971.69 元，占当年营业润的比重为 1.03%。

资料来源：https://www.szse.cn/disclosure/listed/bulletinDetail/index.html?7b228bec-9322-43d1-957d-751a354a24bf

请结合案例查阅相关资料，分析思考以下问题。

1. 深南电路的汇兑损益是如何形成的？对公司产生哪些影响？

2. 企业在经营中会遇到哪些汇率风险？深南电路作为境外营业收入占比较高的企业，如何防范外汇风险？

即测即评   准则实录

自学自测   扫描此码

第五章

衍生工具与套期会计

【本章学习提示】

- 本章重点：衍生工具的有关概念；衍生工具的确认与计量方法；金融远期、金融期货、金融期权、金融互换、套期等的会计处理。
- 本章难点：衍生工具的确认与计量方法；各种衍生工具及套期的会计处理方法。

2023 年 3 月 16 日，中航光电科技股份有限公司（以下简称"中航光电"，股票代码：002179）发布关于外汇套期保值业务的公告，公告显示：公司外贸业务规模在不断扩大，国际业务主要采用美元结算，当汇率出现较大波动时将对公司经营业绩造成一定影响。为有效规避外汇市场风险，稳定资本市场预期，公司拟开展外汇套期保值业务。公司外汇套期保值业务以正常生产经营为基础，以规避和防范汇率风险为目的，不进行单纯以营利为目的的投机和套利。公司拟在与本公司不存在关联关系，且具有衍生品交易业务经营资格的银行机构开展外汇套期保值业务，业务品种为远期结汇业务、外汇期权业务或上述产品的组合。但开展外汇套期保值业务仍存在一定的风险，比如：在汇率波动较大的情况下，开展的外汇套期保值业务可能会带来较大公允价值波动；若市场价格优于操作时的锁定价格，将造成汇兑风险。那么，什么是套期？套期的目的是什么？如何对套期业务进行会计处理？

资料来源：http://www.cninfo.com.cn/new/disclosure/detail?orgId=9900003783&announcementId=1216129122&announcementTime=2023-03-16

第一节　衍生工具会计

一、金融工具及其分类

《国际会计准则第 39 号——金融工具：确认与计量》（IAS39）制定了关于金融资产、金融负债及某些购买或出售非金融项目合同的确认及计量规定。但是，在实施过程中，许多财务报表使用者及其他利害关系人认为，IAS39 的规定难以了解、应用及解释，并且自美国次贷危机引发的全球金融危机以来，二十国集团领导人峰会（G20）对此也提出了批评，要求简化金融工具的会计处理。为了应对金融危机并对 G20 的建议做出回应，IASB 专门成立工作组，自 2005 年起与美国财务会计准则委员会（FASB）合作开始作为长期目的致力于改善并简化金融工具报告，最终将以新的《国际财务报告准则第 9 号——金融工具》（IFRS9）取代 IAS39 的全部内容，并将取代 IAS39 的计划拆分为三个主要阶段，即金融资产与金融负债分类与计量、金融资产减值、套期会计，每当完成一个阶段就将其新增至 IFRS9，取代 IAS39 相应的章节。为响应利害关系人认为金融工具会计应尽速改善的要求，自 2008 年 11 月起将该计划纳入其积极议程中，2009 年 4 月宣布取代 IAS39 的加速时间表。2009 年 11 月，发布了金融资产分类与计量；2010 年 10 月发布了金融负债分类与计量，后又对分类与计量进行了有限修正；2012 年 11 月，发布了"分类与计量"的相关规定；2013 年 11 月，发布套期会计，后又进行了部分修改；2014 年 7 月 24 日，发布了 IFRS9 正式稿，于 2018 年 1 月 1 日起开始生效。这标志着 IASB 终于完成了其针对金融危机而采取的全面应对之举，所做的系列改进包括分类及计量逻辑模型、单一的前瞻性"预期损失"减值模型及经过重大改革的套保会计处理方法。对 IAS39 中金融资产及金融负债的终止确认规定，未加变动地沿用至 IFRS9。到 2014 年 4 月止，正式将 IFRS9 确定为 7 章内容，包括目的、范围、确认与终止确认、分类、计量、套期会计、生效日及过渡规定。IFRS9 第一章"目的"中规定，IFRS9 的目的是建立金融资产及金融负债财务报告的原则，该原则可向财务报表使用者提供列报相关且有用的信息，供其评估企业未来现金流量的金额、时点及不确定性。

为了做好我国会计准则与国际准则的持续全面趋同工作，财政部也专门成立了金融工具会计工作组。一方面，为了深入研究金融工具会计有关问题，及时向 IASB 反馈我国意见；另一方面，也积极应对，研究修订了我国金融工具相关会计准则，并于 2017 年 3 月 31 日同时发布了修订后的《企业会计准则第 22 号——金融工具确认和计量》（CAS22）、《企业会计准则第 23 号——金融资产转移》（CAS23）、《企业会计准则第 24 号——套期会计》（CAS24），2018 年 1 月 1 日起开始实施。

金融工具是指形成一方的金融资产并形成其他方的金融负债或权益工具的合同。

金融工具从其性质上划分，可分为金融资产、金融负债和权益工具。

金融工具从其产生的独立性划分，可分为基础金融工具和衍生金融工具。基础金融工具，是指企业原生且独立存在的金融工具。如现金、存款、应收款、应付款、债务证券、债权证券和权益证券等。

金融资产、金融负债、权益工具及其分类和基础金融工具相关内容已经在本系列教材的《财务会计学》中做了详细阐述，本章主要阐述衍生工具会计的有关内容。

二、衍生工具及其特征

衍生工具是衍生金融工具及金融业的衍生产品的简称，是指价值派生于某些标的物价格的金融工具或其他合同，是金融业的衍生金融产品。其主要目的不是用于借贷，而是用于转移由于资产价值波动所引起的价格风险，即用于套期或投机。衍生工具是一种交易手段，表现为双边合同或支付交换协议。作为衍生工具应同时具备下列特征。

（1）依存性，也称衍生性，即其价值随特定利率、金融工具价格、商品价格、汇率、价格指数、费率指数、信用等级、信用指数或其他类似变量等标的物的价格变动而变动，变量为非金融变量的，该变量不应与合同的任一方存在特定关系。标的物的价格变动最终会影响衍生工具，这一特性决定了衍生工具的价值是由作为标的物的基础金融工具衍生而来的，也决定了利用衍生工具的目的是规避作为标的的基础金融工具的固有风险，或者是基于作为标的的基础金融工具本身的价格波动来投机牟利，或从事无风险的套利，不同的目的将导致对衍生工具不同的会计处理。

（2）杠杆性，即衍生工具采用"以小博大"的杠杆式交易方式，不要求初始净投资，或与对市场情况变化预期有类似反应的其他类型合同相比，要求较少的初始净投资，如期权合同在签约时需要交纳的期权费。并且一般采用差额结算的方式，以较少的资金成本控制较多的投资资金，从而能显著提高收益，甚至获取巨额收益，具有基础金融工具无法比拟的杠杆效应。

（3）在未来某一日期结算。衍生工具通常在未来某一特定日期结算，也可能在未来多个日期结算。

我国 CAS22 及其指南中规定，衍生工具是指属于本准则范围并同时具备上述特征的金融工具或其他合同。除了上述必须同时具备的特征之外，与基础金融工具相比还具有下列特征。

（4）虚拟性。衍生工具具有独立于现实资本之外，却能给现实资本持有者带来一定收入的特征。

（5）灵活性。可以根据用户的不同需要设计出不同类型的衍生工具，以适应投资者的需求。

（6）风险性。由于其杠杆性，若操作得当，可最大限度地降低基础金融工具的风险，给企业带来丰厚利润。反之亦然。

衍生工具是由基础金融工具衍生而来，因此，应遵循金融工具会计准则的相关规定。常见的衍生工具包括远期合同、期货合同、互换合同和期权合同等，以及具有这些合同中一种或一种以上特征的工具。

衍生工具的本质是一种债权债务关系的远期经济合同。衍生工具不同于一般的合同，非特定条件下它是不可撤销的。正是这些合同构成了各类衍生金融交易的交易对象。衍生工具首先体现了交易双方当事人之间的合意，即买卖双方对交易所设计的标准化的工具意思表示一致。尽管双方当事人在买卖衍生工具时，根本就不去追究工具上所列明的条款和内容，但由于衍生工具都是高度标准化的，所以，在当事人决定买卖衍生工具时，就已经表明他们对工具所载内容的绝对默许。其次，衍生工具体现的是一种债权债务关系。在金融市场上，衍生工具一旦被交易之后，它就会在双方当事人之间形成现实或潜在的债权债务关系，相应的与风险并存的交易也发生了实质性的转移。

三、衍生工具的种类

（一）按照交易方法及特点分类

按照衍生工具本身交易方法及特点，可以将衍生工具分为金融远期、金融期货、金融期权和金融互换四类，这是衍生工具最基本、最常见的分类。

1. 金融远期

金融远期全称金融远期合同，简称远期合同或远期。远期合同是一种买者和卖者就在未来某一日期交付一定质量和数量的资产达成一致的交易。金融远期是一种在非规范化、非标准化合同下仅发生在买卖双方之间的场外交易，合同到期之前并无现金流发生，合同到期必须交割,不可实行反向对冲平仓,具有较大的风险性。它是衍生工具中的"基础工具",即作为其他衍生工具基础的衍生工具,主要包括以下两类。

(1)远期外汇合同,简称外汇远期或期汇交易,是指客户与经营外汇的银行之间或经营外汇的银行相互之间签订合同,在双方约定的未来日期按约定的远期汇率将一种货币兑换成另一种货币的交易行为。例如,进出口商采用外币结算,先交货后付款,惧怕外汇汇率涨跌,可预先与银行签订一个远期外汇交易合同,约定汇率至到期日才进行外汇交割。到时不管市场汇率如何变化,一律按原约定汇率收付。

(2)远期利率协议,是指双方协定以未来一定期间、一定名义的本金为计算基础,将约定利率与约定期间开始日的市场利率之间形成的利息差额的现值,由一方支付给另一方的合同。

2. 金融期货

金融期货,又称期货合同,是买卖双方就未来某一固定日期对某种资产达成的一种正式合同性协议。合同价格随市场行情而变化,但交易达成后,价格便固定下来。金融期货交易是西方金融创新的产物,是各种金融工具演变为金融商品之后的一种期货合同交易行为。与金融远期不同的是,金融期货与其他期货一样,是一种规范化、标准化下的场内交易,为降低交易风险,实行严格的保证金制度,期货合同到期前随期货市场价格将发生市场价格差异,合同到期前可通过交易所或结算所进行转手平仓、对冲平仓的净额结算,也可以到期实行实物交割结算。金融期货的基本类型主要有以下三种。

扩展阅读 5-1:期货相关制度

(1)外汇期货,是指交易双方在有组织的交易场所按照交易规则,通过公平竞价买卖特定币别、数量和期限的标准合同的交易。外汇期货合同的标的是各种可自由兑换的货币。

(2)利率期货,是指交易双方在有组织的交易场所按照交易规则,通过公平竞价买卖特定数量和期限的标准合同的交易。利率期货的标的物是各种利率的载体,如商业票据、定期存单、国债及其他政府公债等。

(3)股票价格指数期货(share price index futures,SPIF),简称股指期货或期指,是指买卖双方根据事先的约定,同意在未来某个特定的时间按照双方事先约定的价格进行股票指数交易的一种标准化合同。按照 2011 年 1 月 25 日中国证券业协会发布的"关于发布《证券投资基金股指期货投资会计核算业务细则(试行)》的通知"(以下简称《股指期货核算细则》)的规定,股指期货是指由中国证监会批准,在中国金融期货交易所上市交易的以股票价格指数为标的的金融期货合同。其标的物是股票市场的价格指数。股指期货的主要功能是价格发现、套期保值、投资套利等,对机构投资者来说,是有效地防范系统性风险的对冲工具。中国证监会正式批准中国金融期货交易所(简称中金所)2010 年 4 月 16 日沪深 300 股指期货合同上市交易,合同的内容主要包括:以沪深 300 指数(即沪深两市中选取 300 只 A 股作为样本编制而成的成分指数,可以反映 A 股市场整体走势)为合同标的,合同乘数(即每个指数点对应的人民币金额)为每点 300 元,以指数点为报价单位,最小变动价位为 0.2 点,合同月份为当月、下月及随后两个季月，交易时间（含最后交易时间）为上午 9:15—11:30 和下午 13:00—15:15，每日价格最大波动限制在上一交易日结算价的 ±10%，最低交易保证金为合同价值的 12%，最后交易日和交割日期均为合同到期月份的第三个周五（遇国家法定假日顺延），交割方式为现金交割，交易代码 IF。《股指期货核算细则》，为股指期货首次提出了一种会计处理的标准。

3. 金融期权

金融期权是赋予购买者选择权的一种法律合同，即合同购买者具有依据某一事先约定的价格向合同出售者购买或出售一定数量指定标的物（期货或现货）的权利，这种权力可以不行使，但一旦行使，则出售者必须履行合同。期权有两种基本类型：看涨期权和看跌期权。看涨（买入）期权的持有者有权在某一特定时间以某一确定的价格购买某项标的资产。为了得到这种权利，期权的持有者需要支付给期权出售者一定的费用（即期权费），也称期权合同价或权利金，代表期权购买者可能损失的最高金额，同时也是期权出售者可能获得的最大利润。看跌（卖出）期权的持有者有权在某一特定时间以某一确定的价格出售某项标的资产。金融期权按执行时间不同可分为欧式期权与美式期权。欧式期权赋予持有者仅在到期日买入或卖出相关工具的权力而非义务，这意味着该种期权不可以提前执行。而美式期权赋予持有者在到期日或此前的时间里买入或卖出相关工具的权利而非义务，这意味着该种期权可以提前执行。美式期权和欧式期权不是以地理位置来划分的，这两种方式在全世界范围内都可以使用。

期权费由内含价值和时间价值两部分组成。内含价值，也称履约价、内在价值，是指作为期权交易对象的基础工具的公允价值超过其履约价格的差额。时间价值，也称外在价值，是反映金融期权在到期前获利机会的价值。对卖方而言，时间价值总是正数，通常距到期日越远其价值越高，因为获利的可能性越大，而在到期日，期权的时间价值为零。

4. 金融互换

金融互换，是指两个或两个以上的当事人按共同约定的条件，在特定时间内交换一定支付款项的金融合同，其基本类型是利率互换和外汇互换。

（1）利率互换，也称利率掉期，是指同种债务货币以不同利率进行调换的一种金融交易。一般是由银行作为中介，在互换交易双方互不知的情况下完成债务互换，银行收取中介费。最基本、最常用的利率互换形式是固定利率对浮动利率互换。一方想用固定利率债务换取浮动利率债务，支付浮动利息；另一方想用浮动利率债务换取固定利率债务，支付固定利息。

（2）外汇互换，也称货币互换，是指在相同利率水平下以不同货币债务进行调换的一种金融交易。在外汇互换中，贷款的本金和利率是一起交换的。在外汇互换协议中，两家公司最初用一种货币交易另一种货币，比如美元换日元。随后它们交换了利息支付，一个是基于日元利率，而另一个则基于美元利率。到协议终止时，两家公司再重新换回美元和日元。

（二）按照基础工具的种类分类

按照基础工具的种类不同，衍生工具可以分为股权衍生工具、货币衍生工具和利率衍生工具三类。

（1）股权衍生工具，是指以股票或股票指数为基础工具，应用于股票市场避险、投机或理财的衍生工具。主要包括股票期货、股票期权、股票指数期货、股票指数期权以及上述的混合。

（2）货币衍生工具，又称外汇衍生工具，是指以各种货币为基础工具，应用于外汇市场避险、投机或理财的衍生工具。主要包括远期外汇合同、货币期货、货币期权、货币互换以及上述的混合交易合同。外汇衍生工具是最早出现的衍生工具。

（3）利率衍生工具，是指以利率的载体为基础工具或以利率为标的，应用于利率市场避险、投机或理财的衍生工具。主要包括远期利率协议、利率期货、利率期权、利率互换以及以上的混合交易合同。

（三）按照基础工具的交易形式分类

按照基础工具的交易形式（风险和收益的对称性）不同，衍生工具可以分为交易双方风险收益对称的衍生工具和交易双方风险收益不对称的衍生工具两类。

（1）交易双方风险收益对称的衍生工具。这些衍生工具交易双方的风险收益对称，都负有在将来某一日期按一定条件进行交易的义务，如金融远期、金融期货、金融互换。

（2）交易双方风险收益不对称的衍生工具。这些衍生工具交易双方的风险收益不对称，合同购买方有权选择履行合同与否，如金融期权。

衍生工具的种类本来不多，但是几种有限的基础工具可以通过各种衍生技术进行组合设计，形成了数量庞大、特征各异的衍生产品。首先，通过衍生工具与基础工具的组合，如期货衍生品与基础工具的结合，形成外汇期货、股票期货、股票指数期货、债券期货、商业票据期货、定期存单期货等形形色色的品种。其次，衍生工具之间也可以进行组合，构造出"再衍生工具"。此外，直接对衍生工具的个别参量和性质进行设计，可以产生与基础衍生工具不同的创新产品。因此，衍生工具实质上有无数种创造衍生产品的技术方法，从而已经发展成一个数量极其巨大的金融产品家族。现在，衍生工具市场仍在继续发展，几乎每个月都有一种新型合同产生。

确认和计量衍生工具及其交易所导致的损益是金融工具会计准则制定的主要目标。我国 CAS22 与 IFRS9 一样，都着眼于制定对金融工具整体，即包括基础金融工具和衍生工具在内的共同适用的确认和计量标准，发布的是金融工具会计准则，而不仅仅是针对衍生工具，以避免对基础工具和衍生工具采用两套标准。

四、衍生工具的确认

（一）衍生工具的初始确认

衍生工具的初始确认，是指在特定交易、约定或事项导致的权利、义务、损益等已经发生，这些权利、义务、损益等首次符合确认标准时进行的确认。按照金融工具会计准则的规定，当企业成为衍生金融工具合同的一方时，应当确认一项衍生金融资产或衍生金融负债。

对于以常规方式购买或出售金融资产的，初始确认的时点可以选择在签约日或履约日。签约日就是衍生金融工具的交易日，企业在交易日确认将收到的资产和为此将承担的负债，并同时确认处置利得或损失以及应向买方收取的应收款项的，称为交易日会计。履约日就是衍生金融工具的结算日，企业在交易日终止确认已出售的资产，并同时确认处置利得或损失以及应向买方收取的应收款项的，称为结算日会计。如果选择了在结算日进行初始确认，则必然要采用结算日会计。如果选择了在交易日进行初始确认，则既可以采用交易日会计，也可以采用结算日会计，以简化"在交易日做出初始确认的会计记录，在结算日再作终止确认的会计记录"的程序。

上述以常规方式购买或出售金融资产，是指企业按照合同规定购买或出售金融资产，并且该合同条款规定，企业应当根据通常由法规或市场惯例所确定的时间安排来交付金融资产。

对于在交易日进行初始确认的金融合同，要采用结算日会计的简化程序，必须具备一定的条件。最主要的条件：一是在签约时没有发生投资成本；二是在结算时采用的方式是"差额结算"，而不是标的物的实际交割。例如，在投机活动中，一般都会在合同到期前转手平仓，进行差额结算。如果采用结算日会计，就可以省略确认和转销的会计分录。但也可能会有少数合同在到期日实际交割，这时再来做实际交割的会计记录。结算日会计的运用并不限于投机活动，在套期活动会计中，对套期工具也可以采用结算日会计。

由于交易日会计能够较早地将衍生工具在表内确认，因此，提供的信息比结算日会计更及时。不过交易日会计将衍生工具在交易日至结算日之间发生的公允价值波动计入当期损益，故从结算日利润表或资产负债表来看，这两种方法是相同的。

（二）衍生工具的后续确认

衍生工具的后续确认，是指对经过初始确认的衍生工具项目发生的公允价值变动进行的确认。衍生工具一般采用公允价值计量，因此，持有期内必然会发生公允价值的变动。

（三）衍生工具的终止确认

衍生工具的终止确认，是指将之前确认的衍生金融资产或衍生金融负债从其账户和资产负债表内予以转出。终止确认后，衍生金融工具及其会计后果就从财务报表中消除了。

衍生金融资产满足下列条件之一的，应当终止确认：①收取该衍生金融资产现金流量的合同权利终止；②该衍生金融资产已转移，且企业已将衍生金融资产所有权上几乎所有的风险和报酬转移给转入方。

衍生金融负债的现时义务全部或部分已经解除的，应当终止确认该衍生金融负债或其一部分。企业（借入方）与借出方之间签订协议，以承担新衍生金融负债方式替换原衍生金融负债，且新衍生金融负债与现存衍生金融负债的合同条款实质上不同的，应当终止确认原衍生金融负债，并同时确认新衍生金融负债。企业对原衍生金融负债全部或部分合同条款做出实质性修改的，应当终止确认原衍生金融负债或其一部分，同时按照修改后的条款确认一项新衍生金融负债。

　　衍生金融负债全部或部分终止确认的，企业应当将终止确认部分的账面价值与支付的对价（包括转出的非现金资产或承担的新衍生金融负债）之间的差额，计入当期损益。若回购衍生金融负债一部分的，应当按照继续确认部分和终止确认部分在回购日各自的公允价值占整体公允价值的比例，对该衍生金融负债整体的账面价值进行分配。分配给终止确认部分的账面价值与支付的对价（包括转出的非现金资产或承担的负债）之间的差额，应当计入当期损益。

五、衍生工具的计量

（一）衍生工具的初始计量

　　企业对衍生工具所形成的金融资产或金融负债初始确认时，应当按照公允价值计量，发生的相关交易费用应当直接计入当期损益。

　　公允价值通常为相关金融资产或金融负债的交易价格。若其公允价值与交易价格存在差异的，企业应当区别下列情况进行处理。

　　（1）在初始确认时，金融资产或金融负债的公允价值依据相同资产或负债在活跃市场上的报价或者以仅使用可观察市场数据的估值技术确定的，企业应当将该公允价值与交易价格之间的差额确认为一项利得或损失。

　　（2）在初始确认时，金融资产或金融负债的公允价值以其他方式确定的，企业应当将该公允价值与交易价格之间的差额递延。初始确认后，企业应当根据某一因素在相应会计期间的变动程度将该递延差额确认为相应会计期间的利得或损失。该因素应当仅限于市场参与者对该金融工具定价时将予以考虑的因素，包括时间等。

　　上述交易费用，是指可直接归属于购买、发行或处置金融工具的增量费用。增量费用是指企业没有发生购买、发行或处置相关金融工具的情形就不会发生的费用，包括支付给代理机构、咨询公司、券商、证券交易所、政府有关部门等的手续费、佣金、相关税费以及其他必要支出，不包括债券溢价、折价、融资费用、内部管理成本和持有成本等与交易不直接相关的费用。

（二）衍生工具的后续计量

　　在衍生工具持有期间，其价值会发生变动，因此要进行后续计量。后续计量实际上就是对金融工具价值的调整。对于衍生工具，企业应当按照公允价值进行后续计量。当衍生工具的公允价值发生变动时，在资产负债表日，按照衍生工具公允价值与其账面余额的差额进行调整。

六、衍生工具的会计处理

（一）会计科目设置

　　企业应设置"衍生工具（共同类）"科目对衍生工具进行核算。本科目核算企业衍生工具的公允价值及其变动形成的衍生资产或衍生负债，属于共同类科目。借方登记公允价值资产的形成及资产负债表日公允价值增加额；贷方登记公允价值负债的形成及资产负债表日公允价值减少额；期末借方余额反映企业衍生工具形成资产的公允价值，期末贷方余额为衍生工具形成负债的公允价值。衍生工具若作为套期工具的，在"套期工具"科目核算。本科目可按衍生工具类别进行明细核算。需要进行会计处理的主要内容是：①企业取得衍生工具，按其公允价值列计为"衍生工具"，并对发生的交易费用计入"投资收益"；②资产负债表日，按其公允价值变动额对"衍生工具"进行调整，同时列计为"公允价值变动损益"；③终止确认的衍生工具，应冲销其账面余额，收回的价值与其账面余额的差额列为"投资收益"。

（二）金融远期交易的会计处理

此类交易不属于投机交易，合同到期时必须进行交割，所以，需要进行会计处理的主要内容是：①签订合同时无价值量产生和现金流量变动，不必进行任何处理。到每期期末按对应远期价格计算公允价值变动的折现值所导致的利得或损失时，列计为"衍生工具"和"公允价值变动损益"。②为交易发生的费用（如手续费、佣金）直接计入投资收益。③远期合同到期以签订的远期汇率进行交割、销账并确定投资收益。

【例 5-1】 设 M 公司在 20×3 年 11 月 1 日与银行签订一项以美元购买加拿大元的远期购汇合同，购入 1 500 000 加拿大元，120 天交割，期汇汇率 0.71 美元：1 加元，该公司以美元为记账本位币。有关汇率资料如表 5-1 所示。

表 5-1　远期购汇合同有关汇率资料

日　期	即期汇率	远期汇率	折现率
20×3.11.01	0.700	0.710（120 天）	
20×3.12.31	0.750	0.753（60 天）	6%
20×4.03.01	0.770	0.770	

据此应编制有关会计分录如下。

（1）20×3 年 11 月 1 日，签订远期购汇合同时不做会计处理。

（2）20×3 年 12 月 31 日，按期汇价重估的折现值计算公允价值变动额为[（0.753 − 0.710）× 1 500 000/（1+6%×60/360）] = 63 861（美元），列计"衍生工具"，应做会计分录为：

借：衍生工具——远期合同　　　　　　　　　　　　　　　63 861 美元
　　贷：公允价值变动损益　　　　　　　　　　　　　　　　63 861 美元

（3）20×4 年 3 月 1 日，期汇合同到期，按签订的远期汇率进行交割，应做会计分录为：

借：银行存款（加元户）（150 万加元×0.77）　　　　　1 155 000 美元
　　贷：银行存款（美元户）　　　　　　　　　　　　　　1 065 000 美元
　　　　衍生工具——远期合同　　　　　　　　　　　　　　63 861 美元
　　　　投资收益　　　　　　　　　　　　　　　　　　　　26 139 美元

该项远期合同共实现收益 90 000 美元。

（三）金融期货交易的会计处理

此类交易的一般程序：交纳保证金；逐日盯市进行每日结算；到期前转手平仓，也可能到期进行实物交割。当企业成为金融工具合同条款的一方时，应该进行初始确认，即在资产负债表内确认金融资产（合同权力）或金融负债（合同义务）。在签订期货合同时交纳的保证金（初始保证金）属于企业的应收债权，不属于对期货合同的初始计量。期货合同公允价值的变动及其所导致的盈亏，会计应予以确认。按照保证金制度和逐日盯市制度的要求，在期货合同期间应对保证金的追缴和退回进行会计处理。

所谓保证金制度，就是按期货交易所规定，期货交易的参与者在进行期货交易时必须存入一定数额的履约保证金。履约保证金是用来作为确保买卖双方履约的一种财力担保。保证金水平随市场交易风险大小而调整，价格波动较大要求较高的保证金水平，而在价格波动较小时要求的保证金水平较低。按照作用及缴纳地点不同，保证金可以分为会员保证金、初始保证金和追加保证金。

所谓逐日盯市制度，即每日结算制度，是指在每个交易日结束之后，交易所结算部门先计算出当日各期货合同结算价格，核算出每个会员每笔交易的盈亏数额，借以调整会员的保证金账户，将盈利记入账户的贷方，将亏损记入账户的借方。若出现保证金账户上贷方金额低于维护保证金水平，交易所就通知该会员在限期内缴纳追加保证金。以达到初始保证金水平，否则，就不能参加下一交易日的交易。在会计实践中不可能天天调账，而只在每一会计期末做调整。

合同持有者主要根据行情变化在合同期间转手平仓，通过保证金存款进行差额清算，并终止确认该项期货合同。只有在到期实际交割时才需要做出实际交割的会计处理。

金融期货交易会计处理的主要内容包括：①签订合同交纳初始保证金列为"存出保证金"；②逐日盯市进行每日结算，若出现盯市亏损，应冲减初始保证金，冲减后的余额低于初始保证金的 75% 时应补充交纳保证金至初始保证金，盯市盈利时不做处理；③期末进行累计盯市，对累计盯市的盈亏列为"衍生工具"和"公允价值变动损益"；④转手平仓时进行差额结算、销账并确定投资收益；⑤到期进行实物交割时注销账目，确认交割交易。

【例 5-2】 20×3 年 6 月 1 日，中航制造与外汇经纪银行签订一项在 90 天后以美元兑换 300 000 英镑的期汇合同，并交纳 10% 的保证金，维持保证金比例也为 10%。合同期内，假设有关汇率数据如表 5-2 所示。

表 5-2　期汇合同的有关汇率数据

日期	即期汇率	90 天期汇率	60 天期汇率	30 天期汇率
6 月 1 日	1.5144	1.5178		
6 月 30 日	1.5377		1.5365	
7 月 30 日	1.5286			1.5298
8 月 29 日	1.5052			

中航制造据此应做有关会计处理如下。

（1）20×3 年 6 月 1 日，缴纳初始保证金 45 534（300 000 英镑×1.5178×10%）美元，应做会计分录为：

借：存出保证金   45 534 美元

　　贷：银行存款——美元   45 534 美元

（2）20×3 年 6 月 30 日，按当日 60 天期期汇汇率计算的维持保证金为 46 095 美元（300 000 英镑×1.5365×10%），应补缴追加保证金 561（46 095－45 534）美元，应做会计分录为：

借：存出保证金   561 美元

　　贷：银行存款——美元   561 美元

同时，确认期汇合同公允价值变动额 5 610（460 950－455 340）美元，应做会计分录为：

借：衍生工具   5 610 美元

　　贷：公允价值变动损益   5 610 美元

（3）若 7 月 8 日期汇合同未到期而转手平仓，按当日即期汇率 1.5411 与期汇汇率 1.5178 的差额进行对冲结算，其结算款为 6 990 美元[（1.5411－1.5178）×300 000 英镑]，同时支付交易费 2 250 美元，收回保证金 46 095 美元，实收款为 50 835（46 095＋6 990－2 250）美元，应做会计分录为：

借：银行存款——美元   50 835 美元

　　投资收益   870 美元

　　贷：衍生工具   5 610 美元

　　　　存出保证金   46 095 美元

该项期汇交易最终实现净收益 4 740（6 990－2 250）美元。

如果中航制造预测即期汇率的变化趋势将出现下行甚至可能低于期汇汇率 1.5178 时，必然会采取止损措施，提前转手平仓。

【例 5-3】股指期货交易举例。

"股指期货核算准则"对证券投资基金（以下简称基金）股指期货投资的会计处理做出了相关规定，基金管理公司特定客户委托财产参与股指期货交易的，可参照执行。股指期货交易的核算内容主要包括存入保证金、提取保证金、开仓（签订买入或卖出合同）、平仓或到期交割、支付交易费用、进行日终结算、调整合同占用的保证金等。为此，需设置以下相关会计科目。

1021 结算备付金：核算基金存放在保证金账户中未被期货合同占用的保证金。当存放在保证金账户中未被期货合同占用的保证金余额为负时，本科目余额可能为负，此情况如果出现在资产负债表日，则可在报表附注中予以说明。通过期货公司进行结算的，按期货公司进行明细核算。存入保证金时，借记"结算备付金"科目，贷记"银行存款"科目。当结算备付金金额达到一定数额时，基金公司可以适量提取保证金，提取时，借记"银行存款"科目，贷记"结算备付金"科目。

1031 存出保证金：核算基金存放在保证金账户中已被期货合同占用的保证金。通过期货公司进行结算的，按照期货公司进行明细核算。

3003 证券清算款：核算基金持有的股指期货合同当日无负债结算后形成的暂收和

暂付款项，此科目余额与"其他衍生工具"科目中的股指期货合同公允价值金额一致，方向相反。设置期货暂收款进行明细核算。

3102 其他衍生工具：核算基金持有的股指期货合同的数量、公允价值。按照买入/卖出股指期货、交易目的、初始合同价值/公允价值、合同品种等进行明细核算。设置"其他衍生工具——冲抵股指期货初始合同价值"科目，作为所有股指期货合同初始合同价值的冲抵科目，不核算数量。

6101 公允价值变动损益：核算基金持有的股指期货合同公允价值变动形成的应计入当期损益的利得或损失。按照股指期货、买入/卖出、交易目的等进行明细核算。

6111 投资收益：核算基金持有的股指期货合同平仓和到期交割实现的收益。按照股指期货、交易目的等进行明细核算。

6407 交易费用：核算基金股指期货交易产生的交易费用。按照期货公司进行明细核算。

为便于理解，现结合具体例子说明如下（存入和取出结算备付金的会计处理，略）。

20×3年5月18日，为进行套期，A基金投资公司通过中金所某期货公司以2 500点开仓分别买入4手IF1606合同，并卖出2手IF1606合同，合同乘数为300，初始保证金比例为12%，手续费比例为0.5%（下同），当日合同结算价为2 530点。5月23日，以2 550点平仓卖出4手IF1606买入合同，以2 520点平仓买入2手IF1606卖出合同；当日又以2 700点开仓买入4手IF1606合同，以2 550点开仓卖出2手IF1606合同，当日合同结算价为2 720点。据此进行有关会计处理如下（注意有关计算）。

1. 5月18日的有关会计处理

（1）买入合同，记录初始合同价值3 000 000（开仓价2 500×买入开仓数量4×合同乘数300）元，并计算结转存出保证金360 000（初始合同价值3 000 000×初始保证金比例为12%）元。

借：其他衍生工具——套保买入股指期货——初始合同价值　　　4//3 000 000

　贷：其他衍生工具——冲抵股指期货初始合同价值　　　　　　　　3 000 000

借：存出保证金　　　　　　　　　　　　　　　　　　　　　360 000

　贷：结算备付金　　　　　　　　　　　　　　　　　　　　　　360 000

（2）卖出合同，记录初始合同价值1 500 000（开仓价2 500×卖出开仓数量2×合同乘数300）元，并计算结转存出保证金180 000（初始合同价值1 500 000×初始保证金比例为12%）元。

借：其他衍生工具——冲抵股指期货初始合同价值　　　　　　1 500 000

　贷：其他衍生工具——套保卖出股指期货——初始合同价值　　2//1 500 000

借：存出保证金　　　　　　　　　　　　　　　　　　　　　180 000

　贷：结算备付金　　　　　　　　　　　　　　　　　　　　　　180 000

（3）计算结转交易费用22 500（开仓合同价合计4 500 000×手续费比例0.5%）元。

借：交易费用　　　　　　　　　　　　　　　　　　　　　　22 500

　贷：结算备付金　　　　　　　　　　　　　　　　　　　　　　22 500

（4）进行日终结算。

①对买入合同进行日终估值。当日买入合同公允价值=当日买入合同持仓损益变动额=（当日结算价×合同乘数×当日买入持仓量）-（"其他衍生工具——套保买入股指期货——初始合同价值"科目当前借方余额+"其他衍生工具——套保买入股指期货——公允价值"科目当前借方余额）=（2 530×300×4）-（3 000 000+0）=36 000（元）。

借：其他衍生工具——套保买入股指期货——公允价值　　　　36 000

　　贷：公允价值变动损益——股指期货——套保买入股指期货　　　　36 000

②对卖出合同进行日终估值。当日卖出合同持仓损益变动额=（"其他衍生工具——套保卖出股指期货——初始合同价值"科目当前贷方余额+"其他衍生工具——套保卖出股指期货——公允价值"科目当前贷方余额）-（当日结算价×合同乘数×当日卖出合同持仓量）=（1 500 000+0）-（2 530×300×2）=-18 000（元）。

借：其他衍生工具——套保卖出股指期货——公允价值　　　　-18 000

　　贷：公允价值变动损益——股指期货——套保卖出股指期货　　　　-18 000

③计算当日盈亏。当日盈亏=∑[（卖出成交价-当日结算价）×卖出量×合同乘数]+∑[（当日结算价-买入成交价）×买入量×合同乘数]+（上一交易日结算价-当日结算价）×（上一交易日卖出持仓量-上一交易日买入持仓量）×合同乘数=[（2 500-2 530）×2×300]+[（2 530-2 500）×4×300]+（0-2 530）×（0-0）×300=18 000（元）。

④当日无负债结算。计算证券清算款=当日买入合同持仓损益变动额+当日卖出合同持仓损益变动额=36 000+（-18 000）=18 000（元）。

借：结算备付金　　　　18 000

　　贷：证券清算款　　　　18 000

2. 5月23日的有关会计处理

按照交易规则，若当天同时存在开仓和平仓，先处理开仓，后处理平仓。

（1）买入合同，记录初始合同价值3 240 000（开仓价2 700×买入开仓数量4×合同乘数300）元，并计算结转存出保证金388 800（初始合同价值3 240 000×初始保证金比例为12%）元。

借：其他衍生工具——套保买入股指期货——初始合同价值　　4//3 240 000

　　贷：其他衍生工具——冲抵股指期货初始合同价值　　　　3 240 000

借：存出保证金　　　　388 800

　　贷：结算备付金　　　　388 800

（2）卖出合同，记录初始合同价值1 530 000（开仓价2 550×卖出开仓数量2×合同乘数300）元，并计算结转存出保证金183 600（初始合同价值1 530 000×初始保证金比例为12%）元。

借：其他衍生工具——冲抵股指期货初始合同价值　　　　1 530 000

　　贷：其他衍生工具——套保卖出股指期货——初始合同价值　　2//1 530 000

借：存出保证金　　　　183 500

　　贷：结算备付金　　　　183 600

（3）买入合同卖出平仓或交割（以2 550点平仓卖出4手IF1606买入合同）。采用移动加权方法结转平仓合同的初始合同价值，先计算结转比例 q = 买入合同卖出平仓数量/（上一日买入持仓数量+当日买入开仓数量）= 4/（4+4）= 0.5；然后结转卖出平仓合同的初始合同价值=（"其他衍生工具——套保买入股指期货——初始合同价值"科目当前借方余额 $\times q$，2）= round【（3 000 000+3 240 000）× 0.5，2】= 3 120 000（元）。

借：其他衍生工具——冲抵股指期货初始合同价值　　　　　　　　3 120 000

　　贷：其他衍生工具——套保买入股指期货——初始合同价值　　　　4//3 120 000

（4）卖出合同买入平仓或交割（以 2 520 点平仓买入 2 手 IF1606 卖出合同）。采用移动加权方法结转平仓合同的初始合同价值，先计算结转比例 q = 卖出合同买入平仓数量/（上一日卖出持仓数量 + 当日卖出开仓数量）= 2/（2+2）= 0.5；并结转平仓合同的初始合同价值=（"其他衍生工具——卖出股指期货——初始合同价值"科目当前贷方余额 $\times q$，2）= round【（1 500 000+1 530 000）× 0.5，2】= 1 515 000（元）。

借：其他衍生工具——套保卖出股指期货——初始合同价值　　　2//1 515 000

　　贷：其他衍生工具——冲抵股指期货初始合同价值　　　　　　　　1 515 000

（5）计算结转交易费用 46 710 ｛[（2 550×4×300）+（2 520×2×300）+（2 700×4×300）+（2 550×2×300）]×0.5%｝元。

借：交易费用　　　　　　　　　　　　　　　　　　　　　　　　46 710

　　贷：结算备付金　　　　　　　　　　　　　　　　　　　　　　　46 710

（6）进行日终结算。

①对买入合同进行日终估值。当日买入合同公允价值=当日买入合同持仓损益变动额=（当日结算价×合同乘数×当日买入持仓量）-（"其他衍生工具——套保买入股指期货——初始合同价值"科目当前借方余额 + "其他衍生工具——套保买入股指期货——公允价值"科目当前借方余额）=（2 720×300×4）-[（3 000 000 + 3 240 000 - 3 120 000）+ 36 000]= 108 000（元）。

借：其他衍生工具——套保买入股指期货——公允价值　　　　　　108 000

　　贷：公允价值变动损益——股指期货——套保买入股指期货　　　　108 000

②对卖出合同进行日终估值。当日卖出合同持仓损益变动额=（"其他衍生工具——套保卖出股指期货—初始合同价值"科目当前贷方余额 + "其他衍生工具——套保卖出股指期货——公允价值"科目当前贷方余额）-（当日结算价×合同乘数×当日卖出合同持仓量）=[（1 500 000 + 1 530 000 - 1 515 000）+18 000]-（2 720×300×2）=-99 000（元）。

借：其他衍生工具——套保卖出股指期货——公允价值　　　　　　-99 000

　　贷：公允价值变动损益——股指期货——套保卖出股指期货　　　　-99 000

③计算当日盈亏。当日盈亏 = ∑[（卖出成交价 - 当日结算价）× 卖出量 × 合同乘数]+ ∑[（当日结算价 - 买入成交价）× 买入量 × 合同乘数]+（上一交易日结算价 - 当日结算价）×（上一交易日卖出持仓量 - 上一交易日买入持仓量）× 合同乘数 =[（2 550 - 2 720）× 2 × 300]+[（2 720 - 2 700）× 4 × 300]+（2 530 - 2 720）×（2 - 4）× 300 = 36 000（元）。

④当日无负债结算。计算证券清算款 = 当日买入合同持仓损益变动额 + 当日卖出合同持仓损益变动额 = 108 000 +（-99 000）= 9 000（元）。

借：结算备付金　　　　　　　　　　　　　　　　　　　　　　　9 000

贷：证券清算款	9 000

⑤确认平仓损益。平仓损益＝当日盈亏－证券清算款＝36 000－9 000＝27 000（元）。

借：结算备付金	27 000
贷：投资收益——股指期货——套保股指期货	27 000

（7）调整保证金。调整数额＝平仓合同初始价值×12%＝（3 120 000＋1 515 000）×12%＝556 200（元）。

借：结算备付金	556 200
贷：存出保证金	556 200

（四）金融期权交易的会计处理

期权合同的执行与否完全取决于持权人的选择，即取决于期权合同的标的物的公允价值是否发生有利变化。如果期权成为有利价，它将被持权方行权；如果到期日期权成为不利价，期权人自然将放弃合同权利以做了结。价格波动所形成的损益直接计入当期损益。期权费实质上就是期权交易的初始投资额，此时无需区分其内在价值和时间价值。金融期权会计处理的主要内容包括：①交纳期权费作为衍生工具的初始净投资，取得期权合同，列为"衍生工具"；②期权持有期内的期末随标的物价格波动确定期权费公允价值变动额，列计"衍生工具"和"公允价值变动损益"；③转让期权或期权到期冲销账目，列计投资收益。

【例5-4】 20×3年1月5日，中航制造签订了购入债券期货360 000美元的3个月期美式看涨期权合同，并向立权的经纪公司交纳期权费4 800美元（预期此项债券期货将上涨到364 800美元，所含时间价值省略不计）。设1月31日，该项债券期货的市价上涨到366 000美元，相应地期权费公允价值上涨到6 000（366 000－360 000）美元；2月28日，中航制造预测债券期货的涨幅已到极限，决定按6 720美元转让此项期权合同，假设手续费为180美元。

（1）1月5日，交纳期权费，应做会计分录为：

借：衍生工具	4 800美元
贷：银行存款	4 800美元

（2）1月31日，确认此项债券期货期权费公允价值的变动1 200（6 000－4 800）美元，应做会计分录为：

借：衍生工具	1 200美元
贷：公允价值变动损益	1 200美元

（3）2月28日，转让并终止确认此项债券期货期权合同，应做会计分录为：

借：银行存款	6 540美元
投资收益	180美元
贷：衍生工具	6 000美元
投资收益	720美元

中航制造在购入此项债券期货看涨期权的交易中，收取转让价收入6 720美元，扣除交付的期权费4 800美元和手续费180美元，净获利1 740美元。如果行情的实际走势下跌，则中航制造可以选择不执行期权合同来降低投资损失，但要损失所交

纳的期权费。

（五）金融互换交易的会计处理

1. 利率互换

利率互换之所以会发生，是因为存在以下两个前提条件：①存在固定利率或浮动利率的固有优惠的品质加码差异；②存在固定利率与浮动利率互换收付进行筹资的相反筹资意向。要达到规避利率风险的目的：在互换利率趋于下跌的情况下，应适时地将固定利率换成浮动利率；反之亦然。利率互换中，若现有头寸为负债，则互换的第一步是形成与债务利息相配对的利息收入，第二步是通过与现有受险部位配对后，借款人以互换交易创造所需头寸，这样就可以改变利率支付风险。在利率互换中：固定利率支付者支付固定利率，通过互换同时接受浮动利率，称为买进互换，互换的是交易多头和债券市场空头，是利率支付方，对长期固定利率负债和浮动利率资产价格敏感；浮动利率支付者则支付浮动利率，通过互换同时接受固定利率，称为出售互换，互换的是交易空头和债券市场多头，是利率接受方，对长期浮动利率负债与固定利率资产价格敏感。利率互换交易的一般程序如图 5-1 所示。

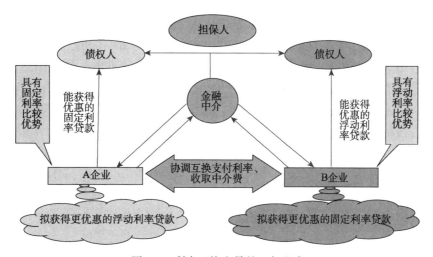

图 5-1　利率互换交易的一般程序

在利率互换中，由于交换的货币是相同的，只是利率形式不同，所以一般采用净额支付的方法结算，双方只计算互换的利息差异并进行结算，而不进行本金的实际交换。因此，风险较小，只限于应付利息部分，对双方财务报表影响甚微；并且手续较简，成本较低，不仅能避免利率风险，互换双方都实现了自己的愿望，同时也降低了筹资成本，也可以为银行等金融中介带来套利机会，从理论上可以将这种互换收益看成是比较优势所带来的好处，是利率市场中所说的"免费蛋糕"。但是，利率互换不像期货交易那样有标准化的合同，有时也可能因找不到互换的另一方而使交易落空。

【例 5-5】　假设银行针对不同信用等级的企业的贷款利率如表 5-3 所示。

甲企业信用等级为 AAA 级，以固定贷款利率 7%向工商银行借款 5 000 万元；乙企业信用等级为 CCC 级，以浮动贷款利率 6.5%向工商银行借款 5 000 万元。甲、乙企业均拟获得优惠利率，于是，在东方投资银行的协调下，双方约定：由乙企业承担甲企业的 1.75%利率，然后双方交换利息支付义务，每次付息由东方投资银行担保、转交对方，同时向双方各收取贷款额 0.1%的服务费。假定市场利率不变，互换结果分析如下。

表 5-3　不同信用等级贷款利率表

企业信用等级	固定利率	浮动利率（市场基准利率6%）	备注
AAA	7%	6%	两种利率对银行的预期收益相同、对企业的预期融资成本相同
BBB	8%	6%+0.25%	
CCC	9%	6%+0.5%	

甲企业支付浮动利率和中介费率合计为 5.35%[（7%－1.75%）+ 0.1%]，即以支付固定利率 7%换为接受浮动利率 5.25%和中介费 0.1%，若当初以浮动利率贷款则为 6%。乙企业支付固定利率和中介费合计为 8.35%[（6.5% + 1.75%）+ 0.1%]，即以支付浮动利率 6.5%换为接受固定利率 8.25%和中介费 0.1%，若当初以固定利率贷款则为 9%。从而，甲、乙双方各获得了优惠利率 0.65%。而贷款银行在互换前分别从甲、乙企业应收取利息的利率合计为 13.5%（7% + 6.5%），互换后仍为 13.5%（5.25% + 8.25%）。东方投资银行在互换中则获得手续费率 0.2%。在这一利率互换中产生了利（费）率为 1.5%的免费蛋糕，分别由甲、乙双方各得到的 0.65%、东方投资银行得到 0.2%，其产生的来源为固定利差 2%（9%－7%）与浮动利差 0.5%（6.5%－6%）相抵的结果，可以理解为是由高信用等级的甲企业出卖信用并由低信用等级的乙企业购买信用而产生。

反过来再看一下乙企业替承担甲企业的 1.75%利率的计算依据：甲企业在互换中的目的是以固定利率 7%换成浮动利率 6%，并获得 0.65%的利率优惠，即以 5.35%的浮动利率取得贷款。那么，乙企业在互换中需要替甲企业分担的利率设为 X，则有 7% － X + 0.1% = 5.35%，即 X = 1.75%。

由上述互换可知，甲企业在长期和短期金融市场上都比乙企业具有比较优势，乙企业在短期金融市场上比甲企业在长期金融市场上具有相对比较优势。通过利率互换，甲乙双方都可以避免进入对它们来说具有比较劣势的金融市场进行融资，同时又能转变利息支付模式。

由于利率互换一般采用净额支付的方式进行互换利息差异结算，所以，主要围绕利率互换的相关内容进行会计处理，其内容主要包括：①每个计息日直接以原定贷款利率计算支付利息，列为财务费用；②在结算利息净额时，将支付或收取的互换利息差额，列为财务费用；③资产负债表日，应当按照公允价值计量远期利率协议，并将其公允价值变动所形成的利得或损失，列为公允价值变动损益；④合同期满注销衍生工具时，按照衍生工具的账面价值，以相反方向，借记或贷记"衍生工具"科目，同时，贷记或借记"公允价值变动损益"科目。

【例 5-6】 A 跨国公司承接一项建筑工程，工期两年，需要筹集 210 万英镑。该公司只能筹集到每季度末支付一次利息的浮动利率贷款。为了规避利率上涨风险，20×3年 1 月 1 日，公司与某银行达成一项利率互换协议，参与一项名义本金额为 210 万英镑的 2 年期的互换。公司支付固定利率为 12%的利息，并从银行收取浮动利息。在每季度利息期开始之前按照最新的伦敦银行同业拆借利率（LIBOR）确定当期的浮动利率，期末双方交换利息净额。在互换期间（20×3年1月1日—20×4年12月31日），浮动利率、A跨国公司利率互换的现金流量及其公允价值计算如表5-4所示。

表5-4 浮动利率、现金流量和互换的公允价值计算 单位：英镑

时间	浮动利率%①	收浮动利息②=本金×上期①÷4	付固定利息③=本金×12%÷4	利息净额④=②-③	剩下付息期⑤	公允价值⑥	公允价值变动⑦=本期⑥-上期⑥
20×3.1.1	12				8	0	0
20×3.3.31	11	63 000	63 000	0	7	−33 019*	−33 019
20×3.6.30	11	57 750	63 000	−5 250	6	−28 677	4 342
20×3.9.30	11	57 750	63 000	−5 250	5	−24 216	4 461
20×3.12.31	12	57 750	63 000	−5 250	4	−20 235	3 981
20×4.3.31	13	63 000	63 000	0	3	14 779	35 014
20×4.6.30	13	68 250	63 000	5 250	2	10 009	−4 770
20×4.9.30	14	68 250	63 000	5 250	1	10 144	135
20×4.12.31	14	735 00	63 000	10 500	0	0	−10 144

*33 019 = 5 250×（P/A,11%/4,7），其余期间类似。

根据上述资料，借款业务和利率互换合同的账务处理如下。

（1）20×3年1月1日。

①取得浮动利率借款时，应做会计分录为：

借：银行存款　　　　　　　　　　　　　　　　　　　2 100 000 英镑

　　贷：长期借款　　　　　　　　　　　　　　　　　　2 100 000 英镑

②利率互换的公允价值为零，不需要编制会计分录，但应进行备查登记。

（2）20×3年3月31日。

①支付浮动利率借款的利息时，应做会计分录为：

借：财务费用　　　　　　　　　　　　　　　　　　　63 000 英镑

　　贷：银行存款　　　　　　　　　　　　　　　　　　63 000 英镑

②利息净额为零，不需要编制会计分录。

③记录利率互换公允价值的变动时，应做会计分录为：

借：公允价值变动损益　　　　　　　　　　　　　　　33 019 英镑

　　贷：衍生工具——利率互换　　　　　　　　　　　　33 019 英镑

（3）20×3年6月30日。

①支付浮动利率借款的利息时，应做会计分录为：

借：财务费用　　　　　　　　　　　　　　　　　　　57 750 英镑

　　贷：银行存款　　　　　　　　　　　　　　　　　　57 750 英镑

②支付利息净额时，应做会计分录为：

借：财务费用　　　　　　　　　　　　　　　　　　　5 250 英镑

　　贷：银行存款　　　　　　　　　　　　　　　　　　5 250 英镑

③记录利率互换公允价值的变动时，应做会计分录为：

借：衍生工具——利率互换　　　　　　　　　　　　　　　　　　　4 342 英镑

　　贷：公允价值变动损益　　　　　　　　　　　　　　　　　　　　4 342 英镑

（3）20×3 年 9 月 30 日、20×3 年 12 月 31 日、20×4 年 3 月 31 日、20×4 年 6 月 30 日、20×4 年 9 月 30 日的会计分录编制思路同上，此处略去。

（4）20×4 年 12 月 31 日。

①支付浮动利率借款的利息时，应做会计分录为：

借：财务费用　　　　　　　　　　　　　　　　　　　　　　　　73 500 英镑

　　贷：银行存款　　　　　　　　　　　　　　　　　　　　　　　73 500 英镑

②收取利息净额时，应做会计分录为：

借：银行存款　　　　　　　　　　　　　　　　　　　　　　　　10 500 英镑

　　贷：财务费用　　　　　　　　　　　　　　　　　　　　　　　10 500 英镑

③记录利率互换公允价值的变动时，应做会计分录为：

借：公允价值变动损益　　　　　　　　　　　　　　　　　　　　10 144 英镑

　　贷：衍生工具——利率互换　　　　　　　　　　　　　　　　　10 144 英镑

可见，通过利率互换协议，A 跨国公司将其贷款利率锁定在 12% 的水平，尽管浮动利率从 11% 逐渐上升到 14%，仍可获得利率互换利得 5 250 英镑。

2. 外汇互换

外汇互换，是将一种货币的本金和固定利息与另一种货币的本金和固定利息进行互换，互换合同中必须指明互换本金的货币名称。互换中要将两种货币的交换比率（即汇率）固定。当预计汇率上升时即可签订一项外汇互换合同，以较低的固定交换比率获得所需货币，从而获得汇率波动收益；反之亦然。本金在互换期内要进行两次交换，即在互换开始时交换，互换结束时再反向交换。一般而言，出于债务管理的目的而交换的货币，期初可不交换本金；而在筹集资金进程中交换的货币，则在互换开始时就要交换本金。与利率互换一样，双方都是通过互换来发挥各自的比较优势。

外汇互换交易的会计处理内容主要包括：①在外汇互换合同签订日确认外汇贷款，同时将其指定为衍生工具，进行外汇互换（本金互换）；②互换期内的会计期末（资产负债表日）进行互换外汇贷款的利息结算，差额计入当期财务费用，同时确认换回外汇的公允价值变动损益；③互换合同到期，除了进行与②中有关内容相同的相关会计处理外，应将外汇互换本金换回。

【例 5-7】 A 公司因业务需要一笔美元，与 B 公司签订了一项外汇互换合同，合同规定：A 公司于 20×3 年 1 月 1 日按面值发行年利率 8%、期限 2 年、每年年末付息的 100 万英镑的公司债券，并贷给 B 公司；B 公司于同日按面值发行年利率 8%、期限 2 年、每年年末付息的 152 万美元的公司债券，并贷给 A 公司。双方在互换合同中锁定的货币兑换汇率为 1 英镑 = 1.52 美元。A 公司记账本位币为英镑。其他即期汇率资料为：20×3 年 1 月 1 日 1 英镑 = 1.61 美元，20×3 年 12 月 31 日 1 英镑 = 1.62 美元，20×4 年 12 月 31 日汇率 1 英镑 = 1.60 美元。据此为 A 公司进行有关会计处理如下。

（1）20×3 年 1 月 1 日发行英镑债券并互换贷款给 B 公司，并收到 B 公司互换美元时，应做会计分录为：

借：银行存款——英镑户   1 000 000 英镑

    贷：应付债券   1 000 000 英镑

借：银行存款——美元户（152 万美元）   1 000 000 英镑

    贷：银行存款——英镑户   1 000 000 英镑

（2）20×3 年 12 月 31 日支付 100 万英镑公司债券利息时，应做会计分录为：

借：财务费用   80 000 英镑

    贷：银行存款——英镑户（100 万英镑×8%）   80 000 英镑

（3）20×3 年 12 月 31 日互相结算利息时，应做会计分录为：

借：银行存款——英镑户（100 万英镑×8%）   80 000 英镑

    贷：银行存款——美元户（152 万美元×8%/1.62）   75 062 英镑

        财务费用——利息收入   4 938 英镑

（4）20×3 年 12 月 31 日确认应付互换款公允价值变动 – 61 728 英镑[152 万美元×（1/1.62 – 1/1.52）]时，应做会计分录为：

借：衍生工具——货币互换   61 728 英镑

    贷：公允价值变动损益   61 728 英镑

（5）20×4 年 12 月 31 日支付 100 万英镑公司债券利息时，应做会计分录为：

借：财务费用   80 000 英镑

    贷：银行存款——英镑户（100 万英镑×8%）   80 000 英镑

（6）20×4 年 12 月 31 日结算利息时，应做会计分录为：

借：银行存款——英镑户（100 万英镑×8%）   80 000 英镑

    贷：银行存款——美元户（152 万美元×8%/1.60）   76 000 英镑

        财务费用——利息收入   4 000 英镑

（7）20×4 年 12 月 31 日确认应付互换款公允价值变动 11 728 英镑[152 万美元×（1/1.60 – 1/1.62）]时，应做会计分录为：

借：公允价值变动损益   11 728 英镑

    贷：衍生工具——货币互换   11 728 英镑

（8）20×4 年 12 月 31 日与 B 公司换回互换款时，应做会计分录为：

借：银行存款——英镑户   1 000 000 英镑

    贷：银行存款——美元户（152 万美元）   1 000 000 英镑

（9）债券到期，偿还本金时，应做会计分录为：

借：应付债券   1 000 000 英镑

    贷：银行存款——英镑户   1 000 000 英镑

（10）合约到期，冲减相应的账面价值时，应做会计分录为：

借：衍生工具——货币互换   50 000 英镑

    贷：公允价值变动损益   50 000 英镑

A 公司通过货币互换，节约了利息支出 8 938（4 938 + 4 000）英镑。

（六）嵌入衍生工具的会计处理

1. 嵌入衍生工具的概念

衍生工具通常是独立存在的，但也可以嵌入非衍生工具或其他合同中。嵌入到非衍生工具（即主合同）中的衍生工具，即为嵌入衍生工具。嵌入衍生工具与主合同构成混合合同或称混合工具。该嵌入衍生工具对混合合同的现金流量产生影响的方式，应当与单独存在的衍生工具类似，且该混合合同的全部或部分现金流量随特定利率、金融工具价格、商品价格、汇率、价格指数、费率指数、信用等级、信用指数或其他变量变动而变动，变量为非金融变量的，该变量不应与合同的任何一方存在特定关系。

扩展阅读 5-2：嵌入衍生工具与主合同的关系

主合同通常包括租赁、保险、服务、特许权、债务工具、合营等合同。嵌入衍生工具与主合同构成混合合同时，嵌入衍生工具通常以具体合同条款来体现。例如，可转换公司债券可能包含的赎回条款、返售条款、转股条款、重设条款等。再如，A公司与B公司签订一项按照通货膨胀率调整租金的租赁合同，租金根据当年一般物价指数调整，A公司与B公司签订的租赁合同即为主合同，嵌入衍生工具是一般物价指数调整因素。除此之外，体现嵌入衍生工具条款的可能有可转债中嵌入的转股选择权、与权益工具以及与商品或其他非金融项目挂钩的本金或利息支付条款、看涨（跌）期权条款、提前还款条款、信用违约支付条款等。

衍生工具如果附属于一项金融工具但根据合同规定可以独立于该金融工具进行转让，或者具有与该金融工具不同的交易对手方，则该衍生工具不是嵌入衍生工具，应当作为一项单独存在的衍生工具处理。

2. 嵌入衍生工具从混合工具中的分拆

混合合同包含的主合同属于金融资产的，不应从该混合合同中分拆嵌入衍生工具，而应当将该混合合同作为一个整体分类为相应金融资产进行处理。

混合合同包含的主合同不属于金融资产的，且同时符合下列条件的，应当从混合合同中分拆嵌入衍生工具，将其作为单独存在的衍生工具处理。

（1）嵌入衍生工具的经济特征和风险与主合同的经济特征和风险不紧密相关，即嵌入衍生工具与主合同之间在经济特征和风险方面存在相似性。

（2）与嵌入衍生工具具有相同条款的单独工具符合衍生工具的定义。

（3）该混合合同不是以公允价值计量且其变动计入当期损益进行会计处理。

3. 嵌入衍生工具的会计处理

因为是嵌入，所以，应尽可能使其与单独存在的衍生工具采用一致的方法进行处理。嵌入衍生工具从混合合同中分拆的，应当按照适用的会计准则规定，对混合合同的主合同进行会计处理。无法根据嵌入衍生工具的条款和条件对嵌入衍生工具的公允价值进行可靠计量的，该嵌入衍生工具的公允价值应当根据混合合同公允价值和主合同公允价值之间的差额确定。使用了上述方法后，该嵌入衍生工具在取得日或后续资产负债表日的公允价值仍然无法单独计量的，企业应当将该混合合同整体指定为以公允价值计量且其变动计入当期损益的金融工具。

混合合同包含一项或多项嵌入衍生工具，且其主合同不属于金融资产的，可以将其整体指定为以公允价值计量且其变动计入当期损益的金融工具。但下列情况除外。

（1）嵌入衍生工具不会对混合合同的现金流量产生重大改变。

（2）在初次确定类似的混合合同是否需要分拆时，几乎不需分析就能明确其包含的嵌入衍生工具不应分拆。如嵌入贷款的提前还款权，允许持有人以接近摊余成本的金额提前偿还贷款，该提前还款权不需要分拆。

第二节　套　期　会　计

一、套期的概念与分类

（一）套期及其构成要素

套期（hedge），原意是指建立防护墙，有规避风险之意。一般意义上的套期，是指把期货市场当作转移价格风险的场所，利用期货合同作为将来在现货市场上买卖商品的临时替代物，对其现在买进准备以后售出商品或对将来需要买进商品的价格进行保险的交易活动。站在会计的角度，主要关心的是套期交易中相关要素的价值变化形式及其对企业经营的影响。因此，套期，是指企业为管理外汇风险、利率风险、价格风险、信用风险等特定风险引起的风险敞口，指定金融工具为套期工具，以使套期工具的公允价值或现金流量变动，预期抵销被套期项目全部或部分公允价值或现金流量变动的风险管理活动。

公允价值变动，一般是指由于市场等因素发生变化，导致对已确认资产或负债、尚未确认的确定承诺等的价格需要重新评估而引起的价值变动。其中，确定承诺，是指在未来某特定日期或期间，以约定价格交换特定数量资源、具有法律约束力的协议。

现金流量变动，是指已确认资产或负债、极可能发生的预期交易因市场等因素发生变化而引起预期现金流入、现金流出的变动。其中，预期交易，是指尚未承诺但预期会发生的交易。

就会计角度来说，公允价值变动只是账面上的调整，属于未实现的，是否实现以及实现多少，需要待未来的交易实现来验证；现金流量变动则是已经实现或预期可能实现的。因此，公允价值变动和现金流量变动，都将会给企业带来某些特定的风险。

套期会计的目的是在财务报表中列报企业使用金融工具管理特定风险所产生敞口的风险管理活动的影响。因为这些特定风险可能影响损益或其他综合损益（如当企业按规定选择以公允价值计量且其变动计入其他综合损益的非交易性权益工具投资作为套期工具进行套期时，该套期工具产生的利得或损失应计入其他综合收益）。

套期的构成要素包括套期工具、被套期项目和套期关系。

（1）套期工具，是指企业为进行套期而指定的、其公允价值或现金流量变动预期可抵销被套期项目的公允价值或现金流量变动的金融工具，即用什么套期。注意，套期工具必须是金融工具中的实实在在存在的金融资产或金融负债，企业自身权益工具则不能作为套期工具。

（2）被套期项目，是指使企业面临公允价值或现金流量变动风险，且被指定为被套期对象的、能够可靠计量的项目，即对谁套期。注意，被套期项目可以是金融工具，也可以是非金融工具。

（3）套期关系，是指企业为套期会计处理需要而指定的被套期项目和套期工具在套期中的对应关系，即对谁用什么套期。

（二）套期的分类

按照套期关系及被套期项目的价值变动特征，可以将套期业务区分为公允价值套期、现金流量套期和境外经营净投资套期。

（1）公允价值套期，是指对公允价值变动风险敞口进行的套期。该公允价值变动源于已确认资产或负债、尚未确认的确定承诺，或这些项目组成部分有关的特定风险，且将影响企业的损益或其他综合收益。其中，项目组成部分，是指小于项目整体公允价值（或现金流量变动）的部分。例如，发行方和持有方对因利率变动而引起的固定利率债务公允价值变动风险的套期，对以企业的报告货币表示的、以固定价格买卖资产的确定承诺进行的套期。而影响其他综合收益的情形，仅限于企业对指定为以公允价值计量且其变动计入其他综合收益的非交易性权益工具投资的公允价值变动风险敞口进行的套期。

（2）现金流量套期，是指对现金流量变动风险敞口进行的套期。该现金流量变动源于与已确认资产或负债（如浮动利率债务的全部或部分未来利息支付）、极可能发生的预期交易（如预期的购买或出售），或与这些项目组成部分有关的特定风险，且将影响企业的损益。

对确定承诺的外汇风险进行的套期，可按公允价值套期或现金流量套期处理。

（3）境外经营净投资套期，是指对境外经营净投资外汇风险敞口进行的套期。境外经营净投资，是指企业在境外经营净资产中的权益份额。

二、套期工具和被套期项目的确认与指定

对符合条件的套期工具和被套期项目进行指定，进而判定二者之间是否存在有效套期关系，这是进行套期会计处理的前提。

（一）套期工具的确认与指定

1. 套期工具的确认

套期工具的确认，是指对符合条件的套期工具进行辨认的过程。套期工具定义中规定的条件有两个：一是企业为进行套期而事先指定，这是前提；二是看套期工具预期公允价值或现金流量的变动是否可对应抵销被套期项目预期公允价值或现金流量变动，这是套期关系的需要。符合条件的套期工具包括以下三个方面。

（1）以公允价值计量且其变动计入当期损益的衍生工具，但签出期权（或称发行期权）除外。企业只有在对购入期权（包括嵌入在混合合同中的购入期权）进行套期时，

签出期权才可以作为套期工具。嵌入在混合合同中但未分拆的衍生工具不能作为单独的套期工具。

（2）以公允价值计量且其变动计入当期损益的非衍生金融资产或非衍生金融负债，但指定为以公允价值计量且其变动计入当期损益且其自身信用风险变动引起的公允价值变动计入其他综合收益的金融负债除外。

（3）对于外汇风险套期，企业可以将非衍生金融资产（选择以公允价值计量且其变动计入其他综合收益的非交易性权益工具投资除外）或非衍生金融负债的外汇风险成分指定为套期工具。

2. 套期工具的指定

（1）在确立套期关系时，对符合条件的金融工具应当事先就其整体被指定为套期工具，但下列情形除外。

①对于期权，企业可以将期权的内在价值和时间价值分开，只能将期权的内在价值变动指定为套期工具。期权的内在价值实质上是立即执行期权时现货价格与行权价格之差所带来的收益，预期具有套期作用；而期权的时间价值实质上是期权费超过内在价值的部分，代表在一段期间内对期权持有人提供保障的代价，可被视为与某一期间有关，因此，不能被指定为套期工具。

②对于远期合同，企业可以将远期合同的远期要素和即期要素分开，只将即期要素的价值变动指定为套期工具。

③对于金融工具，企业可以将金融工具的外汇基差单独分拆，只将排除外汇基差后的金融工具指定为套期工具。外汇基差，是指某种一定数量外汇的现汇价格与其期汇价格之间的差额。

④企业可以将套期工具的一定比例指定为套期工具，但不可以将套期工具剩余期限内某一时段的公允价值变动部分指定为套期工具。

（2）企业可以以组合的观点看待并共同指定两项或两项以上金融工具（或其一定比例）的组合为套期工具（包括组合内的金融工具形成风险头寸相互抵销的情形）。

（3）对于一项由签出期权和购入期权组成的期权（如利率上下限期权），或对于两项或两项以上金融工具（或其一定比例）的组合，其在指定日实质上相当于一项净签出期权的，不能将其指定为套期工具。只有在对购入期权（包括嵌入在混合合同中的购入期权）进行套期时，净签出期权才可以作为套期工具。

（二）被套期项目的确认与指定

1. 被套期项目的确认

被套期项目的确认，是指对符合条件的被套期项目进行辨认的过程。被套期项目定义中规定的条件有两个：一是该项目预期会面临公允价值或现金流量变动的风险，这是对其进行套期的动因所在；二是看企业有目的对其进行指定，且该项目能够可靠计量。符合条件的被套期项目包括以下方面。

（1）已确认资产或负债、尚未确认的确定承诺、极可能发生的预期交易、境外经营净投资等的单个项目、项目组合或其组成部分。这些项目组成部分，是指小于项目整体公允价值或现金流量变动的部分。但企业只能将下列项目组成部分或其组合指定为被套期项目。

①项目整体公允价值或现金流量变动中仅由某一个或多个特定风险引起的公允价值或现金流量变动部分（风险成分）。根据在特定市场环境下的评估，该风险成分应当能够单独识别并可靠计量。风险成分也包括被套期项目公允价值或现金流量的变动仅高于或仅低于特定价格或其他变量的部分。

②一项或多项选定的合同现金流量。

③项目名义金额的组成部分，即项目整体金额或数量的特定部分，其可以是项目整体的一定比例部分，也可以是项目整体的某一层级部分。若某一层级部分包含提前还款权，且该提前还款权的公允价值受被套期风险变化影响的，企业不得将该层级指定为公允价值套期的被套期项目，但企业在计量被套期项目的公允价值时已包含该提前还款权影响的情况除外。

（2）符合被套期项目条件的风险敞口与衍生工具组合形成的汇总风险敞口。

（3）为了套期的目的，仅与企业（含企业集团或其个别企业之外）外部的一方之间的交易形成的资产、负债、确定承诺或极可能的预期交易，一开始允许被指定为被套期项目。因套期会计仅适用于企业的个别或单独财务报表，而不适用于企业集团的合并财务报表。但下列情况除外。

①符合合并财务报表规定的投资性主体与其以公允价值计量且其变动计入当期损益的子公司之间的交易，因该交易在编制合并财务报表时不会被抵销。

②企业集团内部交易形成的货币性项目（如两家子公司间的应付/应收款项）的汇兑收益或损失，在编制合并财务报表时不能全额抵销的，则在合并财务报表中可能符合作为被套期项目。

③企业集团内部极可能发生的预期交易，若是以参与交易企业的功能性货币以外的货币计价，且相关的外汇风险将影响合并损益的，企业可以在合并财务报表层面将该外汇风险指定为被套期项目。

2. 被套期项目的指定

在确立套期关系时，企业应当将符合条件的被套期项目的整体或其组成部分的公允价值变动或现金流量变动事先进行指定作为被套期项目。对其组成部分（包括该组成部分的组合）允许指定作为被套期项目的类型包括以下方面。

（1）当企业出于风险管理目的对一组项目进行组合管理且组合中的每一个项目（包括其组成部分）单独都属于符合条件的被套期项目时，可以将该项目组合指定为被套期项目。

在现金流量套期中，企业对一组项目的风险净敞口（存在风险头寸相互抵销的项目）进行套期时，仅可以将外汇风险净敞口指定为被套期项目，并且应当在套期指定中明确预期交易预计影响损益的报告期间，以及预期交易的性质和数量。

（2）一组项目名义金额的组成部分（包括某一比例组成部分和某层级组成部分）。此时，该名义金额组成部分应当分别满足下列条件。

①将一组项目的一定比例指定为被套期项目时，该指定应当与该企业的风险管理目标相一致。

②将一组项目的某一层级部分指定为被套期项目时，应当同时满足下列条件：该层级能够单独识别并可靠计量；企业的风险管理目标是对该层级进行套期；该层级所在的整体项目组合中的所有项目均面临相同的被套期风险；对于已经存在的项目（如已确认资产或负债、尚未确认的确定承诺）进行的套期，被套期层级所在的整体项目组合可识别并可追踪；该层级包含提前还款权的，应当符合上述项目名义金额的组成部分中的相关要求。

风险管理目标，是指企业在某一特定套期关系层面上，确定如何指定套期工具和被套期项目，以及如何运用指定的套期工具对指定为被套期项目的特定风险敞口进行套期。

（3）如果被套期项目是净敞口为零的项目组合（即各项目之间的风险完全相互抵销），同时满足下列条件时，企业可以将该组项目指定在不含套期工具的套期关系中。

①该套期是风险净敞口滚动套期策略的一部分，在该策略下，企业定期对同类型的新的净敞口进行套期。

②在风险净敞口滚动套期策略整个过程中，被套期净敞口的规模会发生变化，当其不为零时，企业使用符合条件的套期工具对净敞口进行套期，并通常采用套期会计方法。

③如果企业不对净敞口为零的项目组合运用套期会计，将导致不一致的会计结果，因为不运用套期会计方法将不会确认在净敞口套期下确认的相互抵销的风险敞口。

三、套期会计方法

（一）套期会计方法的概念及适用条件

套期会计方法，是指企业将套期工具和被套期项目产生的利得或损失在相同会计期间计入当期损益（或其他综合收益）以反映风险管理活动影响的方法。比如，某企业拟对 6 个月之后很可能发生的贵金属销售进行现金流量套期，为规避相关贵金属价格下跌的风险，该企业可于现在卖出相同数量的该种贵金属期货合同并指定为套期工具，同时指定预期的贵金属销售为被套期项目。资产负债表日（假定预期贵金属销售尚未发生），期货合同的公允价值上涨了 100 万元，对应的贵金属预期销售价格的现值下降了 100 万元。假定上述套期符合运用套期会计方法的条件，该企业应将期货合同的公允价值变动计入其他综合收益，待预期销售交易实际发生时，再转出调整销售收入。

套期关系仅在符合下列所有条件时，方可采用套期会计。

（1）套期关系仅由符合条件的套期工具和被套期项目组成。

（2）在套期开始时，企业正式指定了套期工具和被套期项目，并准备了关于套期关系和企业从事套期的风险管理策略和风险管理目标（即如何利用套期工具对被套期项目的特定风险敞口进行套期）的书面文件。该文件至少载明了套期工具、被套期项目、被套期风险的性质以及套期有效性评估方法（包括套期无效部分产生的原因分析以及套期比率确定方法）等内容。

（3）套期关系符合下列所有套期有效性规定。套期有效性是指套期工具的公允价值或现金流量变动能够抵销被套期项目的公允价值或现金流量变动的程度。套期工具的公允价值或现金流量变动大于或小于被套期项目的公允价值或现金流量变动的部分为套期无效部分。

（二）套期有效性的评价

套期同时满足下列条件的，企业应当认定套期关系符合套期有效性要求。

（1）被套期项目和套期工具之间存在经济关系。该经济关系使得套期工具和被套期项目的价值因面临相同的被套期风险而发生方向相反的变动。因此，必须可预期套期工具价值及被套期项目价值将随相同目标或经济上相关目标的变动而有系统地变动（与对所规避风险反映的方式类似）。当套期工具及被套期项目的目标不同但其于经济上相关，仍可能会发生其价值同向变动的情况，例如因两相关目标间的价差发生变动，但两目标本身并未显著变动。若在目标变动时，仍预期套期工具及被套期项目的价值通常呈反向变动，这一情况仍与套期工具与被套期项目间的经济关系存在的规定一致。经济关系是否存在的评估包括对在套期关系期间内的套期关系的可能行为分析，以确定是否套期关系预期能符合风险管理目标，两项变量间仅存在统计相关性本身并不足以支持经济关系存在的结论为有效。

（2）被套期项目和套期工具经济关系产生的价值变动中，信用风险的影响不占主导（或支配）地位。套期有效性不仅取决于该等项目间的经济关系（即其目标的变动），也取决于信用风险对套期工具与被套期项目两者价值的影响。信用风险的影响，是指即使套期工具与被套期项目间有经济关系，抵销的程度可能变得不稳定。其原因可能为套期工具或被套期项目的信用风险变动幅度足以使信用风险主导经济关系所产生的价值变动。能达到主导幅度的程度是指，即使目标变动重大，信用风险所产生的损失（或利得）将大幅降低该目标变动对套期工具或被套期项目价值的影响。反之，若在特定期间内目标几乎没有变动，即使与信用风险相关的套期工具或被套期项目价值小幅变动，仍可能超过目标的影响，此状况并未造成主导。如企业使用无担保衍生工具对商品价格风险的敞口进行套期。若该衍生工具的交易对方的信用地位严重恶化，则交易对方信用地位变动对套期工具的公允价值的影响可能超过商品价格变动对套期工具的公允价值的影响，而被套期项目的价值变动大部分取决于商品价格变动。

（3）套期关系的套期比率，应当等于企业实际套期的被套期项目数量与对其进行套期的套期工具实际数量之比，但不应当反映被套期项目和套期工具相对权重的失衡，这种失衡会导致套期无效，并可能产生与套期会计目标不一致的会计结果。因此，就指定套期关系的目的而言，必要时，企业须调整其实际使用的被套期项目数量及套期工具数量所计算出的套期比率，以避免此种不平衡。例如，企业确定拟采用的套期比率是为了避免确认现金流量套期的套期无效部分，或是为了创造更多的被套期项目进行公允价值调整以达到增加使用公允价值会计的目的，可能会产生与套期会计目标不一致的会计结果。再如，企业对某一项目的敞口所作的套期为85%（低于100%），则应使用一套期比率指定套期关系，该套期比率应与 85%敞口及企业实际用以对该 85%敞口进行套期的套期工具数量两者的比率相等。

企业应当在套期开始日及以后期间持续地对套期关系是否符合套期有效性要求进行评估，尤其应当分析在套期剩余期限内预期将影响套期关系的套期无效部分产生的原因。企业至少应当在资产负债表日及相关情形发生重大变化将影响套期有效性要求时对套期关系进行评估。该评估与套期有效性的预期相关，因而仅具前瞻性。

套期关系由于套期比率的原因而不再符合套期有效性要求，但指定该套期关系的风险管理目标没有改变的，企业应当进行套期关系再平衡。套期关系再平衡，是指对已经存在的套期关系中被套期项目或套期工具的数量进行调整，以使套期比率重新符合套期有效性要求。基于其他目的对被套期项目或套期工具所指定的数量进行变动，不构成这里所称的套期关系再平衡。企业在套期关系再平衡时，应当首先确认套期关系调整前的套期无效部分，并更新在套期剩余期限内预期将影响套期关系的套期无效部分产生原因的分析，同时相应更新套期关系的书面文件。

（三）套期有效性评价方法

企业应采用把握套期关系的相关特性（包括套期无效性的来源）的定性或定量的方法进行套期有效性评价。常见的套期有效性评价方法主要有主要条款比较法、比率分析法和回归分析法等。

1. 主要条款比较法

主要条款比较法是通过比较套期工具和被套期项目的主要条款，以确定套期是否有效的方法。套期工具和被套期项目的主要条款包括名义金额或本金、到期期限、内含变量、定价日期、商品数量、货币单位等。如果套期工具和被套期项目的所有主要条款均能准确地匹配，则可以认定因被套期风险引起的套期工具和被套期项目公允价值或现金流量变动可以互相抵销。这种方法只能适用于套期预期性评价，如以利率互换对利率风险进行套期，以远期合同对很可能发生的预期商品购买进行套期等。

2. 比率分析法

比率分析法也称金额对冲法，是通过比较被套期风险引起的套期工具和被套期项目公允价值或现金流量变动比率，以确定套期是否有效的方法。判断标准是套期工具和被套期项目变化的绝对数的比率在80%～125%之间。如套期工具的损失为120元，被套期项目的利得为100元，抵销结果为120/100=120%，或者100/120=83%，该比率在80%～125%的范围内，再假定在套期开始时及以后期间，该套期预期会高度有效地抵销套期指定期间被套期风险引起的公允价值变动或现金流量变动，则企业应认定为该套期高度有效。企业可以根据自身风险管理政策的特点，以自套期开始以来的累积变动数或以单个期间变动数为基础等进行比较，但在运用时二者可能会得出不同的结论。

【例5-8】　中航制造20×3年1月1日预期在20×4年1月1日对外出售一批商品（被套期项目——未来预期销售收入），为避免跌价风险，于20×3年1月1日与第三方签订了一项在20×4年1月1日以预期相同价格卖出相同数量的远期合同（套期工具），此时该远期合同的公允价值为零（因合同尚未履行）。假定套期开始时该现金流量套期高度有效。采用比率分析法进行套期有效性评价，套期期间（20×3年）该远期合同的公允价值及其变动、被套期项目的预计未来现金流量现值及其变动如表5-5、表5-6、表5-7所示。

表 5-5   以单个期间为基础比较   单位：万元

	3 月 31 日	6 月 30 日	9 月 30 日	12 月 31 日
套期工具公允价值变动	−100	−50	110	140
被套期项目预计现金流现值变动	90	70	−110	−140
套期有效程度/%	111	71.4	100	100
有效性评价（80%～125%）	√	非高度	√	√

表 5-6   以累积变动数为基础比较   单位：万元

	3 月 31 日	6 月 30 日	9 月 30 日	12 月 31 日
套期工具公允价值累积变动	−100	−150	−40	100
被套期项目预计现金流现值累积变动	90	160	50	−90
套期有效程度/%	111	93.8	80	111
有效性评价（80%～125%）	√	√	√	√

表 5-7   确定应计入所有者权益、当期损益的套期工具公允价值变动   单位：万元

	3 月 31 日	6 月 30 日	9 月 30 日	12 月 31 日
直接在其他综合收益中反映的套期工具公允价值变动额	−90	−150	−40	90
套期工具公允价值变动中的有效部分（计入其他综合收益）	−90	−60	110	130
套期工具公允价值变动中的无效部分（计入当期损益） 表 5-5 第 1 行减本表 2 行	−10	10	0	10
套期工具公允价值变动（表 5-5 第 1 行）	−100	−50	110	140

注：此例为现金流量套期，本表第一行数据按自套期开始套期工具的累计利得或损失与被套期项目的预计未来现金流量现值的累计变动额绝对值孰低者，列计为直接计入其他综合收益的变动额。

3. 回归分析法

回归分析法是以一定数量的观察数据为基础，利用数理统计方法建立自变量和因变量之间回归关系函数，通过分析套期工具和被套期项目价值变动之间是否具有高度相关性，来判断套期是否有效的一种方法。回归分析模型为

$$y = kx + b + \varepsilon$$

式中：因变量 y 为套期工具的公允价值变动；自变量 x 为被套期风险引起的被套期项目公允价值变动或预计未来现金流量现值变动；斜率 k 为套期工具价值变动/被套期项目价值变动的比率；b 为 y 轴上的截距；ε 为均值为零的随机变量，服从正态分布。

运用回归分析法对套期有效性进行判断时，只有全部满足以下条件方可认为是高度有效。

（1）回归直线的斜率 k 必须为负数，且其数值应在 −0.8～−1.25 之间。

（2）相关系数应大于或等于 0.96，该系数表明套期工具价值变动由被套期项目价值变动影响的程度。

（3）整个回归模型的统计有效性（F-测试）必须是显著的。F 值也称置信程度，表明自变量 x 与因变量 y 之间线性关系的强度。F 值越大，置信程度越高。

（四）套期会计方法的终止运用

企业发生下列情形之一的，应当终止运用套期会计。

（1）因风险管理目标发生变化，导致套期关系不再满足风险管理目标。

（2）套期工具已到期、被出售、合同终止或已行使。但是，发生下列情形之一的，不作为套期工具已到期或合同终止处理。

①套期工具展期或被另一项套期工具替换，而且该展期或替换是企业书面文件所载明的风险管理目标的组成部分。

②由于法律法规或其他相关规定的要求，套期工具的原交易对手方变更为一个或多个清算交易对手方（例如清算机构或其他主体），以最终达成由同一中央交易对手方进行清算的目的。如果存在套期工具其他变更的，该变更应当仅限于达成此类替换交易对手方所必须的变更。

（3）被套期项目与套期工具之间不再存在经济关系，或者被套期项目和套期工具经济关系产生的价值变动中，信用风险的影响开始占主导地位。

（4）套期关系不再满足套期会计方法的其他条件。在适用套期关系再平衡的情况下，企业应当首先考虑套期关系再平衡，然后评估套期关系是否满足运用套期会计方法的条件。

终止套期会计可能会影响套期关系的整体或其中一部分，在仅影响其中一部分时，剩余未受影响的部分仍适用套期会计。

在套期关系仍然同时满足风险管理目标和运用套期会计方法的其他条件的情况下，不得撤销套期关系的指定并由此终止套期关系。在适用套期关系再平衡的情况下，应当首先考虑套期关系再平衡，然后评估套期关系是否满足运用套期会计方法的条件。

（五）套期会计的特点

由以上可以看出，套期会计具有以下几个特点。

（1）特殊性：针对"套期"的特殊会计。

（2）综合性：同时涉及套期工具和被套期项目。

（3）目的性：对称地确认套期工具同被套期项目公允价值或现金流量变动形成的利得或损失，以保证企业锁定因被套期项目而产生的预期收益或损失。

四、套期的会计处理

（一）会计科目设置

企业应分别设置"套期工具"和"被套期项目"两个共同类科目对于套期业务进行核算。

"套期工具"科目，核算企业开展套期业务（包括公允价值套期、现金流量套期和境外经营净投资套期）的套期工具及其公允价值变动形成的资产或负债，可按套期工具类别或套期关系进行明细核算。其中，借方登记已确认的衍生工具资产指定为套期工具的转入；资产负债表日，对于有效套期，应按套期工具产生的利得的列计；不再作为衍生工具负债的转出。贷方登记已确认的衍生工具负债指定为套期工具的转入；资产负债表日，对于有效套期，应按套期工具产生的损失的列计；不再作为衍生工具资产的转出。期末余额为借方时，反映企业套期工具形成资产的公允价值；期末余额为贷方时，反映企业套期工具形成负债的公允价值。

"被套期项目"科目，核算企业开展套期业务的被套期项目及其公允价值变动形成的资产或负债，可按被套期项目类别或套期关系进行明细核算。该科目以公允价值为计量属性。其中：借方登记已确认的资产指定为被套期项目的转入（按账面价值）；资产负债表日，对于有效套期，按被套期项目产生的利得列计；负债不再作为被套期项目的转出（按已确认的价值）。贷方登记已确认的负债指定为被套期项目的转入（按账面价值）；资产负债表日，对于有效套期，应按被套期项目产生的损失列计；资产不再作为被套期项目的转出（按已确认的价值）。期末余额为借方时，反映企业被套期项目形成资产的公允价值；期末余额为贷方时，反映企业被套期项目形成负债的公允价值。

对于在套期期间应列计为其他综合收益的，应在"其他综合收益"科目下设置"套期储备""套期损益"和"套期成本"明细科目。其中："套期储备"用以核算现金流量套期下套期工具累计公允价值变动中的套期有效部分，可按套期关系进行明细核算；"套期损益"用以核算公允价值套期下对指定为以公允价值计量且其变动计入其他综合收益的非交易性权益工具投资或其组成部分进行套期时，套期工具和被套期项目公允价值变动形成的利得和损失，可按套期关系进行明细核算；"套期成本"用以核算将期权的时间价值、远期合同的远期要素或金融工具的外汇基差排除在套期工具之外时，期权的时间价值等产生的公允价值变动，可按套期关系进行明细核算。

对于应列计为当期损益的套期损益，可以专设"套期损益"科目进行核算，也可以并入"投资收益"科目核算。对于净敞口套期的，可以专设"净敞口套期损益"科目，用以核算净敞口套期下被套期项目累计公允价值变动转入当期损益的金额或现金流量套期储备转入当期损益的金额，可按套期关系进行明细核算。

套期会计的核心，是在同一会计期间对称地确认套期工具的利得（或损失）与被套期项目的损失（或利得），以体现套期效应。在会计处理中将同时涉及套期工具和被套期项目，目的是对称地确认套期工具和被套期项目公允价值或现金流量变动形成的利得或损失，以保证企业锁定因被套期项目而产生的预期收益或损失。

（二）公允价值套期的会计处理

公允价值套期满足运用套期会计方法条件的，其套期关系应当按照下列规定处理。

（1）套期工具的处理。一方面，套期工具的计量属性通常是公允价值，应按套期工具的公允价值变动额调整套期工具的账面价值；另一方面，以其公允价值变动额作为套期工具产生的利得或损失将其计入当期损益，但若是对选择以公允价值计量且其变动计入其他综合收益的非交易性权益工具投资（或其组成部分）进行套期的，应当匹配地将该利得或损失计入其他综合收益。

（2）被套期项目的处理。与套期工具相对应，被套期项目因被套期风险敞口形成的利得或损失应当计入当期损益（与套期工具的处理反向，以示抵销），同时调整未以公允价值计量的已确认被套期项目的账面价值。但还需要区分下列不同情况。

①被套期项目被分类为以公允价值计量且其变动计入其他综合收益的金融资产（或其组成部分）的，其因被套期风险敞口形成的利得或损失应当计入当期损益，其账面价值已经按公允价值计量，则不需要调整；被套期项目为选择以公允价值计量且其变动计入其他综合收益的非交易性权益工具投资（或其组成部分）的，其因被套期风险敞口形成的利得或损失应当计入其他综合收益，其账面价值已经按公允价值计量，则不需要调整。

②被套期项目为尚未确认的确定承诺（或其组成部分）的，其在套期关系指定后因被套期风险引起的公允价值累计变动额应当确认为一项资产或负债，相关的利得或损失应当计入各相关期间损益。当履行确定承诺而取得资产或承担负债时，应当调整该资产或负债的初始确认金额，以包括已确认的被套期项目的公允价值累计变动额。

③被套期项目为以摊余成本计量的金融工具（或其组成部分）的，对被套期项目账面价值所作的调整应当按照开始摊销日重新计算的实际利率进行摊销，并计入当期损益。该摊销可以自调整日开始，但不应当晚于对被套期项目终止进行套期利得和损失调整的时点。被套期项目被分类为以公允价值计量且其变动计入其他综合收益的金融资产（或其组成部分）的，企业应当按照相同的方式对累计已确认的套期利得或损失进行摊销，并计入当期损益，但不调整金融资产（或其组成部分）的账面价值。

扩展阅读 5-3：公允价值套期的会计处理实例

【例 5-9】 20×3 年 1 月 1 日，中航制造决定用某种衍生工具对库存商品进行公允价值套期。套期开始时，衍生工具的公允价值为零，库存商品的账面价值为 2 100 万元，公允价值（预测售价）为 2 310 万元。20×3 年 6 月 30 日，衍生工具的公允价值上升 262.5 万元，库存商品公允价值下降 257.5 万元，将库存商品售出。假定不考虑其他因素，且该业务符合套期有效性要求。中航制造的会计处理如下。

（1）套期开始时，应做会计分录为：

借：被套期项目　　　　　　　　　　　　　　　　　21 000 000
　　贷：库存商品　　　　　　　　　　　　　　　　　　21 000 000

（2）套期期末时，应做会计分录为：

借：套期工具　　　　　　　　　　　　　　　　　　2 625 000
　　贷：套期损益　　　　　　　　　　　　　　　　　　 2 625 000

借：套期损益　　　　　　　　　　　　　　　　　　2 575 000
　　贷：被套期项目　　　　　　　　　　　　　　　　　 2 575 000

（3）出售库存商品并净额结算衍生工具时，应做会计分录为：

借：银行存款（或应收账款）　　　　　　　　　　　20 525 000
　　贷：主营业务收入（23 100 000 − 2 575 000）　　　 205 25 000

借：主营业务成本　　　　　　　　　　　　　　　　18 425 000
　　贷：被套期项目（21 000 000 − 2 575 000）　　　　 18 425 000

借：银行存款　　　　　　　　　　　　　　　　　　2 625 000
　　贷：套期工具　　　　　　　　　　　　　　　　　　 2 625 000

由于中航制造采用了套期策略，规避了库存商品公允价值变动风险，因此其库存商品公允价值下降没有对预期毛利额 2 100 万元产生不利影响。

（三）现金流量套期的会计处理

现金流量套期满足运用套期会计方法条件的，其套期关系应当按照下列规定处理。

（1）套期工具的处理。按照套期工具产生的利得或损失调整套期工具的账面价值；同时，将其中属于套期有效部分作为现金流量套期储备计入其他综合收益，目的是将套期工具产生的利得或损失递延至被套期的预期未来现金流量影响损益的同一期间或多个期间；将属于套期无效部分（即扣除计入其他综合收益后的其他利得或损失）计入当期损益。

现金流量套期储备的金额，应当按照套期工具自套期开始的累计利得或损失和被套期项目自套期开始的预计未来现金流量现值的累计变动额二者绝对额孰低者确定。每期计入其他综合收益的现金流量套期储备的金额应当为当期现金流量套期储备的变动额。

（2）现金流量套期储备的处理。对于按照上述确定的现金流量套期储备的金额，应区分下列不同情况进行处理。

①被套期项目为预期交易，且该预期交易使企业随后确认一项非金融资产或非金融负债的，或者非金融资产或非金融负债的预期交易形成一项适用于公允价值套期会计的确定承诺时，应当将原在其他综合收益中确认的该金额转出，计入该资产或负债的初始确认金额。此项处理不属于对其他综合收益的重分类调整，因此，不影响其他综合收益。

②对于不属于①所涉及的现金流量套期，应当在被套期的预期现金流量影响损益的相同期间，将原在其他综合收益中确认的该金额转出，作为重分类调整，计入当期损益。

③如果在其他综合收益中确认的现金流量套期储备金额是一项损失，且该损失全部或部分预计在未来会计期间不能弥补的，应当在当期立即将预计不能弥补的部分从其他综合收益中转出，作为重分类调整，计入当期损益。

④当对现金流量套期终止运用套期会计时，在其他综合收益中确认的该金额应当按照下列方式处理：一是被套期的未来现金流量预期仍会发生的，该金额应当予以保留，继续按照上述现金流量套期储备的处理要求进行处理；二是被套期的未来现金流量预期不再发生的，该金额应当从其他综合收益中转出，作为重分类调整计入当期损益。被套期的未来现金流量预期不再极可能发生但可能预期仍会发生，在预期仍会发生的情况下，该金额应当予以保留，继续按照上述现金流量套期储备的处理要求进行处理。

【例 5-10】 20×3 年 1 月 1 日，中航制造决定采用衍生工具对库存商品预期出售相关的现金流量进行套期，当日衍生工具的公允价值为零。套期期间结束时，库存商品的预期出售数量为 200 件，预期总售价为 6 600 万元；衍生工具的公允价值上升 52.5 万元，库存商品实际售价总额下降 47.5 万元。假设不考虑其他因素，且该业务符合套期有效性要求。中航制造的有关会计处理如下。

（1）套期开始时，套期工具公允价值为 0，被套期项目尚未发生，不予以确认。

（2）套期结束时，对套期公允价值变动进行确认，并净额结算衍生工具时，应做会计分录为：

借：套期工具　　　　　　　　　　　　　　　　　　　　　　525 000

　　贷：其他综合收益——套期储备（对库存商品售价变动有效套期部分）475 000

　　　　套期损益（对库存商品售价变动无效套期部分）　　　　50 000

借：银行存款　　　　　　　　　　　　　　　　　　　　　　525 000

　　贷：套期工具　　　　　　　　　　　　　　　　　　　　525 000

（3）套期结束，如果出售库存商品时，应做会计分录为：

借：银行存款（或应收账款）　　　　　　　　　　　　　　65 525 000

　　贷：主营业务收入　　　　　　　　　　　　　　　　　65 525 000

（4）将现金流量套期储备金额转出，调整主营业务收入，应做会计分录为：

借：其他综合收益——套期储备　　　　　　　　　　　　　　475 000

　　贷：主营业务收入　　　　　　　　　　　　　　　　　　475 000

【例 5-11】　20×3 年 9 月 1 日，中航制造预期将在三个月后购买现价总额为 9 000 万元的 M 商品。为规避商品价格上涨风险，在期货市场上签订了出售等值的三个月 M 商品的远期合同，假设该远期合同未发生成本。20×3 年 12 月 1 日，M 商品售价上涨 54 万元，远期合同增值 64.8 万元，中航制造将其划分为现金流量套期。本例中，套期工具为出售 M 商品的远期合同，被套期项目为预期购买 M 商品的交易（由于尚未发生，可不列为"被套期项目"进行处理）。

（1）9 月 1 日，中航制造在签订承诺远期出售期货合同时公允价值为 0，可不进行处理，只需对套期做表外登记。

（2）12 月 1 日，确定期货合同公允价值变动（即套期工具利得）时，应做会计分录为：

借：套期工具——远期出售合同　　　　　　　　　　　　　　648 000

　　贷：其他综合收益——套期储备（有效套期部分利得）　　540 000

　　　　套期损益（无效套期部分利得）　　　　　　　　　　108 000

（3）12 月 1 日，按公允价值变动差额结算到期期货合同时，应做会计分录为：

借：银行存款　　　　　　　　　　　　　　　　　　　　　　648 000

　　贷：套期工具——远期出售合同　　　　　　　　　　　648 000

（4）12 月 1 日，如果预期购买 M 商品的交易发生时（预期交易后续导致确认非金融资产），应做会计分录为：

借：库存商品　　　　　　　　　　　　　　　　　　　　　90 540 000

　　贷：银行存款　　　　　　　　　　　　　　　　　　　90 540 000

借：其他综合收益——套期储备　　　　　　　　　　　　　　540 000

　　贷：库存商品　　　　　　　　　　　　　　　　　　　　540 000

（四）境外经营净投资套期的会计处理

对境外经营净投资的套期，包括对作为净投资的一部分进行会计处理的货币性项目的套期，实质上是对外汇风险敞口的套期，而不是对该投资价值变动的公允价值套期，因此，应当按照类似于现金流量套期会计的规定，仅对套期工具形成的利得或损失按照下列方式进行处理：①属于套期有效的部分，应当计入其他综合收益，并列为单独权益反映，待以后全部或部分处置境外经营时，再将其相应部分转出，作为重分类调整，计入当期损益；②属于套期无效的部分，应当计入当期损益。

【例 5-12】 20×3 年 11 月 1 日，中航制造与中国银行签订一项远期合同，为其在英国的子公司 20×3 年 12 月 31 日的预期 1 200 万英镑年终净资产进行套期保值。合同约定，按 60 天期的远期汇率 1 英镑 = 14.3 元人民币卖出 1 200 万英镑。当日即期汇率 1 英镑 = 14.27 元人民币，12 月 31 日即期汇率率 1 英镑 = 13.9 元人民币。

在这里，套期工具是卖出 1 200 万英镑的远期合同，被套期项目是预期境外经营子公司的净资产 1 200 万英镑。其中包含两类业务：一是利用外汇远期合同的即期汇率变动对境外经营净投资的套期保值；二是境外经营净投资随着即期汇率变动而产生的未来现金流量变动。其性质为对与时间段相关的被套期项目进行套期，只对指定为套期工具的外汇远期合同按套期工具进行核算，对境外经营净投资作为被套期项目仅做表外登记。有关会计处理如下。

（1）11 月 1 日，外汇远期合同的公允价值为 0，不做账务处理。

（2）12 月 31 日，确认套期工具产生的利得为 4 800 000 [（14.3 - 13.9）×1 200 万英镑]元，被套期项目自套期开始的预计未来现金流量现值的累计变动额为 –4 440 000 [（13.9 - 14.27）×1 200 万英镑]元，则套期有效部分为 4 440 000 元。

①确认外汇远期合同的公允价值变动时，应做会计分录为：

借：套期工具——外汇远期合同 　　　　　　　　　　　　　　　　4 800 000
　　贷：其他综合收益——外币报表折算差额 　　　　　　　　　　　　　4 440 000
　　　　套期损益 　　　　　　　　　　　　　　　　　　　　　　　　　360 000

②确认子公司净投资的汇兑损益时，应做会计分录为：

借：其他综合收益——外币报表折算差额 　　　　　　　　　　　　　4 440 000
　　贷：长期股权投资 　　　　　　　　　　　　　　　　　　　　　　4 440 000

③结算远期合同时，应做会计分录为：

借：银行存款——人民币 　　　　　　　　　　　　　　　　　　　　4 800 000
　　贷：套期工具——外汇远期合同 　　　　　　　　　　　　　　　　4 800 000

境外经营净投资中套期工具形成的利得在其他综合收益中列示，直至子公司被处置。

（五）套期会计中其他问题的处理

1. 套期关系再平衡的处理

企业根据规定对套期关系做出再平衡的，应当在调整套期关系之前确定套期关系的套期无效部分，并将相关利得或损失计入当期损益。

扩展阅读 5-4：套期关系再平衡的会计处理实例

套期关系再平衡可能会导致增加或减少指定套期关系中被套期项目或套期工具的数量。增加了指定的被套期项目或套期工具的，增加部分自指定增加之日起作为套期关系的一部分进行处理；减少了指定的被套期项目或套期工具的，减少部分自指定减少之日起不再作为套期关系的一部分，作为套期关系终止处理。

2. 被套期项目为风险净敞口的套期的处理

对于被套期项目为风险净敞口的套期，被套期风险影响利润表不同列报项目的，应当将相关套期利得或损失单独列报，不应当影响利润表中与被套期项目相关的损益列报项目金额（如营业收入或营业成本）。对于被套期项目为风险净敞口的公允价值套期，涉及调整被套期各组成项目账面价值的，应当对各项资产和负债的账面价值做相应调整。

扩展阅读 5-5：风险净敞口套期的会计处理实例

3. 对被套期项目为一组项目进行套期的处理

除上述被套期项目为风险净敞口的套期的处理外，①对于被套期项目为一组项目的公允价值套期，在套期关系存续期间，应当针对被套期项目组合中各组成项目，分别确认公允价值变动所引起的相关利得或损失，按照公允价值套期进行相应处理，计入当期损益或其他综合收益。涉及调整被套期各组成项目账面价值的，应当对各项资产和负债的账面价值做相应调整。②对于被套期项目为一组项目的现金流量套期，在将其他综合收益中确认的相关现金流量套期储备转出时，应当按照系统、合理的方法将转出金额在被套期各组成项目中分摊，并按照现金流量套期储备的规定进行相应处理。

4. 期权作为套期工具的内在价值与时间价值的处理

根据前述将期权的内在价值和时间价值分开，只将期权的内在价值变动指定为套期工具时，其内在价值的变动，应按照前述与套期工具相同的会计处理方法进行处理。而对其时间价值，则应当区分被套期项目的性质是与交易相关还是与时间段相关（即如何及何时影响损益）分别进行以下会计处理。

（1）对于与交易相关的被套期项目，对其进行套期的期权时间价值具备交易成本的特征，应将期权时间价值的公允价值变动中与被套期项目相关的部分计入其他综合收益。对于在其他综合收益中确认的期权时间价值的公允价值累计变动额，应当按照与现金流量套期储备金额相同的会计处理方法进行处理。具体而言：在套期关系开始时，期权的实际时间价值高于校准时间价值的，应当以校准时间价值为基础，将其累计公允价值变动计入其他综合收益，并将这两个时间价值的公允价值变动差额计入当期损益；反之，应当将两个时间价值中累计公允价值变动的较低者计入其他综合收益，如果实际时间价值的累计公允价值变动扣减累计计入其他综合收益金额后尚有剩余的，应当计入当期损益。

例如，企业就商品价格风险（期权时间价值）对购买商品交易进行套期，不论购买该商品是预期交易或确定承诺，均将交易的成本纳入存货的初始计量。这样，期权时间价值就与被套期项目交易有关，并将其纳入特定被套期项目的初始计量，故时间价值与该被套期项目同时影响损益。同样地，对商品的销售进行套期，将期权时间价值纳入与该销售有关的成本的一部分时，时间价值与来自被套期销售的收入会在同一期间内确认为损益。

（2）对于与时间段（期间）相关的被套期项目，对其进行套期的期权时间价值具备为保护企业在特定时间段内规避风险所需支付成本的特征（但被套期项目并未导致如所述的涉及交易成本的交易），应将期权时间价值的公允价值变动中与被套期项目相关的部分计入其他综合收益。例如，对预期 6 个月库存商品公允价值下跌进行套期，或用外汇期权对国外经营机构净投资进行 18 个月套期等。同时，应当按照系统、合理的方法，将期权被指定为套期工具当日的时间价值中与被套期项目相关的部分，在套期关系影响损益或其他综合收益（仅限于企业对指定为以公允价值计量且其变动计入其他综合收益的非交易性权益工具投资的公允价值变动风险敞口进行的套期）的期间内摊销，摊销金额从其他综合收益中转出，计入当期损益。若终止运用套期会计，则其他综合收益中剩余的相关金额应当转出，计入当期损益。例如对预期 6 个月库存商品公允价值下跌进行套期，则使用相同期间期权时间价值将其在未来 6 个月内分摊至损益。但在停止使用套期会计时，对已累计在单独权益中的未摊销净额应立即转为当期损益。

期权的主要条款（如名义金额、期限和标的）与被套期项目相一致的，期权的实际时间价值与被套期项目相关；期权的主要条款与被套期项目不完全一致的，应当通过对主要条款与被套期项目完全一致的期权进行估值确定校准时间价值，并确认期权的实际时间价值中与被套期项目相关的部分。

在套期关系开始时：期权的实际时间价值高于校准时间价值的，应当以校准时间价值为基础，将其累计公允价值变动计入其他综合收益，并将这两个时间价值的公允价值变动差额计入当期损益；反之，应当将两个时间价值中累计公允价值变动的较低者计入其他综合收益，如果实际时间价值的累计公允价值变动扣减累计计入其他综合收益金额后尚有剩余的，应当计入当期损益。

扩展阅读 5-6：期权时间价值的会计处理实例

【例 5-13】20×3 年 1 月 1 日中航制造发行一只 7 年期浮动利率债券后，为了防范 2 年利率上升风险，则买入了一份期限为 2 年的利率上限期权。该公司按照现金流量套期来进行会计处理，且仅将利率上限期权的内在价值指定为套期工具。

假定该期权在被指定为套期工具时的实际时间价值为 20 万元，且实际时间价值等于校准时间价值。中航制造在保护期（即前 2 年）内按照系统、合理的方法将其分摊至当期损益。为简化核算，本例采用直线法进行分摊，期权的有关价值变动见表 5-8。

表 5-8　期权的有关价值变动表　　　　　　　　　　　　单位：万元

项目	指定套期时	20×3 年年末	20×4 年年末	合计
期权的时间价值	20	13	0	
计入其他综合收益的公允价值变动	—	7	13	20
从其他综合收益转出（分摊）的金额	—	10	10	20

中航制造有关期权时间价值的账务处理如下：

（1）20×3 年，应做会计分录为：

借：其他综合收益——套期成本　　　　　　　　　　　　　　　　　70 000
　　贷：衍生工具　　　　　　　　　　　　　　　　　　　　　　　　　　70 000
借：财务费用　　　　　　　　　　　　　　　　　　　　　　　　 100 000
　　贷：其他综合收益——套期成本　　　　　　　　　　　　　　　　　　100 000

（2）20×4年，应做会计分录为：

借：其他综合收益——套期成本　　　　　　　　　　　　　　130 000

　　贷：衍生工具　　　　　　　　　　　　　　　　　　　　　　　130 000

借：财务费用　　　　　　　　　　　　　　　　　　　　　　100 000

　　贷：其他综合收益——套期成本　　　　　　　　　　　　　　　100 000

5. 远期合同作为套期工具的远期要素和即期要素的处理

按规定将远期合同的远期要素和即期要素分开、只将即期要素的价值变动指定为套期工具的，或者将金融工具的外汇基差单独分拆、只将排除外汇基差后的金融工具指定为套期工具的，可以按照与上述期权时间价值相同的处理方式对远期合同的远期要素或金融工具的外汇基差进行会计处理。

6. 信用风险敞口的公允价值选择权的处理

企业使用以公允价值计量且其变动计入当期损益的信用衍生工具管理金融工具（或其组成部分）的信用风险敞口时，在同时满足金融工具信用风险敞口的主体（如借款人或贷款承诺持有人）与信用衍生工具涉及的主体相一致、金融工具的偿付级次与根据信用衍生工具条款须交付的工具的偿付级次相一致的情况下，可以在该金融工具（或其组成部分）初始确认时、后续计量中或尚未确认时，将其指定为以公允价值计量且其变动计入当期损益的金融工具，并同时做出书面记录。在做此指定时，应将其账面价值（如有）与其公允价值之间的差额计入当期损益。如该金融工具被分类为以公允价值计量且其变动计入其他综合收益的金融资产的，应将之前计入其他综合收益的累计利得或损失转出，计入当期损益。

当同时出现：①上述条件不再适用，例如信用衍生工具或金融工具（或其一定比例）已到期、被出售、合同终止或已行使，或企业的风险管理目标发生变化，不再通过信用衍生工具进行风险管理。②金融工具（或其一定比例）按照其确认和计量的规定，仍然不满足以公允价值计量且其变动计入当期损益的金融工具的条件的，应当对该金融工具（或其一定比例）终止以公允价值计量且其变动计入当期损益。此时，该金融工具（或其一定比例）在终止时的公允价值应当作为其新的账面价值，同时，采用与该金融工具被指定为以公允价值计量且其变动计入当期损益之前相同的方法进行计量。

练　习　题

练习题 1

一、目的：练习远期外汇合同的会计处理。

二、资料：中原装备在 20×3 年 11 月 1 日与银行签订一项出售美元换回人民币的远期售汇合同，出售 200 000 美元，3 个月后交割，期汇汇率 6.321 元人民币：1 美元，该公司以人民币为记账本位币。有关汇率资料如表 5-9 所示。

表 5-9　远期售汇合同有关汇率资料

日期	即期汇率	远期汇率
20×3.11.01	6.3410	6.3210（3 个月）
20×3.12.31	6.2934	6.2960（1 个月）
20×4.01.31	6.2887	6.2887

三、要求：据此为中原装备进行有关会计处理（货币时间价值忽略不计）。

练习题 2

一、目的：练习股指期货的会计处理。

二、资料：

1. 海鑫基金于 20×3 年 1 月初看好万科股票，欲在月底资金到账后买入 60 万股，假定当日股价为 7.00 元/股。通过计算，海鑫基金可以通过买进 5 份沪深 300 股指期货合同，对上述股票进行套期保值。

2. 1 月 15 日，当日沪深 300 股指期货合同结算价为 2 730 点，以 100 万元在某期货公司开立保证金账户。

3. 1 月 16 日，以 2 700 点买进 5 份 IF1606 合同，并卖空 3 份 IF1606 合同，合同乘数为 300，初始保证金比例 10%，手续费比例 0.5%（下同），该合同当日结算价为 2 750 点。假设此后一段时间股指均未变化，公司也未有买入卖出交易。

4. 1 月 30 日，以 2 770 点平仓 5 份 IF1606 买入合同，以 2 740 点交割 3 份 IF1606 卖空合同，同时以每份 2 800 点买入 4 份 IF1606 合同，以每份 2 770 点卖出 3 份 IF1606 合同，该合同当日结算价为 2 820 点，当日再次存入保证金 100 万元。

5. 1 月 31 日，从保证金户取出 50 万元。

三、要求：据此为海鑫基金进行有关会计处理，并列示出必要的计算。

练习题 3

一、目的：练习利率互换的会计处理。

二、资料：中原装备 20×3 年年初有 1 000 万元、下年末到期的固定利息（利率 7%）贷款，预计利率将下跌，于 20×3 年 1 月 1 日与银行签订了一份本金为 1 000 万元、为期两年的利率互换合同，合同规定，银行按年固定利率 7% 为中原装备支付固定利息，中原装备支付给银行浮动利息。20×3 年年初浮动利率为 7%，年末浮动利率为 6.8%，20×4 年年末浮动利率 6.6%，每年年末结算支付利息。中原装备手中没有被套期项目。

三、要求：据此为中原装备进行有关会计处理。

练习题 4

一、目的：练习外汇互换的会计处理。

二、资料：B 公司因业务需要 100 万英镑，与 A 公司签订了一项外汇互换合同，合同规定：B 公司于 20×3 年 1 月 1 日按面值发行年利率 8%、期限 2 年、每年年末付息的 152 万美元的公司债券，并贷给 A 公司；A 公司于同日按面值发行年利率 8%、期限 2 年、每年年末付息的 100 万英镑的公司债券，并贷给 B 公司。双方在互换合同中锁定的货币兑换汇率为 1 英镑 = 1.52 美元。B 公司记账本位币为美元。其他即期汇率资料为：20×3 年 1 月 1 日 1 英镑 = 1.61 美元，20×3 年 12 月 31 日 1 英镑 = 1.62 美元，20×4 年 12 月 31 日汇率 1 英镑 = 1.60 美元。

三、要求：据此为 B 公司进行有关会计处理。

练习题 5

一、目的：练习公允价值套期的会计处理。

二、资料：20×3 年 4 月 1 日，中原装备持有 10 万吨 M 商品存货，供正常营业过程中销售之用，目前市价为 72 元/吨，成本为 64 元/吨。公司担心这批存货的公允价值会下跌，决定在期货市场上签订售出 M 商品 6 月份交割的期货合同 2 份，每份 5 万吨，期货价格 72 元/吨。假设初始保证金 5%，不考虑佣金等费用。6 月末现货、期货价均跌为 68 元/吨，决定对冲平仓。

三、要求：据此为中原装备进行有关会计处理。

练习题 6

一、目的：练习现金流量套期的会计处理。

二、资料：20×3 年 1 月 1 日，中原装备预期在 20×3 年 2 月 28 日销售一批商品，数量为 100 吨，预期售价为 100 万元。为规避该预期商品销售中与商品价格有关的现金流量变动风险，中原装备与某金融机构签订了一项商品期货合同，且将其指定为对该预期商品销售的套期工具。商品期货合同的标的资产与被套期预期销售商品在数量、质次、价格变动和产地等方面相同，并且商品销售期货合同的结算日和预期商品销售日均为 20×3 年 2 月 28 日。

20×3 年 1 月 1 日，商品期货合同的公允价值为 0。20×3 年 1 月 31 日，商品期货合同的公允价值上涨了 15 000 元，预期销售价格下降了 15 000 元。20×3 年 2 月 28 日，商品期货合同的公允价值上涨了 10 000 元，商品销售价格下降了 10 000 元。当日，中原装备将商品出售，并结算了商品期货合同。

中原装备认为该套期符合套期有效性条件。假定不考虑商品销售相关的增值税及其他因素，且不考虑期货市场无负债结算制度的影响。

三、要求：据此为中原装备进行有关会计处理。

练习题 7

一、目的：练习境外经营净投资套期的会计处理。

二、资料：20×3 年 11 月 1 日，中原装备与中国银行签订一项远期合同，为其在英国的子公司预期当年末净资产额 800 万英镑进行套期。合同约定，按 60 天期的远期汇率 1 英镑 = 14.3 元人民币卖出 800 万英镑，当日即期汇率 1 英镑 = 14.27 元人民币，12 月 31 日的即期汇率 1 英镑 = 13.9 元人民币，英国子公司 20×3 年 12 月 31 日资产负债表上的实际净资产为 863 万英镑。

三、要求：据此为中原装备进行有关会计处理。

2022 年 5 月 16 日，天齐锂业股份有限公司（以下简称"天齐锂业"，股票代码 002466）收到了来自深圳证券交易所的问询函，问询函中提到：你公司衍生品投资情况中报告期实际损益金额为-4 969.83 万元。你公司将所持有的部分智利矿业化工（SQM）公司 B 股股票押记给摩根士丹利，以取得 3 年期借款，并买入与押记股票数额相当的看跌期权，作为借款偿还能力的保证，同时卖出与押记股票数额相当的看涨期权以对冲部分融资成本，上述看跌期权将于 2022 年全部到期，故你公司将其由其他非流动金融资产重分类至交易性金融资产。①请说明近三年套期产品和衍生金融工具的主要标的、金额、具体执行、盈亏情况，对投资收益、公允价值变动收益、其他综合收益、衍生金融资产、衍生金融负债、其他非流动金融资产、交易性金融资产等会计科目的具体影响及影响原因，套期保值业务规模与公司现货经营是否匹配，相关会计处理是否符合企业会计准则的规定，是否与同行业可比公司一致。②请说明将看跌期权由其他非流动金融资产重分类至交易性金融资产的具体过程，期末余额较期初余额发生较大变动的原因，具体会计处理及合规性。③请说明卖出的看涨期权报告期发生的具体变动情况。④请说明近 3 年套期保值业务亏损的原因及合理性，结合套保业务决策流程、人员权限及审批情况说明对期货业务的风险防控措施，是否能够有效控制投资风险，是否存在超过授权限额进行高风险期货投资的情形。⑤衍生品投资情况中期初投资金额、报告期内购入金额、报告期内售出金额、计提减值准备金额、期末投资金额、期末投资金额占公司报告期末净资产比例均为 0，请说明是否有误，若有误，请更正。请会计师事务所核查①～③事项并发表明确意见。

资料来源：http://www.cninfo.com.cn/new/disclosure/detail?orgId=9900014189&announcementId=1213532510&announcementTime=2022-05-28

1. 企业套期业务亏损的原因主要有哪些？套期业务亏损是否一定意味着套期目的未实现？

2. 企业在套期过程中面临着哪些风险？应如何控制这些风险？

3. 在套期业务处理以及套期会计信息披露过程中，面临着哪些职业道德风险？应如何防范这些风险？

第六章

物价变动会计

【本章学习提示】

- 本章重点：物价变动对历史成本会计的影响和冲击；物价变动会计的理论基础；会计计量模式的选择；一般物价水平会计的处理要点；现时成本会计的处理要点；现值会计的处理要点。

- 本章难点：各种资本保全理论的含义及其应用；一般物价水平会计下净货币项目的损益的计算；现时成本会计下非货币性资产持有损益的计算；现值会计下非货币性资产期内现时成本总变动数的计算以及财务报表的重编方法。

根据彭博新闻社统计，委内瑞拉 2022 年年化通胀率为 359%，而 2019 年通胀率曾高达 300 000%左右。虽然相比过去几年疯狂的高通胀水平要低得多，但这一数据表示委内瑞拉的通货膨胀仍较为严重。加拉加斯都市大学经济学教授丹尼尔·卡德纳斯说："严格意义上讲，委内瑞拉已经摆脱了恶性通货膨胀，但该国现在每月通胀率居高不下，除非经济政策发生改变，否则，年化通胀率不会低于 100%。"据我国国家统计局数据披露，2018—2022 年，我国的居民消费价格指数分别为 6.51%、6.70%、6.87%、6.93%、7.07%，过去 5 年 CPI 指数复合增长率仅有 1.66%，甚至低于主流观点认为合理的 3%～6%通货膨胀率。我国现阶段会计计量仍坚持以历史成本计量为主，同时适度谨慎应用公允价值计量。但假设某公司所处地域为类似委内瑞拉这类恶性通货膨胀地区，财务人员仍坚持采取历史成本会计计量会有何影响呢？在恶性通货膨胀地区经营的公司应该做出何种调整以便达成财务信息真实反映财务状况与经营业绩的目的呢？

资料来源：http://www.stats.gov.cn/

第一节　物价变动会计概述

一、物价变动及其衡量

（一）物价变动的含义及产生的原因

自从社会经济发展到货币充当一般等价物之后，物价变动就成为经济生活中的一种重要经济现象。在商品经济社会里，物价是指商品或者劳务在市场上进行交换的价值。在货币作为交换媒介的情况下，物价就表现为一单位货币所能换取的商品或者劳务的数量，即货币购买力。货币购买力的另一表述方式是：一单位货币所能购买商品或劳务的数量和以前某一时点同样数量货币所能购买商品或劳务数量之比。所以，一谈到物价，往往都离不开货币购买力。

物价变动是指不同时期等量商品或者劳务在市场上的价格变动，或者不同时期相同货币购买力的变动。

在商品经济尤其是市场经济条件下，物价变动是绝对的，物价不变是相对的，而引起物价变动的原因又是多方面的。归纳起来主要有以下六个方面。

（1）劳动生产率的变化，这是最根本的因素。按照马克思的劳动价值学说，生产商品所投入的劳动量的多少，是商品价值的最终决定因素。而劳动生产率的高低，则直接体现了劳动量消耗的成效。劳动生产率越高，生产单位商品需要消耗的劳动量越少，成本就越低，因此，单位商品的价值量就越小，表现出的物价就会下跌；反之亦然。例如随着科学技术的不断进步，产品生产的自动化程度不断提高，从而使产品生产所需的成本不断下降，最终导致产品在市场上的价格逐步下跌。

（2）技术的革新与进步，更高水平、更多功能的新产品不断涌现且越来越受人们的青睐，使新产品的价格在面市时居高在上，一旦有更新一代产品出现，则会逐渐遭受冷落，从而导致价格逐步下跌。所以，技术的革新与进步引起的产品不断更新换代，是物价变动的又一重要因素。

（3）货币价值本身的变动。受社会、经济发展水平等因素的影响，社会财富保有量与货币发行量的关系出现失衡时，将会引起货币价值本身发生变动，或者货币贬值，或者货币升值，从而使单位货币购买力发生变动，结果表现就是物价变动。

（4）商品在市场供求关系的变化。商品供过于求，物价下跌，反之物价上涨。这一因素的影响往往表现得非常直接和明显。

（5）垄断和竞争的交替作用。商品处于垄断时期，生产商自然会将价格定得高；一旦有竞争对手出现，其价格因竞争就会逐步下降。

（6）其他不稳定因素的存在，如战争、自然灾害、经济体制改革、政治体制的变革、社会稳定程度等，同样对物价变动产生重要影响。2019 年 12 月开始的新冠疫情初期，与之有关的防疫物资均有不同程度的价格提高，口罩、体温计、莲花清瘟胶囊都曾经被一抢而空，足可见一斑。

（二）物价变动的种类

物价变动的形式可以归纳为两大类：一是一般物价水平的变动，是指在通货膨胀或收缩时期货币价值本身发生的变动，这是相对性的；二是特定（个别）物价水平的变动，此时并不考虑货币价值本身的变化，是绝对性的。这两种物价变动的关系是：单独的特定物价变动与一般物价变动有时并不完全一致，甚至会出现相反情况；但是，众多的特定物价水平变动的综合影响，将会引起一般物价水平向同一方向变动。

（三）物价变动的衡量——物价指数

衡量不同时期物价变动最常用的动态指标是物价指数，反映的是商品或劳务价格的平均变化水平，即将报告期物价水平与所选定基年的物价水平进行比较。物价指数在具体计算时，因选定范围不同可分为一般物价指数和个别物价指数。一般物价指数反映的是不同时期某一社会全部商品或劳务价格水平变化的比较。计算公式如下：

一般物价指数 = $\sum$（报告期代表性商品单价 × 权数）/ $\sum$（选定基期代表性商品单价 × 权数）

将不同时期的一般物价指数进行比较就可以反映出货币购买力变化水平。例如，基期物价指数为 100，报告期物价指数如果为 120，就说明报告期比基期物价上升了 20%，或者 1 元货币购买力水平下降了 0.17（1 – 100/120）元。

个别物价指数则是指不同时期同种商品物价水平变化的比较。

计算物价指数时，根据不同的需要所选定的对象不同，将会有不同的表现形式，如国民生产总值物价指数、综合物价指数、居民消费者物价指数（consumer price index，CPI）、零售商品物价指数、综合营造物价指数等。

二、物价变动对历史成本会计的影响和冲击

传统的财务会计以名义货币为计量单位，以历史成本为计量基础或属性，所形成的会计模式称为历史成本/名义货币会计模式，简称历史成本会计模式。这一会计模式的特点是：在不考虑物价变动的前提下，运用一系列的会计假设、原则、方法、估计和程序，以交易发生的历史成本来计量资产的价值，以所耗用生产要素的历史成本与现时物价水平下的营业收入相比较来计量收益，从而产生出系统化的、为会计人员和会计信息使用者所熟悉的会计信息，并形成了习惯性的相关概念和认识。但是，如果物价发生较大变动时，这样的会计模式以及所形成的会计信息，就不可避免地暴露出许多局限性，从而对传统的历史成本会计模式形成很大的影响和冲击。IASB 2008 年 12 月 31 日修订发布，并于 2009 年 1 月 1 日开始执行的《国际会计准则第 29 号——高度通货膨胀经济下的财务报告》（IAS29）指出："在高度通货膨胀的经济环境下以当地货币报告的经营结果及财务状况，不具使用意义。在高度通货膨胀下，由于货币持续迅速丧失购买力，使不同时点发生的交易或其他事项的金额（即使处于同一会计年度）无法进行合理比较。"

（一）对会计基本前提的影响

历史成本会计是以会计主体、持续经营、会计分期、货币计量、权责发生制为基本前提进行有关会计确认、计量与报告的。在物价变动情况下，除了会计主体外，其余都将受到动摇而失去应用的基础。

（1）货币计量，实质上就是以名义货币作为计量单位。这样在进行资产计价和损益计算时，使不同时点的货币购买力强行相加减，从而将使所形成的会计信息缺乏统一性和可比性。例如，会计上记录的固定资产，有的可能是十多年前甚至数十年前购建形成的，有的可能是最近时间购建形成的，但记录的金额都是以名义货币反映的，没有考虑这一期间的物价变动因素。事实上，十多年甚至数十年间，物价已经发生了多次变化，有些固定资产价值已经与账面价值明显不符，如此合计计算的固定资产总价值已经严重脱离了现实。这种缺乏统一性、可比性的会计信息，难以让人理解，已经失去了应有的经济价值。也就是说，物价变动情况下，货币计量基本前提已经失去了原有的功能，应

当予以修正。

（2）持续经营，使会计建立在长期的非清算基础上，并为原始成本计量提供了充足的依据，但却隐含着物价上涨情况下生产要素难以得到足额补偿的可能性。例如，一项固定资产自从购建形成投入使用之后，在较长的折旧年限内，原则上都是以不变的固定资产原始价值为基础计提折旧的，待固定资产折旧年限到期，折旧提完之后，以积累起来的补偿资金，在物价上涨情况下，就难以购建成与原固定资产规模相同的新固定资产。因此，持续经营将难以得到维持，会计分期自然也失去意义。

（二）对会计计量和收入、费用确认的影响

（1）以历史成本作为计量基础或计量属性，计量的资产价值和计算的损益，在物价变动情况下，许多内容是在缺乏相关性前提下进行的，由此也严重影响了会计信息的有用性。

（2）收入的确认以实现为原则，并依存于历史成本计量属性，使收入的确认与计量具有了可核性。但是，却隐含着尚未实现收入的资产或劳务的价值变动不予承认的现象。

（3）配比原则从形式上保证了损益计算的客观合理性，但在历史成本原则下，采用名义货币作为计量单位，确认的收入是现时价格，与之相配比的成本则是历史成本，二者并未建立在同一时期的物价水平上，因此，计算出的损益，即使是计算正确，也很难说清是真实或准确的。

由于上述这些影响，会计核算所应遵循的真实性、客观性、可比性、稳健性、重要性等质量要求都将成为一种虚设的形式，也严重背离了实质重于形式原则。

（三）对会计信息的影响

在物价变动情况下，由于大部分会计基本前提和会计信息质量特征受到了冲击，由此产生的资产计价结果必然失真，所计算的利润也难以保证真实。

例如：企业以 1 000 元的单价购进甲商品 100 件，期末尚未售出，由于物价出现了上涨，期末甲商品的购进单价已经上涨为 110 元，然而，期末资产负债表上反映出的甲商品的价值仍为 100 000 元。到了下一期间企业以 120 元单价将其全部售出，按照历史成本会计计算的出售甲商品实现的毛利应当是 20 000（120 000 – 100 000）元。如果此时甲商品购进单价仍然保持上期期末的水平，真实的毛利应当是 10 000（120 000 – 110 000）元，历史成本会计下计算的毛利就会虚增 10 000 元；如果物价又出现了明显上涨，即使立即再购进同样数量的甲商品需支付购进单价变为 125 元，这样，真实的毛利就变成 – 5 000（120 000 – 125 0000）元，如果再考虑所得税因素，加重企业负担的现象可想而知。

（四）对会计上所表现出的企业再生产能力的影响

在历史成本会计下，名义上保持和发展了企业的再生产能力，实际上并非完全如此，往往会出现再生产能力补偿不足而下降，并且还会出现不为人们注意的资产隐性流失以及企业负担加重。虽然我国 2006 年发布的新会计准则采用了历史成本、重置成本、可变现净值、现值、公允价值等多种计量属性，并对资产在价值下跌时计提了减值准备，

在一定程度上缓解了物价变动对会计信息质量的影响，但由于谨慎性的要求，这些一般是重点考虑价值下跌的影响，对物价上涨并未考虑太多，所以，并未从根本上解决问题。

三、物价变动会计的产生与发展

物价变动会计的产生与发展大致可以概括为以下三个阶段。

（一）萌芽阶段

第一次世界大战之后，德国马克出现了暴跌，德国人出于资本保全的目的，自发地使用了重置成本计算盈亏，表明人们已经开始意识到物价变动的影响，并在想法消除，但这时尚没有系统的计量方法和公允的标准模式，因此，被认为是物价变动会计的萌芽阶段。

（二）理论探讨阶段

最早对物价变动会计进行理论性探讨的是美国。1918 年 2 月，美国《会计杂志》开始发表有关物价变动会计方面的文章，如发表在该杂志的一篇"在账上应否反映美元价值变动"的文章，建议"账户的年末余额应按某种稳定的计量单位加以计量，即按物价变动指数重新表述账户余额"。这在当时虽未被接受，却表明已经开始首次在理论上对物价变动会计进行探讨。1936 年，美国的亨利·惠特科姆·斯威尼（H.W.Sweeney）教授撰写出版了《稳定币值会计》一书，提出了一套将以历史成本为基础的传统财务财务报表上的美元调整为"等值美元"的方法。1940 年，美国著名会计学家佩顿（W.A.Pationt）和利特尔顿（A.C.Litlleton）合著的《公司会计准则导论》一书中，提出把记录入账的成本按货币购买力换算为"等值美元"，作为财务报表的补充资料的建议，并很快被美国会计界所接受。1947—1953 年，由美国会计师协会编写、会计程序委员会出版的"关于物价变动和折旧等问题的会计处理方法研究"公告，主张按历史成本计提折旧，但在报表之外，应以补充列示的方式向股东说明"企业有足够能力按现时成本重置那些需要替代的设备。"1963 年，美国会计师协会发表了一篇第 6 号会计研究报告"报告物价水平的财务影响"的论文，建议财务报表应按不变价格美元进行调整，作为提供会计信息的补充资料；1969 年，又针对这一论文发表了第 3 号报告，肯定了这一做法包含了一些有用的信息，但还是反对把调整的财务报表作为基本报表。因此，这一期间还处于物价变动会计的理论探讨阶段，并未真正付诸现实应用。

（三）试运行阶段

1974 年，美国财务会计准则委员会发布了"按一般购买力单位编制财务报告"的征求意见稿，英国会计标准筹划指导委员会发布了第 7 号标准会计惯例公告"货币购买力变动会计"，1975 年澳大利亚特许会计师协会、加拿大特许会计师协会也发表了类似的建议。1976 年美国证券交易委员会要求一些大的上市公司按规定格式在年报中必须反映重置成本资料。在 1975—1989 年间，国际上对物价变动会计的研究日益高涨，不断地提出物价变动会计的具体设想，并最后形成有关的会计准则。如 1980 年英国的第

7 号标准会计惯例公告；1978 年法国修订的《法国财务法案》；1976 年比利时发布的《企业财务报表王室法》；1979 年美国的第 33 号财务会计准则公告《财务报告与物价变动》；1986 年又以第 89 号替代 33 号公告；1977 年国际会计准则委员会发布的第 6 号准则《价格变动在会计上的反映》；后又被 1981 年 11 月发布的第 15 号《反映物价变动影响的资料》替代，1989 年又发布《IAS29——高度通货膨胀中的财务报告》（2008 年修订重新编排）等，使物价变动会计从理论研究已经逐步走向试行阶段。但由于目前研究的局限，物价变动会计仍未达到可以像传统财务会计一样能够全面统一规范执行的地步，存在的障碍还比较多，需要继续深入研究解决。

四、物价变动会计的理论基础——资本保全理论

物价变动会计产生的外部条件是物价持续剧烈变动，内在动因则是来自资本有效保全和真实确定收益的要求，这也是企业相关利益集团共同关心的问题。在物价持续剧烈变动情况下，按历史成本会计进行核算的结果，不是虚计收益，就是形成秘密准备，以至于会计不能起到均衡企业利益集团经济利益的作用。使企业要么出现资本耗蚀处于自我清算之中，要么形成秘密积累，暗中扩充实力。因此从协调长远和眼前利益的需要出发，就要恰当地保全资本，在此基础上真实地计算收益，并力求使这两个方面相辅相成。从而，就促使人们应当以资本保全理论为基础来考虑应付物价变动问题，资本保全也逐步被人们确认为物价变动会计产生的理论基础。

扩展阅读 6-1：我国推行物价变动会计存在的问题

（一）资本保全理论的含义

总的来讲，资本可以统称为人们从事经济活动时事先所投入的"本钱"。资本的特性，就是要能通过其使用，不断使起初投入的"本钱"增大，即所谓的收益。就企业的资本来讲，从资本的权益性可以将其划分为投资者投入的收益资本和企业经营者持有的经营资本两大类。

收益资本是投资者为了获得纯粹的资本收益而向企业进行的投资，其收益的获得是通过企业运用其资本实现经营收益之后，再按照以投入资本多少为权益比例来计算获得的，因此，要受到资本所占的权益比例和企业经营效果好坏两个方面的制约。

经营资本则是经营者在每个会计期间所持有的可以用来投资于各项经营活动的"本钱"，其目的是通过经营者的有效经营活动：一方面使投入的"本钱"不断增大，即获得企业的经营收益，从而使企业能够以原始资本积累的方式不断得以扩大和发展；另一方面为收益资本提供收益分配的源泉，以便于能够赢得更多投资者的投资，实现经营资本的快速积累。在数量上，考虑经营收益计算的需要，就表现为企业的净资产的大小，或者是企业资产减去企业负债后的净余额。其来源渠道及其构成内容表现为两大部分：一部分是来自投资者投入的收益资本，在会计上表现为"投入资本"，一般来讲，这是企业必需的原始资本；另一部分是来自经营者通过原始资本积累而形成的积累资本，在会计上表现为"留存收益"。

收益资本是为了资本收益而存在，经营资本是为了经营收益而存在。从资本的原始

权益来讲，经营资本最终应归属于收益资本。二者不可分割的关系，首要的问题是都必须讲究为了其存在的需要而必须使其得到"保持"这个最起码的要求，即在使用中保持资本的完整无损，这就是所谓的资本保全也称为资本保持。按照两种资本保全的共同要求，就表现为企业在其经营活动中应当以保持资本的完整无损为前提来确认经营收益，进而决定资本收益。这样，资本保全应当首先以经营资本保全为研究的出发点，也就是说，企业经营中形成的净资产流入，只有超过所要保持的经营资本数额之后，才可视为收益。资本保全的概念关系到主体如何定义其力求保全的资本，因为它提供了计量利润的参照点，从而也就规定了资本概念和利润概念的关系，它是区分主体资本回报和资本返还的前提。其核心问题是如何理解和计量"资本已经完整无损地得到补偿"，这里既涉及企业净资产计价和收益计算两个会计计量的内容，同时还涉及会计计量中的计量单位和计量属性两个基本计量要素。资本计量标准的关键又取决于会计信息利用者的需要以及对资本的理解：如果会计信息使用者主要关心保全名义上的投入资本或投入资本的购买力，就应当采用资本的财务概念；如果其主要关心的是主体的营运能力，就应当采用资本的实物概念。从而形成了财务资本保全和实物资本保全两种资本保全的观念。

（二）财务资本保全

财务资本保全，是站在货币及其购买力的角度，将经营资本视为期初投入的货币或购买力资本即货币性经营资本，企业经营中流入的货币或购买力只有超过期初投入的货币性经营资本部分，才可视为企业的经营收益。根据对财务资本保全的理解不同，具体又表现为以下两种观点。

（1）名义货币/历史成本观，也称名义货币经营资本观，是指在会计计量中以名义货币计量单位和历史成本计量属性来计量投入的货币性经营资本或企业净资产额，并按企业期末的净资产额超过期初的名义货币性经营资本额后余额作为经营收益。表现为传统财务会计下形成的资产负债表和利润表。

（2）稳值货币/历史成本观，也称不变币值经营资本或现行购买力经营资本观，是指在会计计量中以期末一般物价指数表示的现行购买力或不变币值货币（以下简称稳值货币）计量单位和历史成本计量属性来计量投入的货币性经营资本或企业净资产额，并按企业期末净资产额超过期初的稳值货币经营资本额后的余额作为经营收益。这种情况下，需要将历史成本会计模式所计量的企业净资产额和经营收益调整换算为以现行购买力所表示的企业净资产额和经营收益。

在财务资本保全下，其计量可以用名义货币单位或固定购买力（稳值货币）单位，不要求采用特定的计量基础。

（三）实物资本保全

实物资本保全，是将经营资本视为期初投入的实物生产能力（或经营能力或为取得该能力所需的资源或资金），只有企业的现有实物生产能力超过期初投入的实物生产能力时，才可确认为企业的收益。因而，将经营资本与生产能力或经营能力视为同义语，用表现生产能力或经营能力的实物量或价值量来表示。这种情况下，资本保全必须按现时成本或重置成本补偿所费资本的货币额计算。根据对实物资本保全的理解不同，具体又表现为以下两种观念。

（1）名义货币/现时成本观，是指在会计计量中以名义货币计量单位和现时成本计量属性来计量投入的实物资本或企业净资产额，并按期末企业净资产超过按期末现时成本计算的期初企业净资产后的余额作为经营收益。这种情况下，会计计量的各项内容都应当按计算期各自的现时成本或实际重置价作为计量基础进行计算。

（2）稳值货币/现时成本观，是指在会计计量中以稳值货币计量单位和现时成本计量属性来计量投入的实物资本或企业净资产额，并按期末企业净资产超过按期末现时成本计算的期初企业净资产后的余额作为经营收益。即在计量企业净资产和计算各期收益时，各项内容都应当按计算期的现时成本以及同一时点的分类物价指数或一般物价指数重新折算后进行计算。这样可以使计算结果统一在相同时点的物价水平之下，增强其可比性。

在实物资本保全下，资本应视同营运能力，被看作是以每日产出等为基础的主体的生产能力，要求采用现时成本计量基础。

（四）各种资本保全概念下收益计算的比较

上述两种资本保全概念的主要区别在于对企业资产和负债价格变动影响的处理。为了便于理解，举例说明如下。

【例 6-1】 设某公司本期财务报表显示营业收入为 100 万元。营业成本为 70 万元，营业成本中含分摊的固定资产折旧费用为 10 万元，固定资产均为一年前购入，原价为 100 万元，分 10 年平均计提折旧，无残值；营业成本中含结转的存货成本 50 万元，其他营业成本均为当期的现金支出。营业收入和现金支出均为当期均匀发生。固定资产购入时的分类物价指数为 100，期末分类物价指数为 115；已销存货购进时的分类物价指数为 110，期末分类物价指数为 125；本期平均一般物价指数为 120，期末一般物价指数为 130。本期固定资产重置完全价值为 110 万元，已销存货的重置成本为 60 万元。根据上述资料，分别计算各种资本保全下的企业营业毛利。

（1）财务资本保全——名义货币/历史成本观下的营业毛利计算。

营业收入	1 000 000
营业成本	700 000
营业毛利	300 000

（2）财务资本保全——稳值货币／历史成本观下的营业毛利计算（全部折算为期末一般物价水平）。

营业收入（1 000 000×130/120）		1 083 333
营业成本：		
存货成本（500 000×130/110）	590 909	
折旧费用（1 000 000/10×130/100）	130 000	
现金支出（100 000×130/120）	108 333	
营业成本合计		829 242
营业毛利		254 091

（3）实物资本保全——名义货币/现时成本观下的营业毛利计算。

营业收入		1 000 000
营业成本：		
存货成本	600 000	
折旧费用（1 100 000/10）	110 000	
现金支出	<u>100 000</u>	
营业成本合计		<u>810 000</u>
营业毛利		<u>190 000</u>

（4）实物资本保全——稳值货币/现时成本观下的营业毛利计算（分别折算为期末分类物价水平）。

营业收入（1 000 000×130/120）		1 083 333
营业成本：		
存货成本（600 000×125/110）	681 818	
折旧费用（1 100 000/10×115/100）	126 500	
现金支出（100 000×130/120）	<u>108 333</u>	
营业成本合计		<u>916 651</u>
营业毛利		<u>166 682</u>

从以上例子分析可知，两种资本保全理论的区别主要表现在下述方面。

（1）对资本的理解不同。前者是财务资本，后者是实物资本。

（2）对企业营业循环过程的观点认识不同。前者是从货币资本到货币资本，后者是从实物资本到实物资本。

（3）对经营收益的确定方法不同。前者采用"期末净资产－期初净资产－当期投资者新投资和派得款＝企业经营收益"进行计算，计量基础只能是历史成本，计量单位可以是名义货币或不变购买力单位。后者采用"期末生产（经营）能力－期初生产（经营）能力－当期投资者新投资和派得款＝企业经营收益"进行计算，计量基础要求采用现时成本或重置成本，并按实物生产能力或经营能力或为取得该能力所需的资源或资金计量，计量单位可以是名义货币或不变购买力单位。

（4）对消除物价变动影响的处理方法不同，由此也导致了收益计量上的差异。前者计算的经营收益，在采用名义货币时是投入名义货币在当期的增量，因此，对物价变动导致的利益视为持有利得，在有关项目转换之后才计列为收益；在采用不变购买力单位计量时是投入的不变购买力在当期的增量，因此，超过一般物价水平增长的物价变动导致的利益可计列为收益，相当于一般物价水平增长的物价变动利益计列为资本保全调整额或类似的准备，视为企业产权的组成部分。后者计算的经营收益是该实物资本的增量，物价变动对企业资产、负债的影响视为企业实物生产（经营）能力计量上的变动，不列为收益，而计列为资本保全调整或类似的准备。

五、物价变动会计所面临的难题

虽然物价变动会计经过了多年的理论研究和实践应用，但是，当前还面临着许多难以解决的现实问题，并没有像传统的财务会计那样走向成熟，所以，国际会计学者都将其列为当今会计界的重大难题之一，主要表现为以下六个方面。

（1）物价指数的多样性，使选择折算标准难以统一，因此，也难以产生统一可信的物价变动会计信息。

（2）按照物价变动的信息进行会计调整时间的长短难以客观选定，从而影响结果的准确性。

（3）一般物价水平会计模式下的净货币项目的损益是何性质，如何处理，难以找到客观的确认依据。

（4）在遇到外币合并报表时，由于外币折算涉及计量单位，物价变动调整涉及资本和收益，在会计调整时二者谁先谁后不同将会出现较大的差异，二者的先后顺序又难以协调。

（5）现时成本会计模式下的资产持有损益性质如何，如何分类，又如何处理，难有定论。

（6）调整物价变动影响时常用的物价指数一般来自政府，但有时政府会出于政治等方面的考虑，使公布的物价指数与现实不符，从而使物价变动会计也难以实现真正的目的。

第二节　物价变动会计模式

一、物价变动会计模式概念及演变

物价变动会计模式就是利用一定的物价水平资料，采取一定的方法，从计量单位或计量属性上对历史成本会计所产生的结果进行必要的修正与调整，从而使其能够消除物价变动的影响，保证会计信息尽可能建立在同一物价水平基础上的一种会计模式。

由传统的历史成本会计模式发展到物价变动会计模式，是先由局部改革发展到了全面改革，经过逐步演变而成的。局部改革法是在不动摇历史成本会计的基础上，对某些方面进行局部改革，借以试图消除物价变动的影响。如存货采用成本与可变现净值孰低计价，折旧采用加速折旧法，长期资产允许采取定期重估，提取各种资产减值准备等。但是，这种改革的方法并没有脱离历史成本会计模式的框框，物价变动对会计的影响并未完全消除。在局部改革法越来越难以适应现实要求的情况下，人们开始考虑应采用全面改革的方法，选择全新的物价变动会计模式来取代历史成本会计模式，即从会计计量的整体要求上，要么改变计量单位，要么改变计量属性，要么两个方面都进行改变，从而从根本上实现全面改革的要求。因此，就形成了以后的各种物价变动会计模式。

二、物价变动会计模式的种类

物价变动会计最终是围绕会计信息生成过程中的一个重要环节——会计计量的不同变化来进行的。计量是现实生活中极其常见的一种活动，即用一个规定的标准已知量和同一类型的未知量相比较而加以测定的过程。其中标准已知量可以称为计量单位，所计量对象的本质特征可以称为计量属性或计量基础。

会计计量是指采用规定的单位记账本位币对企业发生的经济业务事项进行价值测

定的过程。会计计量采用的公认标准已知量现已统一为货币，而计量的对象是经济业务事项的价值方面，货币与价值之间的密不可分的关系及其在现实中表现出的复杂变化现象，使会计计量自然需要在计量单位和计量属性之间作出合理的选择，这些又构成了会计计量的基本要素。

会计计量单位——货币，由于存在币种的多样性和币值变化的绝对性，在选定规定的币种之后（即记账本位币），对于币值变化的影响可能会有两种考虑：一是不考虑或忽略币值变化的影响即采用名义货币；二是考虑币值变化的影响即采用现时货币（稳值货币）。会计计量属性即计量对象的价值特征，表现为原始价值和现时价值的双价值性，在选择时也可能会有两种考虑：一是采用历史成本；二是采用现时成本。这样，从信息计量的角度来说，人们对会计计量单位和计量属性在选择上所表现的不同组合，由此就会形成如下四种不同的会计计量模式，如图6-1所示。

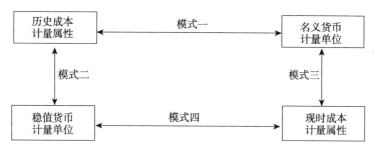

图 6-1　会计计量模式组合图

图6-1中：模式一称为历史成本/名义货币会计计量模式，简称历史成本会计模式；模式二称为历史成本/稳值货币会计计量模式，简称一般物价水平会计模式；模式三称为现时成本/名义货币会计计量模式，简称现时成本会计模式；模式四称为现时成本/稳值货币会计计量模式，简称现值会计模式。后三种会计模式由于都考虑了物价变动因素，因此，统称为物价变动会计模式。

三、物价变动会计的采用

物价变动的会计并不是单独存在的一种会计，而是在现有财务会计核算体系应用的基础上，在确认物价变动——主要是高度通货膨胀经济普遍存在的情况下，按照上述三种物价变动会计模式，采用重编财务报表的方式，对已经形成的财务报告信息进行重新表述来实现的。那么，何时需要按照物价变动会计的要求重编财务报表，则需要依赖管理当局对通货膨胀情况的判断。IAS29也并没有设定高度通货膨胀的绝对认定标准，而是让企业自行判断是否需要依据本准则重编财务报表。但列示了下列国家经济环境的特性可显示出高度通货膨胀（但不限于所列特性）的情形。

（1）一般民众偏好以非货币性资产或币值相对稳定的外币保存其财富，且其所持有的本地货币将会立即投资，以维持其购买力。

（2）一般民众是以相对稳定的外币而非当地货币作为货币金额的计量基础，且该他国货币可能为计价基础。

（3）销货或进货采用赊账时，还款期间的预期购买力损失计算在价格中，即使信用期间不长，亦是如此。

（4）利率、工资和物价与价格指数挂钩。

（5）过去三年累积的通货膨胀率接近或超过100%。

IAS29同时还规定：不允许将本准则规定的信息表达以补充方式附加在未重编的财务报表，也不支持单独表达未重编的财务报表；当企业的功能性货币属于高度通货膨胀经济下的货币，不论编制的基础为历史成本或现时成本，该企业的财务报表必须以计量单位于报告期间结束日的价值编制。在重编时采用的物价指数一般应为一般物价指数。集团内在同一经济环境下使用同一货币表达的所有企业，应采用同一价格指数重编合并财务报表。

第三节 一般物价水平会计

一、一般物价水平会计的理论基础及特点

一般物价水平会计也称一般购买力会计、不变购买力会计、不变币值会计、现时购买力会计、历史成本/不变美元会计、历史成本/不变购买力会计、历史成本/稳值货币会计等，是指利用一般物价指数资料，将历史成本会计模式下的财务报表信息，经过有关换算调整重编，消除物价变动影响后，使之统一在报告日一般购买力之下的一种物价变动会计模式。因此，在这一会计模式下，是对历史成本会计模式所形成的财务报表资料进行一般物价水平的调整，不需要调整具体的账户记录。其理论基础采用的是财务资本保全下的稳值货币／历史成本观即现行购买力观。

一般物价水平会计模式的特点是：仍然采用历史成本作为会计计量基础，也不改变原有的会计程序和方法，但计量单位则选用了稳值货币，目的是恢复一定量的货币所表明的货币购买力的本来面目。

二、会计处理的一般程序

一般物价水平会计是在历史成本会计模式所形成的财务报表的基础上，经过以下三个步骤来完成的。

（一）划分货币性项目和非货币性项目

1. 货币性项目

货币性项目是指在物价变动情况下，其金额固定不变且只能以货币计量反映，但实际购买力将随物价变动而发生变动的有关资产、负债项目。具体又分为货币性资产和货币性负债。货币性资产主要包括货币资金、各种应收款项等。货币性负债主要包括长短期借款、各种应付款项等。

在物价变动情况下，货币性项目具有两个明显特征：一是其账面金额不随物价变动而改变。如持有的某种货币资金的数额并不会因物价变动而改变；再如上期不计息应收账款10万元，到本期收回时，不论物价是否变动，也只能按10万元收回；二是其购买

力则随物价变动而发生相应变化,形成购买力损益。即在物价上涨情况下,由于其账面金额不变,持有货币性资产将会因购买力下降而遭受损失,持有货币性负债将会获得物价上涨收益;反之亦然。

2. 非货币性项目

非货币性项目是指在物价变动情况下,其金额或价格是随一般物价水平变动而变动的资产、负债或所有者权益项目。物价变动情况下,非货币性项目也有两个明显特征:一是其账面金额随着物价变动而发生相应变化;二是不会发生购买力损益。

从货币性项目和非货币性项目的特点来看,当期的货币性项目代表的就是当期的货币购买力,因此不需要调整,但要计算从期初货币性项目变化到期末货币性项目由于物价变动而产生的货币购买力变化损益。非货币性项目则必须按当期一般物价指数予以调整,并重编财务报表,但不会发生购买力损益。

（二）将非货币性项目按报告日的不变币值货币计量要求进行换算调整

由于非货币性项目所支配的资产的实物量不受币值变动的影响,因此,在重编财务报表时,则必须将历史成本下的名义货币单位换算为与报告日相同的不变币值货币单位。此时的不变币值货币单位可以以基期期末的物价指数、当期期末的物价指数、基期平均物价指数、当期平均物价指数等来代表,但会计信息使用者往往关心的是"当前",因此,通常选用当期期末一般物价指数。并且在选用时应以代表性强、便于取得为原则,如美国虽然有许多种物价指数,但 FASB 第 33 号公告则规定一律采用劳工部按月公布的城市居民消费品物价指数,并用年平均数。

对非货币性项目进行换算调整的基本步骤如下。

（1）确定各非货币性项目取得或形成的时间及当时的物价指数,注意,如果是均匀或经常陆续发生的项目,其物价指数一般采用当期平均物价指数,即按（期初一般物价指数＋期末一般物价指数）/2 计算。

（2）确定应换算统一的一般物价指数。

（3）计算换算系数并进行逐一换算调整。换算系数＝报告期一般物价指数／某项目发生时一般物价指数。

由于资产负债表项目和利润表项目形成方式和时间不同,因此,换算调整的过程也不一样,需要分别说明。

1. 资产负债表项目的换算调整

对资产负债表项目调整时的换算方法为:某非货币性项目换算调整数＝该项目的历史成本×（本期末一般物价指数/该项目取得或形成时的一般物价指数）。

需要注意的是,留存收益项目采用倒挤计算的方法,即以调整后的资产合计数减去调整后的负债与不含留存收益的所有者权益合计数的差额计算确定。

2. 利润表项目的调整

利润表各项目一般都被认为是非货币性项目,且大部分都被看作是在本期均匀发生,发生时的一般物价指数可认为是当期平均一般物价指数。但折旧费用应按计提折旧的固定资产取得时的一般物价指数计算，其他如有一次性的收入或支出，则应按发生时的一般物价指数计算。如期末支付股利，就应按期末一般物价指数计算。

（三）计算净货币项目的损益

净货币项目的损益，也称货币项目净额上的购买力损益，是指由于物价变动导致持有的净货币项目的购买力变动所产生的购买力损失或者收益。净货币项目是指货币性资产减去货币性负债后的差额。判断购买力损益性质的方法是：当物价上涨时，企业持有的货币性资产大于货币性负债，将会给企业带来购买力损失，相反，将会给企业带来购买力收益；物价下跌时正好相反。由于是物价变动导致的购买力上的变动，并非企业经营所为，因此，在重编的利润表中，应列为当期损益作为单独项目放在净收益之下。具体计算步骤如下。

（1）将期初净货币项目乘以调整换算系数（期末一般物价指数/期初一般物价指数），使其由期初货币购买力调整为期末货币购买力（货币性资产小于货币性负债时以"－"表示）。

（2）将本期发生的货币性项目的变动数（即货币性收入、支出），逐项由发生时的货币购买力调整为期末货币购买力。

（3）调整后的期初净货币项目加上调整后的本期货币性收入，减去调整后的本期货币性支出，计算出调整后的期末净货币项目。

（4）将调整后的期末净货币项目减去调整前的期末净货币项目，其差额即为净货币项目的损益，将其列入调整后的利润表予以反映。

上述计算也可以通过重编非货币性资产、所有者权益与利润表项目及调整与物价指数联结资产及负债的差额求得。

在上述有关调整内容的基础上，即可重编一般物价水平下的财务报表。

三、业务举例

【例 6-2】　假设中航制造于 20×2 年年初开业，主要从事商品销售业务。20×2 年年末和 20×3 年年末历史成本会计模式下的财务报表资料如表 6-1 和表 6-2 所示。

表 6-1　中航制造比较资产负债表（历史成本/名义货币）　　单位：元

项　　目	20×3 年 12 月 31 日	20×2 年 12 月 31 日
资产		
货币资金	675 000	400 000
交易性金融资产	200 000	
应收票据	260 000	100 000
应收账款	480 000	470 000
存货	720 000	580 000
固定资产原价	2 380 000	2 380 000
减：累计折旧	−476 000	−238 000

续表

项　　目	20×3 年 12 月 31 日	20×2 年 12 月 31 日
固定资产净值	1 904 000	2 142 000
资产合计	**4 239 000**	**3 692 000**
权益		
应付票据	365 000	342 000
应付账款	125 000	115 000
应交所得税	185 000	250 000
长期借款	640 000	200 000
实收资本	2 500 000	2 500 000
留存收益	424 000	285 000
权益合计	**4 239 000**	**3 692 000**

表 6-2　中航制造 20×3 年度利润表（历史成本/名义货币）　　　　单位：元

项　　目	金　　额
营业收入	2 850 000
减：营业成本	1 670 000
期间费用	620 000
（其中：折旧费用）	（238 000）
所得税	168 000
净收益	**392 000**
加：前期留存收益	285 000
可供分配利润	677 000
减：支付利润	253 000
年末留存收益	**424 000**

其他补充资料如下。

（1）实收资本为 20×2 年年初一次筹集完成。

（2）固定资产均为 20×2 年年初购建完成并交付使用，年折旧率为 10%，采用直线法计提折旧。

（3）20×3 年内均匀购入存货 1 810 000 元，并采用先进先出法计算发出存货成本。

（4）营业收入、期间费用（折旧费除外）、所得税在年度内均匀发生。

（5）交易性金融资产为 20×3 年年初以支付现金取得。

（6）支付的利润全部在 20×3 年年末一次以现金支付。

（7）一般物价指数资料：20×2 年年初为 100，20×2 年年末为 120，20×3 年年末为 130。

根据上述资料，按一般物价水平会计的调整方法，分别对财务报表的各项目数据进行换算调整，并重新编制一般物价水平会计下的财务报表。

首先，换算调整 20×3 年年末资产负债表如表 6-3 所示。

表 6-3　中航制造比较资产负债表换算调整工作底稿（换算为 20×3 年年末稳值货币）　单位：元

项　　目	20×3 年 12 月 31 日			20×2 年 12 月 31 日		
	换算前数据	换算系数	换算后数据	换算前数据	换算系数	换算后数据
资产						
货币资金	675 000	货币性项目	675 000	400 000	130/120	433 333
交易性金融资产	200 000	130/120	216 667			
应收票据	260 000	货币性项目	260 000	100 000	130/120	108 333
应收账款	480 000	货币性项目	480 000	470 000	130/120	509 167
存货	720 000	130/125	748 800	580 000	130/110	685 455
固定资产原价	2 380 000	130/100	3 094 000	2 380 000	130/100	3 094 000
减：累计折旧	−476 000	130/100	−618 800	−238 000	130/100	−309 400
固定资产净值	1 904 000		2 475 200	2 142 000		2 784 600
资产合计	**4 239 000**		**4 855 667**	**3 692 000**		**4 520 888**
权益						
应付票据	365 000	货币性项目	365 000	342 000	130/120	370 500
应付账款	125 000	货币性项目	125 000	115 000	130/120	124 583
应交所得税	185 000	货币性项目	185 000	250 000	130/120	270 833
长期借款	640 000	货币性项目	640 000	200 000	130/120	216 667
实收资本	2 500 000	130/100	3 250 000	2 500 000	130/100	3 250 000
留存收益	424 000	倒扎计算	290 667	285 000		288 305
权益合计	**4 239 000**		**4 855 667**	**3 692 000**		**4 520 888**

其次，换算调整 20×3 年度利润表如表 6-4 所示。

表 6-4　中航制造 20×3 年度利润表换算调整工作底稿　单位：元

项　　目	换算前数据	换算系数	换算后数据
营业收入	2 850 000	130/125	2 964 000
减：营业成本	1 670 000	注	1 819 055
期间费用（不含折旧费）	382 000	130/125	397 280
期间费用——折旧费用	238 000	130/100	309 400
所得税	168 000	130/125	174 720
净收益	**392 000**		**263 545**
减：货币性项目购买力损失		（表 6-5）	−8 183
加：前期留存收益	285 000		288 305
可供分配利润	677 000		543 667
减：支付利润	253 000	130/130	253 000
年末留存收益	**424 000**		**290 667**

注：销售上年购入存货 580 000×（130/110）+ 销售本年购入存货（1 670 000 − 580 000）×（130/125）= 1 819 055（元）。

再次，计算净货币项目的损益如表 6-5 所示。

表 6-5 中航制造净货币项目的损益计算表 单位：元

项　　目	换算前数据	换算系数	换算后数据
期初货币性项目余额			
货币资金	400 000		
应收票据	100 000		
应收账款	470 000		
应付票据	342 000		
应付账款	115 000		
应交所得税	250 000		
长期借款	200 000		
期初净货币项目	63 000	130/120	68 250
加：本期货币性收入			
营业收入	2 850 000	130/125	2 964 000
减：本期货币性支出			
交易性金融资产	200 000	130/120	216 667
购货	1 810 000	130/125	1 882 400
所得税	168 000	130/125	174 720
期间费用	382 000	130/125	397 280
支付利润	253 000	130/130	253 000
年末净货币项目	100 000		108 183
其中：			
货币资金	675 000		
应收票据	260 000		
应收账款	480 000		
应付票据	365 000		
应付账款	125 000		
应交所得税	185 000		
长期借款	640 000		
净货币性项目购买力损失	100 000 − 108 183 = −8 183		

最后，根据上述换算调整结果重编一般物价水平下的财务报表如表 6-6 和表 6-7所示。

表 6-6 中航制造比较资产负债表（20×3 年年末历史成本/稳值货币） 单位：元

项　　目	20×3 年 12 月 31 日	20×2 年 12 月 31 日
资产		
货币资金	675 000	433 333
交易性金融资产	216 667	
应收票据	260 000	108 333
应收账款	480 000	509 167

项　　目	20×3年12月31日	20×2年12月31日
存货	748 800	685 455
固定资产原价	3 094 000	3 094 000
减：累计折旧	−618 800	−309 400
固定资产净值	2 475 200	2 784 600
资产合计	**4 855 667**	**4 520 888**
权益		
应付票据	365 000	370 500
应付账款	125 000	124 583
应交所得税	185 000	270 833
长期借款	640 000	216 667
实收资本	3 250 000	3 250 000
留存收益	290 667	288 305
权益合计	**4 855 667**	**4 520 888**

表 6-7　中航制造 20×3 年度利润表（历史成本/稳值货币）　　　　单位：元

项　　目	金　　额
营业收入	2 964 000
减：营业成本	1 819 055
期间费用（不含折旧费）	397 280
期间费用——折旧费	309 400
所得税	**174 720**
净收益	263 545
减：净货币性项目购买力损失	8 183
加：前期留存收益	288 305
可供分配利润	543 667
减：支付利润	253 000
年末留存收益	**290 667**

四、一般物价水平会计模式评析

通过上述有关介绍和举例演练可以看出：一般物价水平会计模式具有换算调整过程简便易行；通过换算调整，使会计数据资料统一在同一物价水平之下，增强了会计信息的可比性，有利于企业间开展公平竞争；可促使政府改进税收政策；有利于开展企业效绩评价和合理安排利润分配政策等优点，在一定程度上克服了传统历史成本会计模式的不足。

但是，这种会计模式仍然存在着尚未克服的缺点，主要表现为：因为采用的是一般物价指数，而不是个别物价指数，所以，难以确切反映企业真实的财务状况和经营成果；由于调整成本较大，并且永无止境，不符合成本效益原则；在通货膨胀情况下，如果某一时期持有的货币性负债大于货币性资产的数额较大，将会产生很多的货币购买力收益，但却忽略了货币性负债所承担的大量利息支出，从而认为这种购买力收益可能是虚假的，容易使会计信息利用者产生误解。

第四节　现时成本会计

一、现时成本会计的理论基础及特点

现时成本会计也称现行成本会计、现时重置成本会计、现时成本/名义货币会计、现时成本/名义购买力会计等，是指在不改变名义货币计量单位的情况下，以现时成本（或现行重置成本，或重生产成本）对企业持有的资产进行重新计价，以当期营业收入与所耗生产要素的当期现时成本相比较来计量收益的一种物价变动会计模式。在这种会计模式下，可以使财务报表所提供的各项数据都能建立在报告期现时成本计量基础上使之可比。

现时成本会计模式采用的理论基础是实物资本保全下名义货币／现时成本观。这种理论符合马克思主义政治经济学实物补偿的观点，即"当再生产按原有规模进行时，每一个已经消费掉的不变资本要素，都必须在实物形式上得到相应种类的新物品的补偿"。马克思曾经把这种现象称为"货币资本的束缚"，当物价出现相反方向变化时，这一部分暂时被束缚的货币资本就可以重新"释放出来"。

现时成本会计模式与其他物价变动会计模式相比，主要特征如下。

（1）在不改变名义货币计量单位的情况下，以现时成本计量基础替代历史成本计量基础，使成本能够得到充分补偿，容易被经营者所接受。

（2）在重编财务报表时，只需要对非货币性资产项目进行调整，其他资产负债表项目仍按历史成本来表述，因此，不会产生净货币项目的损益。

（3）利润表中营业收入、期间费用（折旧费除外）、所得税、支付的现金股利等项目都是在当期物价水平下发生的，因此，也不需要进行调整，但营业成本涉及期初期末存货、折旧费用是以历史成本为基础计算的，需要按现时成本计算调整。

（4）由于物价变动，企业持有的非货币性资产项目的历史成本与现时成本将会不一致，这种非货币性资产上的现时成本的变动被看作是企业非货币性资产持有损益（以下简称持有损益），因此需要对此加以计算。

（5）采用这种会计模式计算出的各期收益，是同一期间相同物价水平下的收入与成本费用比较的结果，这样更符合配比原则的要求。

二、会计处理的一般程序

在现时成本会计模式下，根据需要调整的内容和顺序，在会计处理时是将历史成本会计模式所产生的财务报表资料按照下列程序进行的。

（一）确定各种非货币性资产的现时成本

非货币性资产的现时成本，是指在会计报告当期重新购买或重新生产某项资产时所需支付的各项成本费用。在具体确定时，应根据不同的资产类别，主要通过现行发票价格、供货方提供的价目表、当期生产的标准制造成本、用代表当期物价水平的物价指数资料对历史成本的调整等方式来进行。

（二）计算非货币性资产持有损益

非货币性资产持有损益是指企业持有非货币性资产由于物价变动而产生的现时成本与历史成本的差额。由于现时成本会计模式以实物资本保全下的名义货币/现时成本观作为理论基础，因此，在判定持有损益的性质时，一般认为是一种"暂时被束缚的资本"，应当在资产负债表中作为资本保全的调整项目，列入"资本公积——资本保全准备"。但是，也有人认为，既然是一种损益，应当列入利润表，这样，可以全面反映现时成本下损益的全部情况。

非货币性资产持有损益根据非货币性资产在报告期的变动和价值转移情况不同，可以分为未实现持有损益和已实现持有损益两种类型。未实现持有损益是指会计报告期末仍持有非货币性资产的现时成本与历史成本之差。已实现持有损益是指会计报告期内已消耗或出售的非货币性资产的现时成本与历史成本之差。举例说明如下。

【例 6-3】 中航制造期初购进 1 000 件甲商品，单位成本为 100 元，本期售出 800 件，单位售价为 160 元，由于物价变动，出售甲商品时的单位重置成本为 120 元，到了期末甲商品的单位重置成本上升为 130 元。按照传统的历史成本会计计算出的当期销售毛利为 800×（160－100）＝48 000（元），期末存货成本为：200×100＝20 000（元）。

但是，按照现时成本会计计算出的当期销售毛利为 800×（160－120）＝32 000（元），期末存货的现时成本为：200×130＝26 000（元）。存货持有损益为 1 000×（120－100）+200×（130－120）＝22 000（元），其中：

$$已实现持有损益 = 800 ×（120 - 100）= 16\ 000（元）$$
$$未实现持有损益 = 200 ×（130 - 100）= 6\ 000（元）$$

由以上可知，传统历史成本会计计算的销售毛利中包含有 16 000 元的存货持有损益，如果将此作为利润予以分配，原有规模的存货 800 件就难以得到补偿和维持。而按照实物资本保全的原则，这部分存货持有损益就应当从当期利润中扣除掉，暂时作为资本予以"束缚"，以便能够在出售后重新购买到 800 件的存货，使存货规模（实物资本）得到有效维持，当期确认的销售毛利应当是 32 000（48 000－16 000）元。

在上述有关计算调整的基础上，即可重编现时成本下的财务报表。

三、业务举例

【例 6-4】 承例 **【6-2】**，另补充有关现时成本资料如下。

交易性金融资产：20×3 年年末现时成本（市价）为 220 000 元

存货：20×3 年年初现时成本为 600 000 元，20×3 年年末现时成本为 750 000 元。

固定资产原价：20×3 年年初现时成本为 2 400 000 元，20×3 年年末现时成本为 2 450 000 元。

营业成本：20×3 年平均现时成本为 1 700 000 元。

根据上述资料，按照现时成本会计模式的要求，即可确定出各项目相应的现时成本数额，具体内容见有关现时成本财务报表所示。在重编现时成本财务报表之前，还需要分别计算有关非货币性资产的持有损益。计算时应当注意：对于未实现持有损益，按各非货币性资产的年末现时成本减去历史成本计算出的差额，属于全部未实现持有损益，应当再扣除上年已经确认的未实现持有损益之后，才能作为本年的未实现持有损益。已实现持有损益，则直接按当年已经消耗或销售非货币性资产的现时成本减去历史成本后的差额确定。

（一）交易性金融资产持有损益计算

交易性金融资产是在 20×3 年年初取得的，本年年末收回，因此，其持有损益只包含未实现持有损益，数额为 220 000 − 200 000 = 20 000（元）。

（二）存货及销售成本的持有损益计算

（1）未实现持有损益：

20×3 年年末存货的未实现持有损益 = 750 000 − 720 000 = 30 000（元）

上年已经确认的未实现持有损益 = 600 000 − 580 000 = 20 000（元）

本年应确认的未实现持有损益 = 30 000 − 20 000 = 10 000（元）

到下期确认时同样应将本期已确认的 10 000 元扣除后，作为下期存货的未实现持有损益。

（2）已实现持有损益：1 700 000 − 1 670 000 = 30 000（元）

（3）存货上的持有损益：10 000 + 30 000 = 40 000（元）

（三）固定资产及折旧费用持有损益计算

在进行有关计算之前，有两个问题需要明确。

一是现时成本下应按何种固定资产的现时成本作为计提折旧的基础。对此有两种观点，第一种观点认为应按照当年固定资产的平均现时成本，即（年初现时成本 + 年末现时成本）/2 为基础计算当年应计提折旧费用，按当年年末固定资产的现时成本计算累计折旧数，原因是折旧费用是均匀发生的，营业收入一般也认为是均匀发生的，这样可以更好地体现配比原则的要求。第二种观点则认为应按年末固定资产的现时成本为基础进行计算，这样可以使计提的折旧费用以及累计折旧与固定资产原价的现时成本相一致。目前采用较多的是第一种观点，本章也将采用第一种观点。

二是在以后物价变动导致固定资产原价变化时，在以后期间是否应对以前年度和本年现时成本的差额补提（或冲销）折旧，目前会计界对此还存在分歧。按照现时成本会计模式的理论基础的要求，应当予以补提。但是，如果出现物价上涨，以后期间计提的折旧费用也将不断增加，而从现实来看，时间延续越长，固定资产所能产生的效用越低，不符合成本效用原则，所以不易被人们所接受。本章也采取不补提折旧的办法。

（1）未实现持有损益：

20×3 年年末未实现持有损益 =（2 450 000 − 2 450 000×10%×2）−

（2 380 000 – 476 000）=56 000（元）

上年已经确认的未实现持有损益 =（2 400 000 – 2 400 000×10%）–

（2 380 000 – 238 000）= 18 000（元）

本年应确认的未实现持有损益 = 56 000 – 18 000 = 38 000（元）

（2）已实现持有损益：

按现时成本计算的折旧费用 =（2 450 000 + 2 400 000）/2×10%=242 500（元）

按历史成本计算的折旧费用 = 2 380 000×10%=238 000（元）

已实现持有损益 = 242 500 – 238 000=4 500（元）

（3）固定资产上的持有损益：38 000 + 4 500=42 500（元）

将上述非货币性资产持有损益汇总如表6-8 所示。

表 6-8   非货币性资产持有损益汇总表　　　　　　　　　　　　单位：元

非货币性资产项目	未实现持有损益	已实现持有损益	持有损益合计
交易性金融资产	20 000		20 000
存　货	10 000	30 000	40 000
固定资产	38 000	4 500	42 500
合　计	68 000	34 500	102 500

根据上述有关资料和有关计算，重编现时成本会计模式下的财务报表如表 6-9 和表6-10 所示（非货币性资产持有损益作为资本公积反映，列入资产负债表）。

表 6-9   中航制造比较资产负债表（现时成本）　　　　　　　　单位：元

项　　目	20×3 年 12 月 31 日	20×2 年 12 月 31 日
资产		
货币资金	675 000	400 000
交易性金融资产	220 000	
应收票据	260 000	100 000
应收账款	480 000	470 000
存货	750 000	600 000
固定资产原价	2 450 000	2 400 000
减：累计折旧*	–490 000	–240 000
固定资产净值	1 960 000	2 160 000
资产合计	**4 345 000**	**3 730 000**
权益		
应付票据	365 000	342 000
应付账款	125 000	115 000
应交所得税	185 000	250 000
长期借款	640 000	200 000
实收资本	2 500 000	2 500 000

续表

项 目	20×3 年 12 月 31 日	20×2 年 12 月 31 日
留存收益	368 500	264 000
资本公积（资本保全准备）		
其中：**		
已实现持有损益	55 500	21 000
未实现持有损益	1 06 000	38 000
权益合计	4 345 000	3 730 000

*：现时成本下 20×3 年年末累计折旧 = 2 450 000×10%×2 = 490 000（元）。现时成本下 20×3 年年初累计折旧 = 2 400 000×10%×1 = 240 000（元）

**：20×3 年年末已实现持有损益和未实现持有损益均为截至 20×3 年年末的累计数，即 20×2 年与 20×3 年的合计数。

表 6-10　中航制造 20×3 年度利润表（现时成本）　　　　单位：元

项 目	金 额
营业收入	2 850 000
减：营业成本	1 700 000
期间费用	624 500
（其中：折旧费用）	（242 500）
所得税	168 000
净收益	**357 500**
加：前期留存收益	264 000
可供分配利润	621 500
减：支付利润	253 000
年末留存收益	**368 500**

如果将持有损益列入利润表，按现时成本会计重编的财务报表如表 6-11 和表 6-12 所示。

表 6-11　中航制造比较资产负债表（现时成本）　　　　单位：元

项 目	20×3 年 12 月 31 日	20×2 年 12 月 31 日
资产		
货币资金	675 000	400 000
交易性金融资产	220 000	
应收票据	260 000	100 000
应收账款	480 000	470 000
存货	750 000	600 000
固定资产原价	2 450 000	2 400 000
减：累计折旧	−490 000	−240 000
固定资产净值	1 960 000	2 160 000
资产合计	**4 345 000**	**3 730 000**
权益		
应付票据	365 000	342 000

续表

项　目	20×3 年 12 月 31 日	20×2 年 12 月 31 日
应付账款	125 000	115 000
应交所得税	185 000	250 000
长期借款	640 000	200 000
实收资本	2 500 000	2 500 000
留存收益*	530 000	323 000
权益合计	**4 345 000**	**3 730 000**

＊:此时的留存收益为按照现时成本会计计算的包含持有损益的留存收益,20×2 年年末数为 264 000 + 21 000 + 38 000 = 323 000（元）。

表 6-12　中航制造 20×3 年度利润表（现时成本）　　　　单位：元

项　目	金　额
营业收入	2 850 000
减：营业成本	1 700 000
期间费用	624 500
（其中：折旧费用）	（242 500）
所得税	168 000
净收益	**357 500**
加：前期留存收益	323 000
可供分配利润	680 500
减：支付利润	253 000
不含持有损益的年末留存收益	427 500
加：已实现持有损益（当年）	34 500
未实现持有损益（当年）	68 000
现时成本下的年末留存收益	**530 000**

四、现时成本会计模式的评析

通过以上内容可以看出，采用现时成本会计模式，在不改变计量单位的情况下，有诸多优点。

（1）由于现时成本就具有了现行购买力单位的性质，并且资产的计价基础通常能够被历史成本报表使用者所接受，调整后的财务报表信息对企业决策更具有相关性和可分析性。

（2）利用现时成本下的损益计算，一方面可以在同一价格水平上确定收入和费用，更符合会计的配比原则，有利于正确评价企业经营业绩；另一方面，对本期经营收益和资产持有损益加以区分列示，更便于明确经营业绩，因为本期收益的大小取决于企业管理水平，而资产持有损益的大小则取决于物价变动因素，也取决于企业管理人员的应变能力。

（3）可以使产权表述更为真实。因为资产按现时成本计量，负债按契约合同规定的责任列计，二者相抵后的净资产，更接近于当前企业持有产权的实际。

（4）可以有效地保全企业实际生产能力，杜绝资产的暗中流失，起到培根固本、保全资本、增强企业活力、维护企业资产的有效更新、真实反映企业资产潜在服务能力的作用。

但是，从以后的研究和应用发现，现时成本会计模式也存在一些不足之处，主要表现为以下四个方面。

（1）在现时成本的确定过程中难免带有主观性，这主要是由于现时成本选择的时点和标准难以客观衡量和对比所致。

（2）没有充分考虑一般物价水平的变化，从而在一定程度上影响了会计信息的可比性。

（3）在会计核算、记录、应用等方面，由于现时成本资料的大量取得非常困难，将涉及所有资产，有时还可能会导致资产的投保额、财产税、所得税的变动，并且也增加了许多审计难度。

（4）由于忽视了净货币项目的损益，从而使全部损益确定不完整，没有完全反映物价变动情况。

第五节　现　值　会　计

一、现值会计的理论基础及特点

在上述两种物价变动会计模式中：一般物价水平会计只考虑改变计量单位，忽视了资产持有损益；现时成本会计只考虑了个别物价变动对历史成本的影响，且仍采用名义货币作为计量单位，忽视了净货币项目的损益。因此，二者虽然比历史成本会计模式有所进步，但也各有偏废。为了克服其不足之处，人们又提出了现值会计模式，即将前两种会计模式结合在一起的新型物价变动会计模式。这种物价变动会计模式也称现时成本/稳值货币会计、现时成本/不变购买力会计，或简称现值会计，是指按现时成本会计模式进行处理之后，再按一般物价水平会计模式进行调整的一种物价变动会计模式。

现值会计采用的理论基础，是实物资本保全下的稳值货币/现时成本观，即全部资本保全理论。其特征主要表现为：既改变计量基础，又改变计量单位；既要计算净货币项目的损益，又要计算消除一般物价水平变动影响后非货币性项目的现时成本变动数，即消除一般物价水平变动影响后非货币性资产的持有损益。因此，是一种目前来看较为完整的物价变动会计模式。

二、会计处理的一般程序

现值会计处理和调整的内容涉及全部会计信息，不仅内容多，而且程序复杂，一般包括以下四个方面。

（1）区分货币性项目和非货币性项目。

（2）对于货币性项目，应按一般物价水平会计模式的要求，计算出相应的货币购买力损益。

（3）非货币性资产项目的调整。

对于非货币性资产项目，先确定出相应的现时成本，然后再结合物价指数情况，对现时成本进行调整，并计算出一般物价水平下的非货币性资产的持有损益。该持有损益也称为"期内现时成本总变动数"，即期末现时成本数与发生日现时成本数的差额，该变动数还可以分解成以下两部分。

第一部分：因一般物价水平变动所引起的现时成本变动数，即发生日现时成本按期末一般物价指数调整后的数额减去发生日现时成本的差额，在通货膨胀情况下此数为正值；反之为负值。

第二部分：消除物价变动因素影响后的现时成本变动数，即期末现时成本减去发生日现时成本按期末一般物价指数调整后数额的差额。当非货币性项目的个别物价上涨幅度大于一般物价水平上涨幅度时，此数为正值；反之为负值。该变动数又可分解为已实现变动数和未实现变动数两部分。

$$已实现变动数 = 已销售（消耗）资产现时成本的稳值货币数 - 该资产历史成本的稳值货币数$$

$$未实现变动数 = \left(\begin{array}{c}期末资产现时成本\\的稳值货币数\end{array} - \begin{array}{c}该资产历史成本\\的稳值货币数\end{array}\right) - \left(\begin{array}{c}期初资产现时成本\\的稳值货币数\end{array} - \begin{array}{c}该资产历史成本\\的稳值货币数\end{array}\right)$$

非货币性资产现时成本总变动数减去一般物价水平变动引起的现时成本变动数，即为消除物价变动影响后的现时成本变动数（持有损益），将该数连同净货币项目的损益，应一并列入现时成本/稳值货币会计下的利润表中。

（4）重编现值会计下的财务报表。

三、业务举例

【例6-5】承【例6-2】【例6-4】列举的有关资料，先计算净货币项目的损益（见表6-5），然后计算非货币性资产的现时成本总变动数。

非货币性资产现时成本换算为20×3年年末稳值货币的有关资料见表6-13所示。

表6-13　非货币性资产现时成本/稳值货币换算表　　　　　单位：元

项　　目	发生日现时成本	换算系数	发生日现时成本/稳值货币数	年末现时成本/稳值货币数
交易性金融资产	200 000	130/120	216 667	220 000
存货				
期初数	600 000	130/120	650 000	
购入数	1 810 000	130/125	1 882 400	
销售数	−1 700 000	130/125	−1 768 000	
期末数	710 000		764 400	750 000
固定资产				
期初净值	2 160 000	130/120	2 340 000	
购入数	—			
折旧费用	−242 500	130/125	−252 200	
期末净值	1 917 500		2 087 800	1 960 000

根据表 6-13、表 6-3 和表 6-4 等有关资料，按照现时成本总变动数的计算方法，分别计算有关非货币性资产的现时成本总变动数如下。

（1）交易性金融资产：

现时成本总变动数 = 220 000 − 200 000 = 20 000（元）

一般物价水平变动引起的变动数 = 216 667 − 200 000 = 16 667（元）

消除物价变动影响后的变动数 = 220 000 − 216 667 = 3 333（元）

其中：未实现变动数 =（220 000 − 216 667）−（216 667 − 216 667）= 3 333（元）

（2）存货：

现时成本总变动数 = 750 000 − 710 000 = 40 000（元）

一般物价水平变动引起的变动数 = 764 400 − 710 000 = 54 400（元）

消除物价变动影响后的变动数 = 750 000 − 764 400 = − 14 400（元）

其中：已实现变动数 = 1 768 000 − 1 819 055 = − 51 055（元）

未实现变动数 =（750 000 − 748 800）−（650 000 − 685 455）= 36 655（元）

（3）固定资产：

现时成本总变动数 = 1 960 000 − 1 917 500 = 42 500（元）

一般物价水平变动引起的变动数 = 2 087 800 − 1 917 500 = 170 300（元）

消除物价变动影响后的变动数 = 1 960 000 − 2 087 800 = − 127 800（元）

其中：已实现变动数 = 252 200 − 309 400 = − 57 200（元）

未实现变动数 =（1 960 000 − 2 475 200）−（2 340 000 − 2 784 600）= − 70 600（元）

将上述现时成本变动数汇总如表 6-14 所示。

表 6-14 非货币性资产现时成本变动数汇总表　　　　　　　单位：元

非货币性资产项目	现时成本总变动数	一般物价水平变动引起的变动数	消除物价变动影响后的变动数		
			总变动数	已实现变动数	未实现变动数
交易性金融资产	20 000	16 667	3 333		3 333
存货	40 000	54 400	−14 400	−51 055	36 655
固定资产	42 500	170 300	−127 800	−57 200	−70 600
合计	102 500	241 367	−138 867	−108 255	−30 612

根据上述有关资料及其计算，重编现值会计下的财务报表如表 6-15 和表 6-16 所示。

表 6-15 中航制造比较资产负债表（现时成本/稳值货币）　　　　　单位：元

项　　目	20×3 年 12 月 31 日	20×2 年 12 月 31 日
资产		
货币资金	675 000	（400 000×130/120）433 333
交易性金融资产	220 000	
应收票据	260 000	（100 000×130/120）108 333
应收账款	480 000	（470 000×130/120）509 167

续表

项　　目	20×3 年 12 月 31 日	20×2 年 12 月 31 日
存货	750 000	（600 000×130/120）650 000
固定资产原价	2 450 000	（2 400 000×130/120）2 600 000
减：累计折旧	–490 000	（–240 000×130/120）–260 000
固定资产净值	1 960 000	2 340 000
资产合计	**4 345 000**	**4 040 833**
权益		
应付票据	365 000	（342 000×130/120）370 500
应付账款	125 000	（115 000×130/120）124 583
应交所得税	185 000	（250 000×130/120）270 833
长期借款	640 000	（200 000×130/120）216 667
实收资本	2 708 333	（2 500 000×130/120）2 708 333
留存收益（倒扎计算）	321 667	349 917
权益合计	**4 345 000**	**4 040 833**

表 6-16　中航制造 20×3 年度利润表（现时成本/稳值货币）　　　　单位：元

项　　目	金　　额
营业收入	（2 850 000×130/125）2 964 000
减：营业成本	（1 700 000×130/125）1 768 000
期间费用（不含折旧费用）	（382 000×130/125）397 280
折旧费用	（242 500×130/125）252 200
所得税	（168 000×130/125）174 720
现时成本/稳值货币下正常净收益	**371 800**
加：前期留存收益	349 917
可供分配利润	721 717
减：支付利润	253 000
不含持有损益的年末留存收益	**468 717**
加：净货币项目的损益	–8 183
消除物价变动影响后的现时成本变动数	–138 867
其中：非货币性资产现时成本总变动数	102 500
扣除一般物价水平变动引起的现时成本变动数	–241 367
其中：已实现变动数	–108 255
未实现变动数	–30 612
现时成本/稳值货币下的年末留存收益	**321 667**

四、现值会计模式评析

现值会计模式，采用了全面的资本保全理论，既改变了计量基础，又改变了计量单位。因此，是前两种物价变动会计模式的有效组合，充分吸收了前两种物价变动会计模式的优点，并且克服了相应的不足，使会计信息的有用性功能可以得到更好的发挥，是物价变动会计的新发展，也是目前较为科学完整的一种物价变动会计模式。

但是，这种会计模式大大增加了会计调整的难度和工作量，在会计信息复杂、内容繁多的情况下，给准确的运用带来了很大不便，不符合成本效益原则，对会计人员以及会计信息阅读者阅读能力也提出了更高的要求，如果应用不当，可能还会引起相反的效果。

练 习 题

练习题 1

一、目的：练习一般物价水平会计的基本原理与方法。

二、资料：中原装备于 20×2 年年初开业，20×3 年历史成本会计下的比较资产负债表及利润表资料如表 6-17、表 6-18 所示。

表 6-17　中原装备比较资产负债表（历史成本/名义货币）　　　　　单位：元

项　　目	20×3 年 12 月 31 日	20×2 年 12 月 31 日
资产		
货币资金	459 000	482 000
应收账款	200 000	100 000
存货	350 000	250 000
固定资产原价	500 000	500 000
减：累计折旧	−200 000	−100 000
固定资产净值	300 000	400 000
资产合计	**1 309 000**	**1 232 000**
权益		
应付账款	250 000	200 000
长期借款	400 000	400 000
实收资本	500 000	500 000
留存收益	159 000	132 000
权益合计	**1 309 000**	**1 232 000**

表 6-18　中原装备 20×3 年度比较利润表（历史成本/名义货币）　　　单位：元

项　　目	20×3 年度	20×2 年度
营业收入	1 100 000	1 000 000
减：营业成本	600 000	400 000
营业费用：	390 000	340 000
其中：工资费用	250 000	200 000
折旧费	100 000	100 000
利息	40 000	40 000
所得税	33 000	78 000
净收益	**77 000**	**182 000**
加：前期留存收益	132 000	
可供分配利润	209 000	182 000
减：支付股利	50 000	50 000
年末留存收益	**159 000**	**132 000**

其他补充资料如下。

1. 固定资产于 20×2 年年初购建完成，并于当年年初开始按年折旧率 20%计提折旧，无残值，购入时一般物价指数为 110。

2. 实收资本于 20×2 年年初一次筹集完成。

3. 存货均为当年均匀购入，并采用先进先出法计算发出存货价值，20×3 年购入存货共计 700 000 元。

4. 营业收入、营业费用（折旧费除外）、所得税均在当年均匀发生，股利于年末支付。

5. 有关一般物价指数资料分别为：20×2 年 1 月 1 日为 110，20×2 年 12 月 31 日为 120，20×3 年 12 月 31 日为 132。

三、要求：

1. 根据上述有关资料，按照 20×3 年 12 月 31 日的一般物价指数，计算 20×3 年中原装备净货币项目的损益。

2. 为中原装备重编 20×3 年年末一般物价水平下的财务报表。

3. 与历史成本下的财务报表进行比较，说明二者出现差异的原因，并写出简单的经济评价报告。

练习题 2

一、目的：练习现时成本会计的基本原理与方法。

二、资料：承练习题 1 中原装备有关历史成本会计资料，另补充有关非货币性资产的现时成本资料如下。

1. 营业成本：20×2 年平均现时成本为 440 000 元，20×3 年平均现时成本为 630 000 元。

2. 存货：20×2 年年末现时成本为 260 000 元，20×3 年年末现时成本为 370 000 元。

3. 固定资产原价：20×2 年年末现时成本为 550 000 元，20×3 年年末现时成本为 580 000 元。

三、要求：

1. 分别计算 20×2 年和 20×3 年非货币性资产的持有损益。

2. 分别按照持有损益的两种性质，为中原装备重编现时成本会计下的比较财务报表。

3. 将现时成本下的财务报表资料分别与历史成本会计、一般物价水平会计下的财务报表资料进行比较，说明产生差异的原因，并写出简单的经济评价报告。

练习题 3

一、目的：练习现值会计的基本原理与方法。

二、资料：承练习题 1 和练习题 2 的有关资料。

三、要求：

1. 按照现值会计的要求，分别计算各种非货币性资产的现时成本总变动数、一般物价水平变动引起的现时成本变动数和消除物价变动影响后的现时成本变动数。

2. 为中原装备重编 20×3 年现值会计下的财务报表，并写出现值会计下简单的经济评价报告。

3. 将现值会计下的财务报表资料分别与历史成本会计、一般物价水平会计、现时成本会计下的财务报表资料进行比较，说明产生差异的原因。

4. 通过练习题 1、练习题 2 以及本习题的练习，结合实际对 4 种不同会计模式做出简单评价。

当前经济全球化趋势不可阻挡，我国也积极实施"走出去""一带一路"等，充分彰显出应势而为、勇于担当的大国引领作用。其中我国协助"一带一路"沿线国家进行基础设施建设是最具代表性的业务合作，例如中国建筑、中国铁建等上市公司都积极参与到诸如伊朗、土耳其、尼日利亚等中东和非洲国家的基础设施建设中，但"一带一路"沿线国家通常具有发展水平较低，通货膨胀水平较高的特点。

2009 年 1 月 1 日生效的《国际会计准则第 29 号——高度通货膨胀经济下的财务报告》（IAS29）中，规定了该准则适用的范围包括企业以高度通货膨胀经济下的货币为功能性货币的财务报表包括合并财务报表，以及财务报表的重编（历史成本财务报表和现时成本财务报表）和高度通货膨胀经济停止等内容，准则内容对通货膨胀条件下企业应该如何提供正确有效的财务信息提供了指引和标准。

尼日利亚消费者物价指数过去五年复合增长率高达 14%，A 公司为一家尼日利亚本土公司，我国 B 公司计划与 A 公司展开基础设施建设与金融信贷相关的业务合作，但由于当地会计信息披露质量较低、相关制度仍待完善，A 公司并未应用 IAS29，即恶性通货膨胀中的财务报告对该公司的财务信息进行调整，我国 B 公司出于对未来业务安全性的考虑，要求 A 公司提供经过 IAS29 准则调整后的财务信息。

资料来源：《国际会计准则第 29 号——高度通货膨胀经济下的财务报告》（IAS29）2009

请结合案例查阅相关资料，分析思考以下问题。

1. 为何 B 公司要求 A 公司提供依据 IAS29 准则调整后的财务信息？

2. 为何物价变动会计在我国未展开广泛应用？

3. 物价变动会计中的一般物价水平会计、现行成本会计、现值会计三种模式各有何优缺点？本案例中你认为 A 公司更应按照哪种模式对自身财务信息做出调整？

即测即评

自学自测　扫描此码

第七章

租 赁 会 计

【本章学习提示】

- 本章重点：租赁的识别，租赁期间的确定，租赁的分类，与租赁相关的概念，承租人、出租人的相关会计处理方法，售后租回和转租赁的会计处理。
- 本章难点：与租赁相关的概念、承租人租赁的计量、出租人融资租赁的有关会计处理、售后租回。

本章导入案例

A 客户与 B 铁路运营商（供应者）签订一项合同，合同规定：A 自合同签订之日起 5 年内可使用涂有 A 客户专用标志的 10 节火车车厢，车厢由 B 拥有；A 可决定在何时、何处使用车厢及使用车厢运输各种商品，但运输费用按运输商品时的实际里程另行计算；当该车厢未使用时，将停放在 A 的场所，且可用作其他目的，如作临时仓储；A 不得运输和储存爆炸物之类的货物；若这些车厢须保养维修，B 必须以相同类型的车厢替换；除 A 违约外，在这五年期间 B 不可收回车厢；在 A 要求时应提供火车头及驾驶员，并对司机提出 A 运输商品的要求。B 提供的火车头是根据需要随时调度而不固定，且同时可挂拽最多 100 节车厢，A 提出运输要求后，由 B 根据运输调度尽快予以挂拽将货物运达目的地。该合同属于租赁合同还是运输服务合同？如果合同中车厢未专门指定，在需用时由 B 安排实时调用，则该合同属于租赁合同还是运输服务合同？

资料来源：李现宗. 高级财务会计学[M]. 北京：清华大学出版社，2017.

第一节　租赁会计概述

一、租赁的定义及特点

在市场经济条件下，租赁作为企业融资的重要形式，需求日益增长，越来越多的企业通过租赁的形式获取相关资产的使用权。随着租赁市场环境的变化，2016 年，国际会计准则理事会（IASB）发布了《国际财务报告准则第 16 号——租赁》（IFRS16），取代了原租赁准则（IAS17）。我国财政部于 2006 年 2 月 15 日发布了《企业会计准则第 21 号——租赁》（CAS21），随后，根据《中国企业会计准则与国际财务报告准则持续趋同路线图》（2010）的规定，财政部启动了《企业会计准则第 21 号——租赁》的修订工作，2018

扩展阅读 7-1：租赁会计的产生与发展

年 12 月 7 日发布了《企业会计准则第 21 号——租赁》（CAS21），取代了原租赁准则 CAS21（2006）。CAS21（2018）将租赁定义为：在一定期间内，出租人将资产的使用权让与承租人以获取对价的合同。

租赁作为一种交易具有以下特点。

（1）"两权分离"。在合同规定的租赁期内，转移资产使用权而不是转移资产所有权，这种转移是有偿的，取得使用权以支付租金为代价，从而使租赁有别于资产购置和不把资产使用权从合同的一方转移给另一方的服务合同，以及无偿提供使用权的借用合同。承租人根据协议取得租赁资产的使用权并同时支付租金，出租人拥有租赁资产所有权但失去资产使用权，同时收取一定租金作为回报。

（2）融资与融物相结合。租赁在出租人和承租人之间形成债权债务关系，这种关系是以融物形式达到融资。

从融物角度看，租赁与分期付款就其还款形式上似乎有相似之处，但其交易动机存在本质区别。分期付款购买资产是为了取得该资产的所有权，一旦货款结清，资产所有权将自动归于购买者。而租赁方式下获取资产，并非都是为了获取资产所有权，在租赁期内获取资产使用权是其交易的直接动机。

从融资角度看，租赁和贷款都是为企业提供资金并收取利息。前者利息包括在租金之中，而贷款是一种纯粹的融资行为，合同标的物为一定量的"货币"，金融机构将资金贷给企业，然后根据双方签订好的贷款合同定期收回本金和利息。而租赁合同标的物为一定量"实物性资产"，租赁体现的不仅是承租人与出租人之间的融资行为，同时还是一种融物行为。

（3）租赁是一种契约。租赁是涉及出租人和承租人两方面当事人经济利益的行为，租赁条款由至少两方以上当事人通过自愿协商而定。

二、租赁的识别

租赁是一种合同。在合同开始日，企业应当评估合同是否为租赁或者包含租赁。如果合同一方让渡了在一定期间内控制一项或多项已识别资产使用的权利以换取对价，则该合同为租赁或者包含租赁。

一项合同要被分类为租赁，必须同时满足以下三个条件。

（1）存在一定期间。在合同中，"一定期间"可以是已识别资产的使用期间，也可以表述为已识别资产的使用量，例如，某项设备的产出量。

（2）存在已识别资产。

（3）资产供应方向客户转移对已识别资产使用权的控制。如果客户有权在部分合同期内控制已识别资产的使用，则合同包含一项在该部分合同期间的租赁。

如果合同条款或条件未发生变化，企业无须重新评估合同是否为租赁或者是否包含租赁。

（一）已识别资产

已识别资产是指租赁合同的标的资产或租赁对象，通俗地讲，就是根据合同条款客户能够明确识别出其租用的是哪项具体资产。租赁合同本质上是一项资产使用合同，其核心要素主要有三个，即标的资产、标的资产的提供方和标的资产的使用方。识别租赁合同的第一步，就是要判断标的资产是否为已识别资产。

要判断是否存在已识别资产，需要考虑以下三个方面：①是否存在对资产的指定；②合同标的如果是某项资产的部分可用功能，该部分在物理上是否可明确区分；③是否存在对指定资产的实质性替换权。

1. 对资产的指定

租赁成立的前提就是要存在已识别资产。已识别资产通常由合同明确指定，也可以在资产可供客户使用时隐性指定。

【例7-1】 中航制造与甲铁路运输公司（以下简称甲公司）签订了使用甲公司一节火车车厢的6年期合同。该车厢专为用于运输中航制造生产过程中使用的特殊材料而设计，未经重大改造不适合其他客户使用。合同中没有明确指定轨道车辆（例如，通过序列号），但是甲公司仅拥有一节适合中航制造使用的火车车厢。如果车厢不能正常工作，合同要求甲公司修理或更换车厢。

本例中，具体哪节火车车厢虽未在合同中明确指定，但是被隐含指定，因为甲公司仅拥有一节适合中航制造使用的火车车厢，必须使用这节车厢来履行合同，甲公司无法自由替换该车厢。因此，火车车厢是一项已识别资产。

2. 物理可区分

如果合同标的是某项资产的部分可用功能，则应判断该部分在物理上是否可明确区分于资产的其他部分。通常情况下，如果一项资产的某部分可用功能在物理上能够与该资产的全部可用功能区开，则该部分就属于已识别资产，比如，某航空公司的某架飞机、某制造企业的某条生产线、某商场的某个固定柜台等。如果资产的某部分与其他部分在物理上不可区分（例如，数据光缆的部分容量），则该部分就不属于已识别资产，除非其实质上代表该资产的全部产能，从而使客户获得因使用该资产所产生的几乎全部经济利益的权利。

【例7-2】 中航制造与乙公司签订了一份为期10年的合同，以取得连接A、B城市光缆中约定带宽的光纤使用权。中航制造约定的带宽相当于使用光缆中3条光纤的全部传输容量（乙公司光缆包含15条传输容量相近的光纤）。

本例中，中航制造仅使用光缆的部分传输容量，乙公司共有15条容量相近的光纤，提供给中航制造使用的光纤与其余光纤在物理上无法明确区分，且不代表光缆的几乎全部传输容量，因此不存在已识别资产。

如果乙公司提供给中航制造的3条光纤已经指定，而且光纤损坏，由乙公司负责修理和维护，乙公司虽然拥有额外的光纤，但仅可因修理、维护或故障等原因替换指定给中航制造使用的光纤，这种情况下存在已识别资产。

3. 实质性替换权

有些情况下，即使合同已对资产进行指定，如果资产供应方在整个使用期间拥有对该资产的实质性替换权，则该资产不属于已识别资产。其原因在于，如果资产供应方在整个使用期间均能自由替换合同资产,实际上,合同只规定了满足客户需求的一类资产,而不是被唯一识别出的一项或几项资产。也就是说,在这种情况下,合同资产并未和资产供应方的同类其他资产明确区分开来,并未被识别出来。

同时符合下列条件时,表明资产供应方拥有资产的实质性替换权。

(1)资产供应方拥有在整个使用期间替换资产的实际能力。例如,客户无法阻止供应方替换资产,且用于替换的资产对于资产供应方而言易于获得或者可以在合理期间内取得。如果合同仅赋予资产供应方在特定日期或者特定事件发生日或之后拥有替换资产的权利或义务,则资产供应方的替换权不具有实质性,因为供应方并没有在整个使用期间替换资产的实际能力。

(2)资产供应方通过行使替换资产的权利将获得经济利益,即替换资产的预期经济利益将超过替换资产所需成本。如果资产位于客户所在地或其他位置,替换资产所需要的成本更有可能超过其所能获取的利益。

资产供应方在资产运行结果不佳或者进行技术升级的情况下,因修理和维护而替换资产的权利或义务不属于实质性替换权。如果企业难以确定资产供应方是否拥有实质性替换权的,应视为资产供应方没有对该资产的实质性替换权。

【例 7-3】 中航制造与甲公司签订合同,合同要求甲公司在 5 年内按照约定的时间表使用指定型号的火车车厢为中航制造运输约定数量的货物。合同中约定的时间表和货物数量相当于中航制造在 5 年内有权使用 10 节指定型号火车车厢。合同规定了所运输货物的性质。甲公司有大量类似的车厢可以满足合同要求。车厢不用于运输货物时存放在甲公司处。

本例中,甲公司在整个使用期间有替换每节车厢的实际能力。因为用于替换的车厢是甲公司易于获得的,且无须中航制造批准即可替换。另外,甲公司可通过替换车厢获得经济利益。因为车厢存放在甲公司处,甲公司拥有大量类似的车厢,替换每节车厢的成本极小,甲公司可以通过替换车厢获益,例如,使用已位于任务所在地的车厢执行任务,或利用某客户未使用而闲置的车厢等。因此,甲公司拥有车厢的实质性替换权,合同中用于运输中航制造货物的车厢不属于已识别资产。

(二)客户是否控制已识别资产使用权的判断

识别租赁合同的第二步,是要判断在使用期内控制资产使用的权利是否转移。为了确定一项合同是否让渡了在一定期间内控制已识别资产使用的权利,企业应当评估合同中的客户在整个使用期间是否同时拥有以下两项权利:①有权获得因使用已识别资产所产生的几乎全部经济利益;②有权主导已识别资产的使用。

1. 客户是否有权获得因使用资产所产生的几乎全部经济利益

一般情况下,如果在资产使用期内,控制资产使用的权利已由资产的供应方转移给了客户,在这期间,与资产相关的几乎全部经济利益应该归客户所有。在评估客户是否有权获得因使用已识别资产所产生的几乎全部经济利益时,应注意两点:①企业应当在约定的客户权利范围内考虑其所产生的经济利益。例如,如果合同规定汽车在使用期间仅限在某一特定区域使用,则企业应当仅考虑在该区域内使用汽车所产生的经济利益,而不包括在该区域外使用汽车所产生的经济利益。如果合同规定客户在使用期间仅能在特定里程范围内驾驶汽车，则企业应当仅考虑在允许的里程范围内使用汽车所产生的经济利益，而不包括超出该里程范围使用汽车所产生的经济利益。②应当考虑在整个使用期间客户通过多种方式直接或间接获得使用资产所产生的经济利益，比如，通过使用、持有或转租资产等。使用资产所产生的经济利益包括资产的主要产出和副产品（包括来源于这些项目的潜在现金流量）以及通过与第三方之间的商业交易实现的其他经济利益。

2. 客户是否有权主导已识别资产的使用

存在下列情形之一的，可视为客户有权主导对已识别资产在整个使用期间的使用。

（1）客户有权在整个使用期间主导已识别资产的使用目的和使用方式。如果客户有权在整个使用期间在合同界定的使用权范围内改变资产的使用目的和使用方式，则视为客户有权在该使用期间主导资产的使用目的和使用方式。在判断客户是否有权在整个使用期间主导已识别资产的使用目的和使用方式时，企业应当考虑在该使用期间与改变资产的使用目的和使用方式最为相关的决策权。相关决策权是指对使用资产所产生的经济利益产生影响的决策权。最为相关的决策权的例子包括：①变更资产产出类型的权利。例如，决定将集装箱用于运输商品还是储存商品，或者决定在零售区域销售的产品组合。②变更资产的产出时间的权利。例如，决定机器或发电厂的运行时间。③变更资产的产出地点的权利。例如，决定卡车或轮船的目的地，或者决定设备的使用地点。④变更资产是否产出以及产出量的权利。例如，决定是否使用发电厂以及发电量的多少。

【例 7-4】 中航制造与乙公司（供应方）就使用一辆卡车在一周时间将货物从 A 地运至 B 地签订了合同。根据合同，乙公司只提供卡车、发运及到货的时间和站点，中航制造负责派人驾车自 A 地到 B 地。合同中明确指定了卡车，并规定在合同期内该卡车只允许用于运输合同中指定的货物，乙公司没有替换权。合同规定了卡车可行驶的最大里程。中航制造可在合同规定的范围内选择具体的行驶速度、路线、停车休息地点等。中航制造在指定路程完成后无权继续使用这辆卡车。

本例中，合同明确指定了一辆卡车，且乙公司无权替换，因此合同存在已识别资产。合同预先确定了卡车的使用目的和使用方式，即在规定时间内将指定货物从 A 地运至 B 地。中航制造有权在整个使用期间操作卡车（例如决定行驶速度、路线、停车休息地点），因此中航制造主导了卡车的使用，中航制造通过控制卡车的操作在整个使用期间全权决定卡车的使用。

（2）已识别资产的使用目的和使用方式在使用期间前已预先确定，并且客户有权在整个使用期间自行或主导他人按照其确定的方式运营该资产，或者客户设计了已识别资产（或资产的特定方面）并在设计时已预先确定了该资产在整个使用期间的使用目的和使用方式。与资产使用目的和使用方式相关的决策可以通过很多方式预先确定，例如，通过设计资产或在合同中对资产的使用做出限制来预先确定相关决策。

【例 7-5】 中航制造与丁公司签订了购买某一新太阳能电厂 25 年生产的全部电力的合同。合同明确指定了太阳能电厂，且丁公司没有替换权。太阳能电厂的产权归丁公司所有，丁公司不能通过其他电厂向中航制造供电。太阳能电厂在建造之前由中航制造设计，中航制造聘请了太阳能专家协助其确定太阳能电厂的选址和设备工程。丁公司负责按照中航制造的设计建造太阳能电厂，并负责电厂的运行和维护。关于是否发电、发电时间和发电量无需再进行决策，该项资产在设计时已经预先确定了这些决策。

本例中，合同明确指定了太阳能电厂，且乙公司无权替换，因此合同存在已识别资产。由于太阳能电厂使用目的、使用方式等相关决策在太阳能电厂设计时已预先确定，因此，尽管太阳能电厂的运营由丁公司负责，但是该电厂由中航制造设计这一事实赋予了中航制造主导电厂使用的权利，中航制造在整个 25 年使用期有权主导太阳能电厂的使用。

综上所述，企业应当在合同开始日对合同进行评估，如果合同存在一项（或多项）已识别资产，且已识别资产在使用期内的控制权已经转移给客户，则该项合同为租赁合同或包含租赁。

评估辨认合同是否属于租赁的程序如图 7-1 所示。

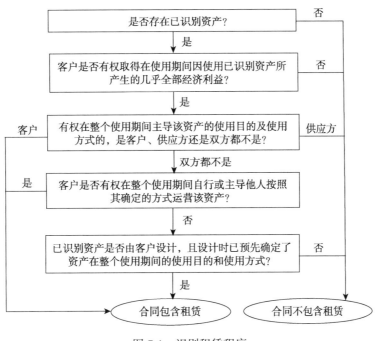

图 7-1　识别租赁程序

（三）合同中租赁与非租赁部分的区分及对价的分摊

合同中同时包含多项单独租赁的，承租人和出租人应当将合同予以分拆，并分别对各项单独租赁进行会计处理。合同中同时包含租赁和非租赁部分的，承租人和出租人应当将租赁和非租赁部分进行分拆，除非企业适用《企业会计准则第 21 号——租赁》（2018）第十二条的规定进行会计处理。分拆时，各租赁部分应当分别按照《企业会计准则第 21 号——租赁》（2018）进行会计处理，非租赁部分应当按照其他适用的企业会计准则进行会计处理。

若同时符合下列条件，使用已识别资产的权利则构成合同中的一项单独租赁。

（1）承租人可从单独使用该资产或将其与易于获得的其他资源一起使用中获利。易于获得的资源是指出租人或其他供应方单独销售或出租的商品或服务，或者承租人已从出租人或其他交易中获得的资源。

（2）该资产与合同中的其他资产不存在高度依赖或高度关联关系。例如，若承租人租入资产的决定不会对承租人使用合同中的其他资产的权利产生重大影响，则表明该项资产与合同中的其他资产不存在高度依赖或高度关联关系。

对于承租人来说，在分拆合同包含的租赁和非租赁部分时，承租人应当按照各项租赁部分单独价格及非租赁部分的单独价格之和的相对比例分摊合同对价。租赁和非租赁部分的相对单独价格，应当根据出租人或类似资产供应方就该部分或类似部分向企业单独收取的价格确定。如果可观察的单独价格不易于获得，承租人应当最大限度地利用可观察的信息估计单独价格。但在实务中，为了简化，承租人可以选择不区分租赁与非租赁部分，依据标的资产的类别将各租赁部分及所有相关非租赁部分合并为单一租赁进行处理。

出租人可能要求承租人承担某些款项，却并未向承租人转移商品或服务。例如，出租人可能将管理费或与租赁相关的其他成本计入应付金额，而并未向承租人转移商品或服务。此类应付金额不构成合同中单独的组成部分，而应视为总对价的一部分分摊至单独识别的合同组成部分。

对于出租人来说，上述合同的相关内容，应按照收入准则规定分摊合同中的对价。

【例 7-6】 中航制造的子公司 A 租赁公司与 B 承租人签订一项合同，合同规定，将一台推土机、一辆工程卡车及一台大型挖土机出租给 B 使用 4 年，供其用于采矿运输，A 为其免费提供整个租赁期间全部设备的维护费用，合同的固定对价总额为 600 000 元，每年分期支付 150 000 元；另外，按维护挖土机实际工作时数计算变动租金，该变动租金上限为不超过挖土机重置成本的 2%。

由上述资料可知，该合同是包含设备租赁和维护服务业务的合同，其对价中包括对每一设备项目的租金及维护服务成本。对此，B 应将其区分为设备租赁业务和维护服务业务（非租赁），并将设备租赁业务再区分为每种设备的单独租赁，然后分别进行处理。可区分单独租赁理由为：①B 可从使用三项设备的每一项本身或连同其他易于获得的资源获益，因为承租人可从他人轻易承租或购买替代卡车或挖土机用于其运输；②虽然 B 为同一目的（即从事采矿运输）而承租了三项设备，但这些设备并非高度依赖或高度关联，B 向 A 承租或不承租的决策，对 B 从每一设备的租赁产生效益的能力并不具有重大影响。因此，B 做出结论：合同中有三个单独租赁业务和三个维护服务业务（非租赁）。B 采用租赁准则的相关规定将合同中的对价在三个单独租赁及三个维护服务业务之间进行分摊，分摊时的有关判断及分摊结果如下。

根据调查，B 能对三项设备的租赁建立可观察的单独价格分别为 170 000 元、102 000 元及 224 000 元。对类似的推土机及卡车有许多维修商可提供相应的维护服务，其维护服务在类似于和出租人合同及付款条件下可观察的单独价格分别为 32 000 元及 16 000 元；而大型挖土机的专业性强，极少发现有其他供应者对类似的挖土机出租或提供维护服务，但 A 有对向其购买类似挖土机的客户提供 4 年的维护服务合同，其合同对价为固定金额 56 000 元，分 4 年支付，并有按维护挖土机实际工作时数的变动金额（该变动金额定有上限）。因此，B 估计挖土机维护服务的单独价格为 56 000 元加计任何变动金额。据此，B 将合同中的固定对价 600 000 元分摊至各项单独租赁及维护服务的情况如表 7-1 所示。

表 7-1　租赁对价分摊计算　　　　　　　　单位：元

项目	推土机	卡车	挖土机	合计
租赁	170 000	102 000	224 000	496 000
非租赁	32 000	16 000	56 000	104 000
固定对价总额				600 000

B 将所有变动对价分摊至挖土机的维护且因而分摊至合同中的维护服务，之后采用租赁准则规定处理三项设备的每一租赁，分摊的对价视为每一租赁的租金。

三、租赁期间的确定

（一）租赁期间及其内容

租赁期间是指租赁协议规定的不可撤销期间。租赁期间始于开始日，并包含出租人提供给承租人的任何免租金期间。如果承租人有续租选择权，即有权选择续租该资产，且合理确定将行使该选择权的，租赁期间还应当包括续租选择权涵盖的期间；如果承租人有终止租赁选择权，即有权选择终止租赁该资产，但合理确定将不会行使该选择权的，租赁期间应当包含终止租赁选择权涵盖的期间。租赁期间是租赁交易中的关键要素之一，它将决定着租金的计算、与标的资产所有权有关的风险和报酬的转移程度以及租赁的分类等。

（二）租赁期间长度的确定

在决定租赁期间及评估租赁不可撤销期间的长度时，应采用合同的定义，并决定合同可执行的期间。当承租人及出租人均具有无须另一方同意即可终止租赁的权利，且所支付的罚款较小时，该租赁不再属于可执行。若仅承租人具有终止租赁的权利，则该权利被视为承租人的终止租赁选择权，在决定租赁期间时应予以考虑。若仅出租人具有终止租赁的权利，则租赁的不可撤销期间包含该终止租赁选择权所涵盖的期间。

（三）评估与租赁期间有关的选择权的相关事实及情况

企业应在租赁期开始日评估承租人是否可合理确定将行使续租或购买标的资产的选择权，或将不行使终止租赁的选择权。此时应考虑将对承租人以行使（或不行使）选择权带来经济利益的所有相关事实及情况，包括自租赁期开始日至选择权行使日间所有事实及情况的预期变动。相关事实及情况包括但不限于以下方面。

（1）与市场价相比情况下选择权所涵盖期间的合同条款及条件，如在选择权所涵盖期间的租金大小；租赁的任何变动金额或其他或有金额，如源自终止租赁的罚款与余值担保导致的应付款；在初始选择权所涵盖期间后可行使的任何选择权的条款及条件，如续租期结束时以低于市价的价格行使购买选择权。

（2）在合同期间进行或预期进行的重大租赁资产改良，预期可行使续租选择权、终止租赁选择权或购买标的资产选择权时，预期能为承租人带来的重大经济利益。

（3）与终止租赁有关的成本，如谈判成本、搬迁成本、寻找与选择适合承租人需求的替代资产所发生的成本、将新资产融入运营所发生的整合成本、终止租赁的罚款、将租赁资产恢复至租赁条款约定状态的成本、将租赁资产归还至租赁条款约定地点的成本等。

（4）租赁资产对承租人运营的重要程度，如租赁资产是否为特殊性资产、租赁资产的地点及适当替代资产的可获得性。

（5）与行使选择权相关的条件及满足相关条件的可能性。例如，租赁条款约定仅在满足一项或多项条件时方可行使选择权，此时还应考虑相关条件及满足相关条件的可能性。

租赁的不可撤销期间的长短会影响对承租人是否合理确定将行使或不行使选择权的评估。通常，租赁的不可撤销期间越短，承租人行使续租选择权或不行使终止租赁选择权的可能性就越大，原因在于不可撤销期间越短，获取替代资产的相对成本就越高。此外，评估承租人是否合理确定将行使或不行使选择权时，如果承租人以往曾经使用过特定类型的租赁资产或自有资产，则可以参考承租人使用该类资产的通常期限及原因。例如，承租人通常在特定时期内使用某类资产，或承租人时常对某类租赁资产行使选择权，则承租人应考虑以往这些做法的原因，以评估是否合理确定将对此类租赁资产行使选择权。

（四）租赁期间的再评估与修正

如果在租赁期开始日后重大事项或情况发生重大改变时，承租人应重新评估租赁期间。需要说明的是，这些重大改变是在承租人控制范围内且影响承租人是否可合理确定将行使先前在决定租赁期间时所未包含的选择权，或将不行使先前在决定租赁期间时所包含的选择权。重大事项或情况发生重大改变的例子如下。

（1）在租赁期开始日未预期到的重大租赁资产改良。当预期的上述选择权成为可行使时，该租赁资产改良可以给承租人带来重大经济效益。

（2）在租赁期开始日并未预计到对租赁资产做重大修改或定制化。

（3）转租租赁资产，其转租的期间超过先前决定的租赁期间结束日。

（4）与是否行使选择权直接相关的承租人经营决策，如延长互补性资产的租赁、处置替代资产或处置包含相关使用权资产的业务等。

若租赁不可撤销期间有变动，企业应修正租赁期间。租赁不可撤销期间变动的情况如：承租人实际行使了选择权，但该选择权在之前企业确定租赁期时未涵盖；承租人未实际行使选择权，但该选择权在之前企业确定租赁期时已涵盖；某些事件的发生，导致根据合同规定承租人有义务行使选择权，但该选择权在之前企业确定租赁期时未涵盖；某些事件的发生，导致根据合同规定禁止承租人行使选择权，但该选择权在之前企业确定租赁期时已涵盖。

四、租赁的分类

租赁交易多种多样，从不同的角度、按不同的分类方式可将其分为不同的种类。

（一）按附属于租赁资产所有权的几乎所有风险与报酬是否转移分类

按照 CAS21 的规定，出租人应按附属于租赁资产所有权的几乎所有风险与报酬是否转移,将每一项租赁分类为融资租赁或经营租赁进行会计处理,分类时取决于交易实质而非合同形式。其中:风险包括因闲置产能或技术过时造成损失及因经济环境改变造成投资报酬变动的可能性;报酬可能表现在标的资产预期经济寿命期间经营的盈利以及因增值或残值变现可能产生的利得。并且,租赁的分类应在租赁开始日决定,且仅在租赁修改时方可重估。就会计目的而言,租赁并不因会计估计变动(如租赁资产经济年限或余值的估计变动)或情况改变(如承租人违约)而重新分类。这种分类仅限于出租人,承租人则不按此分类进行会计处理。

(1)融资租赁,是指转移附属于租赁资产所有权的几乎所有风险与报酬的租赁。符合下列一项或数项标准的,应当认定为融资租赁。

①租赁期间届满时,将租赁资产的所有权转移给承租人。

②承租人对租赁资产有购买选择权,且该购买价格预期明显低于选择权可行使日的该资产公允价值,导致在租赁开始日可合理确定该选择权将被行使。这条标准有两层含义:一是承租人拥有在租赁期届满或某一特定的日期选择购买租赁资产的权利;二是在租赁期届满或某一特定的日期,当承租人行使购买租赁资产的选择权时,在租赁合同中订立的购买价款远低于行使选择权日租赁资产的公允价值,因此在租赁开始日就可合理地确定承租人一定会购买该项资产。

③租赁资产的法定所有权虽未转移,但租赁期间占租赁资产尚可使用寿命的大部分。实务中,这里的"大部分"一般指租赁期占租赁开始日租赁资产尚可使用寿命的75%以上(含75%)。需要说明的是,这里的量化标准只是指导性标准,企业在具体运用时,必须以准则规定的相关条件进行综合判断,这条标准强调的是租赁期占租赁资产尚可使用寿命的比例,而非租赁期占该项资产全部可使用年限的比例。如果租赁资产是旧资产,在租赁前已使用年限超过资产自全新时起算可使用年限的75%以上时,则这条判断标准不适用。

④在租赁开始日,租赁收款额的现值几乎相当于租赁资产的公允价值。实务中,这里的"几乎相当于",一般应在90%以上(含90%)。需要说明的是,这里的量化标准只是指导性标准,企业在具体运用时,必须以准则规定的相关条件进行综合判断。

⑤租赁资产性质特殊,如果不做较大改造,仅承租人能使用。这种情况一般是,租赁资产是出租人根据承租人对资产型号、规格等方面的特殊要求专门购买或建造的,具有专购、专用性质,如果不做较大改造,其他企业通常难以使用。

除上述情况外,如果出现下列情形,也可能导致租赁被分类为融资租赁:如承租人可以取消租赁,但由此给出租人带来的损失须由承租人负担;资产余值的公允价值波动所产生的利得或损失归属于承租人;承租人有能力以明显低于市场行情的租金续租等。

上述列示的各种情形并不具有必然的决定性,最终要看租赁是否转移了附属于租赁资产所有权的几乎所有风险与报酬,如有其他特征能清楚地显示未达到此标准,则此租赁应分类为经营租赁。例如,租赁资产所有权在租赁结束时以相等于当时公允价值的可变付款额转让至承租人,致使出租人实质上未转移几乎所有风险与报酬。

(2)经营租赁,是指未转移附属于租赁资产所有权的几乎所有风险与报酬的租赁。不能认定为融资租赁的,出租人均应按经营租赁进行处理。

（二）按出租人取得租赁资产的来源方式不同分类

（1）销售租赁，是指销售性质的租赁，它是制造商或经销商销售商品的一种途径，即制造商或经销商作为出租人，将其制造或经销的商品收取一定租金提供给承租人使用。在这种情况下，出租人获取的收益不仅含有融资收益，还包括商品产销差价或进销差价。销售租赁与分期收款销售方式比较接近，主要区别是前者的所有权没有发生转移，而后者的所有权发生了转移。

（2）直接租赁，是指出租人以自有资金或筹借资金购入资产租给承租人，同时收取租金的行为。如果构成融资租赁，则实质上是出租人直接为承租人提供了可长期使用资产的资金，又被称为直接融资租赁。

（3）杠杆租赁，又称借款租赁，是指出租人以自筹加信贷方式筹措资金，购置资产并出租而形成的租赁。在杠杆租赁方式下，出租人一般只要投资 20%～40%，即可取得租赁资产名义上的所有权，其余投资由金融机构提供贷款解决。杠杆租赁至少涉及三方当事人：承租人、长期贷款人、出租人。长期贷款人提供的融资是无追索权的，就如同提供给出租人一般性贷款一样。但出租人需要以设备第一抵押权、租赁合同和收益租金的受让权作为借款担保。如果出租人借贷成本低、收益租金高，即可获得较好的租赁业务净收益；如果借贷成本高，出租人获取的收益则要低一些。杠杆租赁的出租人多为专业租赁公司，租赁方式可以是融资租赁或经营租赁。

（4）售后租回，是指卖方兼承租人转移资产给买方兼出租人，并自该买方兼出租人租回该资产的租赁交易。这种租赁方式下，承租人一般处于现金短缺的境地，其租赁资产又多为自身正在使用中的设备，因此，其售出只是一种形式，真正的目的是既要取得企业生产经营、对外投资等急需的资金，又保证继续使用现有资产。承租人通过售后租回交易，在不影响其对租赁物占有、使用、收益的前提下，将一次性的固定资产投入转变为未来的分次支出，既保证了正常的生产经营，又较好地解决了企业流动资金不足的难题。售后租回交易可以是融资租赁或经营租赁。

（5）转租赁，简称转租，是指承租人（转租出租人）在租赁期内将租入资产再出租给第三方的交易，且主租赁出租人与承租人（转租出租人）间的租赁（主租赁）持续有效。转租赁涉及三方当事人，即原出租人或主出租人、原承租人（转租出租人）和新承租人。

五、与租赁相关的概念

在租赁交易中，一些专用概念对租赁交易的确认和计量具有直接的限定作用，并且相对较多，为便于后面的理解与运用，在此一并列出。

（一）租赁开始日、租赁期开始日

租赁开始日，是指租赁协议日或双方对租赁主要条款及条件承诺日的较早者。在租赁开始日，主要解决租赁的识别问题（对出租人来说还要解决租赁分类辨认问题）。租赁期开始日，是指出租人提供租赁资产使其可供承租人使用之日，表明租赁行为的开始。在租赁期开始日，主要解决租赁的初始确认和计量问题。租赁开始日一般要早于租赁期开始日。

例如，20×3 年 12 月 5 日中航制造与乙公司签订一项租赁合同，租期自 20×4 年 1 月 1 日至 20×6 年 12 月 31 日。则租赁开始日为 20×3 年 12 月 5 日，该日出租人应对租赁进行分类；租赁期开始日为 20×4 年 1 月 1 日，该日应对该租赁进行初始确认和计量，对出租人来说应按分类为不同的租赁进行相关初始确认和计量。

（二）标的资产与使用权资产

标的资产，是指出租人将某资产的使用权提供给承租人的资产。使用权资产，是指承租人在租赁期间内对标的资产具有使用权的资产。因此，标的资产是针对出租人而言的；使用权资产是针对承租人而言的，以便区别于其他方式形成的既有所有权又有使用权的资产。一项资产如果作为标的资产列入租赁合同，就转为了使用权资产。

（三）初始直接费用

初始直接费用是指为达成租赁所发生的增量成本。增量成本是指若企业不取得该租赁，则不会发生的成本，如租赁双方在签订租赁合同过程中发生的佣金、律师费、差旅费、印花税等。无论是否实际取得租赁都会发生的支出，不属于初始直接费用，例如为评估是否签订租赁而发生的差旅费、法律费用等，此类费用应当在发生时计入当期损益。

（四）资产余值、担保余值与未担保余值

资产余值是指在租赁期开始日估计的租赁期届满时租赁资产的公允价值。出租人为了尽量减少自身的风险和损失，避免承租人过度使用或不加合理维护地使用租赁资产，租赁合同有时要求与出租人无关的一方向出租人提供担保。担保余值，是指与出租人无关的一方向出租人提供担保，保证在租赁结束时租赁资产的价值至少为某指定的金额，包括由承租人或与其有关的第三方（指在业务经营或财务上与承租人有关的各方，如母公司、子公司、合营企业、联营企业、主要原材料供应商等）和有能力履行担保义务的独立第三方担保的部分。未担保余值是指租赁资产余值中，出租人无法保证能够实现或仅由与出租人有关的一方予以担保的部分。

（五）租赁付款额

租赁付款额，是指承租人向出租人支付的与在租赁期内使用租赁资产的权利相关的款项。主要包括以下五项内容。

1. 固定付款额或实质固定付款额（扣除租赁激励）

固定付款额，是指承租人在租赁期间内因使用租赁资产使用权而支付给出租人的租金；实质固定付款额是指在形式上可能包含变量但实质上无法避免的付款额。例如，合同规定了多套租金支付方案，但其中只有一套是可行的；再如，承租人有多套可行的付款额方案，但必须选择其中一套，在这种情况下，承租人至少应选择最低的一套作为租赁付款额。

租赁激励，是指出租人为达成租赁向承租人提供的优惠，包括出租人向承租人支付的与租赁有关的款项、出租人为承租人偿付或承担的成本等。存在租赁激励的，承租人在确定租赁付款额时，应扣除租赁激励相关金额。

2. 取决于指数或比率的可变租赁付款额

可变租赁付款额，是指承租人为取得在租赁期内使用租赁资产的权利，而向出租人支付的因租赁期开始日后的事实或情况发生变化（而非时间推移）而变动的款项。可变租赁付款额可能与下列各项指标或情况挂钩。

（1）由于市场比率或指数数值变动导致的价格变动。例如，基准利率或消费者价格指数变动可能导致租赁付款额调整。

（2）承租人源自租赁资产的绩效。例如，零售业不动产租赁可能会要求基于使用该不动产取得的销售收入的一定比例确定租赁付款额。

（3）租赁资产的使用。例如，车辆租赁可能要求承租人在超过特定里程数时支付额外的租赁付款额。

需要注意的是，可变租赁付款额中，仅取决于指数、利率和费率的可变租赁付款额纳入租赁付款额。其他因素导致的可变租赁付款额均不纳入租赁付款额，应当在发生时直接计入当期损益。

3. 购买选择权的行权价格

如果租赁合同中包含承租人在租赁期届满时的购买选择权，且在租赁期开始日，承租人能够合理确定将行使购买租赁资产的选择权，则租赁付款额中应包含购买选择权的行权价格。

4. 行使终止租赁选择权需支付的款项

如果租赁合同中包含承租人终止租赁的选择权，且在租赁期开始日，承租人能够合理确定将行使终止租赁选择权，则租赁付款额中应包含行使终止租赁选择权需支付的款项。

5. 根据承租人提供的担保余值预计应支付的款项

如果承租人提供了对余值的担保，则租赁付款额应包含该担保下预计应支付的款项，它反映了承租人预计将支付的金额，而不是承租人担保余值下的最大敞口。

（六）租赁收款额

租赁收款额，是指出租人因让渡在租赁期内使用租赁资产的权利而应向承租人收取的款项，包括以下五个方面。

（1）承租人需支付的固定付款额及实质固定付款额，存在租赁激励的，应当扣除租赁激励相关金额。

（2）取决于指数或比率的可变租赁付款额。

（3）购买选择权的行权价格。

（4）承租人行使终止租赁选择权需支付的款项。

（5）由承租人、与承租人有关的一方以及有经济能力履行担保义务的独立第三方向出租人提供的担保余值。

（七）租赁投资总额和租赁投资净额

租赁投资总额，是指融资租赁下出租人的租赁收款额与未担保余值之和。该金额代表租赁业务将来能够给出租人带来的经济利益的总流入。租赁投资净额，从理论上讲，应为租赁期开始日出租人对租赁业务进行的初始投资，金额上等于未担保余值和租赁期开始日尚未收到的租赁收款额按照租赁内含利率折现的现值之和。2019 年发布的 CAS21 应用指南中指出：租赁投资净额实质上也等于租赁期开始日租赁资产的公允价值与初始直接费用之和；租赁投资净额也可以表述为租赁投资总额与未实现融资收益的差额。

（八）租赁内含利率与增量借款利率

租赁内含利率是指使出租人的租赁收款额的现值与未担保余值的现值之和（即租赁投资净额）等于租赁资产公允价值与出租人的初始直接费用之和的利率。增量借款利率，是指承租人在类似经济环境中为取得与使用权资产价值相近的资产，在类似期间以类似抵押条件借入所需资金应支付的利率。因此，租赁内含利率来自出租人，而增量借款利率仅用于承租人。

第二节 承租人会计

一、租赁的确认与豁免

承租人应在合同成立日按上述租赁的识别标准，评估该合同是否属于（或包含）租赁，在此基础上，于租赁期开始日确认使用权资产及租赁负债，而不分租赁类型。

CAS21 对承租人规定了有限的租赁确认豁免，即符合短期租赁和低价值资产租赁条件的，承租人可以不按照租赁准则的要求确认使用权资产和租赁负债，而是采用简化处理方法，在租赁期内各个期间按照直线法或其他系统合理的方法将与该租赁有关的租赁付款额计入相关资产成本或当期损益。但如果出现租赁修改或租赁期间有任何变动，则应按新租赁进行确认处理。

短期租赁，是指自租赁期开始日的租赁期间不超过 12 个月的租赁。任何含有购买选择权的租赁，均不属于短期租赁。

低价值资产租赁，是指租赁资产的绝对价值低于特定金额的租赁。IASB 通过收集到的反馈意见，将判断低价值资产租赁的门槛设定为 5 000 美元。常见的低价值资产的例子包括平板电脑、普通办公家具、电话等小型资产。对于低价值资产，应同时满足承租人能够从单独使用该低价值资产或将其与承租人易于获得的其他资源一起使用中获利，且该项资产与其他租赁资产没有高度依赖或高度关联关系时，才能对该资产租赁进行简化会计处理。另外，低价值资产租赁的标准应该是一个绝对金额，即仅与资产全新状态下的绝对价值有关，不受承租人规模、性质等影响，也不考虑该资产对于承租人或相关租赁交易的重要性。但是，如果承租人已经或者预期要把相关资产进行转租赁，则不能将原租赁按照低价值资产租赁进行简化会计处理。

二、租赁的计量

（一）初始计量

1. 使用权资产的初始计量

在租赁期开始日，承租人应采用与其他资产同样的成本计量模式计量使用权资产的初始成本。其初始成本包括以下方面。

（1）租赁负债的初始计量金额，即按租赁期开始日尚未支付的租赁付款额的现值计量的金额，以便使租赁形成的资产和负债计量结果保持一致。

（2）在开始日或之前支付的任何租赁付款额，减除收取的任何租赁优惠。

（3）承租人发生的任何初始直接费用。

（4）承租人拆卸、移除租赁资产及复原其所在地点，或将租赁资产复原至租赁条款及条件中所要求的状态的估计成本。计入的理由是，该成本发生在租赁期开始日，或在某一特定期间要使用租赁资产而必须发生。如果该成本是在该租赁资产投入使用后为生产产品等存货所发生，则应计入存货的成本。

2. 租赁负债的初始计量

在租赁期开始日，承租人应按该日尚未支付的租赁付款额的现值计量租赁负债。进行折现计量时所用的折现率，在租赁内含利率容易确定时应使用该利率折现，若不易确定时应使用承租人增量借款利率。

3. 会计科目设置

根据我国 CAS21 应用指南的规定，承租人对其租赁业务应设置如下会计科目进行会计处理。

（1）"使用权资产"科目。本科目核算承租人持有的使用权资产的原价，可按租赁资产的类别和项目进行明细核算。同时对应设置"使用权资产累计折旧""使用权资产减值准备"科目进行相关内容的核算。

（2）"租赁负债"科目。本科目核算承租人尚未支付的租赁付款额的现值，分别设置"租赁付款额""未确认融资费用"等进行明细核算，"租赁付款额"与"未确认融资费用"明细科目期末余额的差额，即为期末承租人尚未支付的租赁付款额的现值。

【例 7-7】 中航制造与丙开发商签订一项租用一层写字楼用于公司办公的合同，租期为 10 年并附有租赁到期可延长 5 年的选择权，初始 10 年合同期间每年年初支付租金 50 000 元，到期延长的 5 年选择权期间内每年年初支付租金 55 000 元。承租人为取得该租赁发生初始直接费用 20 000 元，其中 15 000 元为支付给仍占用该层的前租户的补偿款，另 5 000 元为支付给房屋中介的佣金。在租赁合同签订日，承租人无法确定是否会行使延长 5 年选择权，而承租人若以类似担保物借入 10 年期与使用权资产价值相近的借款的固定年利率为 5%。出租人为吸引该承租人，愿意补偿承租人支付的房屋中介佣金 5 000 元及承租人租赁期开始日后对该楼层所进行的装修改造款（租赁权益改良）7 000 元。据此，该承租人应进行如下处理。

（1）在租赁期开始日，承租人做出如下分析结论：该租赁延长选择权的行使无法合理确定，因此，判定租赁期间为 10 年。没有明确的租赁内含利率，因此，承租人需采用增量借款利率 5% 作为折现率。租赁期开始日即支付第一年租金 50 000 元，因此，该租金不计入租赁期开始日后的租赁负债。承租人收取出租人支付的装修改造补偿款不能作为租赁优惠，因为该项装修改造发生在开始日后，其成本并不包含在使用权资产的成本中，收到时可直接冲减装修改造成本。开始日的有关计算如下。

租赁负债初始计量金额 = 50 000 × 7.107 82（第二年起 9 年期 5% 年金现值系数）

= 355 391（元）

使用权资产初始价值 = 开始日支付的租金 + 租赁负债初始计量额 +

初始直接费用 – 收取的租赁优惠

= 50 000 + 355 391 + 20 000 – 5 000 = 420 391（元）

（2）在租赁期开始日进行有关会计处理如下。

①确认使用权资产及租赁负债，第一次支付租金时，应做会计分录为：

借：使用权资产		405 391
租赁负债——未确认融资费用		94 609
贷：租赁负债——租赁付款额		450 000
银行存款（第一年租金）		50 000

②支付初始直接费用时，应做会计分录为：

借：使用权资产		20 000
贷：银行存款		20 000

③收取出租人给予的租赁优惠时，应做会计分录为：

借：银行存款		5 000
贷：使用权资产		5 000

（二）后续计量

1. 使用权资产的后续计量

租赁期开始日后，承租人应采用成本模式计量使用权资产。成本模式计量资产的核心问题就是在资产使用期间对其计提折旧和进行减值测试计提减值准备，以便反映每期末资产的账面价值。因此，对使用权资产，应按成本减除累计折旧及累计减值损失计量。如果承租人按照租赁准则有关规定重新计量租赁负债的，应当相应调整使用权资产的账面价值。

承租人应当参照《企业会计准则第 4 号——固定资产》（CAS4）有关折旧规定，自租赁期开始日起对使用权资产计提折旧。使用权资产通常应自租赁期开始的当月计提折旧，当月计提确有困难的，为便于实务操作，企业也可以选择自租赁期开始的下月计提折旧，但应对同类使用权资产采取相同的折旧政策。计提的折旧金额应根据使用权资产的用途，计入相关资产的成本或者当期损益。

在确定使用权资产的折旧方法时，承租人应当根据与使用权资产有关的经济利益的预期实现方式做出决定。通常，承租人按直线法对使用权资产计提折旧，其他折旧方法更能反映使用权资产有关经济利益预期实现方式的，应采用其他折旧方法。

在确定使用权资产的折旧年限时，承租人应遵循以下原则：承租人能够合理确定租赁期届满时取得租赁资产所有权的，应当在租赁资产剩余使用寿命内计提折旧；承租人无法合理确定租赁期届满时能够取得租赁资产所有权的，应当在租赁期与租赁资产剩余使用寿命两者孰短的期间内计提折旧。如果使用权资产的剩余使用寿命短于前两者，则应在使用权资产的剩余使用寿命内计提折旧。

在租赁期开始日后，承租人应当按照 CAS8 的规定，确定使用权资产是否发生减值，并对已识别的减值损失进行会计处理。使用权资产发生减值的，按应减记的金额，借记"资产减值损失"科目，贷记"使用权资产减值准备"科目。使用权资产减值准备一旦计提，不得转回。承租人应当按照扣除减值损失之后的使用权资产的账面价值，进行后续折旧。

2. 租赁负债的后续计量

租赁期开始日后，承租人应以下列方式计量租赁负债。

（1）按每期计算确认的利息费用增加账面金额。

（2）按每期支付的租金减少账面金额。

（3）因重估或租赁变更等原因导致租赁付款额发生变动时，重新计量租赁负债的账面价值。

租赁期开始日后，承租人发生的租赁负债的利息及不计入租赁负债中的可变租赁付款额，应确认为当期损益，除非该成本依据所采用的其他准则计入另一资产的账面价值中。

【例 7-8】 承【例 7-7】，在租赁的第 6 年，中航制造（承租人）收购了在另一建筑物中租赁有办公场所的 A 公司，A 公司签订的租赁办公场所合同包含有可行使终止租赁的选择权。为节约成本，决定将 A 公司员工迁移至中航制造租用的同一栋楼。于是，与开发商协商签订了一项在同一栋楼上再租赁一层的单独 8 年租赁合同，于第 7 年年末可供使用（属一项新的单独租赁合同）。同时决定行使延长租赁 5 年的选择权，并决定提前终止 A 公司原租赁合同，自第 8 年年初生效。

将 A 公司的员工迁移至中航制造所租用的同栋楼，是中航制造产生行使延长租赁期限的经济诱因，而收购 A 公司并迁移其员工属中航制造控制范围内的重大事项，且影响中航制造是否可合理确定将行使先前在决定租赁期间时所未包含的延长租赁的选择权。这是因为，与类似于延长选择权 5 年的租金所能承租的替代资产相比较，原租赁楼层对中航制造有较大效用（因此提供较大效益），若换在其他建筑物承租类似楼层，因员工不在同建筑物工作将会发生额外成本。因此，于第 6 年年末，因收购及计划迁移 A 公司，中航制造做出结论：现在可合理确定将行使延长租赁的选择权。

中航制造在第 6 年年末测定的未来 9 年期增量借款年利率为 6%。中航制造预期在租赁期间平均消耗使用权资产的未来经济效益，因此，对使用权资产按直线法计提折旧。

第 1～6 年的使用权资产及租赁负债计量如表 7-2 所示。

表 7-2 使用权资产及租赁负债计量 单位：元

年	租赁负债				使用权资产		
	期初余额 ①	支付租金 ②	利息费用 ③＝（①－②）×5%	期末余额 ④＝①－②＋③	期初余额 ⑤	折旧费用 ⑥	期末余额 ⑦＝⑤－⑥
1	355 391	—	17 770	373 161	420 391	42 039	378 352
2	373 161	50 000	16 158	339 319	378 352	42 039	336 313
3	339 319	50 000	14 466	303 785	336 313	42 039	294 274
4	303 785	50 000	12 689	266 474	294 274	42 039	252 235
5	266 474	50 000	10 823	227 297	252 235	42 039	210 196
6	227 297	50 000	8 865	186 162	210 196	42 039	168 157

注：为计算方便，计算过程采取四舍五入取整数。各年计提的折旧费用按使用权资产入账价值 420 391 元/10 年计算。

根据表 7-2 的资料，应做会计处理如下。

（1）第 1 年计算利息费用和计提折旧时，应做会计分录为：

借：财务费用（利息） 17 770

    贷：租赁负债——未确认融资费用 17 770

借：管理费用 42 039

    贷：使用权资产累计折旧 42 039

（2）第 2 年年初支付租金、计算当年利息费用时，应做会计分录为（以后各年计提折旧的处理同上，故略）：

借：租赁负债——租赁付款额 50 000

    贷：银行存款 50 000

借：财务费用（利息） 16 158

    贷：租赁负债——未确认融资费用 16 158

（3）以后各年支付租金、计算利息费用、计提折旧的会计处理，比照上述内容进行，在此略。

（4）第 6 年年末，在对租赁期间变动做会计处理前，租赁负债为 186 162 元，实际为剩余 4 年 5% 利率下每年租金 50 000 元的折现值。自第 7 年年初，承租人按新的折现率 6% 对原剩余 4 年年租金 50 000 元进行折现后的现值为 183 651 元，并对之后 5 年年租金 55 000 元进行折现后的现值为 194 523 元。因此，因租赁期间变动而再计量的租赁负债为 378 174（183 651＋194 523）元，租赁负债由此增加了 192 012（378 174-186 162）元，构成额外使用权资产的成本，对此应做会计分录为：

借：使用权资产 192 012

    租赁负债——未确认融资费用 82 988

    贷：租赁负债——租赁付款额 275 000

此时使用权资产账面金额为 360 169（168 157＋192 012）元。自第 7 年年初开始，以修正后折现率 6% 计算租赁负债的利息费用，并在以后 9 年采用直线法重新计提年折旧费用为 40 019 元。

第 7～15 年的使用权资产及租赁负债计量如表 7-3 所示。

表 7-3　使用权资产及租赁负债计量　　　　　　　　单位：元

年	租赁负债				使用权资产		
	期初余额 ①	支付租金 ②	利息费用 ③=（①-②）×6%	期末余额 ④=①-②+③	期初余额 ⑤	折旧费用 ⑥	期末余额 ⑦=⑤-⑥
7	378 174	50 000	19 690	347 864	360 169	40 019	320 150
8	347 864	50 000	17 872	315 736	320 150	40 019	280 131
9	315 736	50 000	15 944	281 680	280 131	40 019	240 112
10	281 680	50 000	13 901	245 581	240 112	40 019	200 093
11	245 581	55 000	11 435	202 016	200 093	40 019	160 074
12	202 016	55 000	8 821	155 837	160 074	40 019	120 055
13	155 837	55 000	6 050	106 887	120 055	40 019	80 036
14	106 887	55 000	3 113	55 000	80 036	40 018	40 018
15	55 000	55 000	—	—	40 018	40 018	—

各年支付租金、计算利息费用、计提折旧的会计处理，依据表 7-3 的有关数据，可比照上述内容进行，此处不再赘述。

3. 租赁负债的重估

租赁期开始日后出现下列情况时，需要对租赁负债进行重估，并对重估修正后的租赁付款额折现再计量。

（1）租赁期间发生变动，应基于修正后租赁期间确定修正后租赁付款额。

（2）租赁资产购买选择权的评估有变动，应确定修正后租赁付款额以反映购买选择权下应付金额的变动。

（3）余值担保下预期应付金额有变动，应确定修正后租赁付款额，以反映在余值担保下预期应付金额变动。

（4）用于决定租金指数或费率变动导致未来租金有变动（如对市场租金调研后发现反映市场租金费率有变动而导致的变动），仅在现金流量有变动时（即当租金调整生效时）开始再计量租赁负债以反映该修正后租金，应基于修正后合同金额确定剩余租赁期间的修正后租金。

对于（1）（2）的情况，再计量租赁负债时应按修正后折现率折现，折现率的选择方法同上。对于（3）（4）的情况，再计量租赁负债时不应改变折现率，如果该租金变动是由浮动利率变动所致，则应使用修正后折现率以反映该利率的变动。

对于上述租赁负债重估，承租人应确认租赁负债再计量金额，并调整使用权资产的价值。但若使用权资产的账面金额（账面净值）减至零且租赁负债的计量仍有进一步减少时，承租人应将任何剩余的再计量金额确认为当期损益。

【例 7-9】 承【例 7-7】，假设无初始直接费用和任何租赁优惠，且合同中规定，各年租金以居民消费品价格指数（consumer price index，CPI）为基础，每两年调整一次。开始日的 CPI 为 125，若第三年年初的 CPI 为 135，需要进行的会计处理如下（本例属于具有实质性固定的变动租金的例子）。

（1）在开始日确认使用权资产 405 391 元及租赁负债 355 391 元，记录第一次支付租金以及第一、二年计算利息费用和每年计提折旧费用（但金额为 405 391÷10 元=40 539 元）的会计处理同【例 7-7】。

（2）第 3 年年初，因 CPI 变动为 135，应调整年租金为 54 000（50 000×135÷125）元，以此按 8 年每年租金 54 000、折现率 5%再计量租赁负债为 366 464 元，导致租赁负债增加 27 145（366 464 – 339 319）元，并调增使用权资产，相关会计处理如下。

①第 3 年年初调整使用权资产时，应做会计分录为：

借：使用权资产   27 145

    租赁负债——未确认融资费用   4 855

  贷：租赁负债——租赁付款额   32 000

②第 3 年年初支付租赁款 54 000 元时，应做会计分录为：

借：租赁负债——租赁付款额   54 000

  贷：银行存款   54 000

③第 3 年计算利息费用时，应做会计分录为：

借：财务费用（利息）   [（366 464 – 54 000）×5%]   15 623

  贷：租赁负债——未确认融资费用   15 623

④第 3 年计提折旧费用 45 432 [（336 313 + 27 145）/8] 元时，应做会计分录为：

借：管理费用   45 432

  贷：使用权资产累计折旧   45 432

4. 租赁期开始日无法确认的可变租赁付款额的处理

如果租赁合同中虽然有可变租赁付款额，但租赁期开始日无法确认，其发生需随租赁开始日后的租期内有关情况和事实发生或不发生而定，且发生一次后仍然无法在以后期间固定，在会计上将其看作或有租金。由于该租金不符合租赁中规定的租金定义，因此，不应再计量调整使用权资产和租赁负债的账面金额，只需在发生和实际支付时直接计入当期损益。

【例 7-10】 若承租人签订的一项租赁机器设备用于生产的合同中规定，除每年固定支付 50 000 元租金外，年末还需按承租人当年使用该设备生产的产品数量计算的营业收入的 1%再支付额外变动款项。假设第一年承租人财务报表显示相关营业收入为 800 000 元，则当年增加的变动租赁款为 8 000 元。该变动租赁款是与未来营业收入相联系，不符合租金的定义，因此，在支付时直接计入当期损益。应做会计分录为：

借：销售费用   8 000

  贷：银行存款   8 000

三、租赁变更

租赁变更，是指原合同条款之外的租赁范围、租赁对价、租赁期限的变更，包括增加或终止一项或多项租赁资产的使用权，延长或缩短合同规定的租赁期等。租赁变更生效日，是指双方就租赁变更达成一致的日期。

租赁发生变更且同时符合下列条件的，承租人应当将该租赁变更作为一项单独租赁进行会计处理：①该租赁变更通过增加一项或多项租赁资产的使用权而扩大了租赁范围或延长了租赁期限；②增加的对价与租赁范围扩大部分或租赁期限延长部分的单独价格按该合同情况调整后的金额相当。

对于不符合上述作为单独租赁处理的租赁变更，承租人在租赁变更生效日，应采用与识别租赁时一致的方法分摊变更后合同中的对价，确定变更后租赁的租赁期间，并将修正后租金按修正后折现率折现再计量租赁负债。若租赁变更导致租赁范围缩小或租赁期缩短的，承租人应当调减使用权资产的账面价值，以反映租赁的部分终止或完全终止，承租人应将部分终止或完全终止租赁的相关利得或损失计入当期损益。其他租赁变更，承租人应当相应调整使用权资产的账面价值。

四、列报与披露

（一）列报

对于租赁业务，承租人应根据与财务报表内容的相关性进行分类后，在相关财务报表中做出恰当的列报。其中：

对于使用权资产和租赁负债，应在资产负债表中与其他资产和其他负债分别列示。若认为不重要而未单独列报，则应将使用权资产纳入与承租人自有的相应标的资产列报为同一项目中，并对哪些项目包含该使用权资产以及哪些项目包含租赁负债做出披露说明。对于符合投资性房地产定义的使用权资产，均应在资产负债表中列报为投资性房地产。

对于租赁负债的利息费用与使用权资产的折旧费用，应在利润表中分别列报。

在现金流量表中：对于现金支付的租赁负债本金部分在筹资活动中列示；现金支付的租赁负债利息部分按照现金流量表准则中规定的有关利息支付进行归类列示；短期租赁付款额和低价值资产租赁付款额以及未纳入租赁负债计量的可变租赁付款额应当计入经营活动现金流出。

（二）披露

租赁交易的披露，是为了使承租人在附注中披露的、连同财务报表所提供的信息，能为财务报告使用者提供评估租赁对承租人财务状况、经营成果及现金流量影响的基础。因此，承租人在上述列报的基础上，还应做如下披露。

（1）在其财务报表中以单一附注或单独一节的方式披露有关承租人租赁的信息，但无须重复已在财务报表中其他地方列报的信息。

（2）应披露报告期间的下列金额。

①各类使用权资产的期初余额、本期增加额、期末余额以及累计折旧额和减值金额。

②租赁负债的利息费用。

③计入当期损益的短期租赁费用和低价值资产租赁费用。

④未计入租赁负债计量中的可变租赁付款额。

⑤转租使用权资产取得的收入。

⑥租赁的现金流出总额。

⑦售后租回交易所产生的损益。

⑧其他按照 CAS37 应当披露的有关租赁负债的信息。

上述内容应以表格形式进行披露,所披露金额须包括承租人在报告期间已计入另一资产的账面金额的成本。对于按租赁豁免处理的短期租赁和低价值资产租赁,应披露其相关事实情况。

若承租人在报告期间结束日所承诺的短期租赁组合,与上述披露短期租赁费用的短期租赁组合并非类似,则应披露采用当期费用处理短期租赁的该租赁承诺金额。对符合投资性房地产定义的使用权资产,则按投资性房地产的披露规定披露。若承租人采用重估价金额计量使用权资产,对该使用权资产应披露重估价所规定的信息。对到期的租赁负债,应单独披露其到期分析情况。此外,为了符合披露目的,还可能需要披露如下有关额外的定性或定量信息。

(1)承租人租赁活动的性质。

(2)未反映在租赁负债计量的承租人未来现金流出的可能变动,包括可变租赁付款额、续租选择权及租赁终止的选择权、余值担保及尚未开始但承租人已承诺的租赁。

(3)租赁所加的各种限制或约定事项。

(4)售后租回交易。

第三节　出租人会计

按照 CAS21 的规定,出租人应区分融资租赁和经营租赁对租赁业务分别进行处理,并在资产负债表中分别确认其不同租赁下所持有的资产。

一、融资租赁

(一)初始计量及有关会计处理

在租赁期开始日,出租人应当对融资租赁确认应收融资租赁款,并终止确认融资租赁资产。出租人对应收融资租赁款进行初始计量时,应当以租赁投资净额作为应收融资租赁款的入账价值。出租人应使用租赁内含利率对租赁投资总额(即租赁收款额与未担保余值之和)折现后计量租赁投资净额。在转租情况下,若转租内含利率不易确定,则可以将主租赁所用折现率就有关转租的初始直接费用做调整后,以该调整后的折现率计量转租投资净额。租赁投资总额与租赁投资净额的差额,即为未实现融资收益。

初始直接费用(制造商或经销商出租人所产生者除外)应计入租赁投资净额的初始计量中,并减少租赁期间所确认的收益金额。

出租人应设置如下会计科目对融资租赁业务进行核算。

"融资租赁资产"科目。本科目核算租赁企业作为出租人为开展融资租赁业务取得资产的成本,可按租赁资产类别和项目进行明细核算。租赁业务不多的企业,也可通过"固定资产"等科目核算。

"应收融资租赁款"科目。本科目核算出租人融资租赁产生的租赁投资净额,分别设置"租赁收款额""未实现融资收益""未担保余值"等进行明细核算；租赁业务较多的，出租人还可以在"租赁收款额"明细科目下进一步设置明细科目核算。同时应设置"应收融资租赁款减值准备"进行相应核算。

"租赁收入"科目。本科目核算租赁企业作为出租人确认的融资租赁和经营租赁的租赁收入，可按租赁资产类别和项目进行明细核算。一般企业根据自身业务特点确定租赁收入的核算科目，例如"其他业务收入"等。

租赁期开始日，出租人应做会计分录为：

借：应收融资租赁款——租赁收款额（归属于出租人的所有租赁款，属于长期应收款性质）

　　　　　　　　　——未担保余值

　贷：融资租赁资产（租赁期开始日的账面价值）

　　　资产处置损益（租赁资产公允价与账面价之间的差额，可能在借方）

　　　银行存款（出租人支付的初始直接费用）

　　　应收融资租赁款——未实现融资收益

【例 7-11】　20×2 年 12 月 1 日，中航制造（出租人）向 B 公司（承租人）签订了出租一台机器设备的租赁合同。租赁期从 20×3 年 1 月 1 日至 20×5 年 12 月 31 日，每半年支付一次租金 180 000 元。租赁期间该机器设备的保险、维护等费用均由 B 公司承担，该机器在租赁开始日的公允价值为 840 000 元，账面价值与公允价值相等。中航制造发生初始直接费用为 6 000 元。该机器的估计使用年限为 8 年，已使用 3 年。租赁期届满时，中航制造收回资产。估计租赁期届满时租赁资产的公允价值为 15 000 元，B 公司担保的资产余值为 5 000 元，未担保余值 10 000 元。第 2 年、第 3 年，B 公司每年按该机器所生产的甲产品年销售收入的 5% 向中航制造支付经营分享收入。据此，中航制造在租赁期开始日的有关会计处理如下。

扩展阅读 7-2：生产商或经销商出租人的融资租赁会计处理

（1）计算租赁内含利率

依据出租人租赁内含利率的定义（"租赁投资总额的现值 = 租赁资产公允价值 + 初始直接费用"的折现率），设租赁内含利率为 r，则：

180 000×（6 期利率 r 的年金现值系数）+（5 000+10 000）×（6 期利率 r 的复利现值系数）= 840 000+6 000

用插值法计算租赁内含利率。

当 $r = 7.8\%$ 时，180 000 × 4.65106 + 15 000 × 0.63722 = 846 749（元）> 846 000（元）

当 $r = 7.9\%$ 时，180 000 × 4.63693 + 15 000 × 0.63368 = 844 152（元）< 846 000（元）

因此，7.8% < r < 7.9%。用插值法计算如下：

现值	利率
846 749	7.8%
846 000	r
844 152	7.9%

（846 749 − 846 000）/（846 749 − 844 152）=（7.8% − r）/（7.8% − 7.9%）

$r=7.83\%$（租赁内含利率）

（2）判断租赁类型

租赁收款额的现值 = 180 000 ×（6 期利率 7.83%年金现值系数）+ 5 000 ×（6 期利率 7.83%复利现值系数）

$$= 180\,000 \times 4.6468 + 5\,000 \times 0.6362$$
$$= 836\,424 + 3\,180 = 839\,604（元）$$

租赁收款额的现值几乎等于租赁资产公允价值 840 000 元（达 99.95%），由此可判断分类为融资租赁。

（3）编制租赁期开始日的会计分录。

借：应收融资租赁款——租赁收款额 （180 000 × 6 + 5 000）1 085 000
　　　　　　　　——未担保余值 10 000
　贷：融资租赁资产 840 000
　　银行存款 6 000
　　应收融资租赁款——未实现融资收益 249 000

（二）后续计量及有关会计处理

1. 租赁期间融资收益的确认

在融资租赁的持续期间内，出租人应当采用实际利率法将融资收益分摊于各租赁期间，即按租赁投资净额的期初余额乘以租赁内含利率（在制造商或经销商为出租人情况下应为租赁期开始日的市场利率）计算确认为每期的融资收益。

2. 未担保余值的复核

出租人应按照金融工具准则中有关终止确认与减值的规定计量租赁投资净额，为此，应定期检查用于计算出租人租赁投资总额的估计未担保余值，如果估计未担保余值已经减少，应按预计可收回金额低于其账面价值的差额，借记"信用减值损失"，贷记"应收融资租赁款减值准备"。同时，重新计算租赁内含利率，调整剩余租赁期间内的融资收益分摊额，并立即确认租赁投资净额的减少数。对每期按合同实际收到的租金，直接冲减应收融资租赁款。

如果将融资租赁下的资产重分类为待出售（或包括在分类为待出售的处置群组中），则应依有关准则规定处理该资产。

【例 7-12】 承【例 7-11】，进行租赁期开始日后的有关会计处理。

（1）计算租赁期内各期应分配的融资收益，如表 7-4 所示。

（2）每期收到租金时，应做会计分录为：

借：银行存款 180 000
　贷：应收融资租赁款——租赁收款额 180 000

（3）确认每期租赁收益（依据表 7-4 的各期相关数据处理），第一期确认租赁收益时应做会计分录为：

借：应收融资租赁款——未实现融资收益 66 242
　贷：租赁收入 66 242

表 7-4　未实现融资收益分配表　　　　　　　　单位：元

日期 ①	收到租金 ②	确认的融资收益 ③＝期初⑤×7.83%	租赁投资净额减少额 ④＝②－③	租赁投资净额余额 期末⑤＝期初⑤－④
20×3 年 1 月 1 日				846 000
20×3 年 6 月 30 日	180 000	66 242	113 758	732 242
20×3 年 12 月 31 日	180 000	57 335	122 665	609 577
20×4 年 6 月 30 日	180 000	47 730	132 270	477 307
20×4 年 12 月 31 日	180 000	37 373	142 627	334 680
20×5 年 6 月 30 日	180 000	26 205	153 795	180 885
20×5 年 12 月 31 日	180 000	14 115*	165 885*	15 000
到期日	5 000 （担保余值）			10 000 （未担保余值）
合计	1 085 000	249 000	831 000	

说明：*尾数调整：14 115 = 249 000 − 66 242 − 57 335 − 47 730 − 37 373 − 26 205；165 885 = 180 000 − 14 115。

3. 租赁期开始日无法确认的可变租赁付款额的处理

与承租人租赁相同，如果在融资租赁中出现租赁期开始日无法确认的可变租赁付款额，由于不符合租赁中规定的租金定义，在会计上将其看作或有租金。因此，只需在发生和实际支付时直接计入当期损益。

【例 7-13】　承【例 7-11】，假设 B 公司第 2 年、第 3 年使用该机器所生产的甲产品年销售收入分别为 10 万元、15 万元，中航制造按租赁合同规定的 5%应收取的经营分享收入分别为 5 000 元和 7 500 元。则需做相应的会计分录如下。

（1）20×4 年 12 月 31 日，应做会计分录为：

借：应收账款（或银行存款）　　　　　　　　　　　　　　　　5 000

　　贷：租赁收入　　　　　　　　　　　　　　　　　　　　　　　　5 000

（2）20×5 年 12 月 31 日，应做会计分录为：

借：应收账款（或银行存款）　　　　　　　　　　　　　　　　7 500

　　贷：租赁收入　　　　　　　　　　　　　　　　　　　　　　　　7 500

4. 租赁期届满时的处理

租赁期限届满时，如果出租人按约收回租赁资产，一方面冲销"融资租赁资产"，另一方面根据租赁资产的余值担保情况，对于担保部分，冲销"应收融资租赁款——租赁收款额"，对于未担保部分冲销"应收融资租赁款——未担保余值"。如果收回租赁资产的价值低于担保余值，则应向承租人收取价值损失补偿金，列为当期损益。

【例 7-14】　承【例 7-11】，租赁期满中航制造收回租赁资产时，应做会计分录为：

借：融资租赁资产　　　　　　　　　　　　　　　　　　　　　15 000

　　贷：应收融资租赁款——未担保余值　　　　　　　　　　　　　10 000

　　　　　　　　　　——租赁收款额　　　　　　　　　　　　　　5 000

租赁期届满时，如果承租人行使了优惠购买选择权，且该选择权的价值已经计入租赁收款额，则出租人按收到的承租人支付的购买资产的价款，借记"银行存款"，贷记

"应收融资租赁款——租赁收款额"。

（三）租赁变更的处理

融资租赁发生变更且同时符合下列条件的,出租人应当将该变更作为一项单独租赁进行会计处理。

（1）该变更通过增加一项或多项租赁资产的使用权而扩大了租赁范围或延长了租赁期限。

（2）增加的对价与租赁范围扩大部分或租赁期限延长部分的单独价格按该合同情况调整后的金额相当。

【例 7-15】　中航制造就某套机器设备与承租人甲公司签订了一项为期 5 年的租赁,构成融资租赁。在第 2 年年初,中航制造和承租人同意对原租赁进行修改,再增加 1 套机器设备用于租赁,租赁期也为 5 年。扩租的设备从第 2 年第二季度末时可供承租人使用。租赁总对价的增加额与新增的该套机器设备的当前出租市价扣减相关折扣相当。其中,折扣反映了出租人节约的成本,即若将同样设备租赁给新租户出租人会发生的成本,如营销成本等。

本例中,该变更通过增加一项或多项租赁资产的使用权而扩大了租赁范围,增加的对价与租赁范围扩大部分的单独价格按该合同情况调整后的金额相当,应将该变更作为一项新的租赁。

如果融资租赁的变更未作为一项单独租赁进行会计处理,且满足假如变更在租赁开始日生效,该租赁会被分类为经营租赁条件的,出租人应当自租赁变更生效日开始将其作为一项新租赁进行会计处理,并以租赁变更生效日前的租赁投资净额作为租赁资产的账面价值。

如果融资租赁的变更未作为一项单独租赁进行会计处理,且满足假如变更在租赁开始日生效,该租赁会被分类为融资租赁条件的,出租人应当按照 CAS22 的规定进行会计处理。即修改或重新议定租赁合同,未导致应收融资租赁款终止确认,但导致未来现金流量发生变化的,应当重新计算该应收融资租赁款的账面余额,并将相关利得或损失计入当期损益。重新计算应收融资租赁款账面余额时,应当根据重新议定或修改的租赁合同现金流量按照应收融资租赁款的原折现率或按照重新计算的折现率折现的现值确定。对于修改或重新议定租赁合同所产生的所有成本和费用,企业应当调整修改后的应收融资租赁款的账面价值,并在修改后应收融资租赁款的剩余期限内进行摊销。

二、经营租赁

（一）经营租赁的特点

经营租赁主要是为满足经营上的临时或季节性需要而发生的资产租赁。各类企业都可能有经营租赁业务,比较典型的有两种:一种是租赁公司,专门从事租赁业务;另一种是一般企业,出租闲置的资产。经营租赁一般具有以下特点。

（1）与所有权有关的风险和报酬实质上并未转移。租赁资产的所有权最终仍然归出租方,出租方保留了租赁资产的风险和报酬,其租赁资产的折旧、修理费用等均由出租方承担。

（2）一项租赁交易只涉及两方当事人,即出租人和承租人。出租人拥有或购买租赁资产的过程是一种独立行为,其决策过程一般与承租人无关。

（3）经营租赁期限相对较短,一般不延至租赁资产的全部耐用期限。

（4）非全额清偿性,即出租人的全部租赁投资回收来源于不同的承租人在每一租期内所交纳的租金之和。一般需要经过多次出租,出租人才能收回对租赁资产的投资。

（5）承租人在租赁期满时对租赁资产只有退租或续租两种选择权。

（二）确认与计量

在经营租赁中,出租人应做如下确认与计量,并进行相关会计处理。

（1）收益的确认与计量。出租人应按直线法或其他系统合理的方法（如根据租赁资产的使用量来确认租赁收益的方法）将经营租赁的租赁收款额确认为租金收入。如果其他系统合理的方法能够更好地反映因使用租赁资产所产生经济利益的消耗模式的,则出租人应采用该方法。

出租人提供免租期的,整个租赁期内,按直线法或其他合理的方法进行分配,免租期内应当确认租金收入。出租人承担了承租人某些费用的,出租人应将该费用自租金收入总额中扣除,按扣除后的租金收入余额在租赁期内进行分配。

（2）有关成本费用的确认与计量。出租人应将为赚取租赁收益所发生的成本（包括租赁资产的折旧）确认为费用;将因取得经营租赁所发生的初始直接费用资本化至租赁标的资产的成本,并按与确认租赁收益相同的基础在租赁期间将该成本确认为费用。需要计提折旧的标的资产,应采用与出租人对类似资产正常计提折旧一致的政策计提折旧费用。

（3）租赁标的资产减值的处理。出租人应按照资产减值准则的要求,定期对经营租赁的标的资产进行价值评估,如果发生减值,应按照减值损失进行处理。

（4）可变租赁付款额。出租人取得的与经营租赁有关的可变租赁付款额,如果是与指数或比率挂钩的,应在租赁期开始日计入租赁收款额;除此之外的,应当在实际发生时计入当期损益。

（5）如果是制造商或经销商出租人签订的经营租赁,则不得确认任何销售利润,因其不等同于销售。

（三）租赁变更

如果发生经营租赁变更,出租人应自变更生效日起将其作为一项新的租赁进行会计处理,与变更前租赁有关的预收或应收租赁收款额视为新租赁的收款额。

【例7-16】 20×3年1月1日,中航制造旗下子公司A租赁公司向某企业出租一台全新设备用于产品生产,租期3年,租金总额为660 000元。该设备账面原价1 200 000元,预计使用年限为8年。租赁合同规定,开始日A租赁公司一次性预收租金480 000元,其余租金分别于第1年年末收取40 000元、第2年年末收取60 000元、第3年年末收取80 000元,租赁期满后A租赁公司收回该设备。对照租赁分类,该租赁未转移附属于租赁资产所有权的几乎所有风险与报酬,因此,A租赁公司按经营租赁进行有关会计处理如下。

按直线法确认各年的租赁收入为 220 000（660 000/3）元，并按直线法确认每年应计提的折旧额为 150 000（1 200 000/8）元。

（1）20×3 年 1 月 1 日，收到承租人预付租金时，应做会计分录为：

借：银行存款		480 000
贷：预收账款		480 000

（2）20×3 年 12 月 31 日，收到承租人支付的租金并确认租赁收入时，应做会计分录为：

借：银行存款		40 000
预收账款		180 000
贷：租赁收入		220 000

年末计提出租设备的折旧（以后每年均作此处理）时，应做会计分录为：

借：主营业务成本		150 000
贷：累计折旧——经营租出固定资产折旧		150 000

（3）20×4 年 12 月 31 日，收到承租人支付的租金并确认租赁收入时，应做会计分录为：

借：银行存款		60 000
预收账款		160 000
贷：租赁收入		220 000

（4）20×5 年 12 月 31 日，收到承租人支付的租金并确认租赁收入时，应做会计分录为：

借：银行存款		80 000
预收账款		140 000
贷：租赁收入		220 000

三、列报与披露

（一）列报

出租人只需要区分标的资产的性质，在资产负债表中列报属于经营租赁的标的资产，但不需要列报融资租赁的标的资产。

（二）披露

为了向会计信息使用者提供用以评估租赁对出租人财务状况、经营成果及现金流量的影响，出租人应在相关财务报表附注中披露下列信息。

1. 相关租赁金额的披露

出租人应以表格形式或者更为适当的格式，披露相关租赁金额。其中：对于融资租赁，应披露销售利润或损失、租赁投资净额的融资收益及不计入租赁投资净额计量中的可变租赁付款额的相关收益；对于经营租赁，应披露租赁收入，对并非取决于某项指数或费率的可变租赁付款额的相关收益应单独披露。

2. 额外信息的披露

为符合披露目的，在披露上述相关租赁金额的基础上，出租人还应披露与租赁活动相关的下列额外定性及定量信息（包括但不限于）：租赁活动的性质；出租人如何管理与其就标的资产所保留权利有关的风险，如对其就标的资产所保留权利的风险管理策略，包括出租人减少该风险的任何方法，如回购协议、余值担保或使用超过特定限额时的可变租赁付款额。

3. 融资租赁的单独披露

出租人应对融资租赁净投资账面金额的重大变动提供定性及量化说明；应收租赁款的到期分析，列示至少未来 5 年各年度将收取的未折现的租金及剩余年度的总金额；将未折现的租金调节至租赁投资净额情况；该调节应辨认与应收租赁款有关的未实现融资收益及任何折现后的未担保余值。

4. 经营租赁的单独披露

对属于经营租赁的不动产、厂房及设备，出租人应采用与之相关的会计准则的披露规定进行披露；在披露时，应将不动产、厂房及设备的每一类别细分为属于经营租赁资产及非属经营租赁资产，并且对属于经营租赁资产的（依标的资产类别），应与由出租人所持有并使用的自有资产区分披露；租金的到期分析，列示至少未来 5 年各年度将收取的未折现的租金及剩余年度的总金额。

第四节　其他租赁

一、售后租回

售后租回是将资产销售和资产租赁融为一体的交易。这种租赁实际上是卖方兼承租人在缺乏资金情况下，将自有资产转移给买方兼出租人后立即获取一笔资金，然后再以承租人的身份采取分期支付租金的方式向其租回使用；而买方兼出租人则是以该资产作为抵押物向卖方兼承租人提供融资。这种情况下的会计处理将同时涉及资产转移销售和租赁两类业务，因此：首先应按照收入准则中判定何时满足履约义务的规定，决定资产转移是否应按销售资产处理；然后再按照租赁准则的规定，决定按何种租赁进行租赁的相关处理。

（一）资产转移为销售

卖方兼承租人持有的资产转移满足收入准则规定按销售资产处理的，卖方兼承租人确认的销售价款和买方兼出租人确认的交易资产的价值均依据转移资产的公允价值计量；若资产销售对价的公允价值（即销售合同的价格）不等于转移资产的公允价值，或若租金并非按市场费率计算确定的，则应做下列调整后按公允价值计量。

（1）销售对价低于市场价格的款项作为预付租金处理。

（2）销售对价高于市场价格的款项作为买方兼出租人向卖方兼承租人提供的额外融资。

在进行上述调整时，企业应当按以下二者中较易确定者进行：①销售对价的公允价值与资产公允价值间的差额；②合同付款额的现值与按市场租金计算的付款额的现值的差额。

卖方兼承租人应对销售价款区分为以下两部分。

（1）与租赁有关的现值。依据租赁合同规定需支付的租金、租赁期限、计算现值所用的利率进行计算确定，如果存在上述额外融资的应予以扣除。

（2）资产转移为销售的金额。按资产公允价值减去与租赁有关的现值确定。

在此基础上，卖方兼承租人需分别确认计量：①售后租回所产生的使用权资产的价值，应按标的资产的原账面金额与卖方兼承租人若保留该资产使用权公允价值之比乘以与租赁有关的现值计量确定；②资产转移为销售的损益，仅将与已转移给买方兼出租人的权利有关的损益确认为当期损益，即按资产转移为销售的金额，乘以按转移资产的公允价值减去其账面成本后的结果（即销售利润）与其公允价值之比（即销售利润率）计算确定（销售利润的其余部分为归属于与租赁有关的现值的部分）。

而买方兼出租人对资产的购买应按有关资产购买的规定处理，对租赁则应依租赁准则中出租人会计的规定处理。

【例 7-17】 中航制造（卖方兼承租人）采用现金结算方式以 200 万元将一房产出售给 B 企业（买方兼出租人），出售前该房产的账面成本为 100 万元，出售日的公允价值为 180 万元。同时，中航制造与 B 企业签订合同，于每年年末支付 12 万元取得该房产 18 年的使用权（全部剩余使用年限为 40 年），假设无任何初始直接费用，中航制造确定的每年租赁内含利率为 4.5%。该交易的条款及条件致使中航制造转移该房产满足收入准则中判定何时满足履约义务的规定。据此，中航制造和 B 企业将该交易作为售后租回交易处理，B 企业将该租赁分类为经营租赁。有关分析如下。

因该房产出售的对价超出其公允价值，交易双方均以公允价值 180 万元计量销售价款，该价款将区分为与租赁有关的租金现值和出售转移资产的收入两部分，超出的 20 万元确认为 B 企业对中航制造提供的额外融资。以租赁内含利率 4.5%、租赁期限 18 年的年金现值系数 12.16 为折现计算基础，年租金 12 万元的现值总额为 1 459 200 元，扣除 20 万元额外融资（折合为年租金 16 447 元），其余 1 259 200 元即为与租赁有关租金现值（折合为年租金 103 553 元）。销售价款 180 万元扣除该部分租金现值后的余额即为出售转移资产的收入（540 800 元）。据此进行有关会计处理如下。

1. 中航制造（卖方兼承租人）的有关处理

（1）租赁期开始日，确认售后租回使用权资产的价值和出售转移资产的收入。

中航制造在租赁期开始日，将该房产的账面价值 100 万元以该房产的全部销售价款 180 万元为权数在归属于租赁的使用权资产和出售转移资产部分之间进行分摊，分摊的结果为：售后租回房产所产生的使用权资产的价值 = 1 000 000 ÷ 1 800 000 × 1 259 200 = 699 556（元），出售转移资产的账面价值 = 1 000 000 ÷ 1 800 000 × 540 800 = 300 444（元）= 1 000 000 − 699 556（元）。

（2）确认资产转移为销售的已转移资产收益。

出售该房产的全部利润为 80 万元（1 800 000 − 1 000 000），也即资产转移总收益

100 万元扣除额外融资 20 万元，则归属于资产转移为销售的已转移资产利润 = 800 000 ÷ 1 800 000 × 540 800 = 240 356（元）= 540 800 – 300 444，在此将其列为资产处置损益。其余为归属于与租赁有关的现值部分 = 800 000 ÷ 1 800 000 × 1 259 200 = 559 644 = 800 000 – 240 356。

（3）租赁期开始日，根据上述分析计算结果，中航制造对该交易应做会计分录为：

借：银行存款 2 000 000
　　使用权资产 699 556
　　租赁负债——未确认融资费用 （1 863 954 – 1 259 200）60 4754
　　贷：长期应付款（额外融资部分） 200 000
　　　　固定资产（房屋建筑物） 1 000 000
　　　　租赁负债——租赁付款额（年租金 103 553 × 18） 1 863 954
　　　　资产处置损益 240 356

2. B 企业（买方兼出租人）的有关处理

由于 B 企业将该租赁分类为经营租赁，租赁开始日 B 企业对该交易应做会计分录为：

借：固定资产（房屋建筑物） 1 800 000
　　应收融资租赁款（包含在租金中的额外融资） 200 000
　　贷：银行存款 2 000 000

开始日后将每年收取租金 12 万元中的 103 553 元视为租金收入，剩余 16 447 元则作为交割金融资产 20 万元的利息收入。

（二）资产转移并非销售

若卖方兼承租人持有的资产转移未满足收入准则的规定，则卖方兼承租人应继续确认已转移的资产，并确认等于转移价款的金融负债。而买方兼出租人不得确认已转移的资产，但应确认等于转移价款的金融资产。涉及金融负债和金融资产的，均应采用金融工具准则的规定处理。

【例 7-18】 中航制造以 5 800 万元的价格向丙公司出售一栋办公楼，该办公楼的账面原值为 5 800 万元，累计折旧 800 万元。与此同时，中航制造与丙公司签订了租赁合同，取得了该办公楼 15 年的使用权（全部剩余使用年限为 30 年），年租金为 500 万元，于每年年末支付，租赁期满时，中航制造将以 400 元的价格购买该办公楼。该办公楼在销售当日的公允价值为 7 000 万元。

本例中，租赁期届满时，中航制造将以 400 元的价格将该办公楼购回，丙公司实质上并未获取对该办公楼的控制权，也无法通过对其控制而获取相应的经济利益，因此，中航制造转让办公楼的行为不满足新收入准则所界定的收入确认条件，中航制造（承租人）不得终止确认该建筑物，丙公司（出租人）不得确认该受让建筑物。中航制造（卖方兼承租人）应确认一项与转让收入等额的金融负债，丙公司（买方兼出租人）应确认一项与转让收入等额的金融资产。据此进行有关会计处理如下。

（1）中航制造（卖方兼承租人）于租赁期开始日，应做会计分录为：

借：银行存款等 58 000 000
　　贷：长期应付款 58 000 000

（2）丙公司（买方兼出租人）于租赁期开始日，应做会计分录为：

借：长期应收款 58 000 000

　　贷：银行存款等 58 000 000

二、转租赁

出租人对转租应按照下列方式将其分类为融资租赁或经营
租赁。

（1）若主租赁是企业（作为承租人）按照短期租赁处理的，
则应将该转租赁分类为经营租赁。

（2）其他情况下，应根据主租赁所产生的使用权资产而非
租赁资产（如作为租赁对象的不动产、厂房或设备），对转租进
行分类。

扩展阅读 7-3：转租赁的
分类

在转租赁情况下，转租出租人出现了身份的转变，由此产生了新的会计问题，因此，
这里仅需说明转租出租人的相关会计处理。转租出租人作为出租人，对其转租赁的租赁
资产可以采取融资租赁或者经营租赁，分别对其说明如下。

（一）分类为融资租赁的会计处理

如果转租出租人根据主租赁所产生的使用权资产对转租赁分类为融资租赁的，在签
订转租时，转租出租人应当做如下会计处理。

（1）终止确认与主租赁有关的使用权资产（转移给转租承租人者），并确认转租赁
投资净额。

（2）将使用权资产与转租赁投资净额间的差额确认为当期损益。

（3）在其资产负债表中保留与主租赁有关的租赁负债，代表应付给主租赁出租人的
租赁付款额。

在转租期间，转租出租人同时确认转租的融资收益及主租赁的利息费用。

（二）分类为经营租赁的会计处理

如果转租出租人根据主租赁所产生的使用权资产对转租分类为经营租赁的：在签订
转租时，转租出租人应在其资产负债表中继续保留与主租约有关的租赁负债及使用权资
产；在转租期间，应确认使用权资产的折旧费用及租赁负债的利息，并确认来自转租的
租赁收益。

三、杠杆租赁

杠杆租赁是融资租赁派生的一种特殊形式，通常是用于金额较大的租赁项目。当出
租人（如租赁公司等）不能单独承担资金密集型项目（如飞机、船舶）的巨额投资时，
以待购设备作为贷款的抵押，以转让收取租金的权利作为贷款的额外保证，从银行、保
险公司、信托公司等金融机构获得购买设备的 60%～80% 的贷款，其余 20%～40% 的部
分由出租人自筹解决，出租人购进设备租给承租人使用，以收取的租金偿还贷款。杠杆
租赁利用财务杠杆原理，出租人用较少的投资就可以组织一项较大金额的租赁。

杠杆租赁中，贷款人对出租人应无追索权，仅以租赁资产作为抵押及租金支付的转让为担保。在杠杆租赁业务中存在两对经济关系，即贷款人（金融机构）与出租人之间的借贷关系、出租人与承租人之间的租赁关系。出租人与承租人之间的租赁关系在会计处理上与直接租赁形式相同，因此，这里主要阐述出租人与贷款人之间关系的会计处理方法。

（1）出租人向金融机构取得贷款购入资产时，应做会计分录为：

借：融资租赁资产——抵押资产

　　贷：长期借款

（2）出租人出租资产时，应做会计分录为：

借：应收融资租赁款——租赁收款额

　　贷：融资租赁资产——抵押资产

　　　　应收融资租赁款——未实现租赁收益

（3）出租人收取租金时，应做会计分录为：

借：银行存款

　　贷：应收融资租赁款——租赁收款额

（4）出租人用收取的租金偿还长期借款本金及利息时，应做会计分录为：

借：长期借款

　　财务费用——利息等

　　贷：银行存款

练　习　题

练习题 1

一、目的：练习承租人租赁会计处理。

二、资料：中原装备于 20×3 年 12 月 30 日与甲公司签订一项设备租赁的合同。合同规定：20×4 年 1 月 1 日甲公司将设备交付中原装备并开始使用，租期 3 年，该设备用于中原装备产品制造，中原装备每年年末支付租金 100 000 元，采用直线法计提折旧。中原装备为此租赁发生的初始直接费用为 2 000 元，对该设备担保的资产余值为 5 000 元，中原装备增量借款利率为 8%。假定在租赁期开始日，中原装备就其提供的担保余值预计应支付的金额为 5 000 元。

三、要求：根据上述资料，做出中原装备的下列有关处理。

1. 在租赁期开始日，计算租赁负债及使用权资产的初始计量金额，并做出租赁期开始日的相关会计处理。

2. 编制租赁期开始日后"使用权资产及租赁负债计量表"，并据此进行后续确认与计量的有关会计处理。

练习题 2

一、目的：练习出租人租赁的会计处理。

二、资料：承练习题 1 资料。假设租赁期开始日设备公允价值为 260 000 元，账面价值为 240 000 元，甲公司发生初始直接费用 2 000 元，租赁期满时该设备的公允价值为 13 000 元。

三、要求：根据上述资料，做出甲公司下列有关会计处理。

1. 计算租赁内含利率。

2. 判断租赁类型，并进行租赁期开始日有关会计处理。

3. 编制"未实现融资收益分配表"，并进行后续确认与计量的有关会计处理以及租赁期满的会计处理。

广州航新航空科技股份有限公司（简称"航新科技"，股票代码：300424）创立于1994 年，旗下拥有航新电子、上海航新、香港航新等多家子公司，2015 年在深圳证券交易所上市。航新科技自成立以来一直秉承"担当有为，精细致胜"的精神和"公正、担当、创新、专注、协作、服务"的核心价值观，以"航空报国"为使命，聚焦航空领域，围绕着"保障飞行安全"主线，为用户提供提升飞机安全性和保障性的产品及服务，实现"航空科技服务，保障飞行安全"的价值体现，创建航空科技领域的卓越企业。经过长期的技术积累和不断创新，航新科技业务已覆盖设备研制及保障、航空维修及服务两大领域。在检测设备研制方面，航新科技是国内交付数量最多、使用用户最多、保障水平最高的测试设备生产研制企业，是最早进入该行业的公司之一，技术领先，在市场上占据主导地位。

2023 年 5 月 16 日航新科技第五届董事会第二十二次会议通过了《关于开展售后回租融资租赁业务的议案》，公司及全资子公司广州航新电子有限公司（以下简称"航新电子"）为盘活存量资产、提高资产使用效率、增强资产流动性，将作为联合承租人以其所拥有的部分生产设备（航空维修检测设备）作为租赁标的物，与知识城（广州）融资租赁有限公司（以下简称"知识城租赁"）开展售后回租融资业务，总授信额度为 12 000 万元，有效期 2 年，按月付息，结清前每季度还 5%本金，剩余本金到期一次性结清。租赁期满后，承租人以 1 000 元价格回购租赁物。

资料来源：http://www.cninfo.com.cn/new/disclosure/stock?stockCode=300424&orgId=9900023797&sjstsBond=false#latestAnnouncement

请结合案例查阅相关资料，分析思考以下问题。

1. 航新科技的该项售后租回交易中的资产转让是否属于销售？

2. 航新科技该项售后租回交易应如何进行会计处理？

3. 售后租回对于交易双方有何意义？

第八章

合伙企业会计

【本章学习提示】

- 本章重点：合伙企业会计的特点，合伙人入伙、权益变更、损益分配、合伙企业清算等的会计处理。
- 本章难点：商誉法、红利法的具体运用；损益分配方法；合伙企业清算方法及其运用。

天眼查显示，2023 年 6 月 26 日，四川申虹智慧家庭产业股权投资基金合伙企业成立。这是一家以从事资本市场服务为主的企业，经营范围包含以私募基金从事股权投资、投资管理、资产管理等活动。该合伙企业由绵阳科技城新区投资控股（集团）有限公司、长虹集团四川申万宏源战略新型产业母基金合伙企业（有限合伙）、四川申万宏源长虹股权投资管理有限公司共同出资，注册资本 100 100 万元人民币，其中，绵阳科技城新区投资控股（集团）有限公司出资 50 000 万元，持股比例 49.95%，长虹集团四川申万宏源战略新型产业母基金合伙企业（有限合伙），出资 50 000 万元，持股比例 49.95%，四川申万宏源长虹股权投资管理有限公司出资 100 万元，持股比例 0.1%。执行事务合伙人为四川申万宏源长虹股权投资管理有限公司。该企业是有限合伙还是普通合伙？合伙人出资设立时如何核算？该合伙企业损益如何分配？

资料来源：https://www.tianyancha.com/company/6266084033

第一节　合伙企业及合伙企业会计概述

一、合伙企业的含义及性质

按照我国 2006 年 8 月修订的《中华人民共和国合伙企业法》（以下简称《合伙企业法》)，合伙企业是指两个或两个以上的合伙人订立合伙协议，共同投资，合伙经营，共享收益，至少有一个以上的合伙人对企业债务承担无限责任的营利性组织。

合伙企业又分为普通合伙企业和有限合伙企业。普通合伙企业由普通合伙人组成，合伙人对合伙企业债务承担无限连带责任。有限合伙企业由普通合伙人和有限合伙人组成，普通合伙人对合伙企业债务承担无限连带责任，有限合伙人以其认缴

扩展阅读 8-1：有限合伙和普通合伙的区别

的出资额为限对合伙企业债务承担责任。

合伙企业属于私营经济实体，一般无法人资格，不缴纳企业所得税。合伙企业组织形式在许多行业，如服务业、零售业、批发和制造业，以及专门职业等都允许采用。

二、合伙企业的特征

合伙企业与其他组织形式的企业相比，具有以下特征。

（一）业主有限

合伙企业的合伙人可以是自然人，也可以是法人或其他组织。一般情况下，合伙企业的合伙人数最低为两个人，普通合伙企业没有最高人数限制，有限合伙企业的最高人数为 50 人以下。但在现实情况下，普通合伙企业的合伙人是有限的。每一个合伙企业的合伙人数的多少，取决于合伙协议达成时签订协议的人数。两个或两个以上的法人之间签订协议成立一个新的企业，通常称为联营公司，它不属于合伙企业。

扩展阅读 8-2：合伙企业的合伙人如何缴纳"所得税"

（二）经营责任无限

根据我国《合伙企业法》规定，每个普通合伙人对合伙企业的债务应当承担无限连带清偿责任。当合伙企业遇到无力偿还债务时，合伙企业的普通合伙人必须用其个人财产还清合伙企业的负债。合伙企业的合伙人按照其是否承担连带责任可以划分为普通合伙人和有限合伙人两类。普通合伙人对合伙企业的债务承担连带责任，而有限合伙人只是以其对合伙企业的投资额为限承担有限责任。有限合伙人的概念相当于有限责任公司的股东。一个合伙企业至少要有一个普通合伙人来承担合伙企业无法清偿的债务，国有独资公司、国有企业、上市公司以及公益性的事业单位、社会团体不得成为普通合伙人。因此在成立合伙企业时，合伙人的选择必须谨慎。新合伙人的入伙应该获得全体原有合伙人的一致同意。

（三）生命有限

合伙企业的生命期取决于合伙协议或出资人意愿或出资人生命。当合伙协议期满，而合伙人不愿意继续合伙时，或合伙人集体决定中止合伙协议时，或新的合伙人加入，或旧的合伙人中途退伙、死亡等均可造成原有合伙企业的解散以及新的合伙企业的成立。

（四）易于设立，也易于发生纠纷而解散

合伙人签订了合伙协议，办理相关的登记手续后，合伙企业即宣告成立。按照我国的法律要求，合伙协议必须是书面协议。由于合伙企业的无限连带责任特征，因此，各合伙人对企业经营过程中的各种风险认识不同，也可能因某合伙人的经营行为的不当而引起其他合伙人的不满等，这些往往会造成合伙人之间的意见分歧，并由此可能造成合

伙企业的解散。

（五）共同享有合伙企业财产和盈利，并共担风险

合伙人可以以其各种财产向合伙企业投资入伙。各合伙人投入合伙企业的财产应该获得全体合伙人的共同认可。一旦合伙人将其个人财产投入到合伙企业，这项资产即为合伙人共有财产，合伙人对该项财产丧失了要求权，这些资产的出售所产生的损益归合伙企业所有，合伙企业负债及经营风险同样归全体合伙人共同负担。

（六）互为代理

合伙企业中的每一个普通合伙人在合伙企业中的经营行为均被认为代表所有合伙人的共同行为，也就是说，合伙企业的每一个普通合伙人均被认为是所有合伙人的代理人，每一个普通合伙人代表合伙企业所从事的经营行为，其他合伙人应当予以认可。但有限合伙人不执行合伙事务，不得对外代表有限合伙企业。

三、合伙协议的内容

根据我国《合伙企业法》的规定，普通合伙企业合伙协议一般应包括以下重要事项。
（1）合伙企业的名称和主要经营场所的地点。
（2）合伙目的和合伙经营范围。
（3）合伙人的姓名或者名称、住所。
（4）合伙人的出资方式、数额和缴付期限。
（5）利润分配、亏损分担方式。
（6）合伙事务的执行。
（7）入伙与退伙。
（8）争议解决办法。
（9）合伙企业的解散与清算。
（10）违约责任。
有限合伙企业合伙协议除上述事项外，一般还应包括以下重要事项。
（1）普通合伙人和有限合伙人的姓名或者名称、住所。
（2）执行事务合伙人应具备的条件和选择程序。
（3）执行事务合伙人权限与违约处理办法。
（4）执行事务合伙人的除名条件和更换程序。
（5）有限合伙人入伙、退伙的条件、程序以及相关责任。
（6）有限合伙人和普通合伙人相互转变程序。

四、合伙企业会计的主要特征

合伙企业会计与公司会计的区别点主要表现在以下四个方面：

（一）权益账户设置

合伙企业的权益账户可以设置"合伙人投资"（或"合伙人资本"）、"合伙人往来"

（必要时增加"合伙人提款"）、"损益汇总"等。"合伙人投资"账户反映的是合伙人投入合伙企业的资本，包括原始投入的资本以及随后的资本变化情况。"合伙人投资"账户应按照合伙人姓名设置明细账。"合伙人往来"账户反映的是在合伙企业经营期间合伙人与合伙企业之间相互发生债权债务事项，由于合伙人对合伙企业承担责任，所以该账户的性质仍属于权益性账户。合伙人可能预计盈利而预先提款，或预先提取合伙人工资等，如果需要单独反映合伙人从企业提款的事项也可以单独设置"合伙人提款"账户，期末将其转入"合伙人投资"账户中。

合伙人从合伙企业提取资金且金额巨大，合伙人又准备偿还，或者合伙企业向合伙人借款，随后按照约定偿还给合伙人。在这种情况下，可以将该类交易记入应收应付款项账户。如可以设置"应收合伙人借款""应付合伙人贷款"等。不能记入"合伙人往来"，更不能记入"合伙人投资"。

由于合伙企业经营业务简单，在损益核算上一般只设置"损益汇总"账户，用来集中核算合伙企业收入、成本费用以及期末损益分配等，年末将该账户的余额按照合伙协议转入"合伙人投资"账户。

合伙企业的会计处理程序由于没有像公司对股东权益那样的法规约束，受合伙协议以及在合伙经营过程中的实际运作的影响，在实际的会计处理程序上有很多变化。

（二）会计核算基础

在会计核算中，一般也应采取应计制，但企业规模较小，业务非常简单时，也可以采用现金制。

（三）核算内容

合伙企业在企业设立、损益分配、伙权变更、解散与清算等会计核算方面与公司制企业存在较大的差别，本章也将主要围绕这些内容进行阐述。

（四）财务报告的目的

合伙企业同样需要编制财务报告，但编制的主要目的是满足合伙人、债权人和税务机关三类使用者的需要，这是由合伙企业的特征所决定的。

第二节　合伙人入伙

一、出资方式与投资计价

合伙人可以用货币、实物、知识产权、土地使用权或者其他财产权利出资，也可以用劳务出资，但有限合伙人不得以劳务出资。除了现金以外，如果合伙人用其他资产或产权等投资入伙，需要评估作价的，可以由全体合伙人协商确定，也可以由全体合伙人委托法定评估机构评估。合伙人以劳务出资的，其评估办法由全体合伙人协商确定。这样可以保证对所有合伙人的公平公正。

【例8-1】 假设甲、乙、丙三人协商分别以下列资产的公允价值进行投资举办合伙企业，并以各自投入的可辨认净资产公允价值作为其在合伙企业所享有的权益额，有关资料如表8-1所示。

表8-1　合伙人投入资产公允价值　　　　　单位：元

资产项目	甲	乙	丙	合计
库存现金	10 000		20 000	30 000
房屋	40 000			40 000
设备		30 000	20 000	50 000
存货		20 000	10 000	30 000
合计	50 000	50 000	50 000	150 000

据此应做会计分录为：

借：库存现金		30 000
固定资产——房屋		40 000
固定资产——机器设备		50 000
存货		30 000
贷：合伙人投资——甲		50 000
合伙人投资——乙		50 000
合伙人投资——丙		50 000

二、合伙人投入可辨认资产公允价值与所得伙权额不一致时的处理

对于合伙人的投资，合伙企业应依据其公允价值计价，但是，记录合伙人在合伙企业所享有的权益额（简称"伙权额"）是根据合伙协议商定的，二者可能一致，也可能不一致。如果出现不一致，则可能有两种解释：一种认为合伙人投入可辨认资产公允价值小于所得伙权额，是因为该合伙人投资时带给企业有个人才干、良好的社会信誉，即社会关系、特殊技能等个人商誉，并得到了其他合伙人的认同，应当享受合伙协议规定的伙权额；另一种认为是投资时其他合伙人给了该合伙人一种投资赠予。由此，也产生了在合伙企业权益变更时经常采用的以下两种会计处理方法。

（一）商誉法

商誉法认为，若某合伙人投入可辨认资产公允价值小于所得伙权额，是因为该合伙人在投资时向企业投入了一种商誉，在做吸收合伙人投资的会计处理时，对于可辨认资产应以其公允价值计价入账，而记录该合伙人的投资应以其合伙协议确定的伙权额入账，二者的差额列为商誉。

【例8-2】 假设甲、乙、丙三人共同出资举办合伙企业，各自投入资产的公允价值如表8-2所示。

表 8-2　合伙人投入资产公允价值　　　　　　　　　　　　单位：元

资产项目	甲	乙	丙	合计
库存现金	15 000		10 000	25 000
房屋	40 000			40 000
设备		30 000	20 000	50 000
存货		25 000	10 000	35 000
合计	55 000	55 000	40 000	150 000

如果合伙协议商定，三个合伙人在合伙企业享有的权益均等，并认为丙具有良好的社会信誉和特殊技能，得到了甲、乙的认同，应当享受与甲乙相同的伙权额，企业应按照商誉法进行吸收投资的处理，此时合伙企业的伙权总额应为 165 000 元。据此应做会计分录为：

借：库存现金　　　　　　　　　　　　　　　　　　　　　　25 000
　　固定资产——房屋　　　　　　　　　　　　　　　　　　40 000
　　固定资产——机器设备　　　　　　　　　　　　　　　　50 000
　　存货　　　　　　　　　　　　　　　　　　　　　　　　35 000
　　商誉　　　　　　　　　　　　　　　　　　　　　　　　15 000
　　贷：合伙人投资——甲　　　　　　　　　　　　　　　　　　55 000
　　　　合伙人投资——乙　　　　　　　　　　　　　　　　　　55 000
　　　　合伙人投资——丙　　　　　　　　　　　　　　　　　　55 000

（二）红利法

红利法认为，若某合伙人投入可辨认资产公允价值小于所得伙权额，是因为该合伙人在投资时其他合伙人已投入的资产对其做出了一种赠予，相当于从其他合伙人处获得了投资红利，在做吸收合伙人投资的会计处理时，对于可辨认资产应以其公允价值计价入账，而记录各合伙人的投资时则应以收到的全部可辨认资产的公允价值合计作为伙权总额，并按合伙协议确定的伙权额入账。

【例 8-3】　承【例 8-2】，假设合伙企业拟采用红利法对吸收的投资进行处理，即在投资时甲、乙从各自的投资中均拿出 5 000 元让利或赠予丙，作为红利记在丙的投资账上。据此应做会计分录为：

借：库存现金　　　　　　　　　　　　　　　　　　　　　　25 000
　　固定资产——房屋　　　　　　　　　　　　　　　　　　40 000
　　固定资产——机器设备　　　　　　　　　　　　　　　　50 000
　　存货　　　　　　　　　　　　　　　　　　　　　　　　35 000
　　贷：合伙人投资——甲　　　　　　　　　　　　　　　　　　50 000
　　　　合伙人投资——乙　　　　　　　　　　　　　　　　　　50 000
　　　　合伙人投资——丙　　　　　　　　　　　　　　　　　　50 000

尽管上述两种方法的处理都能够使三者的合伙权益相等，但记录的伙权总额不同，企业的净资产额也不同。究竟采用哪种方法来处理，应视合伙人对商誉法下记录的

15 000 元不可辨认资产的态度，以及红利法甲、乙对自己各投入 55 000 元资产却只能得到 50 000 元权益的认可与否。

第三节 合伙人权益变更

一、合伙人增资、减资、提款、贷款和借款的核算

（一）增资与减资

合伙协议中应规定在合伙企业经营过程中关于增资与减资的内容。增资时的会计处理与上述初始投资的会计处理相同。当合伙人提取巨额款项，并不准备偿还时，应作为减资处理，直接减少该合伙人的"合伙人投资"科目。

【例 8-4】 张山与王海合办一合伙企业，中途王海提取 30 000 元的现金，在征得张山同意后，不再投回合伙企业。据此应做会计分录为：

借：合伙人投资——王海　　　　　　　　　　　　　　　30 000
　　贷：库存现金　　　　　　　　　　　　　　　　　　　　　　30 000

（二）提款

合伙企业的合伙人与企业的职工不同，执行事务的合伙人按周或月从合伙企业提取款项用于个人生活，这实质上是对合伙企业获得利润的预分配。这种预分配的方式可能是从合伙企业取用商品，也可能以预提工资的方式支取现金，无论采用哪种方式，都会引起合伙人权益的暂时性变动。对合伙人取用企业商品或从企业支取现金，通常在"合伙人往来"科目核算，而不直接记入"合伙人投资"科目。到期末时，再将"合伙人往来"账户余额转入"合伙人投资"账户，以反映每位合伙人在当期的提款情况。这样便于与合伙协议中规定的每位合伙人允许的提款数相比较，防止合伙人超额提款。

【例 8-5】 甲、乙二人每月从合伙企业中提取 1 200 元，丙每月提取 1 000 元。据此应做会计分录为：

借：合伙人往来——甲　　　　　　　　　　　　　　　　1 200
　　合伙人往来——乙　　　　　　　　　　　　　　　　　1 200
　　合伙人往来——丙　　　　　　　　　　　　　　　　　1 000
　　贷：库存现金　　　　　　　　　　　　　　　　　　　　　　3 400

到会计期末，如果每人每月提款数不变，一年的提款数甲、乙均为 14 400 元，丙为 12 000 元。据此应做结转分录为：

借：合伙人投资——甲　　　　　　　　　　　　　　　　14 400
　　合伙人投资——乙　　　　　　　　　　　　　　　　　14 400
　　合伙人投资——丙　　　　　　　　　　　　　　　　　12 000
　　贷：合伙人往来——甲　　　　　　　　　　　　　　　　　14 400
　　　　合伙人往来——乙　　　　　　　　　　　　　　　　　14 400
　　　　合伙人往来——丙　　　　　　　　　　　　　　　　　12 000

如果合伙人与合伙企业之间的经济业务往来除了取用合伙企业商品和提款之外，还

有较多的其他经济业务往来，为了便于反映合伙人从企业的提款情况，可以单独设置"合伙人提款"科目来核算。

（三）贷款与借款

合伙人有时因个人原因会向合伙企业临时借用金额较大的款项，事后会及时偿还，或合伙企业因经营需要，临时向合伙人借入金额较大的资金用于周转，并按约定偿还给合伙人。这种情况既不是合伙人从合伙企业抽资，也不是合伙人向合伙企业投入资本，而是作为正常经营下的借贷款业务。对这类业务，可以设置"应收合伙人借款""应付合伙人贷款"科目进行核算。

【例 8-6】 合伙企业因资金周转的需要，向合伙人丙借入现金 20 000 元，借期 3 个月（不考虑利息）。借款时的会计分录为：

借：库存现金 20 000
　　贷：应付合伙人贷款——丙 20 000

还款时，做相反分录。

应当注意的是，当合伙人从企业借款时，应与其从企业提款区分开来，尽管都是从企业提取现金，但从本质上讲，提款是合伙人预先支取其应分得的利润，是不需要偿还的，只是减少其权益，而借款是要求借款的合伙人到期要按照约定偿还的。

二、转让伙权

转让伙权，是指某一合伙人将自己拥有的部分或全部伙权转让给其他人的行为。其他人可以是原合伙人，也可以是原合伙人以外的其他人。但是转让给其他人的仅仅是净利润分配权以及清算时获取剩余财产的权利，而不能转让经营管理权，否则，将成为吸收新入伙的问题。由于这种转让交易额并非合伙企业所得，所以，在会计处理上只需要按转让伙权额计价，进行合伙人投资的明细核算即可，转让交易额计价与合伙企业无关。

【例 8-7】 某合伙人丙，将自己 50%的伙权计 30 000 元转让给丁，则其转让分录为：

借：合伙人投资——丙 30 000
　　贷：合伙人投资——丁 30 000

丙转让的 50%即 30 000 元的伙权只是合伙企业账面记录的价值，至于丁支付给丙多少报酬获得 30 000 元的伙权，这属于丙与丁两人之间的事情，与合伙企业无关。在这种情况下，原合伙企业并没有改变。丁获得的只是原来丙的一半对合伙企业未来净利润的分配权和清算时的资产要求权，而无权参与合伙企业的经营管理。

三、吸收新入伙

合伙企业成立以后，未经全体合伙人的同意，其他人不得成为合伙人。如果加入新的合伙人，新合伙人应与原合伙人承担相同的责任，即承担原合伙人所负的所有债务。具体的入伙方法如下。

（一）向原合伙人购买伙权

如果是向某原合伙人购买伙权入伙，与转让伙权的会计处理基本相同，所不同的是要征得其他合伙人的同意方可进行，且新合伙人要按所取得伙权比例同其他合伙人一样享受各种权利。但是，若新入伙人从多个原合伙人中购买伙权时，在会计处理上就要考虑是采用红利法还是商誉法。采用红利法时，新入伙人的支付金额不论是大于还是小于所得伙权额，会计处理上与转让伙权完全相同；采用商誉法时，按新入伙人的支付金额和所得相应伙权比例推算出合伙企业伙权总额，再与原伙权总额比较，大于的差额作为商誉，先在原合伙人之间分配后，再按新合伙人实际支付金额作伙权转让分录。

1. 向某一个合伙人购买伙权

【例 8-8】 甲、乙合办一合伙企业，甲的资本是 60 000 元，乙的资本是 50 000 元，而且双方约定损益平均分配。现在丙要求加入该合伙企业。如果丙以 30 000 元购买甲的一半伙权，甲、乙均同意，甲、乙、丙三人重新组成合伙，且原来的分配比例不变，甲转让给丙股权时应做的会计分录为：

借：合伙人投资——甲　　　　　　　　　　　　　　　　　　30 000
　　贷：合伙人投资——丙　　　　　　　　　　　　　　　　　　30 000

2. 向两个及两个以上合伙人购买伙权

【例 8-9】 在上例中，如果丙愿意出资 60 000 元分别购入甲和乙的 50%伙权，而且甲和乙均同意。此时丙对新合伙企业的资本和损益享有 50%的权益，甲和乙分别享有25%的权益。这时从丙出资的角度看，出现丙的出资与账面伙权不一致的问题。因为丙出资 60 000 元，占伙权的 50%，即账面伙权应该是 120 000 元，而实际是 110 000 元。对此有两种处理方法。

（1）商誉法。商誉法认为，丙入伙时原合伙企业实际净资产应是 120 000 元，应该在丙入伙前重新评估入账，比账面净资产多出的 10 000 元在甲和乙之间平均分配，即每人分得 5 000 元，应做重估会计分录为：

借：商誉　　　　　　　　　　　　　　　　　　　　　　　　10 000
　　贷：合伙人投资——甲　　　　　　　　　　　　　　　　　　5 000
　　　　合伙人投资——乙　　　　　　　　　　　　　　　　　　5 000

调整后甲和乙的资本账户余额分别为 65 000 元和 55 000 元，如果将等额的资本转让给丙，则记录丙入伙的会计分录为：

借：合伙人投资——甲　　　　　　　　　　　　　　　　　　30 000
　　合伙人投资——乙　　　　　　　　　　　　　　　　　　30 000
　　贷：合伙人投资——丙　　　　　　　　　　　　　　　　　　60 000

这时，转让后甲、乙、丙三人的资本额分别为 35 000 元、25 000 元和 60 000 元。按照约定甲和乙均享有 25%的伙权。这样看起来不甚合理。因为甲的伙权额明显比乙的伙权额要大。

为了使甲和乙在新合伙企业中的伙权额相一致，以使每人在新的合伙企业中都占25%的权益，这时可以做会计分录为：

借：合伙人投资——甲　　　　　　　　　　　　　　　　　　35 000
　　合伙人投资——乙　　　　　　　　　　　　　　　　　　25 000
　　贷：合伙人投资——丙　　　　　　　　　　　　　　　　　　60 000

这时甲、乙、丙三人的资本账户余额分别为 30 000 元、30 000 元和 60 000 元。分别占伙权的 25%、25% 和 50%。

如果丙支付的现金甲与乙平分，第一种方法是收回多少资金，转让多少伙权，应该是合理的。如果按第二种方法，转多少伙权，收回多少资金，对乙又有不公，因为乙转让的伙权与甲转让的伙权是相等的，而收回的资金却不同。如果丙支付的资金分配由甲、乙协商解决，而合伙企业不予考虑时，第二种方法应该更合理一些。

（2）红利法。假设合伙企业的资产不进行重估，其会计处理仍然有两种方法。一种是甲和乙以等额伙权转让给丙。其会计分录为：

借：合伙人投资——甲	27 500	
合伙人投资——乙	27 500	
贷：合伙人投资——丙		55 000

另一种方法是保持甲、乙、丙三人在新合伙企业中的伙权分别为 25%、25% 和 50%，应做会计分录为：

借：合伙人投资——甲	32 500	
合伙人投资——乙	22 500	
贷：合伙人投资——丙		55 000

红利法下的会计处理与商誉法下的会计处理存在相同的问题。对于丙实际支付 60 000 元，而账面记录 55 000 元，可以看作是丙在未来利润分配中的获利。因为企业的实际净资产是 120 000 元，丙占有 50% 的伙权，未入账的 10 000 元净资产的一半将来会以利润的方式分配给丙，而甲和乙只得到其中的另一半，即 5 000 元，加上丙多支付的 5 000 元，刚好是丙未入伙前企业未入账的净资产价值。

（二）向合伙企业投资

新合伙人可以用现金或非现金资产或知识产权进行投资入伙，在这种情况下，原合伙企业依法解散，新合伙关系成立，合伙企业资产总额和伙权总额都会增加。原合伙企业的资产可以重估也可以不重估，即使是重估，也不以新合伙人投入的资本额确定。新合伙人投入资金与其所得到的伙权应视原合伙企业资产的状况以及新合伙人是否带来商誉而具体确定。具体讲，如果新合伙人只投入资金而不带来商誉，原合伙企业又有未入账资产，新合伙人得到的伙权一般会小于其投资额；反之，则会大于其投资额。下面分别予以说明。

1. 新合伙人按其投入资产的价值取得权益份额

新合伙人向合伙企业投入资产，如果合伙企业的资产既没有高估又没有低估，这时，新合伙人可以按其投入资产的价值获得相应的权益份额。

【例 8-10】 甲与乙合伙开办一家企业，其投资额均为 40 000 元。假如该企业的资产不存在高估或低估现象，现在丙愿意投入 40 000 元现金入伙，并经甲、乙同意，丙入伙后三人平均分享伙权。丙投入资产的会计分录为：

借：库存现金	40 000	
贷：合伙人投资——丙		40 000

2. 新合伙人给原合伙人额外补贴或红利

如果合伙企业属于经营多年，且获利能力较强，这时，如果新合伙人要求入伙，原合伙人可能要求新合伙人支付的投资数额比其在合伙企业中所要求得到的伙权份额要高。这种差额可以理解为新合伙人对原合伙人的额外补贴或红利。

【例 8-11】 假设甲和乙合伙举办的企业，甲投资 40 000 元，乙投资 10 000 元，损益分配比例为 6∶4。现在丙要求入伙，并要求占伙权的 25%，甲和乙要求丙投入资金 30 000 元。丙入伙后，合伙企业的伙权总额增加到 80 000 元，这时丙占其 1/4，计 20 000 元，其多支付的 10 000 元在甲和乙之间按原有比例分配，作为对甲和乙的补偿。应做会计分录为：

```
借：库存现金                                          30 000
    贷：合伙人投资——丙                                   20 000
        合伙人投资——甲                                    6 000
        合伙人投资——乙                                    4 000
```

3. 新合伙人给原合伙人记商誉

如果合伙企业属于经营多年，且获利能力较强，这时如果新合伙人要求入伙，又要求以投入价值记入其投资账户，在这种情况下，就必须给原合伙人记商誉，表示原合伙企业有未入账的资产。

【例 8-12】 假如甲和乙合伙举办的合伙企业，其伙权额均为 60 000 元，损益分配比例为 5∶5。现在丁要求入伙并取得与甲和乙相等的伙权，甲和乙均同意，但要求丁投入 70 000 元。根据丁的投资推算，新合伙企业的伙权总额为 210 000 元，这样，原合伙企业就存在 20 000 [210 000 −（60 000 + 60 000 + 70 000）] 元的商誉。这部分商誉在原合伙人甲和乙之间平均分配。丁入伙时先记录原合伙企业的商誉，再记录丁的投资。应做会计分录为：

```
借：商誉                                              20 000
    贷：合伙人投资——甲                                   10 000
        合伙人投资——乙                                   10 000
借：库存现金                                          70 000
    贷：合伙人投资——丁                                   70 000
```

4. 原合伙人给新合伙人额外补贴或商誉

当合伙企业急需资金，或者新合伙人具有独特的技术专长或经营才能，原合伙人可能同意新合伙人以较少的资金投入而获得较多的伙权，其会计处理有两种方法：一种是将原合伙人的部分伙权转让给新合伙人；另一种方法是原合伙人的伙权不变，将新合伙人投资额与其所占伙权份额之间的差额作为商誉处理。

【例 8-13】 假如甲和乙合伙举办一家企业，各自伙权额均为 50 000 元，如果要求丁入伙，并同意丁出资 35 000 元，占合伙企业的 1/3 伙权。

如果原合伙人同意将自己的部分伙权转让给丁，作为对丁的额外补偿，则合伙企业的伙权总额为 135 000 元，丁的伙权额为 45 000 元，其与所交现金之间的差额 10 000 元由甲、乙两人平均分摊，从两人的伙权中转给丁。应做会计分录为：

借：库存现金 35 000
　　合伙人投资——甲 5 000
　　合伙人投资——乙 5 000
　　　贷：合伙人投资——丁 45 000

如果原合伙人想要保持原有伙权额不变,则新合伙企业的伙权总额应为150 000元。这时，丁所交现金与伙权额之间的差额，列为新合伙企业的商誉。应做会计分录为：

借：库存现金 35 000
　　商誉 15 000
　　　贷：合伙人投资——丁 50 000

四、退伙与合伙人死亡

（一）退伙的原因

退火是指合伙人与其他合伙人脱离合伙关系，丧失合伙人资格。我国《合伙企业法》中按照退火发生的原因对退伙作了不同的规定，具体区分为"可以退伙""当然退伙"和"除名退伙"三种。

（1）合伙协议约定合伙企业的经营期限的，有下列情形之一时，合伙人可以退伙。

①合伙协议约定的退伙事由出现。

②经全体合伙人一致同意。

③发生合伙人难于继续参加合伙企业的事由。

④其他合伙人严重违反合伙协议约定的义务。

⑤合伙协议未约定合伙企业的经营期限的,合伙人在不给合伙企业事务执行造成不利影响的情况下，可以退伙，但应当提前30日通知其他合伙人。

（2）合伙人有下列情形之一的，当然退伙。

①作为合伙人的自然人死亡或者被依法宣告死亡。

②个人丧失偿债能力。

③作为合伙人的法人或者其他组织依法被吊销营业执照、责令关闭撤销，或者被宣告破产。

④法律规定或者合伙协议约定合伙人必须具有相关资格而丧失该资格。

⑤合伙人在合伙企业中的全部财产份额被人民法院强制执行。

合伙人被依法认定为无民事行为能力人或者限制民事行为能力人的,经其他合伙人一致同意，可以依法转为有限合伙人，普通合伙企业依法转为有限合伙企业。

（3）合伙人有下列情形之一的，经其他合伙人一致同意，可以决议将其除名。

①未履行出资义务。

②因故意或者重大过失给合伙企业造成损失。

③执行合伙事务时有不正当行为。

④发生合伙协议约定的事由。

合伙人退伙后，有限合伙企业仅剩有限合伙人的，应当解散，仅剩普通合伙人的，转为普通合伙企业。

（二）退伙的方式

合伙人如果因种种原因退伙，根据伙权转让以及退伙清偿的规定，退伙的方式有以下三种。

（1）向外部出售。即合伙人将伙权出售给现有合伙人以外的第三者，出售的价格以及结算的款项由双方确定，与现有合伙人无关。但是，伙权的出售必须经其他现有合伙人一致同意。当合伙人向外出售其伙权时，合伙企业的伙权总额不变，合伙企业只需对伙权做过户处理。

（2）向现有合伙人转让。即合伙人将伙权转让给现有的合伙人，根据《合伙企业法》规定，合伙人退伙时，现有合伙人有权优先受让退伙人的伙权。

扩展阅读 8-3：合伙人投资变借款合法吗

（3）以企业资产支付退伙。即合伙企业以其现有的资产清偿退伙人的伙权。

（三）退伙的会计处理

前两种情况我们已经讨论过，这里主要讨论后一种情况。

（1）企业以退伙人账面伙权额支付退伙。如果合伙企业的资产既没有高估也没有低估，其净资产与伙权额相等，合伙人退伙时，应以其伙权额等额的资产清偿退伙人的伙权。

【例 8-14】甲、乙、丙三人组成一合伙企业，其净资产与伙权总额一致，共计 80 000元，其中丙占伙权的 25%，即 20 000 元。现在丙提出退伙，甲和乙均同意，并以现金方式支付其退伙的伙权额。应做会计分录为：

借：合伙人投资——丙　　　　　　　　　　　　　　　　　　　　20 000
　　贷：库存现金　　　　　　　　　　　　　　　　　　　　　　　　20 000

（2）企业以高于退伙人账面伙权额支付退伙。如果支付给退伙人的清偿金额高于退伙人的账面伙权额，说明合伙企业有未入账的资产，这可能影响到伙权总额的余额。这时会计处理方法可采用商誉法或红利法。

【例 8-15】假设甲、乙、丙三人为一合伙企业的合伙人，其投资额分别为 36 000元、36 000 元和 72 000 元，分别占伙权总额的 25%、25% 和 50%，伙权额合计 144 000元。现在乙要求退伙，甲和丙同意其退伙，并同意支付其 42 000 元作为对其伙权的清偿。

（1）红利法下的会计处理。

借：合伙人投资——乙　　　　　　　　　　　　　　　　　　　　36 000
　　合伙人投资——甲　　　　　　　　　　　　　　　　　　　　　2 000
　　合伙人投资——丙　　　　　　　　　　　　　　　　　　　　　4 000
　　贷：库存现金　　　　　　　　　　　　　　　　　　　　　　　　42 000

该分录说明，对多支付给乙的 6 000 元，甲和丙以现有的伙权比例 25∶50 进行分摊，算作支付给乙应得企业未入账资产部分的补偿。这部分资产在企业未来以利润方式实现时，再分配给甲和丙。即乙提前获得红利。

（2）商誉法下的会计处理。

商誉法下的会计处理有两种方法，一种方法是只将多支付给乙伙权额的部分作为商誉。应做会计分录为：

借：合伙人投资——乙	36 000	
商誉	6 000	
贷：库存现金		42 000

另一种方法是，根据对乙多支付的金额，来计算整个合伙企业的商誉，先在合伙人之间按伙权比例进行分配，然后再支付乙的退伙清偿款项。本例中合伙企业的商誉为24 000（6 000÷25%）元，按比例甲、乙、丙三人的分配分别为6 000元、6 000元和12 000元。应做会计分录为：

借：商誉	24 000	
贷：合伙人投资——甲		6 000
合伙人投资——乙		6 000
合伙人投资——丙		12 000
借：合伙人投资——乙	42 000	
贷：库存现金		42 000

（3）企业以低于退伙人账面伙权额支付退伙。此时表明企业净资产有高估现象，一般采用红利法较为合理。因为此时对企业全部净资产进行重估一般是不可能的，要证实高估现象很困难，且有时也并非高估所致。例如退伙人急于退伙，现存合伙人有意压低价格退付等。

【**例 8-16**】　承【例 8-15】，假如乙退伙时，甲和丙只同意支付现金32 000元，比乙伙权额少4 000元。如果有证据表明合伙企业的资产高估，则应说明是什么资产高估以及高估的金额，并将高估的资产冲减为公允价值。此例中若为高估，则高估价值为16 000（4 000÷25%）元，先将高估的部分在合伙人之间按伙权比例分配，然后再支付乙的退伙清偿款项。应做会计分录为：

借：合伙人投资——甲	4 000	
合伙人投资——乙	4 000	
合伙人投资——丙	8 000	
贷：有关资产项目		16 000
借：合伙人投资——乙	32 000	
贷：库存现金		32 000

如果有证据表明合伙企业的资产价值是公允的，不存在低估，而是由于乙的原因，且愿意低价退出合伙。应做会计分录为：

借：合伙人投资——乙	36 000	
贷：合伙人投资——甲		1 333.33
合伙人投资——丙		2 666.67
库存现金		32 000

该分录说明，乙将4 000元以红利的方式，按原伙权比例在退伙时支付给甲和丙。

（四）某一合伙人死亡的会计处理

此时应按照可能出现的不同情况分别进行处理：①有合法继承人继承继续经营，不需要进行会计处理，只是更换合伙人名称即可；②有合法继承人继承但无意继续经营而造成退伙，此时其会计处理与上述退伙相同；③无合法继承人继承，将该合伙人的权益分配给原有合伙人。

第四节　合伙企业损益分配

一、损益的核算

合伙企业的经营与其他企业组织形式的经营相似，但在计算合伙企业的损益时应注意一个重要的不同点，即合伙企业支付给合伙人一切私人开支，均不得作为经营费用列入合伙企业损益，如合伙人私人费用、合伙人提用等，只能记入"合伙人往来"，视为合伙人对合伙企业经营利润的分配，并在会计期末转入"合伙人投资"，冲减其权益。

二、损益分配时需要考虑的因素

合伙企业损益的分配，应由合伙人在合伙协议中共同协商确定。在确定合伙损益分配时主要应考虑劳务因素和资本因素。

考虑劳务因素是因为不同的合伙人对合伙企业经营成果的贡献不同。当一个合伙人把全部精力倾注于合伙企业，而其他合伙人在别处还有任职或其他合伙人为有限合伙人时，各自对合伙企业的贡献明显不同，因此前者应得到适当的补贴，通常是在工资津贴上予以区别；即使是所有合伙人都在合伙企业全职工作，因人的才能有大有小，工资津贴也应有所不同。

资本因素是合伙企业损益分配应考虑的另一项重要因素。合伙企业的净利润可以根据合伙人相对的资本余额分配。在这种情况下，在损益分配方案中必须对资本的概念加以确定，如资本是指合伙人投资的期初余额、期末余额，还是本期加权平均余额，如何确定平均余额的计算方法也应明确。一般而言加权平均资本余额是分配合伙损益的一种最公平的方法。因为如果按照期初余额来分配，合伙人不愿意在期中增资；如果按照期末余额来分配，合伙人又不愿意在较早时间投资，而且合伙人可能在期中减资，然后在期末前补足该合伙人的投资。同时还应考虑当期"合伙人往来"账户中每个合伙人的提用额有无超过合伙协议中规定的最高提款限额，如果超过最高限额，其超过部分应从余额中减去。

三、损益分配方法

（一）按劳务因素分配

（1）合伙人薪金津贴分配法。合伙人薪金津贴分配法，是指按照合伙协议规定，平时先按各合伙人对企业日常经营的贡献大小，以相应的薪金津贴进行分配，然后再根据其净利润情况扣除薪金津贴后，按照损益分配比例再行分配的一种方法。这种分配方法首先考虑了各合伙人在企业经营中的贡献,然后再考虑资本因素的影响,有利于鼓励合伙人都能积极投身于合伙企业的经营。

【例 8-17】　甲、乙、丙三人组成一个合伙企业,甲、乙为合伙企业的全职人员,丙为半职人员。合伙协议规定,甲、乙每人每月的津贴为 1 500 元,丙的津贴为每年 10 000元,合伙企业净利润扣除工资津贴后三人平均分配,每合伙人分配不足百元的留待以后年度分配。如果合伙企业 20×3 年净利润为 150 000 元,20×4 年净利润为 29 900 元,则其损益分配情况如表 8-3 所示。

表 8-3　利润分配表　　　　　　　　　(单位:元)

20×3 年	利润及分配情况	甲	乙	丙	分配额合计
净利润	150 000				
减:薪金津贴	− 46 000	18 000	18 000	10 000	46 000
剩余可分配的利润	104 000				
平均分配		34 600	34 600	34 600	103 800
利润分配合计		52 600	52 600	44 600	149 800
未分配利润	200				
20×4 年					
净利润	29 900				
可供分配利润	30 100				
减:薪金津贴	− 46 000	18 000	18 000	10 000	46 000
剩余可分配的利润	− 15 900				
平均分配	15 900	− 5 300	− 5 300	− 5 300	− 15 900
利润分配合计		12 700	12 700	4 700	30 100
未分配利润	0				

该合伙企业 20×3 年和 20×4 年分配给各合伙人资本账户的会计处理如下。

(1) 20×3 年 12 月 31 日,应做转账分录为:

借:损益汇总　　　　　　　　　　　　　　　　　　　　　149 800
　　贷:合伙人投资——甲　　　　　　　　　　　　　　　　　52 600
　　　　合伙人投资——乙　　　　　　　　　　　　　　　　　52 600
　　　　合伙人投资——丙　　　　　　　　　　　　　　　　　44 600

(2) 20×4 年 12 月 31 日,应做转账分录为:

借:损益汇总　　　　　　　　　　　　　　　　　　　　　 30 100
　　贷:合伙人投资——甲　　　　　　　　　　　　　　　　　12 700
　　　　合伙人投资——乙　　　　　　　　　　　　　　　　　12 700
　　　　合伙人投资——丙　　　　　　　　　　　　　　　　　 4 700

(2) 红利或奖金与津贴分配法。红利或奖金与津贴分配法,是指在薪金津贴分配法的基础上,再考虑向合伙人分配红利或奖金的一种分配方法。红利或奖金的支付还要区分是在工资津贴之前计算,还是在工资津贴之后计算。

【例 8-18】　承【例 8-17】,假设上述三位合伙人中,只有甲为全职人员,乙和丙均为半职人员,甲可获得合伙企业净盈利的 20% 的红利,甲、乙、丙三人可分别获得每人每月的工资津贴 1 000 元、1 200 元和 1 200 元,剩余部分三人平均分配。分配的顺序是红利、工资津贴，剩余平均分配。则合伙企业的损益分配如表8-4所示（有关会计处理可比照【例8-17】进行）。

表8-4 利润分配表   单位：元

20×3 年	利润及分配情况	甲	乙	丙	分配额合计
净利润	150 000				
减：分配红利	− 30 000	30 000			30 000
减：奖金津贴	− 40 800	12 000	14 400	14 400	40 800
剩余可分配利润	79 200				
平均分配	− 79 200	26 400	26 400	26 400	79 200
利润分配合计		68 400	40 800	40 800	150 000
未分配利润	0				
20×4 年					
净利润	29 900				
减：分配红利	− 5 980	5 980			5 980
减：奖金津贴	− 40 800	12 000	14 400	14 400	40 800
剩余可分配利润	− 16 880				
平均分配	16 890	− 5 630*	− 5 630*	− 5 630*	− 16 890
利润分配合计		12 350	8 770	8 770	29 890
未分配利润	10				

注：*按照计算，该数值应为 5 626.67 元，为计算便利取整数 5 630 元，因此剩余 10 元。

（二）按资本因素分配

按资本因素进行利润分配时，要考虑是按照约定比例分配、资本比例分配（原始资本比例、期初资本余额比例、期末资本余额比例、加权平均资本比例等），还是按照资本收益分配等，这些在合伙协议中必须要有明确的规定，因为不同的分配方法所得到的结果是有区别的，有时差别还非常大。

【例 8-19】甲、乙、丙三人于 20×3 年 1 月 1 日合伙成立一企业，三人在成立之初的出资额均为 40 000 元。在 20×3 年，甲于 4 月 1 日增加资本 10 000 元，乙于 7 月 1 日增加资本 20 000 元，丙于 10 月 1 日减资 10 000 元。20×3 年实现净利润为 90 000 元。当年资本变动情况如表 8-5 所示。

表8-5 合伙人投资账户余额及其变动情况表   单位：元

合伙人	期初资本余额	期中增资（减资）		期末余额	加权平均余额
		时间	金额		
甲	40 000	4.1	10 000	50 000	47 500
乙	40 000	7.1	20 000	60 000	50 000
丙	40 000	10.1	− 10 000	30 000	37 500
合计	120 000		20 000	140 000	135 000

注：甲的加权平均资本余额 = 40 000 元 + 10 000 × 9 ÷ 12 元 = 47 500（元）；乙的加权平均资本余额 = 40 000 元 + 20 000 × 6 ÷ 12 元 = 50 000（元）；丙的加权平均资本余额 = 40 000 元 − 10 000 × 3 ÷ 12 元 = 37 500（元）。

（1）按照期初资本余额进行分配，甲、乙、丙三人应分配的利润如表 8-6 所示。

表 8-6 利润分配表

20×3 年 12 月 31 日 单位：元

合伙人	期初资本	分配比例	利润分配额
甲	40 000	4/12	30 000
乙	40 000	4/12	30 000
丙	40 000	4/12	30 000
合计	120 000	100%	90 000

据此应做会计分录为：

借：损益汇总 90 000

　　贷：合伙人投资——甲 30 000

　　　　合伙人投资——乙 30 000

　　　　合伙人投资——丙 30 000

（2）按照期末资本余额进行分配，甲、乙、丙三人应分配的利润如表 8-7 所示（会计分录略）。

表 8-7 利润分配表

20×3 年 12 月 31 日 单位：元

合伙人	期末资本	分配比例	利润分配额
甲	50 000	5/14	32 142.86
乙	60 000	6/14	38 571.43
丙	30 000	3/14	19 285.71
合计	140 000	100%	90 000

（3）按照加权平均资本余额进行分配，甲、乙、丙三人应分配的利润如表 8-8 所示（会计分录略）。

表 8-8 利润分配表

20×3 年 12 月 31 日 单位：元

合伙人	加权平均资本	分配比例	利润分配额
甲	47 500	47.5/135	31 666.67
乙	50 000	5/135	33 333.33
丙	37 500	37.5/135	25 000
合计	135 000	100%	90 000

由此可以看出，三种比例分配方法使得三个合伙人在不同的分配方法下获得的利润是有差别的。除了第一种方法因初始投资三人相同产生结果一致外，其他两种方法计算的结果均有不同，第一种方法明显对丙有利，而第二种方法明显对乙有利，对丙最不利。第三种方法对三人而言都能够接受。

原始投资比例分配法与期初资本余额比例分配法的原理是一样的，在此不再赘述。

（三）综合考虑劳务因素和资本因素分配

合伙企业的利润分配，可能既不以劳务因素作为唯一基础，也不以资本因素作为唯一基础，在利润分配时将这两项因素均考虑在内。

【例 8-20】 20×3 年 1 月 1 日，甲、乙两人合办一合伙企业，甲出资 60 000 元，乙出资 40 000 元，双方约定，甲每月工资津贴 1 500 元，乙每月工资津贴 1 200 元，年末，按资本账户加权平均余额 10% 计算利息津贴，剩余部分两人平均分配。当年盈利 60 000 元，当年两人均未追加投资，其利润分配如表 8-9 所示（会计分录略）。

表 8-9　利润分配表

20×3 年 12 月 31 日　　　　　　　　　　　　单位：元

项目	利润及分配情况	甲	乙	利润分配合计
净利润	60 000			
减：工资津贴	− 32 400	18 000	14 400	32 400
剩余可分配利润	27 600			
减：利息津贴	− 10 000	6 000	4 000	10 000
剩余可分配利润	17 600			
平均分配	− 17 600	8 800	8 800	17 600
净利润分配额合计		32 800	27 200	60 000

采用该种方法时，如果合伙企业发生亏损，仍然要按照合伙协议规定的分配顺序计算损失。假设甲乙双方的投资额不变，20×3 年双方均在利润分配之后以现金支取。20×4 年企业净亏损 10 000 元，则其利润分配表如表 8-10 所示。

表 8-10　利润分配表

20×3 年 12 月 31 日　　　　　　　　　　　　单位：元

项目	利润及分配情况	甲	乙	利润分配合计
净利润	− 10 000			
减：工资津贴	− 32 400	18 000	14 400	32 400
剩余可分配利润	− 42 400			
减：利息津贴	− 10 000	6 000	4 000	10 000
剩余可分配利润	− 52 400			
平均分配	52 400	− 26 200	− 26 200	− 52 400
净利润分配额合计		− 2 200	− 7 800	− 10 000

据此应做会计分录为：

借：合伙人投资——甲　　　　　　　　　　　　　　　　　　　　　　2 200

　　合伙人投资——乙　　　　　　　　　　　　　　　　　　　　　　7 800

　　贷：损益汇总　　　　　　　　　　　　　　　　　　　　　　　　10 000

第五节　合伙企业清算

一、散伙的原因

散伙是指合伙人之间的合伙关系解散，以使作为法律主体的合伙终止。合伙解散之后，合伙人可以订立新的合伙协议，也可以就此终止合伙关系并解散企业主体。终止合伙关系并解散企业主体所涉及结束合伙的事务，通常称为合伙企业清算。我国《合伙企业法》规定，合伙企业有下列情形之一时，应当解散。

（1）合伙期限届满，合伙人决定不再经营。

（2）合伙协议约定的解散事由出现。

（3）全体合伙人决定解散。

（4）合伙人已不具备法定人数满 30 天。

（5）合伙协议约定的合伙目的已经实现或者无法实现。

（6）依法被吊销营业执照、责令关闭或者被撤销。

（7）法律、行政法规规定的其他原因。

二、清算程序及清偿顺序

一般而言，合伙企业清算涉及将非现金资产变现，确认损益及清算期间的清算费用，清偿债务，最后将剩余现金在合伙人之间按照合伙人投资账户余额分配给合伙人等。

我国《合伙企业法》规定：合伙企业财产在支付清算费用和职工工资、社会保险费用、法定补偿金以及缴纳所欠税款、清偿债务后的剩余财产，按照合伙协议的约定办理；合伙协议未约定或者约定不明确的，由合伙人协商决定；协商不成的，由合伙人按照实缴出资比例分配、分担；无法确定出资比例的，由合伙人平均分配、分担。

合伙企业清算时，如果合伙企业的资产不足以清偿企业的债务，合伙人应该按照合伙协议的规定比例，用其个人财产清偿。如果合伙人由于承担连带清偿责任，所清偿的数额超过其应承担的数额时，有权向其他合伙人追偿。合伙企业解散后，原合伙人对合伙企业存续期间的债务仍应承担连带责任，但债权人在五年内未向债务人提出偿债请求的，该责任消失。

三、清算的会计处理方法

合伙企业清算时，应设置"清算损益"科目，用以反映清算过程中发生的清算费用和资产变现以及债权债务清算损益。该科目余额应按照合伙协议规定的损益分配比例转入"合伙人投资" 科目。

根据合伙企业清算的时间长短，其清算的会计处理有以下三种方法。

（一）简单一次付款清算法

简单一次付款清算法，也称一次分配清算法，或一次总付清算，是指合伙企业在较短的时间内将全部非现金资产变现，清偿全部债务后，将剩余现金一次分配给合伙人的一种清算方法。此方法要求合伙企业在较短的时间内将全部非现金资产变现，在全部非现金资产变现之前或将发生的全部损失和清算费用计入清算损益之前，不得向合伙人分配资产。现分别以不同情况举例说明如下。

（1）企业具备清偿能力，各合伙人投资账户余额为贷方。

【例 8-21】　甲、乙、丙三人成立的合伙企业 20×3 年 12 月 31 日的资产负债如表 8-11 所示。

表 8-11　甲、乙、丙合伙企业资产负债表

20×3 年 12 月 31 日　　　　　　　　　　　　　　　　　　　单位：元

资产	金额	负债与业主权益	金额
库存现金	30 000	应付账款	30 000
应收账款	25 000	合伙人投资——甲	30 000
存货	40 000	合伙人投资——乙	30 000
固定资产（净值）	55 000	合伙人投资——丙	60 000
合计	150 000	合计	150 000

甲、乙、丙三人约定的损益分配比例为 25%、25% 和 50%，三人协商确定于 20×4 年 1 月 1 日后尽快解散合伙。到 1 月 26 日，合伙企业将其全部非现金资产变现完毕，其中，应收账款实际收回现金 24 000 元，存货出售收回现金 37 000 元，固定资产出售收回现金 45 000 元。最后合计共有现金 136 000 元可供清偿企业的债务和用于合伙人分配。首先偿还债权人 30 000 元货款，然后将剩余部分在合伙人之间按合伙协议进行分配。清算期间的会计处理如下。

①收回应收账款时，应做会计分录为：

借：库存现金　　　　　　　　　　　　　　　　　　　　　24 000
　　清算损益　　　　　　　　　　　　　　　　　　　　　　1 000
　　　贷：应收账款　　　　　　　　　　　　　　　　　　　　　　25 000

②出售存货并收回现金时，应做会计分录为：

借：库存现金　　　　　　　　　　　　　　　　　　　　　37 000
　　清算损益　　　　　　　　　　　　　　　　　　　　　　3 000
　　　贷：存货　　　　　　　　　　　　　　　　　　　　　　　40 000

③出售固定资产并收回现金时，应做会计分录为：

借：库存现金　　　　　　　　　　　　　　　　　　　　　45 000
　　清算损益　　　　　　　　　　　　　　　　　　　　　10 000
　　　贷：固定资产　　　　　　　　　　　　　　　　　　　　　55 000

④清偿债务时，应做会计分录为：

借：应付账款　　　　　　　　　　　　　　　　　　　　　30 000
　　　贷：库存现金　　　　　　　　　　　　　　　　　　　　　30 000

⑤将清算损益按照合伙协议规定的损益分配比例分配给各合伙人权益账户，清算损益合计 14 000 元，甲、乙、丙三人分别分得 3 500（14 000×25%）元、3 500（14 000×25%）元和 7 000（14 000×50%）元。据此应做会计分录为：

借：合伙人投资——甲　　　　　　　　　　　　　　　　　　　　　3 500
　　合伙人投资——乙　　　　　　　　　　　　　　　　　　　　　3 500
　　合伙人投资——丙　　　　　　　　　　　　　　　　　　　　　7 000
　　贷：清算损益　　　　　　　　　　　　　　　　　　　　　　14 000
⑥将剩余现金清偿合伙人投资时，应做会计分录为：
借：合伙人投资——甲　　　　　　　　　　　　　　　　　　　26 500
　　合伙人投资——乙　　　　　　　　　　　　　　　　　　　26 500
　　合伙人投资——丙　　　　　　　　　　　　　　　　　　　53 000
　　贷：库存现金　　　　　　　　　　　　　　　　　　　　106 000

（2）企业具备偿债能力，某个合伙人资本账户余额为借方。

【例 8-22】 甲、乙、丙三人成立的合伙企业 20×3 年 12 月 31 日的资产负债表如表 8-12 所示。

表 8-12　甲、乙、丙合伙企业资产负债表

20×3 年 12 月 31 日　　　　　　　　　　　　　　　　　　　单位：元

资产	金额	负债与业主权益	金额
库存现金	10 000	应付账款	50 000
应收账款	50 000	合伙人投资——甲	30 000
存货	60 000	合伙人投资——乙	10 000
固定资产（净值）	30 000	合伙人投资——丙	60 000
合计	150 000	合计	150 000

甲、乙、丙三人约定的损益分配比例为 20%、20% 和 60%，三人协商确定于 20×4 年 1 月 1 日后尽快解散合伙。

非现金资产变现结果如下：应收账款收回现金 20 000 元，存货出售收回现金 30 000 元，固定资产出售收回现金 10 000 元，共计现金余额 70 000 元。首先偿还债务 50 000 元，余下在合伙人之间分配。其会计处理为：

①收回应收账款时，应做会计分录为：
借：库存现金　　　　　　　　　　　　　　　　　　　　　　20 000
　　清算损益　　　　　　　　　　　　　　　　　　　　　　30 000
　　贷：应收账款　　　　　　　　　　　　　　　　　　　　50 000
②出售存货并收回现金时，应做会计分录为：
借：库存现金　　　　　　　　　　　　　　　　　　　　　　30 000
　　清算损益　　　　　　　　　　　　　　　　　　　　　　30 000
　　贷：存货　　　　　　　　　　　　　　　　　　　　　　60 000
③出售固定资产收回现金时，应做会计分录为：
借：库存现金　　　　　　　　　　　　　　　　　　　　　　10 000
　　清算损益　　　　　　　　　　　　　　　　　　　　　　20 000
　　贷：固定资产　　　　　　　　　　　　　　　　　　　　30 000
④记录清偿债务时，应做会计分录为：

借：应付账款   50 000
    贷：库存现金   50 000

⑤将清算损益按照合伙协议规定的损益分配比例分配给各合伙人权益账户。清算损益合计 80 000 元，甲、乙、丙三人分别分得 16 000（80 000×20%）元、16 000（80 000×20%）元和 48 000（80 000×60%）元。据此应做会计分录为：

借：合伙人投资——甲   16 000
    合伙人投资——乙   16 000
    合伙人投资——丙   48 000
    贷：清算损益   85 000

经上述分配后，合伙人乙的伙权余额此时为借方余额 6 000 元，甲和丙的伙权余额合计为 26 000 元，而此时可供分配的现金只有 20 000 元，相差 6 000 元。

⑥在合伙人之间分配剩余资产。如果合伙人乙有偿债能力，应补交 6 000 元现金，据此应做会计分录为：

借：库存现金   6 000
    贷：合伙人投资——乙   6 000

这时，合伙人乙的权益账户余额为 0，现金余额与合伙人伙权余额相等，结束清算工作。应做会计分录为：

借：合伙人投资——甲   14 000
    合伙人投资——丙   12 000
    贷：库存现金   26 000

如果合伙人乙没有偿债能力，不能够补交 6 000 元，这个损失由甲和丙按照损益分配比例分摊，即甲分摊 1 500（6 000×2/8）元，丙分摊 4 500（6 000×6/8）元。其会计分录如下。

借：合伙人投资——甲   1 500
    合伙人投资——丙   4 500
    贷：合伙人投资——乙   6 000

这时现金余额与合伙人伙权余额相等，结束清算工作。应做会计分录为：

借：合伙人投资——甲   12 500
    合伙人投资——丙   7 500
    贷：库存现金   20 000

当合伙人投资账户为借方余额，但同时该合伙人对合伙企业有一笔贷款，该贷款应首先抵销合伙人投资账户的借方余额，直到该合伙人投资账户余额为零。

【例 8-23】 甲、乙、丙三人合伙的企业清算，在资产变卖变现并清偿外部债务之后，各合伙人投资账户及合伙人的贷款如表 8-13 所示。

表 8-13   清算外部债务后的资产负债表

20×3 年 12 月 31 日   单位：元

资产	金额	负债及权益	金额
库存现金	30 000	应付合伙人贷款——乙	8 000

续表

资产	金额	负债及权益	金额
		合伙人投资——甲	9 000
		合伙人投资——乙	− 5 000
		合伙人投资——丙	18 000
合计	30 000	合计	30 000

这时，如果按照债务优先清偿的原则，应先清偿乙给合伙企业的贷款。但是由于乙的投资账户为负数（借方余额），因此，应先用其贷款抵销投资账户的借方余额，抵销之后，再清偿乙的贷款。如果乙有偿债能力，这样处理不会产生问题。这样处理之后，剩余的现金与剩下的负债与权益相等，先清偿乙的贷款 3 000 元，然后支付甲和丙的投资，清偿结束。如果乙没有清偿能力，问题就要复杂了。按照法律规定，个人的债权人对个人的资产有优先求偿权。如果乙向企业的贷款是向丁借来的，而且乙没有其他资产可供清偿欠丁的债务，此时丁对合伙企业欠乙的贷款具有优先求偿权。如果按照抵销的原则，乙只能收回贷款 3 000 元，无力清偿欠丁的借款，甲和丙则能够完全收回投资。如果先清偿乙的贷款，甲和丙就会少收回投资共 5 000 元。因此，当合伙人的投资为借方余额，同时又是合伙企业的债权人时，是否采用抵销原则，应征得合伙人的同意。

（3）企业无清偿能力。如果合伙企业在清偿过程中，合伙企业资不抵债，合伙企业不可能全部清偿外部债务。但合伙企业的债权人并不考虑合伙企业合伙人投资是贷方余额还是借方余额，他会向具有偿债能力的普通合伙人求偿其全部债务。

【例 8-24】　如果甲、乙、丙三人的合伙企业在变现全部资产，并用全部现金支付外部债务之后，有余额的账户如下：

应付账款　　　　　　　　　　　　　　　　　　　　　　　　60 000

合伙人投资——甲　　　　　　　　　　　　　　　　　　− 10 000

合伙人投资——乙　　　　　　　　　　　　　　　　　　− 20 000

合伙人投资——丙　　　　　　　　　　　　　　　　　　− 30 000

如果合伙人都有偿债能力，每个合伙人按照当初的合伙协议，以其负的资本余额支付相应的现金，用以清偿合伙企业的债务。此时合伙企业的债权人可一次获得全额清偿。

但是，如果合伙人中的甲和丙都具有偿债能力，而乙没有偿债能力。在这种情况下，甲和丙按比例承担乙所应当承担的义务，即甲需要支付现金 15 000（10 000 + 20 000 × 1/4）元，丙需要支付现金 45 000（30 000 + 20 000 × 3/4）元，清偿全部债务。同样如果乙是有限合伙人，甲和丙也要承担 20 000 元的偿债义务。

（二）分期安全清偿法

合伙企业的清算，一般来说时间比较长，当合伙企业的所有债务清偿之后，而所有的非现金资产未全部变现之前，已经有一些现金可供分配给各合伙人。如果全部合伙人决定在非现金资产全部出售之前分配现金，则需要确定向合伙人分配多少现金。分期安全清偿法（也称谨慎退款法）的目的就在于确保分配时所分配的金额不至于超额。也就是说，分配出去的资金合伙人不需随后再退还给合伙企业。

计算对合伙人分期安全清算额是基于以下假设。

（1）先假定合伙人个人无清偿能力，所有非现金资产变卖前均可能为损失，即全部视为损失分配给各合伙人。

（2）保留足够现金用于偿付外部负债和清算费用，并将假设支付的清算费用分配给各合伙人。

（3）合伙人借给合伙企业贷款增加其合伙投资额，合伙人从合伙企业的借款减少其合伙投资额。

在上述假设的基础上，会计业务处理过程如下。

（1）按照上述假设，计算清算损益，并据此调整"合伙人投资"账户。

（2）将各合伙人投资账户余额调整后，若某一合伙人投资出现借方余额时，应将其分配给其他合伙人承担。

（3）按损益分配比例确定出应立即付现的合伙人及金额，编制安全清偿表予以清偿。

（4）待非现金资产变卖后有现金剩余，仍然保留足够的用于偿付外部负债和清算费用，再按上述方法编制安全清偿表进行清偿，直至最后支付完清算费用仍有现金剩余，再按比例在各合伙人之间分配，结束清算。

当上述预分现金方案因某一合伙人存在有向合伙企业贷款而遭到反对时，则不能进行清偿，应等到非现金资产变现后再分配清算。

1. 安全清偿表的运用

【例 8-25】 甲、乙、丙三人组成的合伙企业正在清算，清算时的资产负债表如表8-14 所示。

表 8-14 甲、乙、丙合伙企业资产负债表

20×3 年 6 月 30 日　　　　　　　　　　　　　　单位：元

资产	金额	负债与合伙人权益	金额
库存现金	30 000	应付合伙人贷款——甲	10 000
固定资产	40 000	合伙人投资——甲	40 000
土地使用权	40 000	合伙人投资——乙	40 000
		合伙人投资——丙	20 000
合计	110 000	合计	110 000

由于对合伙人以外的所有债务均已清偿，而合伙人预计上述资产的变现需要一定的时间才能够实现，经合伙人协商，同意保留 10 000 元作为处理剩余非现金资产的费用外，剩余现金立即分配。假设甲、乙、丙三人合伙损益分配的比例为 50%、25% 和 25%。根据上述资料可以编制一张安全清偿表以确定可安全分配给合伙人的现金数额如表8-15 所示。

表 8-15 甲、乙、丙合伙企业安全清偿表

20×3 年 6 月 30 日　　　　　　　　　　　　　　单位：元

项　　目	可能损失	甲权益	乙权益	丙权益
合伙人权益（投资±贷款余额）		50 000	40 000	20 000

续表

项　目	可能损失	甲权益	乙权益	丙权益
非现金资产可能发生的损失：				
固定资产与土地使用权的账面价值	80 000	− 40 000	− 20 000	− 20 000
		10 000	20 000	0
或有事项可能发生的损失：				
未支付或有事项保留的现金	10 000	− 5 000	− 2 500	− 2 500
		5 000	17 500	− 2 500
因丙可能产生的损失：				
丙的借方余额以 2∶1 分配给甲和乙		− 1 666.67	− 833.33	2 500
净权益		3 333.33	16 666.67	0

　　由表 8-15 可知，在上述假设情况下，可供分配的现金只有 20 000 元，并将丙的借方权益额分配给对合伙企业尚具有权益的甲、乙合伙人，分配之后，甲和乙的权益额如表 8-15 最后一行所示，正好等于可分配现金额。安全清偿表中的合伙人权益如果再出现借方差额，应接着往下分配。即如果甲的权益账户出现借方余额，应由乙承担，如果是乙的权益账户出现借方余额，则全部由甲承担。因为此时丙的权益账户为零。一直分配到合伙人权益的贷方余额等于预分配的现金为止。

　　需要注意的是，安全清偿表仅在确定分配金额时采用。也就是说，安全清偿表并不影响合伙企业的账户余额以及合伙清算表。当现金实际支付给甲和乙时，仍按正常方式记录，会计分录如下：

借：合伙人投资——甲　　　　　　　　　　　　　　　　　3 333.33
　　合伙人投资——乙　　　　　　　　　　　　　　　　　16 666.67
　　贷：库存现金　　　　　　　　　　　　　　　　　　　　20 000

　　分期安全清偿应征得所有合伙人的同意。在上例中，甲认为他借给合伙企业的10 000 元贷款有优先清偿权，不同意先将现金与乙分配，因此只能等到所有非现金资产全部变现以后才能进行分配。

　　如果有合伙人向合伙企业的借款，该项借款征得该合伙人同意之后，可以直接冲减其投资账户余额。因为安全清偿的计算是基于合伙人权益，而不是合伙人投资账户余额，因此，该借款是否结转对清偿并无影响。

　　如果在开始清算时企业的合伙人既没有向合伙企业借款，也没有向合伙企业贷款，而且合伙企业的损益按照合伙人投资账户余额进行比例分配时，不需要编制安全清偿表。在这种情况下，所有的分配均按照账户余额比例进行，而且是始终不变的。

　　参照安全清偿表确定分期清偿的合伙人时，应按照安全清偿表中合伙人权益最后为贷方者作为偿还者。如果所有合伙人的权益均为贷方，则按照权益比例进行分配，而不是投资者账户余额比例或协议规定的损益分配比例进行分配。如果首次分配时，所有合伙人都参加分配，以后的分配则按照合伙协议规定的损益分配比例进行，不再编制安全清偿表。

2. 分期安全清偿法运用举例

【例 8-26】　甲、乙、丙三人的合伙企业于 20×3 年 5 月 1 日进入清算，4 月 30 日的资产负债表如表 8-16 所示。

表 8-16   甲、乙、丙合伙企业资产负债表

20×3 年 4 月 30 日   单位：元

资产	金额	负债与权益	金额
库存现金	10 000	应付账款	28 000
应收账款	30 000	合伙人投资——甲	34 000
存货	60 000	合伙人投资——乙	30 000
固定资产（净值）	10 000	合伙人投资——丙	18 000
合计	110 000	合计	110 000

三位合伙人同意采用分期安全清偿法进行清算。甲、乙、丙三人原协议规定的损益分配比例为 30%、50%、20%。为了简化，假如不留非现金资产清偿费，非现金资产处置的费用直接从收回的现金中列支。非现金资产的处置情况如表 8-17 所示。

表 8-17   甲、乙、丙合伙企业资产处置情况一览表   单位：元

时间	处置的资产项目	收回的现金净额	账面值	清算损失
5.15	应收账款	20 000	30 000	10 000
5.20	存货	15 000	25 000	10 000
6.10	存货	10 000	30 000	20 000
6.25	固定资产	2 000	10 000	8 000
6.30	存货	0	5 000	5 000

甲、乙、丙合伙企业的清算表如表 8-18 所示。为了全面反映整个清算过程，将多个日期的清算表在此合并表述（如表 8-19、表 8-20、表 8-21 所示）。

表 8-18   甲、乙、丙合伙企业清算表   单位：元

项目	现金	非现金资产（账面值）	负债	甲（30%）	乙（50%）	丙（20%）
				合伙人权益（损益分配比例）		
清算前的余额	10 000	100 000	28 000	34 000	30 000	18 000
5.15 收回应收账款	20 000	− 30 000		− 3 000	− 5 000	− 2 000
	30 000	70 000	28 000	31 000	25 000	16 000
5.16 支付外部债务	− 28 000		− 28 000			
	2 000	70 000	0	31 000	25 000	16 000
剩余现金分配给合伙人						
见安全清偿表 1（表 8-19）	− 2 000			− 2 000		
第一次清偿后余额	0	70 000	0	29 000	25 000	16 000
5.20 出售部分存货	15 000	− 25 000	0	− 3 000	− 5 000	− 2 000
	15 000	45 000	0	26 000	20 000	14 000
向合伙人分配现金						
见安全清偿表 2（表 8-20）	− 15 000			− 11 000		− 4 000
第二次清偿后余额	0	45 000	0	15 000	20 000	10 000
6.10 再次出售部分存货	10 000	− 30 000	0	− 6 000	− 10 000	− 4 000
	10 000	15 000	0	9 000	10 000	6 000
向合伙人分配现金						
见安全清偿表 3（表 8-21）	− 10 000			− 4 500	− 2 500	− 3 000

项目	现金	非现金资产 （账面值）	负债	合伙人权益（损益分配比例）		
				甲（30%）	乙（50%）	丙（20%）
第三次清偿后余额	0	15 000	0	4 500	7 500	3 000
6.25 出售固定资产	2 000	−10 000	0	−2 400	−4 000	−1 600
	2 000	5 000	0	2 100	3 500	1 400
向合伙人分配现金	−2 000			−600	−1 000	−400
第四次清偿后余额	0	5 000	0	1 500	2 500	1 000
6.30 将剩余存货报废		−5 000	0	−1 500	−2 500	−1 000
	0	0	0	0	0	0

表 8-19 安全清偿表 1 单位：元

项目	甲权益	乙权益	丙权益
投资和贷款余额	31 000	25 000	16 000
5.15 分摊可能损失 70 000 元	−21 000	−35 000	−14 000
	10 000	−10 000	2 000
分摊乙权益的借方余额	−6 000	10 000	−4 000
	4 000	0	−2 000
分摊丙权益的借方余额	−2 000	0	2 000
以现金清偿的权益账户金额	2 000	0	0

表 8-20 安全清偿表 2 单位：元

项目	甲权益	乙权益	丙权益
投资和贷款余额	26 000	20 000	14 000
5.20 分摊可能损失 45 000 元	−13 500	−22 500	−9 000
	12 500	−2 500	5 000
分摊乙权益的借方余额	−1 500	2 500	−1 000
以现金清偿的权益账户金额	11 000	0	4 000

表 8-21 安全清偿表 3 单位：元

项目	甲权益	乙权益	丙权益
投资和贷款余额	9 000	10 000	6 000
6.10 分摊可能损失 15 000 元	−4 500	−7 500	−3 000
以现金清偿的权益账户金额	4 500	2 500	3 000

在上述清算过程中，合伙企业出售资产获得现金首先用于清偿合伙人以外的债务，只有在外部债务清偿完以后，合伙人之间才能进行清偿内部权益。如表 8-18 所示，在收到应收账款回收的现金后，首先清偿外部债务 28 000 元，剩余的 2 000 元现金才能按照安全清偿法计算，应该支付给哪个合伙人。根据表 8-19 的计算，应支付给甲。第二次进行安全清偿时，根据表 8-20 的计算，分别支付给甲和丙 11 000 元和 4 000 元。第三次进行安全清偿时，根据表 8-21 的计算，甲、乙、丙三人均获得权益清偿，分别获

得现金 4 500 元、2 500 元和 3 000 元。由于第三次三位合伙人已经都获得了清偿的分配，从第四次起，以后的现金清偿将按照合伙协议规定的损益分配比例进行分配，也不再编制安全清偿表。

清算过程中的有关会计处理如下。

（1）5 月 15 日，收回应收账款 20 000 元，剩下 10 000 元作清算损失，并分配给各合伙人。应做会计分录为：

借：库存现金	20 000	
清算损益	10 000	
贷：应收账款		30 000
借：合伙人投资——甲	3 000	
合伙人投资——乙	5 000	
合伙人投资——丙	2 000	
贷：清算损益		10 000

（2）以现金清偿外部债务时，应做会计分录为：

借：应付账款	28 000	
贷：库存现金		28 000

（3）根据安全清偿表 1，向合伙人甲支付清偿款。应做会计分录为：

借：合伙人投资——甲	2 000	
贷：库存现金		2 000

（4）5 月 20 日出售部分存货，收回现金，并将其分配给合伙人。应做会计分录为：

借：库存现金	15 000	
清算损益	10 000	
贷：存货		25 000
借：合伙人投资——甲	3 000	
合伙人投资——乙	5 000	
合伙人投资——丙	2 000	
贷：清算损益		10 000
借：合伙人投资——甲	11 000	
合伙人投资——丙	4 000	
贷：库存现金		15 000

（5）6 月 10 日再次出售部分存货，收回现金，并将其分配给各合伙人。应做会计分录为：

借：库存现金	10 000	
清算损益	20 000	
贷：存货		30 000
借：合伙人投资——甲	6 000	
合伙人投资——乙	10 000	
合伙人投资——丙	4 000	
贷：清算损益		20 000

借：合伙人投资——甲　　　　　　　　　　　　　　　　　　　　　4 500

　　合伙人投资——乙　　　　　　　　　　　　　　　　　　　　　2 500

　　合伙人投资——丙　　　　　　　　　　　　　　　　　　　　　3 000

　　　贷：库存现金　　　　　　　　　　　　　　　　　　　　　　　　　10 000

（6）6月25日出售固定资产，收回现金，并按照合伙人协议规定损益分配比例分给各合伙人。应做会计分录为：

借：库存现金　　　　　　　　　　　　　　　　　　　　　　　　2 000

　　清算损益　　　　　　　　　　　　　　　　　　　　　　　　8 000

　　　贷：固定资产　　　　　　　　　　　　　　　　　　　　　　　　　10 000

借：合伙人投资——甲　　　　　　　　　　　　　　　　　　　　2 400

　　合伙人投资——乙　　　　　　　　　　　　　　　　　　　　4 000

　　合伙人投资——丙　　　　　　　　　　　　　　　　　　　　1 600

　　　贷：清算损益　　　　　　　　　　　　　　　　　　　　　　　　　8 000

借：合伙人投资——甲　　　　　　　　　　　　　　　　　　　　　600

　　合伙人投资——乙　　　　　　　　　　　　　　　　　　　　1 000

　　合伙人投资——丙　　　　　　　　　　　　　　　　　　　　　400

　　　贷：库存现金　　　　　　　　　　　　　　　　　　　　　　　　　2 000

（7）6月30日将剩余的5 000元存货作报废处理，并冲销合伙人投资账户的余额。应做会计分录为：

借：清算损益　　　　　　　　　　　　　　　　　　　　　　　　5 000

　　　贷：存货　　　　　　　　　　　　　　　　　　　　　　　　　　　5 000

借：合伙人投资——甲　　　　　　　　　　　　　　　　　　　　1 500

　　合伙人投资——乙　　　　　　　　　　　　　　　　　　　　2 500

　　合伙人投资——丙　　　　　　　　　　　　　　　　　　　　1 000

　　　贷：清算损益　　　　　　　　　　　　　　　　　　　　　　　　　5 000

至此，合伙企业清算完毕。

（三）现金预分计划法

现金预分计划法，是指采用专门的方法预先测算编制出现金分配计划表，据此能够预知确定对合伙人清偿的先后顺序及其金额的一种清偿方法。分期安全清偿法解决的是在清算过程中变卖剩余财产收回现金时应该分配给谁以及分多少，是一种事后对剩余现金进行分配的方法。而现金预分计划法解决的是事先能够预知向合伙人分配收回现金时的清偿顺序及其金额的分配方法。具体操作方法如下。

（1）将合伙企业的损益分配比例视同为对合伙企业分配剩余财产的权数，先将其比例折合为100单位计算。

（2）分别按其分配权数和各合伙人清算时的全部净伙权额（含合伙人往来和应付合伙人贷款）计算出各自的单位分配权数伙权额，如果各自所得出的单位分配权数伙权额不相等，则说明按损益分配比例分配剩余财产是不公平的，需要进行公平匹配。

（3）将单位分配权数伙权额进行匹配，使之能够按照统一的单位分配权数伙权额进行公平分配，匹配方法是将单位分配权数伙权额从高到低进行排序，最低单位分配权数伙权额是各合伙人都能具备的，以此为标准进行分配是公平的，而高于部分则说明对剩余财产有优先索偿权，应当先行得到偿还，因此，应依次从高到低进行比较，将高于他人的部分作为假设先行分配数额，直至全部达到最低单位分配权数伙权额，从而形成合伙人之间的剩余财产（变卖剩余财产收回的现金）分配顺序。

（4）按照上述计算结果和清算过程中的分配顺序，编制现金分配计划表，并据此对清算中收回的现金进行分配。

【例 8-27】 承例【8-26】，清算开始时，甲、乙、丙三人合伙企业的资产负债表如表 8-16 所示。

根据资料采用上述方法分析计算如下。

（1）按照损益分配比例将其分配权数分别确定为：甲 30、乙 50、丙 20。

（2）分别计算单位分配权数伙权额为：甲 34 000/30 = 1133.33、乙 30 000/50 = 600、丙 18 000/20 = 900；这样的结果显然无法按损益分配比例公平分配，也就是说甲、乙、丙三人比较时，达到公平分配的应该是乙的最低的单位分配权数伙权额 600。

（3）依据最低的单位分配权数伙权额 600 对甲、丙合伙人进行匹配：甲高出了533.33、合计高出 533.33 × 30 ≈ 16 000 元，丙高出了 300、合计高出 300 × 20 = 6 000 元，在清算中应当先偿还甲和丙合计 22 000 后，方可在甲、乙、丙之间公平分配；而将22 000 元在甲和丙之间分配时，甲又比丙单位分配权数伙权额高出 233.33、合计高出233.33 × 30 ≈ 7 000 元，在清算中就应当先偿还甲 7 000 元，剩余 15 000 在甲和丙之间分配权数合计为 50，单位分配权数伙权可分配 300，那么甲得 300 × 30 = 9 000 元，丙得 300 × 20 = 6 000；此时，甲和丙高出乙的部分全部先期得到偿还，再有现金就可以在甲、乙、丙之间按照相同的单位分配权数伙权额和自己持有的分配权数进行分配了。

（4）据此编制现金分配计划表如表 8-22 所示。

表 8-22 甲、乙、丙合伙企业现金分配计划 单位：元

序号	预计现金额	单位分配权数伙权额	优先债权	甲	乙	丙
1	28 000	—	28 000	—	—	—
2	7 000	—	—	7 000	—	—
3	15 000	15 000/50=300	—	300 × 30=9 000	—	300 × 20=6 000
4	剩余 X	X/100	—	30%X	50%X	20%X
合计	50 000 + X	—	28 000	16 000 + 30%X	50%X	6 000 + 20%X

合伙人可以根据表 8-22 现金计划分配表和合伙企业预计的可收回现金，预测自己可以收回的数额。依据表 8-17 中各期处置资产收回现金情况，编制现金分配表如表 8-23 所示。

表 8-23 甲、乙、丙合伙企业现金分配 单位：元

时间	持有现金情况	分配说明	现金分配情况				合计
			外部债务	甲 30%	乙 50%	丙 20%	
5.15	30 000	首先支付外部债务	28 000				28 000

续表

时间	持有现金情况	分配说明	现金分配情况				合计
			外部债务	甲 30%	乙 50%	丙 20%	
		其次支付给甲 7 000 元的一部分		2 000			2 000
		小计	28 000	2 000			30 000
5.20	15 000	首先支付给甲 7000 元的剩余部分		5 000			5 000
		剩余 10 000 元在甲和丙之间分配		6 000		4 000	10 000
		小计		11 000		4 000	15 000
6.10	10 000	首先支付甲和乙剩余部分 5 000 元		3 000	2 000		5 000
		剩余 5 000 元在三人之间按损益分配比例分配		1 500	2 500	1 000	5 000
		小计		4 500	2 500	3 000	10 000
6.25	2 000	三人之间按损益分配比例分配		600	1 000	400	2 000
合计	57 000		28 000	18 100	3 500	7 400	57 000

分配结果和有关会计处理与分期安全清偿法一致，在此略。

练 习 题

练习题 1

一、目的：练习合伙企业入伙的会计处理方法。

二、资料：甲、乙两人合伙成立一企业，双方出资情况如表 8-24 所示（公允价值）。

表 8-24　　甲乙双方出资情况　　　　　　单位：元

项目	甲	乙
现金	10 000	10 000
存货	10 000	
房屋		20 000
设备		20 000
土地使用权	20 000	
合计	40 000	50 000

三、要求：

1. 假设双方按实际出资额获得伙权，请编制会计分录。

2. 假设双方约定伙权额均等，请分别按红利法和商誉法编制会计分录。

练习题 2

一、目的：练习合伙企业损益分配的核算。

二、资料：假设丙、丁的合伙企业当年盈利 20 000 元，当期的资本期初余额丙为 60 000 元，丁为 40 000 元。丙于当年 4 月 1 日增加投资 30 000 元，7 月 1 日提款 10 000 元。丁于当年 10 月 1 日提款 10 000 元。

三、要求：

1. 按照期初出资比例分配当期收益，并做会计分录。

2. 按照期末出资比例分配当期收益，并做会计分录。

3. 按照丙与丁 7∶3 的收益分配比例分配收益，并做会计分录。

4. 按照加权平均资本余额分配当期收益，并做会计分录。

5. 假设按照丙和丁平均资本余额的 8% 先分配收益，剩余部分平均分配，请计算收益的分配结果（要求列示计算过程），并做会计分录。

6. 假设丙和丁先领取工资各 12 000 元，剩余收益按照期初出资比例分配，请计算分配结果，并做会计分录。

练习题 3

一、目的：练习向原合伙人购买伙权入伙的会计处理。

二、资料：20×3 年，甲、乙两人成立一合伙企业，分别出资 60 000 元和 40 000 元，并按出资比例分享合伙企业收益。现丙要求入伙，经甲和乙协商，同意丙出资 36 000 元，受让原伙权总额的 30%，即 30 000 元。

三、要求：

1. 如果只转让甲的 50% 的伙权，请做会计分录。

2. 如果转让的 30 000 元伙权由甲和乙按原来的出资比例分别出让，请按红利法和商誉法分别计算甲、乙、丙三人的资本额，并做相应的会计分录。

练习题 4

一、目的：练习直接向合伙企业投资入伙的会计处理方法

二、资料：20×3 年，甲、乙两人成立一合伙企业，分别出资 40 000 元和 30 000 元，收益分配比例为 6∶4，现丙要求入伙。

三、要求：

1. 假设丙出资 35 000 元，获得合伙权的 1/3。

2. 假设丙出资 80 000 元，获得合伙权的 1/2，请按商誉法做会计处理。

3. 假设丙出资 20 000 元，获得合伙权的 1/3，请按红利法做会计处理。

练习题 5

一、目的：练习退伙的会计处理方法。

二、资料：20×3 年，甲、乙、丙三人出资组成合伙企业，资本余额分别是 35 000 元、15 000 元和 25 000 元。现在乙要求退伙，经协商，同意以企业现金支付乙退伙。

三、要求：

1. 如果支付给乙的全部退伙款项为 20 000 元，请分别按红利法和商誉法做会计处理。

2. 如果支付给乙的全部退伙款项为 10 000 元，请做会计处理。

练习题 6

一、目的：练习简单一次清偿法下进行合伙企业解散清算的会计处理方法。

二、资料：经甲和乙协商，准备解散两人联办的合伙企业，清算前的财务状况如表 8-25 所示。

表 8-25　甲乙双方清算前的资产负债表　　　　单位：元

资产	金额	负债与权益	金额
现金	5 000	应付账款	25 000
应收账款	15 000	合伙人投资——甲	12 500
存货	15 000	合伙人投资——乙	17 500
固定资产	20 000		
合计	55 000	合计	55 000

甲和乙原合伙协议规定的收益分配比例为 4∶6。资产出售后收回的现金为：应收账款收回 11 000 元，存货收回 12 500 元，固定资产收回 15 000 元。

三、要求：根据上述资料，采用一次清偿法，做清算的会计处理。

20×3 年，郭某、刘某和王某三人共同投资，合伙经营一家宾馆。合伙人郭某投入现金 50 万元，合伙人刘某以固定资产投资，作价 30 万元，合伙人王某以劳务做投资，经三人协商，作价 20 万元。对于合伙企业的损益分配比例，三人意见无法统一。合伙人郭某、刘某提出按照郭某为 53%，刘某为 32%，王某为 15% 的比例分配。合伙人王某不同意，认为应当按照资本比例即 50%、30% 和 20% 的比例进行分配。

资料来源：作者根据梁莱歆主编的《高级财务会计》（清华大学出版社，2016 年 12 月版）案例改编

请结合案例查阅相关资料，分析思考以下问题。

1. 对于以上两种意见，你同意哪一种？或都不同意？为什么？

2. 除了本教材所述分配方法之外，合伙企业的损益分配还可能选择什么方法？

即测即评

自学自测　　扫描此码

第九章

分部报告、中期财务报告及每股收益

【本章学习提示】

- 本章重点：分部报告及中期财务报告的编制、每股收益计算。
- 本章难点：经营分部的确定、报告分部的确定、稀释每股收益的计算。

A公司涉重大诉讼

　　2023年4月6日，在香港交易所挂牌的腾讯控股有限公司（以下简称"腾讯控股"，股票代码：00700HK）发布了其2022年年度报告。报告显示腾讯控股2022年年度收入为人民币5 545.52亿元。腾讯控股在报表附注中披露：2022年度有以下可报告部分："增值服务；网络广告；金融科技及企业服务及其他。'其他'业务分部包括投资、为第三方制作与发行电影及电视节目、内容授权、商品销售及若干其他活动。"2022年度上述报告分部的分部收入分别为人民币2 875.65亿元、8.2729亿元、1 770.6亿元和71.94亿元。同时披露的还有上述报告分部的成本及毛利。此外，腾讯控股在报告中还披露了按地理位置划分的中国内地和其他两个不同经营地区的收入、资产、负债等会计信息。作为多元化经营的大型企业集团，腾讯控股年报中披露的这些报告分部，其确定的依据是什么？分部和子公司、分公司有区别吗？确定这些分部并披露相关会计信息对会计信息使用者而言有何意义？

　　资料来源：https://www1.hkexnews.hk/listedco/listconews/sehk/2023/0406/2023040601849_c.pdf

第一节　分部报告

一、分部报告的含义及编报目的

　　随着市场经济的发展，企业的生产经营规模日益扩大，在激烈的市场竞争中，企业的经营范围日益突破单一业务界限，而成为从事多种产品生产经营和从事多种经营业务活动的综合经营体。与此同时，随着企业生产规模的扩大，企业合并的浪潮此起彼伏，企业生产经营范围有的已突破国界，延伸和发展到其他国家和地区，从而发展成为大型跨国公司。这些跨行业、跨地区、跨国界的综合性企业经营的出现，会计信息使用者对企业经营风险和报酬信息重视程度的不断提高，由此就引发了如何反映行业、地区分部会计信息的方法问题。以前，传统的财务报表和合并财务报表均着眼于披露作为一个整体企业或企业集团的信息，然而，企业集团合并会计报表的会计信息是综合化的，很少关注企业的分部信息。基于传统的披露方法，一家地方性公司所披露的财务状况和经营成果，与另一家规模巨大的全国性公司或跨国性公司所披露的财务信息一样多，这种情况显然有待改进。由此，分部报告应运而生。

分部报告，是指企业以内部组织结构、管理要求、内部报告制度为依据确定经营分部，并以此为基础按照有关规定编制披露的分部会计信息。

编报分部报告的主要目的，是帮助会计信息使用者评估不同因素对企业的影响，以便更好地理解企业以往的经营业绩，并对其未来的发展趋势做出合理的预测和判断。具体说，主要体现在以下三个方面。

（1）通过分部报告，可以更好地理解企业以往的业绩。企业的生产经营业绩是企业各项经营活动的综合结果，对于那些从事跨行业、跨地区的大型综合性企业而言是由不同行业、不同地区的生产经营活动产生的盈亏综合而成的。从行业角度出发，不同行业、不同类别的产品在企业的整体经营活动中所占比重不同，其营业收入、成本及其所产生的利润也不尽相同，要把握企业的经营业绩，不仅要分析企业的整体情况，而且有必要分析各个行业、各类产品的生产经营情况，才能更全面地理解企业取得的经营业绩。从企业生产经营的地区角度出发，企业整体的生产经营业绩是由各生产经营地区的经营业绩所组成的，要想准确地了解和把握企业的经营业绩，借助分部报告了解各个地区的资产占用情况、销售情况等，进一步分析各地区的经营业绩也是十分必要的。

（2）通过分部报告，可以更好地评估企业的风险和报酬。在市场经济条件下，准确地评估企业的经营风险和报酬，对于企业经营管理者、投资者、债权人以及社会有关方面进行决策具有重要的意义。企业的整体风险由企业的生产经营部分、各生产经营地区的风险和报酬所构成。企业生产的各类产品所具有风险和报酬程度和性质是不相同的，在不同地区的生产经营也有着不同性质、不同程度的风险和报酬。要具体了解企业的风险和报酬情况，则必须借助分部报告按不同业务部门或不同地区提供的收入、费用、经营成果以及资产占用等较为详细的分部信息。通过对分部报告提供信息的分析，可以了解企业各类产品或业务所处的发展阶段、风险大小及报酬高低等。

（3）通过分部报告，可以使企业的经营管理者、投资者、债权人及社会有关方面等信息使用者从整体上对企业做出更有根据的判断。通常，大型企业集团可以通过编制合并财务报表，从整体上反映其财务状况和经营成果，在一定程度上满足了信息用户的需要。但合并财务报表在揭示企业集团整体状况的同时，也掩盖了企业集团由于跨行业、跨地区、跨国界经营而使其内部各部分面临不同的机会和风险、不同的盈利水平和增长趋势，降低了以企业集团整体为基础的财务信息的有用性，使信息使用者难以做出全面、准确的判断。而分部报告所提供的会计信息，可以为信息使用者提供有关企业集团内部不同行业、不同地区发展状况的更为有效、更为具体的会计信息，以便于其从整体上对企业做出更有依据的、更为准确的判断，为其决策提供依据。在某种程度上，分部报告可能具有比合并报表更精确的反映功能和评价作用。

二、分部报告产生的历史背景

美国是较早制定有关分部信息披露相关制度的国家。早在 1939 年，美国就已经鼓励企业对国外经营分部作单独的披露。1964 年美国参议院附属委员会在一系列特别针对各种多元化经营公司和联合集团而举行的行业反垄断听证会中建议美国证券交易委员会（SEC）"要求公司披露每一所在经营分部的营业收入和利润"。SEC 于 1969 年对在美国证交所登记的公司提出披露行业信息的要求。1976 年财务会计准则委员会（FASB）发布了第 14 号准则公告《企业分部财务报告》（以下简称 SFAS14），要求企业披露行业分部信息和地区分部信息。以后 FASB 又陆续发布了第 18 号准则公告《企业分部财务报告：中期财务报告——对 SFAS14 的修正案》，1977 年）、第 21 号准则公告《在暂停非公开发行企业的每股收益和分部信息报告》（SFAS21，1978 年）和第 24 号准则公告《在其他企业财务报告中列示的财务报表分部信息的报告》（SFAS24，1978 年）等一系列与分部财务报告有关的准则公告：SFAS18 要求将编制合并财务报表所采用的会计原则和方法用于分部财务报告；SFAS21 要求公众持股的上市公司按行业、国外经营、主要客户和出口销售披露分部信息；SFAS24 规定企业免于编报分部信息的几种情形。这些准则的制定和实施，为美国分部财务报告的信息披露提供了指南。1991 年 4 月美国注册会计师协会（AICPA）理事会成立了财务报告特别委员会，经过 3 年的研究，该委员会完成了综合报告《论改进企业报告》，有不少篇幅涉及分部财务报告的信息披露，该综合报告在一定程度上影响了美国有关分部财务报告准则的发展和走向。为此，FASB 在 1997 年发布了第 131 号准则公告《企业分部披露和相关信息》（SFAS131），取代了原来的 SFASB14。这些准则公告为企业分部信息的披露提供了规范性指南。

美国以外的其他国家也相继建立了各自的分部报告披露制度，如英国的伦敦股票交易所自 1965 年起就一直要求登记公司披露国际分部信息。1981 年起，英国公司法规定披露分部信息。1990 年，英国会计准则理事会（ASC）发布了《标准会计实务公告》（*Statements of Standard Accounting Practice*，SSAP）第 25 号《分部报告》。日本企业会计审议会（BAC）于 1987 年发布了《分部信息披露准则》，日本公认会计士协会（JICPA）于 1996 年发布了《关于分部信息分开的会计方法》。澳大利亚会计研究基金会（AARF）也发布了澳大利亚会计准则（AAS）第 16 号《分部财务会计报告》等。

扩展阅读 9-1：分部报告准则国内外比较

国际会计准则委员会（以下简称 IASC）于 1981 年发布了《国际会计准则第 14 号——分部报告》（IAS14），并于 1997 年对该准则进行了修订。2001 年 IASC 改组为国际会计准则理事会（IASB）后，于 2006 年 11 月发布了《国际财务报告准则第 8 号——经营分部》（IFRS8），取代了 IAS14。

我国于 2006 年 2 月 15 日颁布的企业会计准则体系中，包括了《企业会计准则第 35 号——分部报告》（CAS35）。该准则着重解决了分部报告的编制方法和分部信息的披露内容，尤其是规范了企业需要披露的分部信息。由于 IASB 于 2006 年 11 月正式发布了 IFRS8 取代了原 IAS14，为了体现企业会计准则与国际准则的持续趋同，财政部于 2009 年 6 月印发的《企业会计准则解释第 3 号》文中，对 CAS35 中分部的确认、分部信息的披露等相关内容进行了相应的调整，采用"管理法"只确定"经营分部"，原有关确定地区分部和业务分部以及按照主要报告形式、次要报告形式披露分部信息的规定不再执行。企业应当按调整后的内容改进报告分部信息，使之更符合企业披露分部信息的实际情况，并能够对报告使用者提供更为有用的信息。

三、分部的确定

在披露分部报告时应首先确定报告主体的分部。所谓分部，是指企业内部可区分的，专门用于向外部提供信息的一部分。分部的划分和确定是分部信息披露的基础，而影响分部划分的中心问题是风险和报酬。将分部之间风险和报酬区分开来的标准多种多样，主要包括行业、地区、客户，外销销货、组织结构、独立核算单位、生产线、产品或劳务等。目前，国际上确定分部的做法主要有两种：一种是"类似法"，即按照报告主体内部各组成部分相似的风险和报酬，以产品或劳务以及地区（包括生产地和销售地）划分分部，称作"业务分部"和"地区分部"，原 IAS14 与调整前的"分部报告准则"基本采用这种方法；另一种是"管理法"，即以企业内部管理当局进行经营决策、分配资源和评价业绩而组织的分部为基础，并以产品或劳务、地区、法律主体或顾客的种类等多种不同的方式，确定对外报告的分部，称作"经营分部"。由于这种方法使企业对内对外的报告分部相一致，因此也称"重合法"。SFAS131 是最先采用这种做法确定分部的相关会计准则，其后 IFRS8 在参照了 IAS14 的基础上，更多地借鉴了 SFAS131，实现了两者的趋同。2009 年调整后的我国 CAS35 也采用了这种做法确定经营分部。

（一）经营分部的确定原则

IFRS8 中将经营分部定义如下。经营分部是主体的组成部分：从事可赚取收入和发生费用（包括与同一主体内的其他组成部分进行交易而发生的相关收入和费用）的经营活动；其经营成果由主体的主要经营决策者定期进行评估，以决定分部资源的分配并评估其绩效；及可获得其个别的财务信息。

依据我国 CAS35 和《企业会计准则解释第 3 号》的相关规定，经营分部，是指企业内部同时满足下列条件的组成部分。

（1）该组成部分能够在日常活动中产生收入、发生费用。

（2）企业管理层能够定期评价该组成部分的经营成果，以决定向其配置资源、评价其业绩。

（3）企业能够取得该组成部分的财务状况、经营成果和现金流量等有关会计信息。

在理解经营分部的概念时，应注意以下两方面。

一是企业确定经营分部的出发点是内部组织结构、管理要求、内部报告制度，因此，经营分部是符合管理层或者经营决策者内部管理需求的企业组成部分。这里所说的企业"管理层"强调的是一种职能，而不必是具有特定头衔的某一具体管理人员。该职能主要是向企业的经营分部配置资源，并评价其业绩。例如，通常情况下，企业管理层可能是企业的董事长、总经理，但是，也可能是由其他人员组成的管理团队。

二是并非所有的主体经营均会成为经营分部（或经营分部的一部分）。例如，公司总部或某些职能部门可能并不赚取收入或相对于主体经营活动而言仅存在偶发性收入，此类经营将不是经营分部。

此外，IFRS8 中还特别指出主体的养老金及退休福利计划不是经营分部。

（二）经营分部的聚合

如前所述，企业应当以内部组织结构、管理要求、内部报告制度为依据确定经营分部。通常来说，不同的经营分部其所具备的经济特征也各不相同。但在实务中，也会出现两个或多个经营分部具有相近的长期财务业绩，且确定这些分部所考虑的因素也具有较强的相似性。这通常表明这些分部具备了具有相似经济特征的经营分部的聚合标准，可以进行分部聚合。

经营分部的聚合是指当企业内部存在相似经济特征的两个或多个经营分部时，在满足分部聚合标准时可将其合并为一个经营分部。我国 CAS35 中规定两个或多个经营分部同时满足下列条件的，可以予以合并。

（1）具有相近的长期财务业绩，包括具有相近的长期平均毛利率、资金回报率、未来现金流量等。

（2）确定经营分部所考虑的因素类似，通常是指几个分部在以下几个方面均相同或相似。

① 各单项产品或劳务的性质，包括产品或劳务的规格、型号、最终用途等。

② 生产过程的性质，包括采用劳动密集或资本密集方式组织生产、使用相同或者相似设备和原材料、采用委托生产或加工方式等。

③ 产品或劳务的客户类型，包括大宗客户、零散客户等。

④ 销售产品或提供劳务的方式，包括批发、零售、自产自销、委托销售、承包等。

⑤ 生产产品或提供劳务受法律、行政法规的影响，包括经营范围或交易定价限制等。

四、报告分部的确定

（一）报告分部的含义及确定目的

报告分部，是指符合经营分部的定义，按规定应予披露的经营分部。划定分部后，还必须按照一定的标准对经营分部进行测试，在符合规定的测试标准后，才能作为报告分部，在其财务会计报告中披露会计信息。符合标准的经营分部，方可作为报告分部披露其相关的会计信息。

之所以要在经营分部的基础上进一步确定报告分部，主要是重要性及相关性原则的考虑。经营分部的划分通常是基于不同的风险和报酬，对于那些生产或提供风险和报酬大不相同的多种产品或劳务的企业，可能会有数量较多的符合定义的经营分部。如果就此要求企业披露分部报告信息，则不符合重要性要求，给报表编制者也带来不必要的披露成本；同时，过于琐碎的分部信息的披露直接影响到信息的相关性。因此，报告分部的确定应当考虑重要性原则，符合重要性标准的经营分部才能确定为报告分部。

（二）报告分部的确定方法（重要性标准的应用）

如前所述，一个经营分部是否作为报告分部，取决于其是否具有重要性。因此，确定报告分部，首先需要确定重要性标准。重要性标准通常分为定量标准和定性标准：定量标准是由分部收入、分部成果、分部资产等因素来定出；定性标准通常是在定量标准评价的基础上，由企业管理层视企业的实际情况确定。现分述如下。

1. 重要性的定量标准

目前国际上通行的确定报告分部的重要性定量标准主要是指 10%重要性标准。我国 CAS35 中规定：除企业的内部管理采用垂直一体化经营方式以外，作为报告分部的经营分部的大部分收入是对外交易收入，且满足下列条件之一的，企业应当将其确定为报告分部。

（1）该经营分部的分部收入占所有分部收入合计的 10%或者以上。分部收入是指可归属于经营分部的对外交易收入和对其他分部交易收入。其中，可归属于经营分部的对外交易收入通常作为营业收入，成为分部收入的主要构成部分。

分部收入的来源渠道主要有两个：一是可以直接归属于经营分部的收入，即直接由经营分部的业务交易而产生；二是可以间接归属经营分部的收入，即将企业交易产生的收入在相关经营分部之间进行分配，按属于某经营分部的收入金额确认为分部收入。

分部收入的具体内容应视实际情况而定，对于上述直接可以归属于特定分部的收入或按合理基础分摊于该分部的收入，自然应将其包括在分部收入中。而对有些项目，则不应包含在分部收入中。我国 CAS35 中规定，分部收入通常不包括下列项目。

①利息收入（包括因预付或借给其他分部款项而确认的利息收入）和股利收入（采用成本法核算的长期股权投资所取得的股利收入），但分部的日常活动是金融性质的除外。

②资产处置净收益，如处置固定资产、无形资产等产生的净收益。

③营业外收入，如捐赠利得等。

④处置投资产生的净收益，但分部的日常活动是金融性质的除外。

⑤采用权益法核算的长期股权投资确认的投资收益，但分部的日常活动是金融性质的除外。

（2）该经营分部的分部利润（亏损）的绝对额，占所有盈利分部利润合计额或者所有亏损分部亏损合计额的绝对额两者中较大者的 10%或者以上。

分部利润（亏损）是指分部收入减去分部费用后的余额，因此，不属于分部收入和分部费用的项目，在计算分部利润（亏损）时不得作为考虑的因素。从这个意义上说，分部利润（亏损）与企业的利润（亏损）总额或净利润（净亏损）包含的内容不同。

分部费用是指可以归属于经营分部的对外交易费用和对其他分部交易费用。主要由可归属于经营分部的对外交易费用构成，通常包括营业成本、营业税金及附加、销售费用等。

与分部收入的确认相似，分部费用来源于两个渠道：一是可以直接归属于经营分部的费用，即，直接由经营分部的业务交易而发生；二是可以间接归属于经营分部的费用，即将企业交易发生的费用在相关分部之间进行分配，按属于某经营分部的费用金额确认为分部费用。

依据我国 CAS35 的规定，下列项目不包括在分部费用中。

①利息费用（包括因预收或向其他分部借款而确认的利息费用），如发行债券等，但分部的日常活动是金融性质的除外。

②资产处置净损失，如处置固定资产、无形资产等产生的净损失。

③营业外支出，如公益性捐赠支出、非常损失、盘亏损失等。

④处置投资发生的净损失，但分部的日常活动是金融性质的除外。

⑤采用权益法核算的长期股权投资确认的投资损失，但分部的日常活动是金融性质的除外。

⑥与企业整体相关的管理费用和其他费用。

（3）该分部的分部资产占所有分部资产合计额的10%或者以上。

分部资产包括经营分部的日常活动中使用的、可直接归属于该经营分部的资产，以及能够以合理的基础分配给该经营分部的共用资产。其中，共用资产分配的前提是与两个或多个经营分部共用资产相关的收入和费用也分配给这些经营分部。对于共用资产的折旧费或摊销费在计量经营成果时被扣减，该资产应包括在分部资产内。

企业在计量分部资产时，应按照分部资产的账面价值进行计量，即按照扣除相关累计折旧或摊销额以及累计减值准备后的金额计量。

通常，分部资产与分部利润（亏损）、分部费用等之间存在如下的对应关系。

①如果分部利润（亏损）包括利息或股利收入，则分部资产中就应当包括相应的应收账款、贷款、投资或其他金融资产。

②如果分部费用包括某项固定资产的折旧费用，则分部资产中就应当包括该项固定资产。

③如果分部费用包括某项无形资产或商誉的摊销额或减值额，则分部资产中就应当包括该项无形资产或商誉。

在依据上述"10%临界线"定量标准确定报告分部的基础上，报告分部的确定一般还需要其他的定量标准。

①报告分部75%的定量标准。在依据上述10%重要性标准确定报告分部的基础上，确定为报告分部的各经营分部的对外交易收入合计额占合并总收入或企业总收入的比重应当达到75%的比例。如果未达到75%的标准，企业必须增加报告分部的数量，将其他未作为报告分部的经营分部纳入报告分部的范围，直到该比重达到75%。此时，其他未作为报告分部的经营分部很可能未满足前述规定的10%重要性标准，但为了使报告分部的对外交易收入合计额占合并总收入或企业总收入的总体比重能够达到75%的比例要求，也应当将其确定为报告分部。

未满足规定条件，但企业认为披露该经营分部信息对财务报告使用者有用的，也可将其确定为报告分部。

②报告分部的数量标准。作为报告分部的数量不宜过多。IFRS8中虽然没有明确提出具体的分部数量的限制，但指出各分部数量超过10个，企业就应考虑是否达到了实际限制的要求，防止分部信息过于琐碎，节约成本。我国CAS35中规定报告分部的数量通常不应超过10个。报告分部的数量超过10个需要合并的，应当以经营分部的合并条件为基础，对相关的报告分部予以合并。

下面举例说明定量重要性标准在报告分部确定过程中的实际运用。

【**例 9-1**】 中航制造的各业务分部及其相关数据如表9-1所示。

表 9-1　中航制造各分部资料　　　　　单位：万元

项目	机械分部	矿产分部	纸张分部	维修分部	食品分部	汇总
收入部分						
对外部单位销售	400 000	98 000	56 000	41 000	38 000	633 000
对其他分部销售	120 000	90 000	11 000	19 000	—	240 000
销售合计	520 000	188000	67 000	60 000	38 000	873 000
营业利润（亏损）	63 000	20 000	（11 000）	2 500	（8 000）	66 500
资产额	870 000	300 000	240 000	70 000	160 000	1 640 000

从销售收入判定：机械分部与矿产分部的销售收入合计大于汇总销售收入的 10%，可列为报告分部，其余分部未达到 10% 的临界线，暂列为非报告分部。

从营业利润（亏损）判定：中航制造所有盈利分部合并营业利润为 85 500 万元，所有亏损分部合并营业亏损为 19 000 万元，前者绝对金额大于后者，因此选择合并营业利润的 10% 即 8 550 万元为判定标准。以各分部营业利润或亏损的绝对值与之比较可知，机械分部、矿产分部各自的营业利润均大于 8 550 万元的 10% 临界线，纸张分部虽为亏损分部，但其营业亏损绝对值也大于 10% 临界线，这三个分部均可列为报告分部。维修分部、食品分部因其营业利润（或亏损）的绝对值小于 10% 临界线，暂列为非报告分部。

从资产额判定：机械分部、矿产分部及纸张分部的资产额都大于各分部总资产的 10%，可列为报告分部，而维修分部及食品分部的资产额未达 10% 临界线，暂列为非报告分部。

由于机械分部、矿产分部及纸张分部满足了三个 10% 临界线标准之一，可暂列为报告分部。但还应根据企业实际情况进行复评。

另外，由于归属于报告分部的外部总收入应占合并总收入或企业总收入的 75% 以上，故应计算如下：

机械分部、矿产分部及纸张分部对外销售总额 / 企业总收入 =（400 000 + 98 000 + 56 000）/ 633 000 × 100% = 87.52%

计算结果大于 75% 的标准，因此，机械分部、矿产分部及纸张分部即可正式定为报告分部，而其他分部则要将资料合并编报。

2. 重要性的定性标准

定性标准没有定量标准容易掌握和运用，更多的是依靠企业管理层对企业实际情况的判断，这样就使报告分部的确定具有更大的灵活性和合理性。我国 CAS35 中关于报告分部确定的定性标准主要有以下两个方面。

（1）关于不满足 10% 重要性标准的分部的处理。我国 CAS35 规定，经营分部未满足 10% 重要性标准的，可以按照下列规定进行处理。

①企业管理层认为披露该经营分部信息对会计信息使用者有用的，可以将其确定为报告分部。在这种情况下，无论该经营分部是否满足 10% 的重要性标准，企业都可以直接将其指定为报告分部。

②将该经营分部与一个或一个以上具有相似经济特征、满足经营分部合并条件的其

他经营分部合并，作为一个报告分部。对经营分部 10% 的重要性测试可能会导致企业存在大量未满足 10% 数量临界线的经营分部，在这种情况下，如果企业没有直接将这些经营分部指定为报告分部，可以将一个或一个以上具有相似经济特征、满足经营分部合并条件的一个以上的经营分部合并成一个报告分部。

③不将该经营分部指定为报告分部，也不将该经营分部与其他未作报告分部的经营分部合并为一个报告分部的，应当在披露分部信息时，将该经营分部的信息与其他组成部分的信息合并，作为其他项目单独披露。

（2）为提供可比信息确定报告分部。企业在确定报告分部时，除应当遵循相应的确定标准以外，还应当考虑不同会计期间分部信息的可比性和一致性。对于某一经营分部，在上期可能满足报告分部的确定条件从而确定为报告分部，但本期可能并不满足报告分部的确定条件。此时，如果企业认为该经营分部仍然重要，单独披露该经营分部的信息能够更有助于报表使用者了解企业的整体情况，则不需考虑该经营分部的规模，仍应当将该经营分部确定为本期的报告分部。

对于某一经营分部，在本期可能满足报告分部的确定条件从而确定为报告分部，但上期可能并不满足报告分部的确定条件从而未确定为报告分部。此时，出于比较目的提供的以前会计期间的分部信息应当重述，以将该经营分部反映为一个报告分部，即使其不满足确定为报告分部的条件。如果重述所需要的信息无法获得，或者不符合成本效益原则，则不需要重述以前会计期间的分部信息。不论是否对以前期间相应的报告分部信息进行重述，企业均应当在报表附注中披露这一信息。

五、分部报告应披露的会计信息

分部报告信息是以会计报表的相关数据为基础提供的。也就是说，企业应当以对外提供的财务报表为基础披露分部信息。但对于需要披露分部信息的综合性集团企业而言，其所面临的一个问题是：究竟应该以其合并会计报表为基础，还是应该以个别会计报表为基础来提供有关分部报告信息？对此，IFRS8 中明确指出：如果母公司的单独及合并财务报表编列于同一份财务报告中，则分部信息仅需基于合并财务报表列报。其理由可以理解为虽然分部报告信息对于从整体上理解企业的财务状况和经营成果非常必要，但当母公司的报表和合并会计报表一并提供时，无论基于成本效益原则，还是从消除信息重复的角度考虑，以合并报表为基础提供分部报告信息就足够了，没有必要再按母公司个别财务报表为基础提供分部报告信息。我国 CAS35 中也明确规定："对外提供合并财务报表的企业，应当以合并财务报表为基础披露分部信息。"这与 IFRS8 中的内容是基本趋同的。

IFRS8 中关于分部信息的披露原则有如下描述：主体应当披露"信息以帮助财务报表使用者评价主体各类业务活动的性质、财务影响以及主体经营所处的经济环境"。这与我国企业进行分部信息披露的原则基本趋同。为了符合这一披露原则，我国 CAS35 规定企业报告分部确定后，应当披露下列信息。

（1）描述性信息。

①确定报告分部考虑的因素，通常包括企业管理层是否按照产品和服务、地理区域、

监管环境差异或综合各种因素进行组织管理。

②报告分部的产品和劳务的类型。

（2）每一报告分部的利润（亏损）总额相关信息。该信息包括利润（亏损）总额组成项目及计量的相关会计政策信息。企业管理层在计量报告分部利润（亏损）时运用了下列数据，或者未运用下列数据但定期提供给企业管理层的，应当在附注中披露每一报告分部的下列信息。

①对外交易收入和分部间交易收入。

②利息收入和利息费用。但是报告分部的日常活动是金融性质的除外。报告分部的日常活动是金融性质的，可以仅披露利息收入减去利息费用后的净额，同时披露这一处理方法。

③折旧费用和摊销费用，以及其他重大的非现金项目。

④采用权益法核算的长期股权投资确认的投资收益。

⑤所得税费用或所得税收益。

⑥其他重大的收益或费用项目。

（3）每一报告分部的资产总额、负债总额相关信息。该信息包括资产总额组成项目的信息，以及有关资产、负债计量相关的会计政策。企业管理层在计量报告分部资产时运用了下列数据，或者未运用下列数据但定期提供给企业管理层的，应当在附注中披露每一报告分部的下列信息。

①采用权益法核算的长期股权投资金额。

②非流动资产（不包括金融资产、独立账户资产、递延所得税资产）金额。

报告分部的负债金额定期提供给企业管理层的，企业应当在附注中披露每一报告分部的负债金额。

分部负债，是指分部经营活动形成的可归属于该分部的负债，不包括递延所得税负债。如果与两个或多个经营分部共同承担的负债相关的费用分配给这些经营分部，该共同承担的负债也应当分配给这些经营分部。

企业应当在附注中披露将相关资产和负债分配给报告分部的基础。

（4）除上述已经作为报告分部信息组成部分的披露内容外，我国 CAS35 规定企业还应当披露下列信息。

①每一产品和劳务或每一类似产品和劳务的对外交易收入。但是，披露相关信息不切实可行的除外。企业披露相关信息不切实可行的，应当披露这一事实。

②企业取得的来自本国的对外交易收入总额，以及企业从其他国家或地区取得的对外交易收入总额。但是，披露相关信息不切实可行的除外。企业披露相关信息不切实可行的，应当披露这一事实。

③企业取得的位于本国的非流动资产（不包括金融资产、独立账户资产、递延所得税资产）总额，以及企业位于其他国家或地区的非流动资产（不包括金融资产、独立账户资产、递延所得税资产）总额。但是，披露相关信息不切实可行的除外。企业披露相关信息不切实可行的，应当披露这一事实。

④企业对主要客户的依赖程度。企业与某一外部客户交易收入占合并总收入或企业总收入的 10% 或以上，应当披露这一事实，以及来自该外部客户的总收入和相关报告分

部的特征。

（5）分部信息与企业合并财务报表或企业财务报表总额信息的衔接。企业披露的分部信息，应当与合并财务报表或企业财务报表中的总额信息相衔接。主要表现在以下四个方面：

①报告分部收入总额应当与企业的对外交易收入总额相衔接。报告分部收入总额在与企业的对外交易收入总额相衔接时，需要将报告分部之间的内部交易进行抵销。即各个报告分部的收入总额，加上未包含在任何分部中的对外交易收入金额之和，扣除报告分部之间内部交易形成的收入总额，应当与企业的对外交易收入总额一致。

②分部利润（亏损）应当与企业营业利润（亏损）和企业净利润（净亏损）相衔接。由于分部收入和分部费用与企业的对外交易收入和对外交易费用存在差异，导致企业报告分部利润（亏损）与企业营业利润（亏损）和企业净利润（净亏损）之间也存在一定差异。因此，报告分部利润（亏损）总额与企业利润（亏损）总额进行衔接时，将各个报告分部的利润（亏损）总额，加上未包含在任何报告分部中的利润（亏损）金额之和，再扣除报告分部之间内部交易形成的利润（亏损）金额之和，应当与企业利润（亏损）总额一致。

③分部资产总额应当与企业资产总额相衔接。企业资产总额由归属于报告分部的资产总额和未分配给各个报告分部的资产总额组成。报告分部资产总额加上未分配给各个报告分部的资产总额的合计额，与企业资产总额相一致。

④分部负债总额应当与企业负债总额相衔接。与分部资产的衔接相同，企业负债总额由归属于报告分部的负债总额和未分配给各个报告分部的负债总额组成。分部负债总额加上未分配给各个分部的负债总额的合计额，与企业负债总额相一致。

（6）报告分部的比较信息。企业在披露分部信息时，为可比起见，应当提供前期的比较数据。对于某一分部，如果本期满足报告分部的确定条件从而确定为报告分部的，即使前期没有满足报告分部的确定条件从而未确定为报告分部的，也应当提供前期的比较数据。但是，提供比较数据不切实可行的除外。

企业内部组织结构改变导致报告分部组成发生变化的，应当提供前期比较数据。但是，提供比较数据不切实可行的除外。企业未提供前期比较数据的，应当在报告分部组成发生变化的当年，同时披露以新的报告分部和旧的报告分部为基础编制的分部信息。

不论企业是否提供前期比较数据，均应披露这一事实。

（7）报告分部的会计政策信息。除了上述分部报告所披露的内容外，企业还应当在附注中披露计量每一报告分部利润（亏损）、资产及负债的相关会计政策，主要包括以下两个方面。

①分部间转移价格的确定及其变更。企业在计量分部之间发生的交易收入时，需要确定分部间转移交易价格。一般情况下，分部之间的交易定价不同于市场公允交易价格，为准确计量分部间转移交易，企业在确定分部间交易收入时，应当以实际交易价格为基础计量。转移价格的确定基础应当在附注中予以披露。同时，因企业不同期间生产的产品的成本等不同，可能会导致不同期间分部间转移价格的确定产生差异，对于转移交易价格的变更情况，也应当在附注中进行披露。

②分部会计政策的披露。分部会计政策，是指编制合并财务报表或企业财务报表时

采用的会计政策，以及与分部报告特别相关的会计政策。由于分部信息是企业整体财务信息的一个分解，企业提供分部信息所采用的会计政策，应当与编制企业集团合并财务报表或企业财务报表时所采用的会计政策一致。同时，由于分部信息不同于企业整体财务信息，而某些分部信息对于外部会计信息使用者来说是有用的和相关的，因此，企业提供分部信息时除采用与编制企业集团合并财务报表或企业财务报表时相一致的会计政策以外，还会采用一些与分部特别相关的会计政策，即使这些与分部特别相关的会计政策不同于企业编制集团合并财务报表或企业财务报表时所采用的会计政策。与分部报告特别相关的会计政策包括分部的确定、分部间转移价格的确定方法，以及将收入和费用分配给分部的基础等。

按照相关规定，企业应当披露分部会计政策。但是，如果分部会计政策与合并财务报表或企业财务报表一致，且已经按照《企业会计准则第 30 号——财务报表列报》（CAS30）和 CAS33 等规定在附注中进行了相关披露，则不需要在披露分部信息时重复披露。

有些会计政策变更只与分部报告相关，比如分配分部收入和费用的基础发生的变更等，这种变更不会影响到企业合并财务报表或企业财务报表的总额信息。当企业改变了其分部信息采用的会计政策，并且这种变更对分部信息产生了实质性的影响，企业应当披露这一变更情况，具体按照 CAS28 的规定披露，并按规定提供相关比较数据。如果提供比较数据不切实可行的，应当说明原因。例如，企业因管理战略改变对经营业务范围做出变更或对经营地区做出调整，使企业原已确定的业务分部或地区分部中所面临的风险和报酬产生较大差异，从而使企业必须改变原对分部所做的分类。在这种情况下，企业就应当对此项分部会计政策变更予以披露。

此外，企业改变分部的分类且提供比较数据不切实可行的，应当在改变分部分类的年度，分别披露改变前和改变后的报告分部信息。

【例 9-2】 中航制造的分部报告分为以下三个部分。

（1）经营分部。出于管理的目的，该公司在世界范围内组成三个主要的经营分部，即机械制造、食品制造及餐饮服务。这些部门是公司报告其主要分部信息的基础。中航制造披露的有关经营分部财务信息如表 9-2 所示。

表 9-2 中航制造报告分部会计信息 单位：万元

项目	机械分部	食品分部	餐饮分部	其他分部	分部间抵消	合计
一、对外交易收入	130	80	65	14		202
二、分部间交易收入	—	60	5	4	（69）	69
三、利息收入	3	—	—	2		5
四、利息费用	4			5		9
五、资产减值损失	—	—	—			
七、对联营和合营企业的投资收益						
六、折旧费和摊销费	18	14	21	8		61
八、利润总额	40	20	20	8	—	88
九、所得税费用	10	5	5	2		22

项目	机械分部	食品分部	餐饮分部	其他分部	分部间抵消	合计
十、净利润（净亏损）	30	15	15	6	—	66
十一、资产总额	680	375	206	89	—	1350
十二、负债总额	308	110	96	36	—	550
十三、其他重要的非现金项目						
折旧费和摊销费以外的其他非现金费用	46	21	15	3	—	85
对联营和合营企业的长期股权投资	—	—	—	—	—	—
长期股权投资以外的其他流动资产增加额	—	—	—	—	—	—

（2）不同区域的经营资料。表9-3列明了该公司在本国（中国）及其他主要经营地区的相关经营信息。

表9-3　××股份有限公司不同区域经营信息　　单位：万元

区域	营业收入	非流动资产
中国	130	520
美国	50	130
其他国家	22	—
合计	202	650

（3）分部间转移事项。分部收入、分部费用和分部经营成果包括各经营分部间转移事项。这些转移事项按销售相似产品给没有关联关系的客户时采用的竞争性市价核算。这些转移事项在合并报表时予以消除。

第二节　中期财务报告

一、中期财务报告的含义及编报目的

按照传统做法，企业对外提供的财务报告一般是按会计年度为基础编制的。然而，随着社会、经济环境的急剧变化和科学技术的突飞猛进，企业之间的竞争日趋白热化，经营的风险和不确定性也日益加大。技术的进步使产品和生产设备的有效使用周期大大缩短，原有的市场份额或竞争优势可能在较短的时间内丧失殆尽。同时，由于金融衍生工具的广泛应用，一些账面财务状况良好的企业可能在短期内出现财务困难，甚至破产清算。英国的巴林银行、日本的山一证券公司等便是典型的例子。对于跨国公司而言，由于其所处经营环境的高度不确定性，信息披露的频率和时效性就显得极其重要。在这样的社会、经济背景下，反映较短期间（如季度、月份、日甚至实时）经营业绩的中期报告逐渐引起信息使用者的关注，并因市场瞬息万变、竞争日益激烈而日显其重要性。

我国《企业会计准则第32号——中期财务报告》（CAS32）中指出，中期财务报告是指以中期为基础编制的财务报告。其中，"中期"是指短于一个完整的会计年度（自公历1月1日起至12月31日止）的报告期间，它可以是一个月、一个季度或者半年，也可以是其他短于一个会计年度的期间，如 1 月 1 日至 9 月 30 日的期间等。由此可以得出，中期财务报告包括月度财务报告、季度财务报告、半年度财务报告，也包括年初至本中期末的财务报告。中期是指短于一个完整会计年度的报告期间。中期财务报告指以中期为基础编制的财务报告。

编报中期财务报告的主要目的，是针对传统年度报告以一年为间隔披露信息的滞后性，提出通过加快信息披露的频率，帮助信息使用者早日洞察先机。具体来说，主要体现在以下三个方面。

（一）编报中期财务报告有助于提高会计信息质量

这是编报中期财务报告的根本目的。会计信息的一个重要特征是其及时性，即对外披露的财务报告信息的有用性在很大程度上取决于它的及时性。许多信息及时非常可靠，但如果在提供的时间上相对滞后，其价值就有可能大打折扣，所以对于会计信息使用者来说，会计信息的披露与传递无疑是越快越好，而中期财务报告正好可以在很大程度上满足这一要求，弥补年度财务报告时间间隔过长的缺陷。同时，会计信息的价值还体现在其反馈价值和预测价值上，中期财务报告对于及时反映企业中期末的财务状况和中期经营成果及其现金流量（体现会计信息的反馈价值），便于报表信息使用者据以预测企业未来的获利能力和发展前景（体现会计信息的预测价值），从而做出比较正确的相关决策，将起到积极的作用。

（二）编报中期财务报告有助于完善上市公司的信息披露制度

上市公司信息披露的透明度及其制度的完善程度，是衡量一个国家证券市场乃至整个市场经济成熟程度的一个重要标志。上市公司信息披露制度包含的内容很多，其中，中期财务报告是其有机组成部分，而且随着证券市场的发展，投资者对会计信息质量要求的提高以及信息技术的日新月异，中期财务报告信息的作用将更趋突出。要及时了解企业的相关情况，强化监督，提高信息披露的及时性是一项重要措施。因此，编报中期财务报告有助于健全上市公司信息披露制度，提高证券市场效率，促进资源的有效配置。

（三）编报中期财务报告有助于规范企业行为

财务报告制度是企业业绩评价和监督机制的有机组成部分，正是因为有了定期财务报告，报表信息使用者才可以据以评价企业的经营业绩和管理效率，对企业管理者是否站在投资者、债权人等利益的角度从事生产经营活动实施有效监控。而编制中期财务报告可以使这种监控更加及时，更有助于揭示问题，寻求相应的对策，从而规范企业经营者的行为，谋求投资者利益的最大化。

二、中期财务报告的理论基础

关于编报中期财务报告的理论基础问题，概括起来，目前主要有以下两种观点。

（一）独立观

独立观又称离散理论，即将每一中期视为一个独立的会计期间。其实质上使每个财务中期的经营成果的计量和列示与会计年度经营成果的计量和列示相一致。因此，该观点的基本特点是中期财务报告中采用的会计政策和确认与计量原则与年度财务报告相一致，其中所应用的会计估计、成本分配和应计项目的处理等也与年度财务报告相一致。

应用独立观编制中期财务报告的优点是，中期财务报告的编制可以直接采用企业在编制年度财务报告时已有的一套会计政策和确认、计量原则，便于实务操作，而且在中期财务报告中反映的财务状况和经营成果等相对比较可靠，不易被操控。缺点是容易导致中期收入与费用的不合理配比，一方面会影响企业业绩的评价，另一方面可能会导致中期列报的收益波动较大，影响会计信息使用者对年度结果的预测。

目前，实务中侧重采用独立观的是国际会计准则，《国际会计准则第 34 号——中期财务报告》指出："企业在中期财务报表中采用的会计政策，应与年度财务报表中所采用的会计政策相一致……"此外，英国、加拿大、墨西哥、澳大利亚、新西兰等国家，我国香港和地区的相关准则均侧重于采用独立观。

（二）一体观

一体观又称整合理论，即将每一中期视为一个年度会计期间的有机组成部分，是会计年度整体不可分割的一部分而非独立的会计期间。其基本特点是中期财务报告应用的会计估计、成本分配、各递延和应收项目的处理必须考虑全年将要发生的情况，即需要顾及会计年度剩余期间的经营结果，所以，会计年度内发生的成本与费用，需要以年度预计活动水平（如预计受益期、预计销售量和产量等）为基础，分配至各个中期。

应用一体观编制中期财务报告的优点是，可以避免因会计期间的缩短而导致的各中期收益的非正常波动，从而有利于年度收益的预测；缺点是许多成本和费用需要以年度结果为基础进行估计，因此需要依赖较高的职业判断能力，而且可能所估计的结果缺乏因客观可靠的依据作为佐证，因此容易操控收益，影响中期财务报告信息的可靠性。

目前，只有美国等少数国家和我国台湾省的相关准则侧重采用一体观。

（三）我国的选择

从世界各国（各地区）的中期财务报告会计准则制度实践来看，一般都没有纯粹地采用哪一种观点，往往都有例外情况，所以从严格意义上讲，各国（各地区）的准则只是侧重于某一种观点。我国 CAS32 中规定："企业在中期财务报表中应当采用与年度财务报表相一致的会计政策。"也就是说，我国的企业会计准则中是侧重于采用独立观。之所以如此，主要是基于以下原因。

（1）从会计信息质量角度来看，我国企业的会计信息失真现象还不容忽视，所以强调中期财务报告信息的可靠性，强调在中期财务报告中应当如实反映中期末的财务状况和中期经营成果及其现金流量，提高会计信息的公信力就显得十分重要。

（2）从我国证券市场的发育程度来看，我国证券市场还处于初期发展阶段，市场效率还不高，说明会计信息使用者"消化""吸收"信息的能力不强，披露过多的相关信息可能会造成信息浪费，得不偿失。

（3）从我国会计人员的职业判断水平来看，广大会计人员职业判断水平的提高还需要一个过程，而在中期财务报告的一体观下，需要较多地依赖于会计人员的估计和职业判断。以我国目前会计人员的职业判断水平看，恐怕一时难以达到这一要求，反而容易增加中期确认和计量的随意性以及企业操控中期损益的余地。相对而言，在采用独立观编制中期财务报告的情况下，比较简便易行，需要会计人员进行职业判断要少些，较为符合我国实际。

（4）从外部监管的角度来看，由于目前大多数中期财务报告无需经过注册会计师审计，监管部门对于企业编制的中期财务报告的过程也不甚了解。所以，在这种情况下，采用独立观更有助于保证中期财务报告信息的可靠性，并提高大家对中期财务报告信息的信任度。

三、中期财务报告应遵循的原则

（一）与年度财务报告相一致的会计政策原则

如前所述，我国侧重于中期报告的独立观理论，因此在编制中期财务报告时，应当将中期视同为一个独立的会计期间，所采用的会计政策应当与年度财务报表所采用的会计政策相一致，包括会计要素确认和计量原则相一致。企业在编制中期财务报告时不得随意变更会计政策。

（二）重要性原则

由于较短的报告期使中期财务报告在每月、每季或半年终了时，对财务数据全部及时复核、编制并最后报出，可用的时间极其有限，加上企业出于所耗费成本及自身利益的过多考虑，使得中期财务报告所披露的信息往往经过会计人员的筛选，并涉及更多的会计估计与判断，甚至可能发生会计选择的机会主义行为。因此，能否正确确认、计量和披露中期报告的内容将极大地影响中期信息的质量，这就要求企业编制中期财务报告过程中更多地遵循重要性原则进行选择、估计和判断。在遵循重要性原则时应注意以下三点。

1. 重要性程度的判断应当以中期财务数据为基础

企业在为编制中期财务报告的目的而决定应当如何确认、计量和披露各财务报表项目时，对于重要性程度的判断应当以中期财务数据为基础。这里所指的"中期财务数据"既包括本中期的财务数据，也包括年初至本中期末的财务数据。但是企业不得以预计的年度财务数据为基础对中期财务报表项目进行重要性判断。因为有些对于预计的年度财务数据显得不重要的信息对于中期财务数据而言可能是重要的，因此需要在中期财务报告中披露这些信息。

2. 重要性原则的运用应当保证所提供的中期财务报告包括了与理解企业中期财务状况和中期经营成果及其现金流量相关的信息

企业在编制中期财务报告时，运用重要性原则决定信息披露内容和会计估计时，应当保证中期财务报告中包括了对于理解企业中期财务状况和中期经营成果及其现金流量相关的信息，以避免在中期财务报告中由于不确认、不披露或者忽略某些信息而对信息使用者的决策产生误导。

3. 重要性程度的判断需要依赖于会计人员的职业判断，需要根据具体情况作具体分析和判断

在实务中，对财务报表项目进行重要性程度的判断时，会计人员需要依靠其职业判断，根据具体情况做具体分析和判断。通常，在判断某一项目的重要性程度时，应当将项目的金额和性质结合在一起予以考虑，而且在判断项目金额的重要性时，应当以资产总额、负债总额、净资产总额、营业收入总额、净利润等直接相关项目数字作为比较基础，并综合考虑其他相关因素。有时，在一些特殊情况下，单独依据项目的金额或者性质就可以判断其重要性。例如，企业发生会计政策变更，从性质上讲就属于重要事项，应当在财务报告中予以披露。

（三）及时性原则

编制中期财务报告的目的是向会计信息使用者提供比年度财务报告更加及时的信息，以提高会计信息的决策有用性。中期财务报告所涵盖的会计期间短于一个会计年度，其编报的时间通常也短于年度财务报告，所以，中期财务报告应当能够提供比年度财务报告更加及时的信息。

为了体现企业编制中期财务报告的及时性原则，中期财务报告计量相对于年度财务报告的计量而言，在很大程度上依赖于估计。例如，企业通常在会计年度末对存货进行全面、详细的实地盘点，因此，年末存货可以达到较为精确的计价。但在中期末，由于时间上的限制和成本效益方面的考虑，不太可能对存货进行全面、详细的实地盘点，在这种情况下，企业可以采用毛利率法等方法来估计中期末存货的价值。但是，企业应当确保所提供的中期财务报告包括了相关的重要信息。

需要强调的是，中期财务报告编制的重要性和及时性原则，是企业编制中期财务报告时需要特殊考虑的两个原则。同时，对于其他会计原则，比如可比性原则、谨慎性原则、实质重于形式原则等，企业在编制中期财务报告时也应当像年度财务报告一样予以遵循。

四、中期财务报告的内容

我国 CAS32 中规定，中期财务报告至少应当包括以下部分：①资产负债表；②利润表；③现金流量表；④附注。

其中，中期财务报表附注并不要求企业提供像年度财务报告那样完整的附注信息，它相对于年度财务报表附注而言可以适当简化，但应当遵循前述重要性原则。如果一项信息没有在中期财务报表附注中披露，从而影响到信息使用者对企业财务状况、经营成果和现金流量判断的正确性，那么就认为这一信息是重要的，企业应当在中期财务报表附注中予以披露。

应当注意，中期财务报告准则中并未将其他财务报表或者相关信息，如反映股东权益变动的所有者权益（或股东权益）变动表等列为必须披露的中期报告基本内容，而允许企业根据需要自行决定是否披露。但这些财务报表或者相关信息一旦在中期财务报告中披露，就应当遵循中期财务报告准则中的各项规定。

五、中期财务报告的确认与计量

（一）中期财务报告的确认与计量的基本原则

1. 一致性原则

中期财务报告中各会计要素的确认和计量原则应当与年度财务报告所采用的原则相一致。即企业在中期根据所发生交易或者事项，对资产、负债、所有者权益（股东权益）、收入、费用和利润等会计要素进行确认和计量时，应当符合相应会计要素定义和确认、计量标准，不能因为财务报告期间的缩短（相对于会计年度而言）而改变。如不能根据会计年度内以后中期将要发生的交易或者事项来判断当前中期的有关项目是否符合会计要素的定义，也不能人为均衡会计年度内各中期的收益。再如企业在中期资产负债表日对于待处理财产损溢项目，也应当像会计年度末一样，将其计入当期损益，不能递延到以后中期，因为它已经不符合资产的定义和确认标准。另外，企业在中期资产负债表日不能把潜在义务（即使该义务很可能在会计年度的以后中期变为现时义务）确认为负债，也不能把当时已经符合负债确认条件的现时义务（即使履行该义务的时间和金额还须等到会计年度以后中期才能够完全确定）递延到以后中期进行确认。

2. 中期会计计量应当以年初至本中期末为基础

我国 CAS32 中规定，中期会计计量应当以年初至本中期末为基础、财务报告的频率不应当影响年度结果的计量。也就是说，无论企业中期财务报告的频率是月度、季度还是半年度，企业中期会计计量的结果最终应当与年度财务报告中的会计计量结果相一致。为此，企业中期财务报告的计量应当以年初至本中期末为基础，即企业在中期应当以年初至本中期末作为中期会计计量的期间基础，而不应当以本中期作为会计计量的期间基础。

3. 中期采用的会计政策应当与年度财务报告相一致，会计政策、会计估计变更应当符合规定

为了保持企业前后各期会计政策的一贯性，以提高会计信息的可比性和有用性，企业在中期不得随意变更会计政策，应当采用与年度财务报告相一致的会计政策。如果上年度资产负债表日之后按规定变更了会计政策，且该变更后的会计政策将在本年度财务报告中采用，中期财务报告应当采用该变更后的会计政策。对于中期会计政策的变更需要注意以下两点。

（1）企业变更会计政策应当符合 CAS28 规定的条件，即企业只有在满足下列条件之一时，才能在中期进行会计政策变更。

①法律、行政法规或者国家统一的会计制度等要求变更。

②会计政策变更能够提供更可靠、更相关的会计信息。

（2）企业在中期进行会计政策变更时，通常应当确保该项会计政策亦将在年度财务报告中采用，即中期财务报告准则不允许企业在同一会计年度的各个中期之间随意变更会计政策，但符合国家法律、行政法规以及相关会计准则规定的除外。

对于会计估计变更，本准则规定，在同一会计年度内，以前中期财务报表项目在以

后中期发生了会计估计变更的，以后中期财务报表应当反映该会计估计变更后的金额，但对以前中期财务报表项目金额不做调整。也就是说，企业在一个会计年度内，前一个或者几个中期（如季度）的会计估计在以后一个中期或者几个中期（如季度）里发生了变更，应当按照中期财务报告准则及会计政策、会计估计变更和差错更正准则的规定，不对以前中期已经报告过的会计估计金额作追溯调整，也不重编以前中期的财务报表，企业只需在变更当期或者以后期间按照变更后的会计估计进行会计处理。

会计估计变更的影响数计入变更当期，如果还影响到以后期间的话，还应当将会计估计变更的影响数计入以后期间，同时在附注中做相应披露。

（二）季节性、周期性或者偶然性取得收入的确认和计量

我国 CAS32 中规定，企业取得季节性、周期性或者偶然性收入，应当在发生时予以确认和计量，不应当在中期财务报表中预计或者递延，但会计年度末允许预计或者递延的除外。

企业经营的季节性特征，是指企业营业收入的取得或者营业成本的发生主要集中在全年度的某一季节或者某段期间内。例如：供暖企业的营业收入主要来自冬季；冷饮企业的营业收入主要来自夏季。

企业经营的周期性特征，是指企业每隔一个周期就会稳定地取得一定的收入或者发生一定的成本的情况。例如某房地产开发企业开发房地产通常需要一个周期，如需要2～3年才能完成开发，而该企业又不同时开发多个项目，这样在房地产开发完成并出售之前，企业不能确认收入，所发生的相关成本费用则作为房地产的开发成本，企业通常只有在将所开发完成的房地产对外出售之后才能确认收入。

通常情况下，企业各项收入一般是在一个会计年度的各个中期内均匀发生的，各中期之间实现的收入差异不会很大。但是，因季节性、周期性或者偶然性取得的收入，往往集中在会计年度的个别中期内。对于这些收入，中期财务报告准则规定企业应当在发生时予以确认和计量，不应当在中期财务报告中予以预计或者递延，也就是说，企业应当在这些收入取得并实现时及时予以确认和计量，不应当为了平衡各中期的收益而将这些收入在会计年度的各个中期之间进行分摊。同时，中期财务报告准则还规定，季节性、周期性或者偶然性取得的收入在会计年度末允许预计或者递延的，则在中期财务报表中也允许预计或者递延。这些收入的确认标准和计量基础应当遵循 CAS14 和 CAS21 等相关准则的规定。

（三）会计年度中不均匀发生的费用的确认与计量

我国 CAS32 中规定，企业在会计年度中不均匀发生的费用，应当在发生时予以确认和计量，不应在中期财务报表中预提或者待摊，但会计年度末允许预提或者待摊的除外。通常情况下，与企业生产经营和管理活动有关的费用往往是在一个会计年度的各个中期内均匀发生的，各中期之间发生的费用不会有较大差异，但是，对于一些费用，如员工培训费等，往往集中在会计年度的个别中期内。对于这些会计年度中不均匀发生的费用，企业应当在发生时予以确认和计量，不应当在中期财务报表中予以预提或者待摊。也就是说，企业不应当为了使各中期之间收益的平滑化而将这些费用在会计年度的各个

中期之间进行分摊。中期财务报告准则又规定，如果会计年度内不均匀发生的费用在会计年度末允许预提或者待摊，则在中期末也允许预提或者待摊。

六、中期财务报告的编报要求

（一）报表格式和内容的要求

IAS34 中允许企业的中期财务报告既可提供一套完整的财务报表，也可提供一套简明的财务报表。我国 CAS32 中不允许在中期财务报告中发布简明财务报表，因此，在中期财务报告中按规定提供的资产负债表、利润表和现金流量表应当是完整的财务报表，其格式和内容应当与上年度财务报表相一致。但如果法律、行政法规或者规章（如当年新施行的会计准则）对当年度财务报表的格式和内容进行了修改，则中期财务报表应当按照修改后的报表格式和内容编制。与此同时，根据中期财务报告准则的要求，在中期财务报告中提供的上年度比较财务报表的格式和内容也应当作相应调整。如中期财务报告准则规定，基本每股收益和稀释每股收益应当在中期利润表中单独列示。企业在提供比较中期财务报告时，应当按新准则的要求做出相应调整。

（二）合并财务报表和提供母公司财务报表的编报要求

我国 CAS32 中明确指出，如果企业在上年度财务报告中编制的是合并财务计报表，则企业在中期期末也应当编制合并财务报表。如果企业在上年度财务报告中还包括母公司财务报表，则企业在中期财务报告中也应当提供母公司财务报表。如果企业上年度财务报告中包括了合并财务报表，但是在报告中期内，企业处置了所有纳入上年度合并财务报表编制范围的子公司，则企业在中期财务报告中只需要提供母公司财务报表，但是根据准则要求提供的上年度比较财务报表应当包括合并财务报表，除非上年度可比中期的财务报告没有提供合并财务报表。

对于我国 CAS32 的相关规定，在实际运用时应注意以下两点。

（1）对于上年度财务报告中编制合并财务报表的企业，其中期财务报表也应当按照合并基础编报，即企业在中期财务报告中也应当编制合并报表，并且合并报表的合并范围、合并原则、编制方法和合并财务报表的格式与内容等均应与上年度合并财务报表相一致。如果在本会计年度有新的会计准则或有关法规对合并报表的编制原则和方法等做了新的规范和要求，则企业应当按照新准则或法规的规定编制中期合并财务报表。

（2）如果企业在中期发生了合并财务报表合并范围变化的情况，则应当区别情况进行处理。

①在上一会计年度纳入合并财务报表合并范围的子公司在报告中期不再符合合并范围的要求。在这种情况下，企业在中期编制合并财务报表时，就不必将该子公司的个别财务报表纳入合并范围。如果企业在报告中期内处置了所有纳入上年度合并财务报表编制范围的子公司，而且在报告中期又没有新增子公司，那么企业在中期财务报告中就无须编制合并财务报表。

例如，中航制造于 20×3 年年末拥有一家子公司——甲公司，中航制造于 20×4 年 1 月将该子公司出售，则中航制造的 20×3 年度财务报告应编制将甲公司纳入合并范围的合并财务报表，而20×4年一季度中期财务报告则不需要将甲公司纳入其合并财务报表的合并范围。如果中航制造只有甲公司一家子公司，则20×4年中期财务报告只需要编制中航制造的个别财务报表，而无需编制合并财务报表，尽管中航制造20×3年度财务报告中编制的是合并财务报表。

②中期内新增符合合并财务报表合并范围要求的子公司。在这种情况下，企业在中期末就需要将该子公司的个别财务报表纳入合并财务报表的合并范围内。

（三）比较财务报表的编报要求

为了提高财务报告信息的可比性、相关性和有用性，企业在中期末除了编制中期末资产负债表、中期利润表和现金流量表之外，还应当提供前期比较财务报表。我国"中期财务报告准则"规定，在中期财务报告中，企业应当提供以下比较财务报表。

（1）本中期末的资产负债表和上年度末的资产负债表。

（2）本中期的利润表、年初至本中期末的利润表以及上年度可比期间的利润表（其中上年度可比期间的利润表是指上年度可比本中期的利润表和上年度年初至可比本中期末的利润表）。

（3）年初至本中期末的现金流量表和上年度年初至可比本中期末的现金流量表。

以我国上市公司为例，企业的会计年度为每年1月1日至12月31日，上市公司被要求按照季度提供中期财务报告，则上市公司在每年截至3月31日、6月30日和9月30日的3个季度财务报告中，应分别提供以下财务报表，如表9-4、表9-5、表9-6所示。

表 9-4   我国上市公司一季度财务报告应当提供的财务报表

报表类别	本年度中期财务报表时间（期间）	上年度比较财务报表时间（期间）
资产负债表	当年 3 月 31 日	上年度 12 月 31 日
利润表	当年 1 月 1 日至 3 月 31 日	上年度 1 月 1 日至 3 月 31 日
现金流量表	当年 1 月 1 日至 3 月 31 日	上年度 1 月 1 日至 3 月 31 日

表 9-5   我国上市公司二季度财务报告应当提供的财务报表

报表类别	本年度中期财务报表时间（期间）	上年度比较财务报表时间（期间）
资产负债表	当年 6 月 30 日	上年度 12 月 31 日
利润表（本中期）	当年 4 月 1 日至 6 月 30 日	上年度 4 月 1 日至 6 月 30 日
利润表（年初至本中期末）	当年 1 月 1 日至 6 月 30 日	上年度 1 月 1 日至 6 月 30 日
现金流量表	当年 1 月 1 日至 6 月 30 日	上年度 1 月 1 日至 6 月 30 日

表 9-6   我国上市公司三季度财务报告应当提供的财务报表

报表类别	本年度中期财务报表时间（期间）	上年度比较财务报表时间（期间）
资产负债表	当年 9 月 30 日	上年度 12 月 31 日
利润表（本中期）	当年 7 月 1 日至 9 月 30 日	上年度 7 月 1 日至 9 月 30 日
利润表（年初至本中期末）	当年 1 月 1 日至 9 月 30 日	上年度 1 月 1 日至 9 月 30 日
现金流量表	当年 1 月 1 日至 9 月 30 日	上年度 1 月 1 日至 9 月 30 日

企业在中期内如果由于新会计准则或有关法规的要求，或出于便于报表使用者理解的需要对财务报表项目进行了调整或者修订，从而导致本年度中期财务报表项目及其分类与比较财务报表出现差异，那么比较财务报表的有关金额就应当按照本年度中期财务报表的要求予以重新分类，以确保其与本年度中期财务报表信息的相互可比。同时，应在财务报表附注中说明财务报表项目金额重新分类的原因及其内容。如果企业无法对比较财务报表中的有关金额进行重新分类，企业应当在中期财务报表附注中说明不能进行重新分类的原因。

企业在中期内如果发生了会计政策变更或重大会计差错更正事项，则应当调整相关比较财务报表期间的净损益和其他相关项目，视同该项会计政策在比较财务报表期间一贯采用或该重大会计差错在产生的当期已得到更正。而对于比较财务报表可比期间以前的会计政策变更的累计影响数或者重大会计差错，应当根据规定调整比较财务报表最早期间的期初留存收益，财务报表其他相关项目的数字也应一并调整。

对于在本年度中期内发生的调整以前年度损益事项，企业应当调整本年度财务报表相关项目的年初数，同时，中期财务报告中相应的比较财务报表也应当为已经调整以前年度损益后的报表。

（四）中期财务报表附注的编制要求及内容

1. 中期财务报表附注的编制要求

与年度财务报表附注类似，在中期财务会计报告中披露财务报表附注信息，不仅有助于对各中期财务报表表内项目做出具体说明，而且还有助于补充披露对于理解企业中期末财务状况、中期经营成果和现金流量的其他相关信息，从而使中期财务会计报告信息反映更加全面、完整，更具有决策有用性。但是，中期财务报表附注相对于年度财务报表而言仍有其特殊性，如它的编报时间距离上年度财务报告比较近，它所涵盖的会计期间要比会计年度短，编报的时间比会计年度少，更加强调编报的及时性等。这些由于会计期间的缩短所产生的问题是中期财务报告所特有的，从而决定了中期财务报表附注的编制应适当简化，其内容与要求也可不必像年度财务报表附注那样详尽、全面，否则就不符合财务报告编制的成本—效益原则，也难以体现财务报告信息的最佳价值。

对于编制中期财务报表附注的编报要求，主要包括以下两点。

（1）中期财务报告附注应当以年初至本中期末为基础编制。编制中期财务报告的目的是向报告使用者提供自上年度资产负债表日之后所发生的重要交易或者事项，因此，中期财务报告附注应当以"年初至本中期末"为基础进行编制，而不应当仅仅只披露本中期所发生的重要交易或者事项。例如，某上市公司于20×3年2月对外进行重大投资，设立一子公司。对于该事项，该公司不仅应当在20×3年第一季度财务报告的财务报表附注中予以披露，而且在20×3年度的第二季度及第三季度财务报告的财务报表附注中也应当予以披露。

（2）中期财务报告附注应当对自上年度资产负债表日之后发生的重要交易或者事项进行披露。为了全面反映企业财务状况、经营成果和现金流量，中期财务报告准则规定，中期财务报告附注应当以年初至本中期末为基础编制，披露自上年度资产负债表日之后发生的,有助于理解企业财务状况、经营成果和现金流量变化情况的重要交易或者事项。此外,对于理解本中期财务状况、经营成果和现金流量有关的重要交易或者事项,也应当在附注中作相应披露。

2. 中期财务报表附注的内容

财务报表附注应当对财务报表的编制基础、会计政策、财务报表有关项目等作出说明,同时也应当包括那些在表内没有反映,但对于真实、完整反映企业财务状况、经营成果和现金流量却是必要的附加信息,如或有负债信息等。虽然如前所述,企业中期财务报表附注没有必要像年度财务报表附注那样做详尽披露,企业可以将财务报表附注适当简化,并可以有选择性地做附注披露。但并不是企业可以任意选择财务报表附注的披露内容。

如前所述,由于我国 CAS32 主要坚持的是独立观,这一原则是与国际会计准则相一致的,因此,我国在规范中期财务报表附注的内容时,主要借鉴了国际会计准则并参考其他国家的一些做法,同时也考虑到了我国会计信息使用者的需求以及企业发生的交易和事项的独特性。我国中期财务报告准则中规定中期财务报表附注至少应当包括以下内容。

（1）中期财务报告所采用的会计政策与上年度财务报表相一致的声明。企业在中期会计政策发生变更的,应当说明会计政策变更的性质、内容、原因及其影响数;无法进行追溯调整的,应当说明原因。

（2）会计估计变更的内容、原因及其影响数;影响数不能确定的,应当说明原因。

（3）前期差错的性质及其更正金额;无法进行追溯重述的,应当说明原因。

（4）企业经营的季节性或者周期性特征。

（5）存在控制关系的关联方发生变化的情况;关联方之间发生交易的,应当披露关联方关系的性质、交易类型和交易要素。

（6）合并财务报表的合并范围发生变化的情况。

（7）对性质特别或者金额异常的财务报表项目的说明。

（8）证券发行、回购和偿还情况。

（9）向所有者分配利润的情况,包括在中期内实施的利润分配和已提出或者已批准但尚未实施的利润分配情况。

（10）根据 CAS35 规定披露分部报告信息的,应当披露主要报告形式的分部收入与分部利润（亏损）。

（11）中期资产负债表日至中期财务报告批准报出日之间发生的非调整事项。

（12）上年度资产负债表日以后所发生的或有负债和或有资产的变化情况。

（13）企业结构变化情况,包括企业合并,对被投资单位具有重大影响、共同控制或者控制关系的长期股权投资的购买或者处置,终止经营等。

（14）其他重大交易或者事项,包括重大的长期资产转让及其出售情况、重大的固定资产和无形资产取得情况、重大的研究和开发支出、重大的资产减值损失情况等。企业在提供上述（5）和（10）有关关联方交易、分部收入与分部利润（亏损）信息时,应当同时提供本中期（或者本中期末）和本年度初至本中期末的数据,以及上年度可比中期（或者可比期末）和可比年初至本中期末的比较数据。

此外，在同一会计年度内，如果以前中期财务报告中的某项估计金额在最后一个中期发生了重大变更、而企业又不单独编制该最后中期的财务报告的，企业应当在年度财务报告的附注中披露该项会计估计变更的内容、原因及其影响金额。例如，某公司需要编制季度财务报告，但无须单独编制第四季度财务报告。假设该公司在第四季度里，对第一、二季度或者第三季度财务报表中所采用的会计估计，如固定资产折旧年限、资产减值、预计负债等估计做了重大变更，则需要在其年度财务报告附注中，按照会计政策、会计估计变更和差错更正准则的规定，披露该项会计估计变更的内容、原因及其影响金额。同样地，假如一家公司是需要编制半年度财务报告的企业，但不单独编制下半年财务报告，如果该公司对于上半年财务报告中所采用的会计估计在下半年做了重大变更，应当在其年度财务报告的附注中予以说明。

（五）中期会计政策变更的处理

我国 CAS32 中规定，企业在中期发生了会计政策变更的，应当按照会计政策、会计估计变更和差错更正准则规定处理，并在财务报告附注中作相应披露。会计政策变更的累积影响数能够合理确定，且涉及本会计年度以前中期财务报表相关项目数字的，应当予以追溯调整，视同该会计政策在整个会计年度一贯采用；同时，上年度可比中期财务报表也应当做相应调整。

除非国家规定了相关的会计处理方法，一般情况下：企业应当根据中期财务报告准则的要求，对以前年度比较中期财务报表最早期间的期初留存收益和这些财务报表其他相关项目的数字，进行追溯调整；同时，涉及本会计年度内会计政策变更以前各中期财务报表相关项目数字的，也应当予以追溯调整，视同该会计政策在整个会计年度和可比中期财务报表期间一贯采用。反之，会计政策变更的累积影响数不能合理确定，以及不涉及本会计年度以前中期财务报表相关项目数字的，应当采用未来适用法。同时，在财务报表附注中说明会计政策变更的性质、内容、原因及其影响数，如果累积影响数不能合理确定的，也应当说明理由。

企业中期财务报告中应披露下列会计政策变更的影响数。

（1）披露会计政策变更对以前年度的累积影响数，包括：对比较中期财务报表最早期间期初留存收益的影响数；以前年度可比中期损益的影响数。

（2）披露会计政策变更对变更中期、年初至变更中期末损益的影响数。

（3）披露会计政策变更对当年度会计政策变更前各中期损益的影响数。

在会计实务中，需要编制季度财务报告的企业，对会计政策变更的累积影响数能够合理确定且涉及本会计年度以前中期财务报表相关项目数字进行调整时，通常区别以下两种情况进行处理。

（1）会计政策变更发生在会计年度内第一季度的处理。企业的会计政策变更发生在会计年度的第一季度，则企业除了计算会计政策变更的累积影响数并作相应的账务处理之外，在财务报表的列报方面，还需要根据变更后的会计政策编制第一季度和当年度以后季度财务报表，并对根据中期财务报告准则要求提供的以前年度比较财务报表最早期间的期初留存收益和这些财务报表的其他相关项目数字做相应调整。

在财务报告附注的披露方面，应当披露会计政策变更对以前年度的累积影响数（包括对比较财务报表最早期间期初留存收益的影响数和以前年度可比中期损益的影响数）和对第一季度损益的影响数，在当年度第一季度之后的其他季度财务报表附注中，则应当披露第一季度发生的会计政策变更对当季度损益的影响数和年初至本季度末损益的影响数。

（2）会计政策变更发生在会计年度内第一季度之外的其他季度的处理。企业的会计政策变更发生在会计年度内第一季度之外的其他季度，如第二季度、第三季度等，其会计处理相对于会计政策变更发生在第一季度而言要复杂一些。企业除了应当计算会计政策变更的累积影响数并做相应的账务处理之外，在财务报表的列报方面，还需要调整根据中期财务报告准则要求提供的以前年度比较财务报表最早期间的期初留存收益和比较财务报表其他相关项目的数字，以及在会计政策变更季度财务报告中或者变更以后季度财务报告中所涉及的本会计年度内发生会计政策变更之前季度财务报表相关项目的数字。

在财务报告的附注披露方面，企业需要披露会计政策变更对以前年度的累积影响数，主要有：①对比较财务报表最早期间期初留存收益的影响数；②以前年度可比中期损益的影响数，包括可比季度损益的影响数和可比年初至季度末损益的影响数；③对当年度变更季度、年初至变更季度末损益的影响数；④当年度会计政策变更前各季度损益的影响数。此外，在发生会计政策变更以后季度财务报表附注中也需要做相应披露。

第三节 每 股 收 益

一、每股收益的含义及局限性

每股收益（earnings per share，EPS）是指普通股股东每持有一股所能享有的企业利润或需承担的企业亏损。如前所述，上市公司应按照规定进行会计信息的披露，而在其所披露的众多会计信息中，每股收益是衡量上市公司盈利能力最重要的财务指标。一方面，每股收益的计算涉及所有者权益和利润两类财务报表要素，是联结资产负债表和利润表两张财务报表之间的"桥梁"；另一方面，每股收益反映出普通股的获利水平，也是投资者最关心的指标之一。通过对上市公司每股收益的计算，有助于引导投资者正确运用该指标对公司的收益情况和盈利能力进行评价，预测公司成长潜力，考量投资风险，进而使投资者做出正确的投资决策。在资本市场上，投资者往往将每股收益的高低作为衡量股票优劣的尺度。由于每股收益指标具有的这种引导投资、影响市场评价、简化财务指标体系等作用，也使其成为世界各主要资本市场最重要的财务指标之一，是计算市盈率、股利支付率、股利保障倍数等财务指标的基础。目前，美国、英国、澳大利亚、德国、法国、加拿大及日本等国均颁布施行了相关会计准则，要求已上市公司及处于申请上市过程中的企业计算和披露每股收益信息。我国于2006年颁布了《企业会计准则第34号——每股收益》（CAS34）规范了每股收益的计算和列报要求。

我国CAS34中规范了每股收益的种类，包括基本每股收益和稀释每股收益两类。其中，基本每股收益的计算仅考虑当期实际发行在外的普通股股份，而稀释每股收益的计算则考虑到公司存在稀释性潜在普通股（如可转换公司债券等）的情况，是为了避免每股收益虚增可能带来的信息误导。例如，一家公司发行可转换公司债券融资，由于转换选择权的存在，这些可转换债券的利率低于正常同等条件下普通债券的利率，从而降低了融资成本，在经营业绩和其他条件不变的情况下，相对提高了基本每股收益金额。要求考虑可转换公司债券的影响计算和列报稀释每股收益，就是为了能够提供一个更可比、更有用的财务指标。

尽管每股收益对投资者提供了评价公司业绩的重要信息，但作为一项综合性指标，也有其局限性。主要表现在以下三个方面。

（1）每股收益计算的主要依据是发行在外的普通股股份数，但是，不同公司每股的净资产是不一样的，因此在此基础上计算的每股净收益的高低，并不能完全说明公司获利能力的强弱。投资者在分析公司获利能力时，还要结合公司其他指标，如每股净资产或净资产收益率等。我国对上市公司的编报要求是同时披露每股收益和净资产收益率。

（2）每股收益不能反映公司经营业务变化所导致的风险。换言之，相同的每股收益并不表示公司的经营风险是相同的，每股收益高的公司也不表示比每股收益低的公司的经营风险小。这是由于每股收益这项指标过于综合而难以反映一家公司的经营特征。

（3）由于每股收益是一项综合性指标，而构成这项指标的因素之一的净利润，在计算时存在许多的估计和假设因素，而且每股收益与股利、股本之间也没有必然的联系，这些都将减少该指标的有用性。

二、基本每股收益的计算

基本每股收益只考虑当期实际发行在外的普通股股份，按照归属于普通股股东的当期净利润除以当期实际发行在外普通股的加权平均数计算确定：

$$基本每股收益 = \frac{归属于普通股股东的净利润}{实际发行在外普通股的加权平均数}$$

（一）"归属于普通股股东的净利润"的确定

归属于普通股股东的当期净利润，即企业当期实现的可供普通股股东分配的净利润或应由普通股股东分担的净亏损金额。发生亏损的企业，每股收益以负数列示。如果公司发行的还有优先股，在计算每股收益时，应从净利润中扣除应分给优先股的股利。以合并财务报表为基础计算的每股收益，分子应当是归属于母公司普通股股东的当期合并净利润，即扣减少数股东损益后的余额。

（二）"实际发行在外普通股的加权平均数"的确定

当期实际发行在外普通股的加权平均数，即期初发行在外普通股股数根据当期新发行或回购的普通股股数与相应时间权数的乘积进行调整后的股数。之所以要采用加权平均数，是由于公司的盈利是由相应的资本在整个会计期间创造的，而公司的资本在整个会计期间可能会发生增减变化，如新发行股票或股票回购、发行股票股利、股票分割或缩股等。为了真实反映资本在整个会计期间所带来的真实收益，就需要对其进行加权平均。

发行在外普通股加权平均数＝期初发行在外普通股股数＋当期新发行普通股股数×

已发行时间／报告期时间－当期回购普通股股数×已回购时间／报告期时间

具体计算过程中，作为权数的已发行时间、报告期时间和已回购时间通常按天数计算，在不影响计算结果合理性的前提下，也可以采用简化的计算方法，如按月数计算。此外，公司库存股不属于发行在外的普通股，且无权参与利润分配，应当在计算分母时扣除。

新发行普通股股数应当根据发行合同的具体条款，从应收对价之日起计算确定。一般情况下，应收对价之日即为股票发行日。但在一些特定发行情况下，两个日期可能并不一致，企业应当以应收对价之日为准。通常包括以下情况。

（1）企业为收购非现金资产而作为对价发行的普通股股数应当自资产确认之日起计算。

（2）企业合并中作为对价发行的普通股：若为非同一控制下的企业合并，作为对价发行的普通股股数应当从购买日起计算；若为同一控制下的企业合并，应当视同列报最早期间期初就已发行在外，计入各列报期间普通股的加权平均数。

【例 9-3】 中航制造 20×3 年发行在外普通股变动如表 9-7 所示。

表 9-7   中航制造普通股变动一览表

日　　期	股份变动情况	实际流通在外普通股/股
1 月 1 日	期初余额	90 000
4 月 1 日	发行股票 30 000 股	120 000
7 月 1 日	回购股票 39 000 股	81 000
11 月 1 日	发行股票 60 000 股	141 000
12 月 31 日	期末余额	141 000

中航制造当年度实现净利润为 77 250 元，20×3 年度基本每股收益计算如下。

发行在外普通股加权平均数计算及其结果如表 9-8 所示。

表 9-8   中航制造发行在外普通股加权平均数

流通在外期间	流通在外股票数/股	一年中所占权数	加权平均数
1.1－4.1	90 000	3／12	22 500
4.1－7.1	120 000	3／12	30 000
7.1－11.1	81 000	4／12	27 000
11.1－12.31	141 000	2／12	23 500
发行在外普通股加权平均数			103 000

上述结果采用分段计算，也可采用按发行或回购股票所占当期时间计算，其结果是相同的，如表 9-9 所示。

表 9-9   中航制造发行在外普通股加权平均数

时间	普通股变动/股	一年中所占权数	全年加权平均数
1 月 1 日期初余额	90 000	12／12	90 000
4 月 1 日发行	30 000	9／12	22 500

续表

时间	普通股变动	一年中所占权数	全年加权平均数
7月1日购回	− 39 000	6 / 12	− 19 500
11月1日发行	60 000	2 / 12	10 000
发行在外普通股加权平均数			103 000

中航制造 20×3 年度基本每股收益 = 77 250 / 103 000 = 0.75（元）。

三、稀释每股收益的计算

某些公司除了发行在外的普通股以外,还对外发行了一些特定条件下可转换为普通股股票的其他有价证券,如可转换优先股、可转换公司债券等。这类赋予其持有者在报告期或以后期间享有取得普通股权利的一种金融工具或其他合同统称为潜在普通股。目前,我国企业发行的潜在普通股主要有可转换公司债券、认股权证、股份期权等。一般来说,由于潜在普通股若在报告期内实现转换,则会增加报告期公司发行在外的普通股股数,从而对每股收益产生稀释作用。存在这种具有稀释性的潜在普通股的公司也被称为复杂股权结构或复杂资本结构公司。依据 CAS34 的要求,该类公司不仅应当按照前述要求计算和列报基本每股收益,还应当根据稀释性潜在普通股的影响计算和列报稀释每股收益。

稀释每股收益是以基本每股收益为基础,假设企业所有发行在外的稀释性潜在普通股均已转换为普通股,从而分别调整归属于普通股股东的当期净利润以及发行在外普通股的加权平均数计算而得的每股收益。

稀释性潜在普通股,是指假设当期转换为普通股会减少每股收益的潜在普通股。需要说明是,当公司出现亏损时,计算稀释的每股收益实际上可能减少了每股亏损额,即出现反稀释的效果。这种情况与计算稀释的每股收益所基于的实质重于形式和稳健原则相悖,因此,一般情况下,如果公司出现亏损不计算稀释的每股收益。如果需要计算,稀释性潜在普通股则是指假设当期转换为普通股会增加每股亏损金额的潜在普通股。综上所述,计算稀释每股收益时应只考虑稀释性潜在普通股的影响,而不考虑不具有稀释性的潜在普通股。

由于稀释性潜在普通股的存在会对归属于普通股股东的当期净利润产生影响,因此稀释每股收益的计算中,应当根据下列事项对归属于普通股股东的当期净利润进行调整:①当期已确认为费用的稀释性潜在普通股的利息;②稀释性潜在普通股转换时将产生的收益或费用。上述调整应当考虑相关的所得税影响。对于包含负债和权益成分的金融工具,仅需调整属于金融负债部分的相关利息、利得或损失。

稀释每股收益的计算中对当期发行在外普通股的加权平均数的调整,主要是基于假定公司稀释性潜在普通股均转换为已发行普通股,从而增加普通股股数的假设。即:

$$\begin{matrix} \text{调整后当期发行在外} \\ \text{普通股加权平均数} \end{matrix} = \begin{matrix} \text{计算基本每股收益时} \\ \text{普通股加权平均数} \end{matrix} + \begin{matrix} \text{假定稀释性潜在普通股转换为已发行} \\ \text{普通股而增加的普通股加权平均数} \end{matrix}$$

假定稀释性潜在普通股转换为已发行普通股而增加的普通股股数,应当根据潜在普通股的条件确定。当存在不止一种转换基础时,应当假定会采取从潜在普通股持有者角度看最有利的转换率或执行价格。

假定稀释性潜在普通股转换为已发行普通股而增加的普通股股数应当按照其发行在外时间进行加权平均。以前期间发行的稀释性潜在普通股，应当假设在当期期初转换为普通股；当期发行的稀释性潜在普通股，应当假设在发行日转换为普通股；当期被注销或终止的稀释性潜在普通股，应当按照当期发行在外的时间加权平均计入稀释每股收益；当期被转换或行权的稀释性潜在普通股，应当从当期期初至转换日（或行权日）计入稀释每股收益中，从转换日（或行权日）起所转换的普通股则计入基本每股收益中。

综上所述，计算稀释每股收益的关键是对归属于普通股股东的当期净利润和当期发行在外普通股的加权平均数这两个因素的调整。由于稀释性潜在普通股的具体项目性质、特征各不相同，其所产生的影响也不相同，因而调整的具体内容也不尽相同，现分述如下。

（一）可转换公司债券

可转换公司债券是指发行公司依法发行、在一定期间内依据约定的条件可以转换成股份的公司债券。在计算稀释的每股收益时，对可转换公司债券可以采用假定转换法判断其稀释性，即假设这部分公司可转换债券在会计期初或当期发行时，即已全部转换为普通股股票。

在这种方法下，对归属于普通股股东的当期净利润的调整内容为：当期会计净利润加上可转换公司债券的收益，即加上可转换债券的利息，但应扣除相应的所得税。这是由于如果假定可转换公司债券在当期期初（或发行日）即已转换成普通股，一方面增加了发行在外的普通股股数，另一方面节约了公司债券的利息费用，从而增加了归属于普通股股东的当期净利润。而假定转换导致外发普通股增加的加权平均数即为对当期公司发行在外普通股加权平均数的调整项目。最终用增加的净利润除以增加的普通股股数，得出增量股的每股收益，与原来的每股收益比较。如果增量股的每股收益小于原每股收益，则说明该可转换公司债券具有稀释作用，应当计入稀释每股收益的计算中。

【例 9-4】 中航制造 20×3 年归属于普通股股东的净利润为 4 000 万元，期初发行在外普通股股数 8 000 万股，年内普通股股数未发生变化。20×3 年 1 月 1 日，公司按面值发行 800 万元的 3 年期可转换公司债券，债券每张面值 100 元，票面固定年利率为 4%，利息自发行之日起每年 12 月 31 日付息一次。该批可转换公司债券自发行结束 12 个月以后即可转换为公司股票，即转股期为发行 12 个月后至债券到期日止的期间。每 100 元债券可转换为 110 股面值为 1 元的普通股。债券利息不符合资本化条件，直接计入当期损益，所得税税率为 25%。

假设不考虑可转换公司债券在负债和权益成分的分拆，且债券票面利率等于实际利率。20×3 年度每股收益计算如下：

基本每股收益 = 4 000 / 8 000 = 0.5（元）

假设转换所增加的净利润 = 800 × 4% ×（1 − 25%）= 24（万元）

假设转换所增加的普通股股数 = 800 / 100 × 110 = 880（万股）

增量股的每股收益 = 24 / 880 ≈ 0.03（元）

增量股的每股收益小于基本每股收益，可转换公司债券具有稀释作用。

稀释每股收益 =（4 000 + 24）/（8 000 + 880）≈ 0.45（元）

（二）认股权证、股份期权

认股权证是指公司发行的、约定持有人有权在履约期间内或特定到期日按约定价格向本公司购买新股的有价证券。股份期权是指公司授予持有人在未来一定期限内以预先确定的价格和条件购买本公司一定数量股份的权利，股份期权持有人对于其享有的股份期权，可以在规定的期间内以预先确定的价格和条件购买公司一定数量的股份，也可以放弃该种权利。认股权证和股份期权均属于看涨期权。

扩展阅读 9-2　期权的含义

对于这两种潜在普通股，其是否具备稀释性关键在于行权价格与当期普通股平均市场价格的比较。一般来说，盈利企业的股价表现较好，当行权价格低于普通股平均市场价格时，持有者有利可图，通常会选择行权而导致普通股增加，从而使之具有稀释性。而对于亏损企业，认股权证、股份期权的假设行权一般不影响净亏损，但增加普通股股数，从而导致每股亏损金额的减少，实际上产生了反稀释的作用，因此，这种情况下，不应当计算稀释每股收益。

对于稀释性认股权证、股份期权，计算稀释每股收益时，一般无需调整净利润金额，只需要按照下列步骤对发行在外的普通股加权平均数进行调整。

（1）假设这些认股权证、股份期权在当期期初（或发行日）已经行权，计算按约定行权价格发行普通股将取得的股款金额。

（2）假设按照当期普通股平均市场价格发行股票，计算需发行多少普通股能够带来上述相同的股款金额。

（3）比较行使股份期权、认股权证将发行的普通股股数与按照平均市场价格发行的普通股股数，差额部分相当于无对价发行的普通股，作为发行在外普通股股数的净增加。也就是说，认股权证、股份期权行权时发行的普通股可以视为两部分。一部分是按照平均市场价格发行的普通股，这部分普通股由于是按照市价发行，导致企业经济资源流入与普通股股数同比例增加，既没有稀释作用也没有反稀释作用，不影响每股收益金额；另一部分是无对价发行的普通股，这部分普通股由于是无对价发行，企业可利用的经济资源没有增加，但发行在外普通股股数增加，因此具有稀释性，应当计入稀释每股收益中：

增加的普通股股数 = 拟行权时转换的普通股股数 − 行权价格 × 拟行权时转换的普通股股数 / 当期普通股平均市场价格

其中，普通股平均市场价格的计算，理论上应当包括该普通股每次交易的价格，但实务操作中通常对每周或每月具有代表性的股票交易价格进行简单算术平均即可。股票价格比较平稳的情况下，可以采用每周或每月股票的收盘价作为代表性价格；股票价格波动较大的情况下，可以采用每周或每月股票最高价与最低价的平均值作为代表性价格。无论采用何种方法计算平均市场价格，一经确定，不得随意变更，除非有确凿证据表明原计算方法不再适用。当期发行认股权证或股份期权的，普通股平均市场价格应当自认股权证或股份期权的发行日起计算。

（4）将净增加的普通股股数乘以其假设发行在外的时间权数，据此调整稀释每股收益的计算分母。

【例 9-5】 假设中航制造 20×3 年度归属于普通股股东的净利润 2 750 万元，发行在外普通股加权平均数为 5 000 万股，该普通股平均每股市场价格为 8 元。20×3 年 1 月 1 日，该公司对外发行 800 万份认股权证，行权日为 20×3 年 5 月 1 日，每份认股权证可以在行权日以 7 元的价格认购本公司 1 股新发的股份。

该公司 20×3 年度每股收益计算如下：

基本每股收益 = 2 750 / 5 000 = 0.55（元）

调整增加的普通股股数 = 800 − 800 × 7 ÷ 8 = 100（万股）

稀释每股收益 = 2 750 /（5 000 + 100）≈ 0.54（元）

（三）公司承诺将回购其股份的合同

公司承诺将回购其股份的合同中通常规定了回购价格。该合同是否具有对每股收益的稀释性，主要取决于合同回购价格与当期普通股平均市场价格的比较。这是基于假定公司用于回购其股份的资金来源于新发行普通股所募集的资金而做出的判断。当回购价格低于普通股市价时，可以假定新增发的普通股股数小于回购的普通股股数，公司外发普通股总数是减少的，因此该回购合同不具有稀释性；反之，当回购价格高于普通股市价时，假定增发普通股所募集的资金不足以回购增发部分的普通股，将会导致公司外发普通股总数的增加，从而使该回购合同对每股收益具有稀释性。此时应计算稀释每股收益。具体步骤如下。

（1）假设公司于期初按照当期普通股平均市场价格发行普通股，以募集足够的资金来履行回购合同；合同日晚于期初的，则假设公司于合同日按照自合同日至期末的普通股平均市场价格发行足量的普通股。该假设前提下，由于是按照市价发行普通股，导致公司经济资源流入与普通股股数同比例增加，每股收益金额不变。

（2）假设回购合同已于当期期初（或合同日）履行，按照约定的行权价格回购本企业股票。

（3）比较假设发行的普通股股数与假设回购的普通股股数，差额部分作为净增加的发行在外普通股股数，再乘以相应的时间权数，据此调整稀释每股收益的计算分母。

【例 9-6】 假设中航制造 20×3 年度归属于普通股股东的净利润为 800 万元，发行在外普通股加权平均数为 5 000 万股。20×3 年 4 月 3 日，该公司与股东签订一份远期回购合同，承诺一年后以每股 10 元的价格回购其发行在外的 1 000 万股普通股。假设，该公司普通股 20×3 年 4 月至 12 月平均每股市场价格为 8 元。20×3 年度每股收益计算如下：

基本每股收益 = 800 / 5 000 = 0.16（元）

调整增加的普通股股数 = 1 000 × 10 ÷ 8 − 1 000 = 250（万股）

稀释每股收益 = 800 /（5 000 + 250 × 9 / 12）≈ 0.15（元）

（四）多项潜在普通股

一个公司可能对外发行不同种类或不同项目的潜在普通股，单独考察其中某一项潜在普通股可能具有稀释作用，但如果和其他潜在普通股一并考察时可能恰恰变为反稀释作用。例如，某公司先后发行甲可转换债券和 A 认股权证，甲债券导致的增量股每股收益为 0.7 元，A 权证导致的增量股每股收益为 0.8 元，假设基本每股收益为 0.9 元。如果分别考察甲债券和 A 权证，增量股每股收益小于基本每股收益，两种债券都具有稀释作用。然而，如果综合考察甲可转换债券和 A 认股权证，先计入甲债券使得每股收益稀释为 0.75 元，若再计入 A 权证则使得每股收益反弹为 0.83 元，因此，A 权证在这种情况下不再具有稀释作用，不应计入稀释每股收益中。

为了反映潜在普通股最大的稀释作用，应当按照各潜在普通股的稀释程度从大到小的顺序计入稀释每股收益，直至稀释每股收益达到最小值。稀释程度根据增量股的每股收益衡量，即假定稀释性潜在普通股转换为普通股的情况下，将增加的归属于普通股股东的当期净利润除以增加的普通股股数的金额。需要强调的是，企业每次发行的潜在普通股应当视作不同的潜在普通股，分别判断其稀释性，而不能将其作为一个总体考虑。通常情况下，股份期权和认股权证排在前面计算，因为其假设行权一般不影响净利润。

对外发行多项潜在普通股的企业应当按照下列步骤计算稀释每股收益。

（1）列出企业在外发行的各潜在普通股。

（2）假设各潜在普通股已于当期期初（或发行日）转换为普通股，确定其对归属于普通股股东当期净利润的影响金额。可转换公司债券的假设转换一般会增加当期净利润金额；股份期权和认股权证的假设行权一般不影响当期净利润。

（3）确定各潜在普通股假设转换后将增加的普通股股数。值得注意的是，稀释性股份期权和认股权证假设行权后，计算增加的普通股股数不是发行的全部普通股股数，而应当是其中无对价发行部分的普通股股数。

（4）计算各潜在普通股的增量股每股收益，判断其稀释性。增量股每股收益越小的潜在普通股稀释程度越大。

（5）按照潜在普通股稀释程度从大到小的顺序，将各稀释性潜在普通股分别计入稀释每股收益中。分步计算过程中：如果下一步得出的每股收益小于上一步得出的每股收益，表明新计入的潜在普通股具有稀释作用，应当计入稀释每股收益中；反之，则表明具有反稀释作用，不计入稀释每股收益中。

（6）最后得出的最小每股收益金额即为稀释每股收益。

计算流程如图 9-1 所示。

【例 9-7】　假设中航制造 20×3 年度归属于普通股股东的净利润为 2 500 万元，发行在外普通股加权平均数为 6 250 万股。年初已发行在外的潜在普通股有：①认股权证 1 800 万份，行权日为 20×3 年 6 月 1 日，每份认股权证可以在行权日以 8 元的价格认购 1 股本公司新发股票；②按面值发行的 6 年期可转换公司债券 5 000 万元，债券每张面值 100 元，票面年利率为 4%，每 100 元债券可转换为 8 股面值为 1 元的普通股；③按面值发行的 5 年期可转换公司债券 8 000 万元，债券每张面值 100 元，票面年利率为 2%，每 100 元债券可转换为 10 股面值为 1 元的普通股。当期普通股平均市场价格为 12 元，年度内没有认股权证被行权，也没有可转换公司债券被转换或赎回，所得税税率为 25%。假设不考虑可转换公司债券在负债和权益成分的分拆，且债券票面利率等于实际利率。

20×3 年度每股收益计算如下：

基本每股收益 = 2 500 / 6 250 = 0.4（元/股）

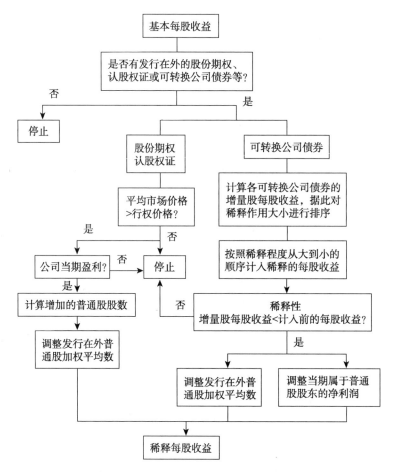

图 9-1 多项潜在普通股情况下稀释每股收益的计算流程

计算稀释每股收益：

（1）假设潜在普通股转换为普通股，计算增量股每股收益并排序，如表 9-10 所示。

表 9-10 增量股每股收益的计算

	净利润增加（万元）	股数增加（万股）	增量股的每股收益（元）	排序
认股权证	—	1 800 ×（1 − 8 / 12）= 600	—	1
4%债券	5 000 × 4% ×（1 − 25%）= 150	5 000 / 100 × 8 = 400	0.375	3
2%债券	8 000 × 2% ×（1 − 25%）= 120	8 000 / 100 × 10 = 800	0.15	2

由此可见，认股权证的稀释性最大，4%可转换公司债券的稀释性最小。

（2）分步计入稀释每股收益，如表 9-11 所示。

表 9-11 稀释每股收益的计算

	净利润（万元）	股数（万股）	每股收益（元）	稀释性
基本每股收益	2 500	6 250	0.400	
认股权证		600	—	
	2 500	6 850	0.365	稀释

续表

	净利润（万元）	股数（万股）	每股收益（元）	稀释性
2%债券	120	800		
	2 620	7 650	0.342	稀释
4%债券	150	400		
	2 770	8 050	0.344	反稀释

因此，20×3 年度该公司基本每股收益为 0.4 元，稀释每股收益为 0.342 元。

四、每股收益的列报与重新计算

按照我国 CAS34 中规定，公司对当期每股收益应在其财务报告中列报。但除了上述基本每股收益和稀释每股收益的计算外，在列报前还应考虑一些其他调整因素对每股收益的影响，如派发股票股利、公积金转增资本、配股等，如果公司当期发生这些情况，则应重新计算每股收益。现分述如下。

（一）派发股票股利、公积金转增资本、拆股和并股

企业派发股票股利、公积金转增资本、拆股或并股等，会增加或减少其发行在外普通股或潜在普通股的数量，但并不影响所有者权益金额，这既不影响企业所拥有或控制的经济资源，也不改变企业的盈利能力，即意味着同样的损益现在要由扩大或缩小了的股份规模来享有或分担。因此，为了保持会计指标的前后期可比性，企业应当在相关报批手续全部完成后，按调整后的股数重新计算各列报期间的每股收益。上述变化发生于资产负债表日至财务报告批准报出日之间的，应当以调整后的股数重新计算各列报期间的每股收益。

【例 9-8】　假设中航制造 20×3 年和 20×4 年归属于普通股股东的净利润分别为 1 800 万元和 2 400 万元，20×3 年 1 月 1 日发行在外的普通股 9 000 万股，20×3 年 4 月 1 日按市价新发行普通股 200 万股，20×4 年 8 月 8 日分派股票股利，以 20×3 年 12 月 31 日总股本 9 200 万股为基数每 10 股送 2 股，假设不存在其他股数变动因素。20×4 年度比较利润表中基本每股收益的计算如下：

20×4 年度发行在外普通股加权平均数 =（9 000 + 200 + 1 840）× 12 / 12
$$= 11\ 040（万股）$$

20×3 年度发行在外普通股加权平均数 = 9 000 × 1.2 × 12 / 12 + 200 × 1.2 × 9 / 12
$$= 10\ 980（万股）$$

20×4 年度基本每股收益 = 2 400 / 11 040 ≈ 0.22（元）

20×3 年度基本每股收益 = 1 800 / 10 980 ≈ 0.16（元）

（二）配股

配股在计算每股收益时比较特殊，因为它是向全部现有股东以低于当前股票市价的价格发行普通股，实际上可以理解为按市价发行股票和无对价送股的混合体。也就是说，配股中包含的送股因素具有与股票股利相同的效果，导致发行在外普通股股数增加的同

时，却没有相应的经济资源流入。因此，计算基本每股收益时，应当考虑配股中的送股因素，将这部分无对价的送股（不是全部配发的普通股）视同列报最早期间期初就已发行在外，并据以调整各列报期间发行在外普通股的加权平均数，计算各列报期间的每股收益。

为此，企业首先应当计算出一个调整系数，再用配股前发行在外普通股的股数乘以该调整系数，得出计算每股收益时应采用的普通股股数。

$$\begin{matrix}\text{每股理论}\\\text{除权价格}\end{matrix} = \left(\begin{matrix}\text{行权前发行在外普通}\\\text{股的公允价值总额}\end{matrix} + \begin{matrix}\text{配股收到}\\\text{的款项}\end{matrix}\right) \div \begin{matrix}\text{行权后发行在外}\\\text{的普通股股数}\end{matrix}$$

调整系数 ＝ 行权前发行在外普通股的每股公允价值 ÷ 每股理论除权价格

因配股重新计算的上年度基本每股收益 ＝ 上年度基本每股收益 ÷ 调整系数

本年度基本每股收益 ＝ 归属于普通股股东的当期净利润 ÷（配股前发行在外普通股股数 × 调整系数 × 配股前普通股发行在外的时间权重 ＋ 配股后发行在外普通股加权平均数）

【例 9-9】 假设中航制造 20×3 年度归属于普通股股东的净利润为 8 000 万元，20×3 年 1 月 1 日发行在外普通股股数为 16 000 万股，5 月 10 日，该公司发布增资配股公告，向截止到 6 月 30 日（股权登记日）所有登记在册的老股东配股，配股比例为每 4 股配 1 股，配股价格为每股 8 元，除权交易基准日为 20×3 年 7 月 1 日。假设行权前一日的市价为每股 15 元，20×2 年度基本每股收益为 0.4 元。20×3 年度比较利润表中基本每股收益的计算如下：

每股理论除权价格 ＝（15×16 000 ＋ 8×4 000）÷（16 000 ＋ 4 000）＝ 13.6（元）

调整系数 ＝ 15÷13.6 ＝ 1.1

因配股重新计算的 20×3 年度基本每股收益 ＝ 0.4÷1.1 ＝ 0.36（元）

20×3 年度基本每股收益 ＝ 8 000÷（16 000×1.1×6／12 ＋ 20 000×6／12）
＝ 0.426（元）

通过上述对基本每股收益、稀释每股收益及考虑其他调整因素而对每股收益进行的重新计算后，公司已完成了对每股收益的计算工作，应按准则规定予以列报。

我国 CAS34 规定，对于普通股或潜在普通股已公开交易的企业，以及正处于公开发行普通股或潜在普通股过程中的企业均应当在财务报告中列报其相关的每股收益信息。其中：对于不存在稀释性潜在普通股的企业应当在利润表中单独列示基本每股收益。存在稀释性潜在普通股的企业应当在利润表中单独列示基本每股收益和稀释每股收益。编制比较财务报表时，各列报期间中只要有一个期间列示了稀释每股收益，那么所有列报期间均应当列示稀释每股收益，即使其金额与基本每股收益相等。

除了在利润表中披露每股收益的基本信息外，企业还应当在报表附注中披露与每股收益有关的下列信息：①基本每股收益和稀释每股收益分子、分母的计算过程；②列报期间不具有稀释性但以后期间很可能具有稀释性的潜在普通股；③在资产负债表日至财务报告批准报出日之间，企业发行在外普通股或潜在普通股发生重大变化的情况等。

练 习 题

一、目的：练习每股收益的计算方法。

二、资料：中原装备 20×3 年度归属于普通股股东的净利润为 5 625 万元，发行在外普通股加权平均数为 18 750 万股。年初已发行在外的潜在普通股有：①认股权证 7 200万份，每份认股权证可以在行权日以 8 元的价格认购 1 股本公司新发股票；②按面值发行的 5 年期可转换公司债券 75 000 万元，债券每张面值 100 元，票面年利率为 2.6%，每 100 元债券可转换为 8 股面值为 1 元的普通股；③按面值发行的 3 年期可转换公司债券 15 000 万元，债券每张面值 100 元，票面年利率为 1.4%，每 100 元债券可转换为 10股面值为 1 元的普通股。当期普通股平均市场价格为 12 元，年度内没有认股权证被行权，也没有可转换公司债券被转换或赎回，所得税税率为 25%。假设不考虑可转换公司债券在负债和权益成分的分拆，且债券票面利率等于实际利率。

三、要求：

（1）计算中原装备 20×3 年度的基本每股收益。

（2）列表分别计算稀释性潜在普通股的增量股每股收益，并进行稀释性排序。

（3）列表分步计算中原装备 20×3 年度的稀释每股收益。

2023 年 3 月 13 日，武汉天源环保股份有限公司（简称"天源环保"，股票代码 301127）发布了 2022 年度业绩快报。其中营业收入 12.72 亿元，同比增长 67.41%，净利润为 2.02亿元，同比增长 26.18%。在"基本每股收益"一栏中显示公司 2022 年基本每股收益为0.65 元，同比增长 25%。但一天之后，天源环保又发布了对于 2022 年度业绩快报的更正公告。更正公告中指出："鉴于工作人员计算每股收益指标时公式引用错误致其数据有误"，更正后天源环保 2022 年度"基本每股收益"应为 0.49 元，同比下降 5.77%。根据相关资料显示，天源环保主要从事环境综合治理，广泛开展水环境治理、固体废弃物治理、环保能源等业务。该公司于 2021 年 12 月 30 日在创业板正式上市发行。

资料来源：https://www.szse.cn/disclosure/listed/bulletinDetail/index.html?73cd0db7-b40c-4f88-b8e8-468bc6b50626

请结合案例查阅相关资料，分析思考以下问题。

1. 你认为基本每股收益计算公式中容易发生数据引用错误的是哪个指标？

2. 2022 年度天源环保营收及净利润均大幅度增长，为何修正后的基本每股收益会下降？考虑到天源环保首次公开发行（IPO）时间，试分析天源环保发生此次错误的具体原因。

3. 结合天源环保 IPO 时间及近两年的财务报表，尝试还原错误的基本每股收益计算过程。

参 考 文 献

[1] 傅荣. 高级财务会计[M]. 北京：中国人民大学出版社，2021.

[2] 储一昀. 高级财务会计[M]. 北京：中国人民大学出版社，2016.

[3] 尚洪涛，栾甫贵，张茵. 高级财务会计[M]. 北京：机械工业出版社，2021.

[4] 梁莱歆. 高级财务会计[M]. 北京：清华大学出版社，2016.

[5] 汪祥耀，邵毅平. 美国会计准则研究[M]. 北京：立信会计出版社，2010.

[6] 财政部 2006 年发布的《企业会计准则第 19 号——外币折算》《企业会计准则第 32 号——中期报告》《企业会计准则第 34 号——每股收益》《企业会计准则第 35 号——分部报告》、2014 年修订发布的《企业会计准则第 2 号——长期股权投资》《企业会计准则第 33 号——合并财务报表》《企业会计准则第 41 号——在其他主体中权益的披露》、2017 年修订发布的《企业会计准则第 22 号——金融工具的确认和计量》《企业会计准则第 23 号——金融资产的转移》《企业会计准则第 24 号——套期会计》《企业会计准则第 37 号——金融工具列表》、2018 发布的《企业会计准则第 21 号——租赁》等.

教师服务

感谢您选用清华大学出版社的教材！为了更好地服务教学，我们为授课教师提供本书的教学辅助资源，以及本学科重点教材信息。请您扫码获取。

≫ 教辅获取

本书教辅资源，授课教师扫码获取

≫ 样书赠送

会计学类重点教材，教师扫码获取样书

 清华大学出版社

E-mail: tupfuwu@163.com
电话：010-83470332 / 83470142
地址：北京市海淀区双清路学研大厦 B 座 509

网址：https://www.tup.com.cn/
传真：8610-83470107
邮编：100084